Friedrich Schorlemmer

Zu seinem Wort stehen

Friedrich Schorlemmer

Zu seinem Wort stehen

Büchergilde Gutenberg

Die Einschweißfolie ist PE-Folie und biologisch abbaubar.
Dieses Buch wurde auf chlor- und säurefreiem Papier gedruckt.

Lizenzausgabe für die Büchergilde Gutenberg,
Frankfurt am Main, Wien
mit freundlicher Genehmigung des
Kindler Verlags GmbH, München

Satzarbeiten: Ventura Publisher im Verlag
Druck und Bindung: Mohndruck, Gütersloh
Printed in Germany
3 7632 4384 4

Inhalt

Den Menschen, mit denen ich lebe,
den Menschen, von denen ich lebe,
den Menschen, für die ich lebe.

Ist mein Wort nicht wie ein Feuer, spricht der Herr, und wie ein Hammer, der Felsen zerschmeißt.

Jeremia

Das Wort ist, seiner Natur nach, die freieste unter den geistigen Kreaturen, aber auch die gefährdetste und gefährlichste.
Darum bedarf es der Wächter des Wortes. Welches sind aber diese?
Ich habe sie mein Leben lang gesucht.

Hrabanus Maurus

Jedes Wort lebt und ist beheimatet in einem bestimmten Umkreis. Das Wort, das in der Wärme persönlicher Beziehungen geboren ist, erfriert in der kalten Luft der Öffentlichkeit. Jedes Wort soll seinen Ort haben und erhalten. Es ist eine Folge des Überhandnehmens des öffentlichen Wortes in Zeitung und Rundfunk, daß Wesen und Grenzen der verschiedenen Worte nicht mehr klar empfunden werden, ja daß die Eigenart des persönlichen Wortes fast vernichtet wird. An die Stelle der echten Worte tritt das Geschwätz. Die Worte haben kein Gewicht mehr. Es wird zuviel geredet. Wenn aber die Grenzen der verschiedenen Worte sich verwischen, wenn die Worte wurzellos, heimatlos werden, dann verliert das Wort an Wahrheit, ja dann entsteht fast zwangsläufig die Lüge.

Dietrich Bonhoeffer

Wort-Welten

Aufs Wort setzen. Eine Frage aufwerfen, eine Antwort wagen, Rückfragen aushalten.
In der Hoffnung aufgehoben sein. Vertraut werden im Gleichnis. Angenommen sein im Gespräch. Sich verstehen lernen in einem Buch.
Geschenkt ist ein Name. Berührt hat ein Vers. Getröstet hat ein Lied.
Gelockt hat ein Ruf. Vernichtet hat ein Urteil. Entschlüpft ist ein Satz. Zerstört hat ein Schweigen.
Aufgeweckt durch eine Rede. Zerrissen durch einen Schrei. Beruhigt durch ein Flüstern. Geblieben in einer Liebe.
Ein Wort öffnet. Ein Wort löst. Ein Wort erlöst. Ein Wort gibt Atem.
Auf der Zunge liegt ein Gebet. Eine Zeile geht nicht aus dem Sinn. In einem Buch verbirgt und entbirgt sich das Leben.
Ein schneller Satz enteilt. Ein unnützes Wort macht die Runde. Es belastet das Gewissen. Es geht ständig durch den Kopf. Es trifft ins Herz. Es fällt ins Bodenlose. Ent-Schuldigung und Richtig-Stellung bleiben hilf-los. Ein Wort ist in die Welt entlassen. Sprechen ist so wunderbar wie gefährlich.
Ein Sprech-Denker bin ich. Aufgeschrieben verändern oder verlieren gesprochene Sätze ihre Pointe. Das Assoziative spontaner Gedanken entbehrt nötiger Präzision, hat indes merkwürdige Wirkung. Gedruckter Text entfremdet gesprochenes Wort. Für Untertöne, gar für Ironie ist eine Zeitung kaum der rechte Ort. Ein kräftiges Bild – Momentaufnahme, Blitzidee, Probiervergleich – erlangt augenblickliche Schlag-Zeilen-Qualität und eine Breitenwirkung, der das Argument

nicht mehr nach- oder beizukommen vermag, ein Dementi, eine Erklärung, eine Entschuldigung erst recht nicht. Ein einmal in die Medienwelt geworfenes, für trefflich gehaltenes Wort, gar eine unbedachte Entgleisung, all das läßt sich nicht mehr zurückholen.

So wie man mit voller Kraft danebenschlagen kann und sich selbst dabei verletzt, so kann ein Wort mit voller Kraft danebengehen und den Sprecher ins Mark treffen. Zu seinem Wort stehen – zumal in der Medienwelt – heißt auch, sich den Wirkungen einer sprachlichen Verfehlung oder gedanklichen Fehlleistung zu stellen, den Irrtum, die Schuld, die Leichtfertigkeit einzugestehen.

Ungeschehen machen läßt sich indes nichts. Wer seinen Kopf weit aus dem Fenster hängt, merkt meist erst zu spät, in welche Gefahr er sich begibt.

Nirgendwann in meinem Leben haben mich zwei Sätze, in aufgedrängte Schnell-schnell-Interviews geworfen, endloskontextlos weiterüberliefert, so lange so schmerzhaft verfolgt, so verstört und in solche Abgründe geworfen wie ein »Schleim«-Satz über einen Menschen und ein »Feuer«-Satz über Akten. Mich dem ohne alle inneren Ausflüchte zu stellen, fiel mir schwer und ließ mich tief fallen, in Scham und Entsetzen, in Grübeleien und Selbstzerknirschung. Wochenlang war der allmorgendliche Gang zum Briefkasten eine Seelenlast.

Ein unerhörter Satz über Steffen Heitmann, den gesagt zu haben ich mich nicht erinnern konnte und den zu veröffentlichen (und genüßlich hochzuziehen) ich für unmöglich halte, ja für so ehrverletzend, daß er auf den Verursacher zurückfallen muß, verfolgte mich drei Monate lang. Einen ganzen Aktenordner füllen traurige, enttäuschte, empörte, polemische und ihrerseits gemeine Briefe.

Ich habe allen geantwortet. Bei Steffen Heitmann habe ich mich persönlich und öffentlich entschuldigt. Auch wenn ungeklärt geblieben ist, was ich gesagt habe, auch wenn das Interview nicht autorisiert wurde, bleibt der Vorgang beschämend.

Die »Freudenfeuer«-Bemerkung, ihr Hintergrund und ihre Wirkung, verlangt eine ausführliche Darstellung.

Das Wechselbad von Worten und ihren Wirkungen hat mich fast zerrissen. Die Reaktionen auf meine Rede in der Frankfurter Paulskirche überforderten mich in ganz entgegengesetzter Weise. So viel persönlich Bewegendes hatte ich nur nach dem 4. November 1989 empfangen. Ich habe mich dann für mehrere Monate allen immer wieder bedrängenden Medienanfragen strikt verweigert. Ich brauchte das Schweigen.

Wer mit Worten umgeht, Worten nachhört, Worten folgt, sich Worten unterwirft, mit Worten freigesprochen wird, der spürt ihren Zauber, wunderbar und ungeheuerlich. Worte treffen, treffen ein, treffen zu, treffen vorbei, treffen tödlich. Worte helfen, helfen auf, helfen heraus. Mein Beruf folgt einem Ruf. Da werden Worte zum öffentlichen Berufsrisiko. Das in der Öffentlichkeit gesprochene Wort vermeidet – aus Klugheit, aus Angst, aus Berechnung – zu oft das offene Wort. Ich will aufzeigen, wie Worte gewirkt haben oder versandet sind, wie sie mißverständlich waren oder mißverstanden wurden, belobigt oder zerrissen, in die Mitte trafen oder ganz danebengingen. Worte leuchteten auf wie Sternschnuppen oder kamen zurück wie ein Bumerang.

Die offene, alles veröffentlichende Gesellschaft pflegt einen qualitativ und quantitativ anderen Umgang mit dem Wort als eine geschlossene, verschließende Gesellschaft, die vom Staat verschluckt wird. Mir wurde zudem immer deutlicher, wie sehr der Wettkampf der Systeme im gespaltenen Deutschland stets auch ein Kampf um Worte gewesen war. Die Worte waren anders oder wurden anders besetzt. Sie bleiben vorerst unterschiedlich besetzt. Bisweilen tritt bei Ostdeutschen gar eine Neurotisierung auf, die zu indirekten oder ganz direkten Wortverboten führt. Ist das nicht der letzte Triumph der Diktatoren, daß wir uns von ihnen Worte rauben lassen, die uns wichtig bleiben müssen, weil die mit ihnen bezeichnete Wirklichkeit wichtig bleibt? Dazu gehört für mich das Wort »Solidarität« ebenso wie das Wort »Frieden«. Wie tief wir gespalten waren, und wie sehr wir uns in der Spaltung eingerichtet hatten, zeigt besonders der Umgang mit dem Wort »Deutschland« in den Jahren bis 1990. Für das bundesrepublikanische Bewußtsein war die Bundesrepublik schon Deutschland gewesen, so daß *Deutschland* Fußball spielte und Bundespräsident Carstens durch *Deutschland* wanderte – von Flensburg bis nach Garmisch-Partenkirchen.

Die Schandmauer versus antifaschistischer Schutzwall ragte bedrohlich sichtbar durch unser Land. Sie ist abgerissen, aber unsere Trennungen ragen tiefer, als viele beim Abriß der äußeren Mauer glauben mochten. Es sind mentale, politische und ökonomische Distanzen geblieben. Der mentale Unterschied zeigte sich in der inneren Ausrichtung, die mit Himmelsrichtungen zu tun haben. Die Ostdeutschen richteten sich 40 Jahre mehrheitlich mit ihrem Denken, Hoffen und Wünschen nach Westen. Dies taten die Westdeutschen auch. Nur lag für die Ostdeutschen im Westen Westdeutschland und für die Westdeutschen im Westen Westeuropa. »Westlich« war das offizielle Feindwort der Ideologie und das verborgene Sehnsuchtswort der Menschen. Und das Wort »östlich« war zur Zeit des Kalten Krieges im Allgemeinbewußtsein des Westens das Bedrohlich-Barbarische, von dem man sich in wohltuender Weise unterscheiden konnte. Während man im Westen bei der Kritik an der Bundesrepublik abweisend-ausweisend drohen konnte: »Wenn es euch nicht paßt, dann geht doch rüber!«, so war ein ähnlicher Spruch im Osten undenkbar. Wer hier kritisierte, dem wurde nicht geraten, in den Westen zu gehen; er geriet ins Abseits oder gar ins Gefängnis. Die Mehrheit der Ostdeutschen erwartete nach der Vereinigung unmittelbare Genugtuung: für 40 Jahre allein getragenes politisches Schicksal, das ganz Deutschland verschuldet hatte, sowie für die immer größer gewordene ökonomische Differenz zwischen BRD und DDR. Riesenerwartungen wurden – wahlkampfgesteuert – mit Riesenversprechungen quittiert und führten zu Riesenenttäuschungen. Die »Ossis« wurden kleingemacht und machten sich jammervoll-klein, die »Wessis« wurden zu Lehr- und Zahlmeistern, zu kleinen Abzockern und großen Betrügern. Die Vereinigung

brachte vielen Westdeutschen unerwartete Karrieresprünge, der Einigungsvertrag unerwartete Rück-Gewinne. Der Vereinigungs-Familienkrach führte zu mehrfach wechselndem Verfolger-Verfolgten-Spiel unter der Herrschaft von Klischees.
Inzwischen sind wir in unserem ost-westlichen Näherungsprozeß in eine gegenseitige Empfindlichkeitsphase gekommen, in der Ost- wie Westdeutsche anfangen, überempfindlich aufeinander zu reagieren, zumal sich beide Seiten inzwischen mit Klischees behaftet haben und häufig meinen, sich voreinander verstecken oder offen sagen zu müssen: »Ich bin zwar ein gebürtiger Westdeutscher ...« beziehungsweise »Ich bin ein gelernter Ostdeutscher und meine trotzdem ...«
Wenn der neugewählte Präsident sagt, daß die Ostdeutschen gar »begreifen müssen, daß sie für uns keine Last, sondern daß sie für uns ein Gewinn sind«, und aus der Perspektive eines Westdeutschen meint, daß »wir froh sein müssen, daß sie wieder bei uns sind«, dann zeigt dies unbeabsichtigt, daß wir angeschlossen und nicht zusammengekommen sind.
Das verschwundene System, das sich sozialistisch nannte, hat auch den Feind geraubt, an dem man sich jeweils messen und das eigene Bessersein beweisen konnte. Nun wird die eigene Insuffizienz erkennbar. Es werden neue Feinde und Sündenböcke gesucht, entweder in den Macht- und Ideologieträgern der Vergangenheit oder aber bei denen, die uns jetzt »auf der Tasche liegen«. Letzteren wird von einer brüllenden Minderheit und von einer schweigenden Mehrheit mit dem Drohwort »Deutschland« zunächst »nur« das Lebensrecht in Deutschland streitig gemacht.
Unsere Sprache verrät uns. Die Bundestagsdebatte bei der Verabschiedung des neuen Asylgesetzes konnte nur notdürftig verdecken, was untergründig rumort.
Nachdem der »freie Westen« seine Demokratie, Freiheit und wirtschaftliche Prosperität gegenüber dem Osten erweisen konnte, sind die Streit-Werte beim Verschwinden des Ostblocks dahingeschwunden. Der Westen ist plötzlich mit sich allein und wird seiner Leere gewahr. Nun breitet sich eine Kultur des Zynismus und der Häme aus. Der Zynismus kommt

als die demoralisierte (Selbst-)Verzweiflung daher, vorgetragen in der Pose allwissender Resignation, die keine Position mehr ertragen kann und jede Position als blauäugig, naiv oder moralisch abqualifiziert. Solcher Zynismus ist die Feigheit, eine Position zu wagen, auch aus kluger Angst vor der Blamage. Praktisch ist er eine Form der Verweigerung von Verantwortung. Zynismus wird zur Spielwiese einer geistigen Schickeria, die mit herostratischer Lust alles niedermacht. Er ist Resignation auf hohem Niveau. Leben wird zur fortwährenden Glosse. Die Zyniker wissen alles voraus, sagen alles voraus und wissen, daß alles Tun ohnehin sinnlos und jeder moralische Impetus verlogen ist. Zwischen Belustigung und Ekel stehen die Zyniker den »Betroffenen« gegenüber. Sie machen deren Engagement, Gemütslage und oft hilflose Versuche, den großen Bedrohungen zu begegnen, einfach lächerlich – ob nun die Lichterketten, die Unterschriftenaktionen, die Zusammenschlüsse oder Experimente alternativen Lebens. Der Zynismus der neunziger Jahre ist eine Spielart des Nihilismus der fünfziger Jahre. Der Unterschied zwischen beiden ist, daß der damalige existentialistische Nihilismus sich noch quälenden philosophisch-theologischen Grundfragen stellte, während der nihilistische Zynismus sich in seinen artifiziellen Formulierungen des Niedermachens geradezu gefällt.

Der gesellschaftliche Zielverlust hat zu einem Konsensverlust und zum Verfall jeglicher gemeinsamer Überzeugung geführt. Darin sehe ich den tiefsten Grund für die Zerfallsprozesse der Institutionen, die aus einer bestimmten selbstverständlichen Werteüberzeugung leben und sich bisher selbstkritisch regenerierten und gleichzeitig eine bestimmte natürliche Beharrung behielten.

Herostratische Zerstörungslust richtet sich im Namen der Freiheit des Individuums auf die Zerstörung von Institutionen und auf die Entlarvung der sie tragenden Werte. Wir stehen inzwischen vor der Frage, wie wir unsere Freiheits- und Individualisierungswünsche mit Bindungen, Rückbindungen (= Traditionen) und mit der so mühseligen wie beglückenden

Wahrnehmung von Verantwortung in »freien Assoziationen« unseres Gemeinwesens wieder zusammenbringen. Die autoritäre Lösung hat genauso ausgespielt wie die antiautoritäre. Die kommunikative Lösung wird unsere Aufgabe, was zuallererst heißt: mehr Leben aus erster Hand wiederzugewinnen, statt sich fortwährend mit dem (Schein-)Leben aus zweiter Hand zu begnügen. Gerade die totale, medial vermittelte Kommunikation führt uns zum Verlust unmittelbar menschlicher Kommunikation. Wo keine Gespräche mehr geführt, aber bei Talk-Runden unentwegt zugesehen wird, unterbleibt das direkte Gespräch und verliert die Sprache. Die vielberedete, völlig überbewertete Nischenkultur der DDR hatte durchaus eine bestimmte Gesprächskultur entwickelt. Unsere ost-westlichen Kommunikationsschwierigkeiten wurzeln in Prägungen, die einerseits wortreich geleugnet und andererseits maßlos übertrieben werden. Ich verschränke in diesem Buch die Zeiten. Die Zeiten verschränken sich mir.
So blicke ich auf das zurück, was wir gewesen sind, und versuche mir zu erklären, warum wir jetzt so sind, wir Ostdeutschen in Westdeutschland, das immer noch nicht eins sein kann. Eingearbeitet wurde, was ich zu verschiedenen Anlässen vor und nach 1989 – dieser historischen Wetterscheide – in die öffentliche Diskussion auf verschiedenen Ebenen eingebracht habe: zum vorläufigen Ende eines Sozialismusversuchs, zur Zukunft der Utopie, über menschliche und politische, auch abgebrochene Friedensbrücken, über die Aufgaben der Kirche, über Bindungsverluste beim Freiheitsgewinn, über ostdeutsche Selbstvergewisserung und über den leidigen Umgang mit unserer Vergangenheit. Erkennbar soll werden, in welcher Weise theologische Reflexion politische Position beeinflußt oder gar begründet. Zwischen dem auf sich selbst zurückgeworfenen Wagnis und autoritativer Anmaßung, medialer Ver-Wendung und dem Vergraben in kleine Zirkel versuche ich zur Sprache zu bringen, was ich für wichtig erachte.
Die Schloßkirche war mir 14 Jahre lang auch ein Probierraum eines eigenverantworteten und eines von einem anderen

Wort getragenen Wirkens. In ihrer wilhelminischen Gestalt ist sie gerade 100 Jahre alt geworden. Zu ihrem Geburtstag werden ausgewählte Predigten und Meditationen aus dieser »Thingstätte des Protestantismus« dokumentiert, neu gewichtend das damalige Wort.

Das Nachdenken über Petrus, diesen Buchstabengläubigen, diesen Treueschwörer und Angsthasen, der erst nicht zu seinem Wort steht und dann auf jedem Wort beharrt, hat mich dazu inspiriert, biblische Namen und Geschicke nachzubuchstabieren, die in einer tiefen Beziehung zu uns und unserem Lebensvollzug stehen. Ich habe gefragt, was sie mir sagen, mir bedeuten, mich fragen. Dabei spürte ich, wie stark ich von Menschen geprägt bin, die mir Autorität wurden. Seit 15 Jahren gehört auch der so widersprüchlich erscheinende Martin Luther dazu. Zwei Menschen, die mir und vielen Ostdeutschen in besonderer Weise halfen, unsere Welt zu verstehen, habe ich Grüße zu ihrem Geburtstag überbringen können: Horst-Eberhard Richter und Christa Wolf. Einem Arzt, der stasiverdächtigt sich das Leben nahm, schrieb ich ein Nachwort zu seinen Gedichten.

Ich stehe zu meinem Wort. Ich stelle mich kritischer Rückfrage. Auch zu meinem Versagen, zu Fehlgriffen und Fehldeutungen stehe ich. Sichverstricken und Sichverrennen bleiben ertragbar, weil es auch täglich ein neues Anfangen gibt. Jemandem im Wort stehen – ein Wagnis, ein Glück.

I

Selbstvergewisserung

Selbstvergewisserung eines Ostdeutschen
Zwischen Freiheit und Gerechtigkeit
Die Katze ist tot – ich möchte nicht Katze werden
Politische und moralische Reaktionen auf die PDS-Erfolge
Kein Anlaß für Nostalgie
Vom »Konsum« zum Konsum
Ich gehöre auf keinen Sockel

Selbstvergewisserung eines Ostdeutschen

Am besten läßt sich das Land, in dem ich lebe, als Neufünfland, als das ehemalige Geltungsgebiet der Deutschen Reichsbahn bezeichnen, wo alles etwas verkommener oder ursprünglicher aussieht – je nach Sicht – und der Zug zwangsläufig etwas geruhsamer fährt.

In den »jungen Ländern« wohne ich, wie einer der berühmtberüchtigten Krauses aus der Ostpolitikerriege zu betonen pflegte.

Ostdeutschland darf ich nicht sagen, werde ich unentwegt von Westdeutschen belehrt.

Mitteldeutschland will ich nicht sagen. *Ehemalige DDR* finde ich albern. Also: Ich komme aus Sachsen-Anhalt, einem Land, das aus der Zerschlagung Preußens hervorgegangen war, nur wenige Jahre existierte und jetzt seine Identität sucht, zwischen Niedersachsen und Sachsen.

Der Mauerstreifen zwischen unseren Ländern ist im wesentlichen abgeräumt, fast alle Erinnerungen sind getilgt. Und doch ist das für den, der vom (freien) Wendland in die Altmark fährt, ein kultureller Kälteschock. Grausen kommt mich an, denn die Altmark ist meine Heimat, und die sieht so verkommen aus. Inzwischen entdecke ich die Reize des Unaufgeräumten, weil das bereinigte Deutschland Sterilität ausstrahlt. Insgesamt aber habe ich mich in meiner Ostbefindlichkeit wieder gefangen und will eine Kostprobe meiner Selbstbehauptung gegen das Jämmerlich-Klischee geben.

Seit ich den Kölner Dom gesehen habe, weiß ich, wie schön der Magdeburger Dom ist.

Seit ich mir den Kindertraum von einer Nordseeinsel mit Gezeiten und Watt erfüllen kann, weiß ich, wie unvergleichbar Hiddensee ist.

Seit ich ratlos vor den Bildern von Georg Baselitz im Sprengel-Museum in Hannover stehen kann, suche ich verstärkt nach

Bildern »meiner« Leipziger Maler Wolfgang Mattheuer und Bernhard Heisig.
Seit ich Botho Strauß lesen kann, verlangt es mich geradezu nach Volker Braun.
Seit ich alle Bücher kaufen kann, kaufe ich kaum noch Bücher – vom Lesen ganz zu schweigen.
Seit ich mich wöchentlich durch *Die Zeit* wühle und Stapel auf Stapel häufe, kaufe ich regelmäßig die *Wochenpost* und lese sie zuerst.
Seit das westdeutsche Feuilleton uns gesagt hat, was von Christa Wolf literarisch wirklich zu halten sei, weiß ich noch mehr, wieviel sie uns wert ist und »was bleibt«.
Seit unsere Kirche auch alles darf, leide ich an zunehmender Beliebigkeit plus Proporzturnen meiner Kirche.
Seit ich Pfarrer mit »angemessenem« Gehalt bin, spüre ich, wie mit dem wachsenden Abstand zu anderen Ostbürgern das Gewicht meiner Worte abnimmt.
Seit einer meiner Amtsbrüder den Weihnachtsmarkt segnete, ein anderer Zeremonien am Denkmal mit Eisernem Kreuz der Gefallenen »für Gott und Vaterland« mitgestaltete, frage ich mich, in welcher Kirche wir miteinander sind.
Seit Westdeutsche – nicht alle! – sich über unsere Vergangenheit hermachen, und das mit Lust, fange ich an, sie zu verteidigen, und das gar mit mancher Verbissenheit.
Seit ich die gepflegte Zersiedlung der Dörfer im Westen erfahre, sehe ich die Chance für unsere verfallenen und verlotterten, aber doch noch erhaltenen Dorfstrukturen.
Seit für *alle* Folgen des Vereinigungsprozesses die SED verantwortlich gemacht wird, zweifle ich an der Fähigkeit der demokratischen Parteien zu redlicher Selbstkritik. (Das kannte ich doch schon: Schuld ist immer der Feind – für alles in Vergangenheit wie für alles Gegenwärtige, und in Zukunft wird er auch noch an allem schuld sein.)

Ich habe die zweifelhafte Begabung, mich zwischen die Stühle zu setzen, und erlebe, wie sie gleichzeitig von beiden Seiten weggezogen werden und ich dann in den Nesseln sitze. Dort

aber finde ich jedesmal einige sehr wichtige Bundesgenossen – alte und viele neue –, auch »Genossen«.
Ich bin glücklich, daß wir nunmehr vor den Schwierigkeiten der Einheit stehen. Diese macht uns auch die Trennung sichtbar. Wir brauchen aber nicht weiter gebannt auf das Betontrennungsmonstrum zu starren. Ich sehe auch, wie sehr uns die Trennung verbunden hat und wieviel tiefer die Spaltung ist, seit die Mauer weg ist. Wir haben viel Arbeit vor uns. Sie wird gelingen können. Sie wird viel Verständigung miteinander und darum auch viel Selbstverständigung erfordern. Vor allem sollten wir uns unsere Differenzen eingestehen, sie besser verstehen lernen, mehr miteinander als übereinander sprechen, uns vorschneller Urteile enthalten, unsere beidseitigen Beschädigungen erkennen, an unseren Prägungen nicht festhalten, sondern uns den neuen Bedingungen in einer gegenseitig abhängigen Welt tapferer stellen.
Es ist schon ein Glück, daß es uns zunächst gelungen war, die kriegsbedingte Teilungsstrafe zu überwinden, ohne daß zerstörerische Gewalt im Spiel war. Es bleibt nun auf Dauer unsere gemeinsame Aufgabe, uns unserer vorherigen deutschen Vergangenheit zu erinnern. Die Verpflichtung, die sie uns auferlegt, ist nicht erledigt. Der »Lehrmeister Krieg« sollte gerade uns Deutsche beständiger belehrt haben und in uns nicht wieder irgendwelche Großmachtphantasien aufkommen lassen, selbst wenn es ausländische Stimmen gibt, die uns eine neue weltpolitische Rolle antragen.
Wir sind Belehrte.
Unsere Stärken können sich anders zeigen.
Unsere Tapferkeit kann durch und durch zivil sein.
Ließ man in der DDR stets offiziell verkünden, »Frieden und Sozialismus sind eins«, so wollen wir jetzt mit Überzeugung und Mündigkeit für den Satz eintreten: Demokratie und Frieden in Deutschland sind eins, weil Demokratie den Frieden – und der Frieden die Demokratie braucht.

Zwischen Freiheit und Gerechtigkeit

Die Werte der Freiheit und der Gerechtigkeit müssen in unserem Land ebenso zum Ausgleich gebracht werden wie Leistungsbereitschaft und Solidarität. Die deutsche Nation ist für mich kein Selbstwert. Die Einheit braucht auch Gleichheit – die Angleichung der Lebensverhältnisse in ganz Deutschland. Wenn wirtschaftliche Effektivität mit einem funktionierenden Markt erreicht wird, dann muß beim Gewinn auch »das Lied vom Teilen« gesungen werden (Oskar Lafontaine).

Ich bin aus Leidenschaft Sozialdemokrat, nicht aus »prinzipiellen«, sondern aus »menschlichen« Gründen: Sozialdemokraten stellen für mich den konkreten Menschen vor das allgemeine Prinzip, die tägliche Herausforderung vor die »reine Lehre«. Deshalb sind sie die Partei des verantwortlichen Kompromisses, der politischen Kooperationsbereitschaft – mit allen Risiken, Irrtümern und der ehrlichen und offenen Selbstkritik. So übt sie Demokratie auch in der Partei und behält eine große Bandbreite. Darin liegt ihre Chance und ihre Angreifbarkeit. Ich fühle mich in der politischen Tradition von Gustav Heinemann und Willy Brandt, in der pazifistischen Tradition von Bertha von Suttner und Erhard Eppler, in der künstlerischen Tradition von Günter Grass und Klaus Staeck, in der christlichen Tradition von Karl Barth und Leonhard Ragaz.

In der weltweiten sozialdemokratischen Bewegung sehe ich eine realistische Chance, die Werte der Freiheit und der Gerechtigkeit, die Rechte der Natur und die Menschenrechte, sinnerfüllte Arbeit für alle und den Reichtum der Kultur miteinander zu verbinden und in praktische Politik umzusetzen. Sozialdemokraten sind Realisten und machen Politik als Kunst des Möglichen, aber sie halten immer mehr für möglich als das, was schon wirklich wurde.

Sozialdemokrat bin ich auch als ein hoffender Christ. Ich glaube, daß wir für unsere bedrohte Welt noch die Chance haben, miteinander ein Staatswesen aufzubauen, das wirtschaftlich effektiver, sozial gerechter, ökologisch bedachtsa-

mer, politisch friedfertiger, minderheitenfreundlicher, national offener ist.
Ein »Linker« zu sein – obgleich das Rechts-Links-Schema längst erledigt ist –, ist im Osten nicht leicht, zumal die PDS negativ wie positiv sozial-demokratisches Gedankengut besetzt, einen funktionierenden Apparat und nach wie vor die weitaus meisten Mitglieder hat.

Die Katze ist tot – ich möchte nicht Katze werden

Ich habe die DDR stabilisiert, denn ich war stets ein zuverlässiger Feind, den die Machtorgane der DDR brauchten, ein Feind, an dem sich revolutionäre Wachsamkeit bewähren mußte, denn ich war zu »widersprüchlich«. Ich war »unserem sozialistischen Staat« sehr nahe, seine »Organe« kamen mir näher, als mir je lieb sein konnte. Mit wenigen anderen zusammen wurde ich ein unverzichtbares Schulungsobjekt dafür, wie geschickt der Feind vorgeht, wie gefährlich er agiert, wie wenig er sich offen als Feind gebärdet.
Man kam dabei auf die Absurdität, die Kirche habe absichtsvoll einen Mann mit diesem doch recht seltenen Namen für die Studenten der »Technischen Hochschule für Chemie Carl Schorlemmer« in Merseburg aufgebaut, um die Studenten dieser roten Hochschule (eine stolze Selbstbezeichnung!) zu verwirren. Für wie dumm hielt man sie eigentlich?
Oder wenn ich in Köthen in der Studentengemeinde zu einem Vortrag eingeladen war, zu dem etwa 25 Studenten zu erwarten waren, stand die Stadtverwaltung Kopf, wurden die Kreisoberpfarrer und die Dekane der katholischen Kirche besucht und wildgemacht, diesen »Provokateur« doch wieder auszuladen, weil dies sonst Konsequenzen für das doch so gute Staat-Kirche-Verhältnis habe, was dann als Wink mit dem Zaunpfahl der Baulizenzen verstanden wurde. Als ich 1982 in Leuna vor etwa 100 Jugendlichen einen Vortrag zu Friedensfragen hielt, mußte eine Großübung der Kampfgruppen einbe-

rufen werden. Die tapferen Dickbäuche konnten sich hinterher auf die Schulter klopfen und »einen Braunen« darauf trinken, daß sie die Konterrevolution erfolgreich abgewehrt hatten.

Außerdem kamen etwa zehn ausgebildete Assistenten und Forschungsstudenten der Technischen Hochschule dorthin, stellten ihre vorbereiteten Fragen so schroff, daß jedermann erkannte, daß die Staatsgewalt im Raume war. »Parteiauftrag erfüllt«, hieß das.

Ein Mädchen aus einfachem Hause schickte man als Meisterspionin in die kleine Studentengemeinde. Sie machte einen besonders einsamen und hilfsbedürftigen Eindruck, war zuverlässig und fleißig, schrieb alles mit. Sie schien wißbegierig, weil sie von Hause aus von christlichen Zusammenhängen nichts wußte.

Sie wurde eine der tragenden Säulen unserer Gemeinde, genoß besonderes Vertrauen. Perversion als Prinzip, denkt man, wenn man ihren Bericht über ein Wochenende mit Reiner Kunze liest. Wie sie 1992 (nach Veröffentlichung der Stasi-Listen in *Bild*) zugibt, habe sie alles aus sozialistisch-atheistischer Überzeugung getan. 1991 versichert sie mir noch, sie habe uns »doch gern gehabt« und sei erpreßt worden. Marion Staude hat sich zerstört, uns nicht. Das System hat sie auf dem Gewissen.

»Wenn Sie so weitermachen, können wir Ihnen auch nicht mehr helfen«, sagte mir ein Vertreter des Staatssekretariats, als ob ich ihn je um Hilfe gebeten hätte. Er gab sich so, als wenn er mein Verbündeter gegen die Hardliner im Staatsapparat wäre. Er schien sich in den Jahren vom »Scharfen« zum »Verständnisvollen« zu wandeln. Was war echt?

Die »Organe« haben mir »disziplinierend« geholfen, daß ich nicht ins Gefängnis kam. Im Oktober 1989 ließ man in Schulen verbreiten, ich würde planen, Kommunisten aufzuhängen. Die DDR hätte ich als eine hohle Nuß charakterisiert, die man knacken müsse. Das waren die altbekannten Versuche, »unsere Bürger« gegen die »konterrevolutionären Elemente« scharfzumachen. Wenn die Parteitreuen noch gekonnt oder den Befehl bekommen hätten – sie hätten nach dem 7. Oktober 1989 systematischer zugeschlagen als am 17. Juni 1953. »Den müßte man erschießen«, sagte man 1983 im Apparat über mich. »Warum können wir das Problem nicht im Straßenverkehr lösen?«, fragten einige bei Polizistenschulungen. Im Stasi-Bericht aus den Oktobertagen 1989 steht, daß die Arbeiter erst aus den Westmedien erfahren hätten, daß einer der »bedeutendsten Staatsfeinde« in ihrem Territorium lebt. Wie viele andere Pfarrer war ich eine ABM für die Perpetuierung des Feindbildes und die revolutionäre Wachsamkeit »an der unsichtbaren Front«. Viele andere fühlten sich mitverfolgt, bespitzelt und bedroht, selbst solche, die wahrlich nichts zu fürchten hatten – so konsequent schwiegen sie. Ich galt schließlich als ein CIA-Agent, der nicht nur von dort bezahlt würde, sondern auch seine Ideen von dort bekäme. Man meinte etwa, ich hätte meine Rede auf der Synode in Görlitz 1987 von CIA-Mitarbeitern der amerikanischen Botschaft direkt zugesteckt bekommen. Selbst Witzeleien über die Bezahlung meiner Äußerungen vor westlichen Korrespondenten 1989 wurden von IM weitergemeldet – als offene Verhandlungen über die Preise. Für Ironie waren sie nicht ausgebildet. Man ließ uns laufen und ließ uns leben – so wie eine Katze mit einer Maus spielt. Nun ist die Katze tot. Und ich möchte nicht Katze werden.

Ich habe die DDR stabilisiert, denn ich habe auf die Veränderung dieses Systems gesetzt, nicht auf Abschaffung hingewirkt. Ich habe versucht, das kritische Potential, das in der sozialistischen Theorie steckt, zu nutzen. Ich habe so viel Marx gelesen, daß besorgte Eltern ihre Kinder nicht mehr zu mir schickten. Die einen, weil sie fürchteten, ich sei ein Roter – die anderen, weil sie fürchteten, es könne ihren Kindern nur schaden. Ich habe in der SED Leute gesucht und auch gefunden, die eine andere Partei und einen anderen Staat wollten, ohne ihn abzuschaffen, die schwierige Kompromisse machten, um etwas zu erreichen. Ich habe glaubwürdige junge und alte Kommunisten erlebt, die entweder am System zerbrachen, ihr Gewissen ersäuften oder den Zwiespalt nicht aushielten und sich dann dem Parteilichkeitsgebot der Wahrheit anpaßten. Aber ich habe nie auf die Abschaffung hingewirkt, sondern mit Reformkommunisten wie Milan Machoveč, Leszek Kolakowski und vielen unserer »DDR-Schriftsteller« darauf gehofft, daß der Sozialismus schließlich doch noch Freiheit und Gerechtigkeit miteinander versöhnen und Gleichheit mit Individualität zum Ausgleich bringen würde.

Ich habe die DDR stabilisiert. Ich habe gegen die Auszehrung gewirkt. Ich war gegen die Ausreise, oft auch gegen Ausreiser. Aber aus anderem Grund als die Staatsorgane wollte ich, daß die Leute bleiben, als ein kritisches Veränderungspotential. Ausreise empfand ich stets als Schwächung und auch als Verrat – nicht an diesem Staat, sondern an den Menschen, für die wir Verantwortung trugen. Ich wollte nicht, daß wir dieses Land denen überlassen, die keine andere Legitimation als ihre Macht-Ideologie hatten. Ich habe versucht, Bürger zum Hierbleiben zu motivieren und ihnen zu sagen, daß es doch noch Hoffnung gibt, daß sie selbst die Hoffnung sind, daß wir miteinander etwas erreichen können. Ich habe versucht, positive Entwicklungen aufzuweisen und zu zeigen, daß Sich-Wehren und Aufrecht-Gehen lohnt, daß aber Weg-Gehen schwächt. Ich habe mich mit Leuten angelegt, die dieses Land verlassen wollten, weil ich sie brauchte, und wurde so ein Stabilisator der DDR, die diese Leute auch brauchte. Ich habe die Entspannungspolitik nach außen als eine Voraussetzung für die Entspannung nach innen verstanden und alles darangesetzt, das Land nicht verlassen zu müssen. Ich wollte, daß hier Atemraum bleibt. Ich wollte, daß Menschen zusammenbleiben, Freundeskreise ebensowenig wie Familien zerrissen werden. Ich bin froh, daß ich geblieben bin. Ich weiß, wohin ich gehöre.

Ich habe die DDR stabilisiert. Ich habe ihr als Feind gedient, auf ihre Veränderung gehofft und Weggehen als Flüchten aus der Verantwortung verstanden. Es nutzte nicht viel. Die DDR

erlosch, schied schließlich friedlich dahin. Sie verlor, zum Beitrittsgebiet degradiert, in der Demokratie ihr gerade erkämpftes Subjektsein.
Warum nehmen so viele das hin?

Politische und moralische Reaktionen auf die PDS-Erfolge

In der PDS treten inzwischen alte Muster wieder unverhohlen hervor. Die SED läßt aus allen Denk- und Verhaltensmustern grüßen. Macht- und Rechthaberpose, verbunden mit einem Sozialpopulismus, der sich die Verwerfungen und Verfehlungen der Arbeitsmarkt- und Sozialpolitik zunutze macht, werden propagandistisch geschickt aufbereitet und öffentlichkeitswirksam gemacht. Unvermittelt wird das Programm durch radikale ökologische und friedenspolitische Optionen, Offenheit für linkes Denken und basisdemokratische Forderungen angereichert. Wenn nun ausgerechnet die PDS ostdeutsche Identität und die Stärkung gekränkten Selbstbewußtseins vieler sozial, menschlich und politisch aufs Abstellgleis gestellter Ostdeutscher für sich zu reklamieren versteht, müssen die anderen demokratischen Parteien, Institutionen und Bürgerbewegungen sich ernsthaft fragen, was sie versäumt haben. Statt jedes kritische Argument gereizt abzuwehren, bloß weil es von der »falschen Seite« kommt, die als SED-Nachfolgepartei dafür jedes moralischen Rechts entbehrte, ist dem angezeigten Problem entschlossener zu Leibe zu rücken. Ganz und gar kontraproduktiv und gegenwärtig auch falsch wäre es, die PDS nach dem geläufigen linksrechtsradikalen Schema aus dem demokratischen Grundkonsens herauszukatapultieren. Sie könnte zurückfallen, weil man ihr keine Chance läßt, sich neu zu formieren. So wirken eben Feindbilder. Schließlich ist nicht zu übersehen, daß sich in der PDS viel weggeworfenes intellektuelles Kapital angesammelt hat, das in 40 Jahren DDR-Prägung entstand und im

»vereinigten Westen« nicht Fuß fassen konnte. Dieser Gruppierung jedes moralische Recht und jede menschliche Glaubwürdigkeit abzusprechen, ist schlicht falsch, wenngleich eine beträchtliche Zahl der Mitglieder dieser Partei (und ihre Sympathisanten) durchaus betonköpfig geblieben ist und sich kaum noch ändern wird. Doch wer die DDR dämonisiert, produziert Ostalgie.

Wenn eine Gesellschaft in sich zerrissen ist, mit sich und ihrer Vergangenheit nicht zurechtkommt und in der pluralistischen Gesellschaft disparate Deutungsmuster mit voller emotionaler Wucht und in intellektuellem Kleid aufeinanderprallen, wird derjenige, der zu verbinden, zu differenzieren und zu versöhnen versucht, zwischen alle Stühle gesetzt, mit Vorwürfen von jeder Seite überhäuft, weil er nicht für *eine* Partei Partei ergreift. So habe ich zum Beispiel nach den – die deutsche Öffentlichkeit erschütternden – Wahlerfolgen der PDS am 12. Juni gesagt, daß man die PDS nicht wie einen »Club der Unberührbaren« behandeln darf. Da wurde ich gleich Reinwäscher der SED-Eliten und ein Befürworter von Koalitionen, ja ein Vertreter der »neuen deutschen Versöhnlichkeit« genannt.

Viele SPD-Leute werfen mir vor, ich würde nicht erkennen, daß die PDS doch im Grunde alte Ziele in umgedrehtem Gewand habe und ihre Kaderallüren nur modernisiert hat. Ich erkenne das durchaus und fürchte den Schwitzkastengriff dieser eingespielten Organisation. Ich erkenne, daß sie eine populistische Vermarktung gescheiterter Konzepte betreibt, die aus dem Staat wieder die große Amme machen wollen. Daß ich eine Koalition mit der PDS aus verschiedenen Gründen gegenwärtig für nicht denkbar halte, werfen mir PDS-Leute wiederum als Unversöhnlichkeit und Intoleranz vor. Sie verstehen nicht, daß die Wunden noch frisch sind, die die SED-Herrschaft geschlagen hat. Sie nehmen als Nachfolgepartei nicht an, daß sie Verantwortung für die Zerrüttung des Landes haben. Und dennoch: Die Motive vieler Mitglieder und Wähler der PDS sind verständlich und achtbar. Ihre Kompetenz darf nicht ausgegrenzt werden. Alte Feindbilder wirken weit und tief, sogar bei einstigen Freunden, die ihre Denkmuster von ihren damaligen Feinden übernommen haben und das nicht einmal merken. Zu den PDS-Erfolgen habe ich in der Woche nach der Europa- und Kommunalwahl folgendes formuliert:

Man mag über die Wahlerfolge der PDS den Kopf schütteln – unerwartet kamen sie nicht. Im Grunde sind es alte, gescheiterte Konzepte, die die PDS anbietet. Sie verspricht wiederum den perfekten sozial-staatlichen Schutzraum, in dem Mieten billig, die Sozialleistungen hoch, der Arbeitsplatz für alle garantiert, die Kriminalität gering, die Produktivität gesteigert, die ökologische Verträglichkeit gewährleistet, die Kinderreichen gefördert, die Frauen gleichberechtigt, das Land für alle Asylbewerber offen, jeder Rechtsextremismus zurückgedrängt und die richtige Weltanschauung angeboten wird, wenn nur die klügste Partei mit den besten Konzepten wieder das Sagen hat. Wer wollte dagegen sein? Eingängige Sprüche kann machen, wer weiß, daß er es weder machen noch bezahlen muß. Die PDS hat es seit 1990 auf allen Ebenen in den Parlamenten verstanden, mit Geschick, Fleiß und Intelligenz Opposition zu machen. In letzter Zeit konnte sie sich gar am deutlichsten als Stimme der »Verlierer der Einheit« darstellen. In einer durchaus verständlichen Gegenreaktion konnte sie so die Zu-Stimmung derer gewinnen, die sich nicht andauernd einreden lassen wollen, daß sie ein verlorenes Leben hatten und daß »alles in der DDR schlecht gewesen ist«. Die Verteufelung der DDR-Geschichte und aller Sozialisten in diesem Lande führt zu Trotzeffekten, die eine nachträgliche Idealisierung einschließen. Die Wahlerfolge der PDS zeigen an, wie viele Ost-Bürger sich in 40 Jahren »Sozialismus« im System eingerichtet hatten, wieviel »Sicherheit« sie sich gern gefallen ließen und wie wenige subjektiv unter der SED-Herrschaft wirklich gelitten haben. Nicht nur die Funktionärskasten wurden Profiteure des Systems! Sie alle vergessen jetzt flugs, daß auch sie zu den Bankrotteuren des Systems gehören. Heute Unzufriedene vergessen offensichtlich allzuschnell ihre gestrige Unzufriedenheit und vergolden Vergangenes. Der Neubau-Trabi-Kleingarten-Datschen-Arbeitskollektiv-Horizont hat viele in ihrem Denken und Fühlen nachhaltig verengt und läßt besonders Arbeits- und Perspektivlose sich nach alten Sicherheiten zurücksehnen. Das alles wußte die PDS für sich zu nutzen. Sie konnte geschickt verkleistern, daß nicht der Westen den Osten in den Ruin getrieben, sondern daß sich der Osten selber ruiniert hat. Die permanente Demütigung der PDS, die Ausgrenzung vieler »Staatsnaher«, die strikte Verweigerung eines sachbezogenen Dialogs machte die PDS-Mitglieder kampfentschlossen und relativ geschlossen. In dem Maße, in dem die Demokraten die Gegenwart schönredeten und die Vergangenheit schwarzmalten, nutzte die PDS die Schwächen und schweren Versäumnisse der Vereinigungspolitik. Daß sie einen so hohen Stimmenanteil erreichen konnte, ist nicht zuletzt unmittelbare Folge der Vereinigungs-Planierungspolitik, in deren Folge Millionen ihre Arbeit verloren haben, mit Rückführungsansprüchen verunsichert werden, Angst um ihren Wohnraum bekommen und sich zu Bittstellern degradiert fühlen. Auf diese Weise hat die Politik der Bonner Koalition und die Großkriminalität im Einigungsprozeß der PDS Stimmen gebracht. Der realistisch vermittelnde, Alternativen aufzeigende Weg der SPD ließ sich nicht so gut »verkaufen« wie der sozialpopulistische Stil der PDS. Die PDS konnte aus Enttäuschung über die Art der Vereinigung und über die Dominanz des Westens Stimmen für sich gewinnen. Es ist nicht zu leugnen, daß ungezählte Menschen Angst um ihre Wohnung und die künftige Bezahlbarkeit haben. Zumal in den Städten gibt es bereits unerträglichen Mietwucher. So konnte sie Ängste nutzen, ohne realisierbare Konzepte haben zu müssen. Viele Bürger vergessen zu schnell, mit welchem Verfall des Landes die billigen Mieten der DDR erkauft wurden. Einige Symbolfiguren der PDS konnten in der Öffentlichkeit überzeugen, junge Menschen, größere Teile der Intelligenz und Arbeitslose anziehen. Das Wahlergebnis ist nicht zuletzt eine Reaktion auf die penetrante Titulierung der PDS als »Nachfolgeorganisation der SED« und damit eine Erbin des Mielke-Honecker-Staates. Die Reaktion der demokratischen Parteien auf die PDS ist geradezu panisch und die öffentliche Diskussion neurotisch. Die PDS wurde wie ein Club der Unberührbaren behandelt. Auf ihre Argumente reagierte man arrogant mit dem Refrain: »Ausgerechnet ihr ... Ihr hattet 40 Jahre Zeit. Nun schweigt still.« Die PDS führte das zu verstärktem Ehrgeiz, wieder »die Besten« zu sein. Auf allen Ebenen traten deren Parlamentarier als Lehrmeister in Sachen Demokratie bisweilen mit besserwisserischem Gestus auf und profitierten geschickt von Fehlern des Umbruchs. Der PDS kommen eine eingespielte Organisation, geschlossene Reihen, intelligente Leute und auch ausreichend Geld zugute. Sie führte einen ideenreichen Wahlkampf, konnte gar den Bonus von Ausgegrenzten und einer klaren Opposition für sich verbuchen. In ihr sammelt sich viel brachliegende Intelligenz und sozialpolitisches Engagement. Anziehungskraft für junge Leute bekommt sie durch ein klares Profil und eine geschickte PR. Die Symbolfiguren der PDS wie Gysi und Bisky haben sich als demokratische Sozialisten profiliert. Die Ost-West-Differenzen einerseits und die innere Spaltung im Osten andererseits ergeben eine schwierige Gemengelage. Die Differenz zwischen Symbolfiguren der PDS und ihrer Anhängerschaft ist unwägbar. Völlig offen ist, wieviel altes Denken subkutan wirkt. *Was* kommt wieder hoch, und *wer* kommt wieder aus den Löchern, wenn die PDS Oberwasser gewinnt? Wie würde sie mit Macht umgehen, wenn sie sie wieder hätte? Vielen im Osten graut vor deren Anhängerschaft. Werden alte Konzepte wieder hoffähig, die dieses Land in den Ruin getrieben haben? Innerhalb der PDS wird solcher Streit geführt. Sie ist durchaus nicht homogen. Gegenwärtig ist sie keine linksextreme Partei, die im platten Rechts-Links-Schema mit Rechtsextremen zu vergleichen ist. Solange die PDS sich an die demokratischen Spielregeln hält und sich im Osten Deutschlands zu etablieren versteht, werden Demokraten mit ihnen als Demokraten streiten müssen und mit sachlichen Leuten auch sachlich arbeiten. Eine Zusammenarbeit vor Ort in Sachfragen wird unumgänglich. Die SPD ist in einer nicht beneidenswerten Lage. Sie würde in der Luft zerrissen werden, wenn sie sich der PDS nähert. Da wittert man sogleich Volksfront, und vielen SPD-Wählern würde ein Zusammengehen kaum vermittelbar sein. Andererseits wäre es absurd, die PDS zum Hauptgegner zu erklären. Das Wahlprogramm der SPD kann sich sehen lassen, bedarf aber besserer Vermittlung. Mit einem Anpassungsmanöver nach allen Seiten hin wird sie jedenfalls kaum Stimmen gewinnen. Der schwierige Weg in die Zukunft kann nicht als »Eiertanz« begangen werden. Indes: Je schwieriger die Situation, desto einfacher werden Parolen, mit denen Wahlen gewonnen werden. Politische Fast-food-Programme kommen an. Die Mühen der Differenzierung werden kaum honoriert. »Medienereignisse« werden von denen, die die Macht haben, zu Ereignissen hochstilisiert. Des Kanzlers so vordergründige wie medienwirksame Spatenstichpolitik darf nicht über die dramatische Entwicklung am Arbeitsmarkt hinwegtäuschen. Bei der Aufregung in Deutschland über die Wahlerfolge der PDS ist ganz untergegangen, wie erleichtert wir sein können, daß die Rechtsextremen so abgesackt sind. Die Erfolge der PDS sollten für die anderen demokratischen Parteien Ansporn sein, eine bessere Politik zu machen, Politik besser zu vermitteln, statt sich Ausgrenzungsstrategien auszudenken.

Kein Anlaß für Nostalgie

Seit meiner Kindheit hatte ich Kontakt zu Menschen, die in die Fänge der kommunistischen Untersuchungsorgane geraten waren. Die Angst um meinen Vater hatte sich seit 1956 tief eingeprägt. So wollte ich keinesfalls in Untersuchungshaft kommen. Dies hätte Hausdurchsuchung bedeutet, und alles, was dort an Briefen, Aufzeichnungen, Dokumenten, Schriften, Büchern und Adressen gefunden worden wäre, hätte andere Menschen mit belastet und eine ganze Welle von Nachforschungen ausgelöst. Überdies hätte dies wahlweise jederzeit eine Anklage nach § 97–99, § 106–107, § 218–221, 225 des Strafgesetzbuches der DDR bedeutet. Das alles sind politische und juristisch weit dehnbare Straftatbestände gewesen, mehrfach bis zu zwölf Jahren zu ahnden. Ich habe 1971 miterlebt, wie die Staatssicherheit Hausdurchsuchungen in einem Studentenwohnheim durchführte, was sie dabei alles mitgehen ließ und wie viele im Umfeld gleich mit einbezogen und auch zur Mitarbeit »überzeugt« werden sollten (und wurden?). Eine Anklage hätte über kurz oder lang das Verlassen des Landes bedeutet. Nicht nur davor hatte ich Angst, sondern ich wollte auch meine Verwurzelung in diesem Land und die Verbundenheit mit diesen Menschen nicht verlieren. Deshalb habe ich öfter abgewogen, was wann, wo, wem in welcher Weise zumutbar war. Die beständige Frage für mein Reden und Verhalten war, in welches Verhältnis das jetzt Nötige zu dem jetzt Möglichen kommt und wie man dem Nötigen zur Wirklichkeit schrittweise verhilft, ohne sich aufzugeben. Und schließlich hatte ich auch immer Verantwortung für jüngere Menschen, deren Lebensweg auch durch meine Aktivitäten unverhältnismäßige Brüche oder Einschränkungen erleiden konnte. Und ich wollte, daß junge Menschen zu den Veranstaltungen der Jugend- oder Studentengemeinde kommen konnten, ohne gleich kriminalisiert zu werden. Bei meinem Abschied von der Merseburger Studentengemeinde im Mai 1978 habe ich dies so ausgedrückt:

»Jedem von euch danke ich tiefmenschliche Erfahrung und Freundschaft. Wir haben mehr empfangen, als wir danken können. Und es hat von Anfang an und bis heute Störversuche von außen gegeben: schmutzige, nichtswürdige Praktiken eines selbstunsicheren Apparats, der versucht hat, *gerade* Menschen zu brechen oder *un*gerade hierherzuschicken. Dies fand erst jetzt im März einen traurigen Abschluß, indem sich der Sicherheitsapparat zu einer Merkwürdigkeit verrenkte, indem Studenten sich beim Prorektor über meine Tätigkeit beschwerten, die ihnen nicht hülfe, Studenten an einer sozialistischen Hochschule und gleichzeitig Christen zu sein. Der

Prorektor wandte sich daraufhin hilfesuchend an die Abteilung Inneres beim Rat des Kreises, und diese zitierte den Propst aus Halle nach Merseburg, damit dieser mir dies mitteilen solle. Nie hat man direkt mit mir gesprochen und auch nicht mit uns in der Studentengemeinde, eben weil wir hier immer direkt gesprochen, auch gestritten haben.

Wenn die einen sagen ›Denken ist heute zu gefährlich‹, so sagen wir ›Nichtdenken ist gefährlicher‹. Wenn wir das Denken den Leuten mit eckigen Gehirnwindungen, das Sehen den Einäugigen, das Hören den Wanzen überlassen, haben wir keine Zukunft. Da ist ein Satz des Jesus von Nazareth geradezu befreiend: ›Wer Ohren hat zu hören, der höre! Habt keine Furcht.‹

So jedenfalls wollen wir, daß die Menschen, die zu uns kommen, mündig bleiben oder mündig werden und nicht auf Schulungsmaterial angewiesen sind. In einem der letzten Propagandamaterialien für FDJ-Agitatoren heißt es: ›Es gibt auch kirchliche Kreise, die reaktionäre ideologische Positionen vertreten, zum Beispiel klerikale Versöhnungstheorie (gegen sozialistisches Feindbild vom Imperialismus, gegen Wehrdienst und ähnliches gerichtet), Vorbehalte gegen den realen Sozialismus, besonders den politischen Überbau, pluralistische Vorstellungen, gegen die Führungsrolle der Partei, irreale Sozialismusauffassungen, gegen Hauptaufgabe und Sinn des Sozialismus gerichtet, Widerspruch zwischen wissenschaftlich-technischem Fortschritt und Menschheit konstruiert. Solchen politisch-ideologischen Auffassungen der Kirche ist entschieden entgegenzutreten, um damit gleichzeitig die Christen stärker zu gesellschaftlichen Aktivitäten beim Aufbau des Sozialismus heranzuziehen. Die Flucht zur Kirche ist häufig auch resultierend aus Oppositionsgeist, aus der Unzufriedenheit mit bestimmten Erscheinungen und der Feigheit, Kritik am rechten Ort anzubringen, der Scheu vor Auseinandersetzungen.‹

Solche Scheu vor Auseinandersetzungen haben wir gerade nicht. Und Menschen, die hierherkommen, Feigheit zu unterstellen, ist geradezu pervers. Aber wahrscheinlich sind Menschen in diesem Ideologiesystem schon ›blindlings‹. Um noch einmal ein einschlägiges westliches Zitat einzubringen: ›Siegreich sein ist die Sache der Sehenden. Die Einäugigen haben sie in die Hand genommen und den Blinden zum König gemacht ... Der König soll kürzlich erklärt haben, er blicke voll Zuversicht in die Zukunft. ›Durch nichts ist der gegenwärtige Zustand besser zu charakterisieren als durch solche Ironie.‹«

Am Abend dieses Abschiedsfestes im Mai 1978 sang Bettina Wegener auch das Lied von der Trauer über die Weggegangenen. Bald hielt sie selbst es nicht mehr aus und ging.
Im Februar 1990 wurde ich zu einer Diskussion mit Studenten an die »Hochschule für Chemie Carl Schorlemmer« eingeladen. Vom Übergangsdirektor wurde mir die Carl-Schorlemmer-Medaille überreicht. Danach war mir ganz und gar nicht. Ich stellte zu Beginn der Diskussion einige Überlegungen zu Karl Marx und dem Untergang der DDR an.

»›Die materialistische Lehre, daß die Menschen Produkte der Umstände und der Erziehung, veränderte Menschen also Produkt anderer Umstände und geänderter Erziehung sind, vergißt, daß die Umstände eben von den Menschen verändert werden und daß der Erzieher selbst erzogen werden muß. Sie kommt daher mit Notwendigkeit dahin, die Gesellschaft in zwei Teile zu sondern, von denen der eine über der Gesellschaft erhaben ist (z. B. bei Robert Owen).
Das Zusammenfallen des Änderns der Umstände und der menschlichen Tätigkeit kann nur als umwälzende Praxis gefaßt und rationell verstanden werden.‹

(Karl Marx, 3. Feuerbachthese)

Das Projekt ›Mensch‹ ist im Begriff zu scheitern. Das Scheitern des DDR-Sozialismus ist dabei nur eine Winzigkeit. Aber diese Winzigkeit ist eben unser eigenes Leben. Es erschüttert mich schon, wie massenhaft eine gewisse Bewußtseinstrübung geworden ist, die die Lösung aller unserer Übel im ›Schnell-einig-Vaterland‹ sieht, im Anschluß an die wirt-

schaftlich potente und ansonsten auch recht ansehnliche Bundesrepublik.
›Ein Deutscher – wie stolz das klingt‹ – das möchten wir so gekränkten, betrogenen DDR-Deutschen schon sagen. Zu viele vergessen, was wir bis zum Überdruß gelernt hatten: ›Ein Mensch – wie stolz das klingt.‹
Mir macht die nur allzu verständliche Selbstablenkung, die Ablenkung von uns selbst, etwas Angst, weil ich darin auch eine Flucht sehe, heraus aus den selbstproduzierten Ausweglosigkeiten, hinein in eine neue, jetzt noch so verlockende, hochmoderne Variante des Industriesystems, beherrscht von IWF und Weltbank, Profitmaximierung und Ausplünderung der ganzen Welt. Daimler arbeitet weltweit, und Haussmann ist nicht Mittag. Auf dem westlichen Luxusschiff ›Titanic‹ läßt sich noch gut leben, gewiß. Nur: Die Titanic hat nicht für alle Platz und ihr ehrgeiziges Ziel wird sie nicht erreichen, und sie reißt sich auf, weil sie nur die Spitze des Eisbergs sieht.
Ich verstehe die neuen Zukunftsillusionen gut, wenn ich ansehe, wie heruntergekommen dieses Land ist – in jeder Weise. Die Erkenntnisse Marxscher Gesellschaftsanalyse, bezogen auf Bedingungen des 20. Jahrhunderts, haben von gestern zu heute bei fast allen Menschen dieses Landes ihre Plausibilität verloren, weil sie stets ideologisch mißbraucht wurden.
Selbst wo die Kommunisten nicht logen, glaubt man ihnen nicht mehr. Linkes Gedankengut wird einsam. Man begegnet dem mit großer Skepsis, weil die ›Linken‹ selber nicht skeptisch genug waren.
Warum ist das Scheitern des DDR-Sozialismus mit dem Übersehen der 3. Feuerbachthese verbunden?
Weil die Partei die Philosophie beherrschte und die Dialektik tötete. Der Partei ging es um die Macht und um nichts als die Macht. Dazu schaffte sie faktisch die Philosophie als permanente Suche des Menschen nach dem Rätsel, das er selbst ist, einfach ab.
Weil die Partei über dem Volk erhaben war (›die Partei hat immer recht, und Genossen, es bleibe dabei, die Partei, die

Partei, die Partei‹), ruinierte sie dieses Land und das ganze sozialistische Weltsystem im geistigen Altersstarrsinn.
Weil das fundamentale Wechselverhältnis von Selbstveränderung und Weltveränderung übersehen wurde, scheiterte das Experiment, das gar keines mehr war.
Den Politiker, der diese Erkenntnisse in die Gesellschaft zu übertragen versuchte, nämlich Gorbatschow, hat Kurt Hager 1987 auf das Niveau eines Tapezierers gestellt.

›Die größten Denker der Menschheit haben vor der Gefahr eines Zurückbleibens unseres Bewußtseins hinter der schnellen Veränderung des Seins gewarnt. Das ist in unseren Tagen besonders aktuell. Der Mensch dringt bereits in galaktische Fernen vor. Aber wieviel bleibt noch auf der Erde zu tun! Kein einziges Volk, kein einziger Staat ist imstande, die bestehenden Probleme im Alleingang zu lösen. Sich zusammenzuschließen aber verhindert das alte Gepäck der Uneinigkeit, der Konfrontation und des Mißtrauens.
Ich weiß, bei weitem nicht jeder in diesem Saal akzeptiert unsere Ansichten, unsere Ideologie. Als Realist versuche ich nicht, jemanden zu unserem Glauben zu bekehren. Zu jeder Philosophie kommen die Menschen und Völker selbst, indem sie durchleiden, indem sie sie mit Verstand und Herz erfassen. Bei allen Unterschieden in den politischen und philosophischen Anschauungen, in den Idealen und Werten müssen wir uns jedoch des einen bewußt sein: Wir alle sind Hüter des uns von vorangegangenen Generationen überlieferten Feuers des Lebens.‹

(Gorbatschow, Oktober 1985 in Paris)

Ich komme aus Wittenberg. Dort hat Johann Hinrich Wichern im Jahr des Kommunistischen Manifests zur ›Revolution der Barmherzigkeit‹ aufgerufen, während Marx die Revolution der Strukturen suchte. Das ist indes zusammen zu sehen: die Liebe in Strukturen und die Überwindung liebloser Strukturen. Das Wort Barmherzigkeit ist das personale Wort für das politische Wort ›Solidarität‹.

Wie es um die Verbindung von Wichern und Marx geht, so muß es uns heute um die Verbindung des kategorischen Imperativs von Kant und Marx gehen, nämlich: Handle so, daß die Maxime deines Handelns allgemeines Weltgesetz werden könnte! Alle Verhältnisse umwerfen, in denen der Mensch ein erniedrigtes, beleidigtes, geknechtetes Wesen ist.«

Vom »Konsum« zum Konsum

Inzwischen gleicht sich unser Leben mehr und mehr »dem Westen« an. Über die Vergangenheit wächst Gras, und sie wird eifrig übertüncht.
Ich versuche eine satirische Reminiszenz, zusammendrängend den bedrängenden DDR-Alltag, wohl wissend, daß dies nicht alles war.

In der Konsum-Verkaufsstelle der vorbildlichen Verkaufskultur »Flacon-Kosmetik« arbeitet meine Freundin Gabi. Das Kollektiv arbeitet nach der Bassow-Methode (alles in Ordnung halten, daß nichts passiert), nach der Mamai-Methode (jeden Tag den erfüllten Plan überprüfen) und nach der Nina-Nasarowa-Methode (zu den Menschen freundlich sein). Wegen Tempotaschentüchern soll ich nächste Woche noch mal nachfragen. Aber ich bekomme als Bückware den Deostift der Marke »CLOU«. In der PGH[1] Ofenbauer- und Fliesenlegerhandwerk »Vorwärts« sind wieder keine Fliesen vorrätig.
Im »Guten Buch« flüstere ich der Buchhändlerin zu, ob Stefan Heym schon da ist. »Ist schon durch, gestern nachmittag«, raunt sie. In der PGH »Aufbau« frage ich nach, ob ich für eine Komplexrenovierung noch in die kreisliche Bilanzierung kommen kann. Die Kollegin sagt mir, daß der zuständige Kollege gerade auf Schulung sei und ich noch mal nachfragen solle. Ich gehe die Thälmannstraße entlang und überquere die Stra-

1 Produktionsgenossenschaft des Handwerks

ße der DSF[2], bis ich am Ende auf die Straße der Neuerer treffe. Dort liegt die Kaufhalle »Völkerfreundschaft«. Dort kaufe ich zwölf KIM-Eier und einen Broiler, ergattere ein süßliches Apfelgetränk mit natürlichen Zusatzstoffen und hole dann aus der Delikatabteilung – verschämt – Ketchup für meinen Sohn und leiste mir dann für 17,– Mark der DDR eine Büchse Darjeeling. Das Dessauer Bier, gebraut mit Rindergalle und Abfallreis, ist wieder trübe. Ich suche nicht nur in den Regalen, sondern sehe genauso interessiert in die Körbe der anderen Käufer, um zu sehen, was es gibt. Nach Briefumschlägen und Toilettenpapier frage ich routinemäßig. Ich treffe einen Bekannten, der mir sagt, in der Kaufhalle »30. Jahrestag« in der Straße der Befreiung 101 soll es Klopapier geben und auch Tomaten.

Jetzt muß ich noch schnell in die Abteilung Paß- und Meldewesen des VPKA[3]. Dort ist es sehr voll. DDR-Bürger sitzen mit Westbesuch an den Sprelacarttischen und klopfen leise, nervös auf die ausgefransten Kanten. Andere füllen Anträge zum besuchsweisen Aufenthalt von Verwandten und Bekannten aus der BRD aus. Die Bezeichnung »Freunde« auf dem Formular einzutragen ist untersagt. Eine Frau gibt ihre Anträge ab. Sie wird zurückgewiesen, weil der Ausstellungsort des Passes und die Adresse der Arbeitsstelle des BRD-Besuchers nicht angegeben sind. Andere fingern in ihren amtlich beglaubigten Unterlagen, die den familiären Anlaß bestätigen und den Lebensnachweis des zu Besuchenden enthalten. Über die Verwandtschaftsgrade gibt es noch gesonderte Einzelgespräche. Drückende Atmosphäre im steingefliesten Vorraum, mit einem nur mühsam zu verstehenden Lautsprecher an der Wand, mit dem der nächste aufgefordert wird und wie auf Befehl aufspringt. An der Wand des kahlen, ölsockelgrauen, eisenvergitterten Raumes hängen drei Bilder: Sindermann, Honecker, Stoph, Erich Honecker etwas höher, im Dienstzimmer dann nur noch der Staatsratsvorsitzende. In den Fluren sind Wandzeitungen mit Werbungen für die Nationale Volks-

2 Deutsch-Sowjetische Freundschaft
3 Volkspolizei-Kreisamt

armee angebracht. Ich warte über eine Stunde, weil ich beim Leiter der Abteilung Paß- und Meldewesen, Genosse Krüger, Beschwerde einlegen will, weil der Besuch von Freunden mir in einem lapidaren Schreiben, nun zum wiederholten Male, verweigert worden ist. Der Genosse Krüger erklärt mir barsch, daß es bei der Ablehnung bleibt und er nach § 17 usf. usf. weder berechtigt, noch verpflichtet sei, dafür eine Begründung zu geben. Vor der Tür treffe ich Jens-Uwe, der sich vor drei Jahren mit der Frage gequält hatte, ob er den Tausch »drei Jahre Armee gegen Medizinstudium« mitmachen sollte. Nun hat er seinen dreijährigen »Ehrendienst« bei der NVA[4] (stationiert in der Kaserne »Philipp Müller«) abgeleistet. So hat er seine Dankbarkeit gegenüber »unserem Arbeiter-und-Bauern-Staat« ausgedrückt und kann an der KMU[5] studieren. Er erzählt mir von den Unterdrückungsmethoden, mit denen die Soldaten sich gegenseitig disziplinieren, ja fertigmachen und in Angst versetzen. Wie die »Geknickten« mit den »Glatten« und wie die EKs[6] mit den Geknickten umgegangen sind. Wie furchtbar es ist, als »Sprutz« zu sadistischen Spielen gezwungen zu werden oder zu »Schildkröte«, »Radio« und »Eisenbahn«. Jens-Uwe hat seinen Rettungsschwimmer bei der GST[7] gemacht und will sich bis zum Beginn des Studiums im Schwimmbad »7. Oktober« in Sangerhausen noch ein bißchen Geld verdienen.
Im Zeitungskiosk frage ich vergeblich nach der letzten *Wochenpost.* In der Post erkundige ich mich nach Sondermarken. Es gibt leider keine. So muß ich die häßlich-grünlichen und rötlichen Normalmarken mit dem Lenin-Denkmal nehmen. In der Konsum-VST[8] Nr. 11-43 hole ich mein Geld für die Rabattmarken ab und trage mich in die Liste derer ein, die einen Soli[9]-Beitrag in Höhe von 2,– Mark entrichten. Wofür das bestimmt sei, frage ich. Der VST-Leiter zieht die Augenbrauen

4 Nationale Volksarmee
5 Karl-Marx-Universität Leipzig
6 Entlassungskandidaten
7 Gesellschaft für Sport und Technik
8 Verkaufsstelle
9 Solidaritätsbeitrag

hoch, antwortet: »Sie wissen doch.« Zu Hause packe ich das Eingekaufte aus den Dederonbeuteln. Dann fahre ich mit meinem Mifa-Fahrrad mit durchgesessenem Sattel ins Nachbardorf. Auf dem Fußweg der Ausfallstraße, der »Straße der DSF«, schlängele ich mich durch etwa 20 Aufsteller der »Straße der Besten«. Die Leistungen im Neuererwesen werden da aufgezählt, ihre familiäre Situation beschrieben, die Funktion in gesellschaftlichen Organisationen hervorgehoben – Großfoto – meist mit breitem Lachen.

Auf dem Schulhof der POS[10] »Angela Davis« trinken die Schüler ihre Milch. Die meisten haben ihr Ehrenkleid, das FDJ[11]-Hemd, an. In der Schule wird eine ausländische Delegation erwartet, wie ein Transparent verrät: »Druschba-Freundschaft!«

Die HO[12]-Gaststätte (unter dem Schild ist noch zu erkennen, daß sie einmal »Gasthof Deutsches Haus« hieß) ist »aus technischen Gründen« geschlossen. Am Eingang der LPG[13] (T[14]) »Roter Oktober« steht der BGL[15]-er und diskutiert mit dem in seinem »Saporoshz« sitzenden Brigadier der ZBE[16] Milchproduktion »30. Jahrestag der DDR« in Kemberg. In der Eutzscher Baumschule »Sieg des Sozialismus« kaufe ich die mit »Vitamin B« zurückgelegten Rosenstöcke. Gegenüber liegt das Gelände der ehemaligen MTS[17], auf dem jetzt die KfL[18] stationiert ist und gerade Mähdrescher der Marke »Fortschritt« von der LPG »Druschba« repariert. Die Ernteschlacht hat wieder begonnen. In der BHG[19] suche ich zum dritten Mal vergeblich nach einem Spaten. »Ist noch nicht wieder reingekommen.« »Wann?« »Fragen Sie immer wieder mal nach.«

10 Polytechnische Oberschule
11 Freie Deutsche Jugend
12 Handelsorganisation
13 Landwirtschaftliche Produktionsgenossenschaft
14 Tierproduktion
15 Betriebsgewerkschaftsleitung
16 Zwischenbetriebliche Einrichtung
17 Maschinentraktorenstation
18 Kreisbetrieb für Landtechnik
19 Bäuerliche Handelsgenossenschaft

Ich weiche einer älteren Frau aus, die für die »Volkssolidarität« Essen austrägt.
Am Gebäude des Rates der Gemeinde steht ein großes Schild: »Schöner unsere Städte und Gemeinden – mach mit«. Die LPG Tierproduktion »Deutsch-Sowjetische Freundschaft« hat eine Großviehanlage errichtet, eine Rinderzuchtkomplexanlage mit 10 000 Tieren. In der Nähe überprüft eine Arbeitsgruppe der WAB[20] die Brunnen. Es hatte Eingaben von Eltern kleiner Kinder über Verdauungsprobleme wegen zu hohen Nitratgehalts des Trinkwassers gegeben. Vor einem Riesenhaufen von verschiedenen Düngern des ACZ[21] steht ein doppelseitiges Transparent, beschmutzt und angegraut. Auf der einen Seite lese ich: »Was der VIII. Parteitag beschloß, wird sein« und auf der anderen Seite: »Je stärker der Sozialismus – desto sicherer der Frieden«. Der Betongetreidesilo der VEAB[22] bestimmt die Silhouette des kleinen Dorfes mit der eingeknickten Kirchturmspitze. Die sozialistische Umgestaltung hat sechs Wohnblocks mit Fünfgeschossern an den Eingang des kleinen Dorfes gesetzt. Die Inhaber der AWG[23]-Wohnungen versuchen, zwischen den breiten Betonwegen die Vorgärten zu gestalten. Auch sie stehen im Wettbewerb um das schönste Vorbeet.
Auf der Rückfahrt sehe ich, wie die Frauenbrigade der GPG[24] »10. Jahrestag« am ELO-Frühstückswagen Pause macht. Auf dem dahinterliegenden, kilometerweiten Rübenfeld entdecke ich in Abständen von einigen hundert Metern Frauen und Männer, die einsam vor sich hin hacken. Sie haben einen attraktiven Pflegevertrag abgeschlossen. Auf kleineren Wiesenstücken am Ausgang des Dorfes stehen mehrere »individuelle Mastbullen« (»Jedes Jahr ein Zehntausender«).
Ich werde von einem Fahrzeug der Sowjetarmee überholt. Der typische, schwer-süßliche Geruch des Benzins dringt mir in die Nase. »Vorsicht Menschen« steht auf einem gelben Schild,

20 Wasser-Abwasser-Betrieb
21 Agrochemisches Zentrum
22 Volkseigener Aufkaufbetrieb
23 Arbeiterwohnungsbaugenossenschaft
24 Gartenproduktionsgenossenschaft

das an der hinteren Lastwagenklappe angebracht ist. Jungenhaft-freundlich, müde und skeptisch geben »die Freunde« mein Grußzeichen zurück. Die zweisprachige Aufschrift und diese Gesichter dazu rühren mich. Nun komme ich an der »Kampfbahn des Friedens« vorbei. Dort findet gerade die Jugendspartakiade mit den »Hans-Beimler-Wettkämpfen« statt. Die Kinder der dritten Klasse üben Handgranatenzielwerfen. (Ich weiß, welche Konflikte mein Freund Ulrich hatte, als er seine 10jährige Tochter davon befreien ließ.)
Ich kürze meinen Rückweg ab und fahre auf den sauber geharkten Wegen der Kleingartensparte »Freundschaft« des VKSK[25] nach Hause.
Am Abend bin ich zur Einschulung in die EOS[26] für meine Tochter eingeladen. Der Genosse Direktor hält eine Ansprache. Er fordert zu besonderen Anstrengungen und großen Fleiß für unser sozialistisches Vaterland auf. Er hebt hervor, daß die Ahnenforschung an der EOS »Philipp Melanchthon« ergeben habe, daß aus dieser Schule allein drei Generale und mehrere Oberste hervorgegangen seien. Von anderen Erfolgen, etwa in der Wissenschaft oder in der Kunst, weiß er nichts zu berichten. Ich frage mich, wann er mit der Ahnenforschung begonnen hat – 1910, 1940 oder 1960? Die Lehrer werden in besonderer Weise angehalten, die Schüler zu motivieren, daß sie zum Schutze unserer sozialistischen Heimat, zum Wohle des Friedens und Sozialismus wirken. Im Eingang der Schule hängen die Namen der Anwärter für Berufsoffiziere (25-Ender), darunter die beiden Söhne des Direktors. Die militärische Tradition der deutschen Schule wird unter sozialistischen Vorzeichen konsequent fortgesetzt. Der im übrigen sehr nette Klassenlehrer meiner Tochter erzählt später bei einem Hausbesuch, daß er eigentlich Offizier werden wollte. Das sei ihm leider aus gesundheitlichen Gründen nicht möglich gewesen. Da er aber unbedingt mit Menschen zu tun haben wollte, sei er Lehrer geworden.
Die Schule arbeitet eng mit dem Wehrkreiskommando und

25 Verband der Kleingärtner, Siedler und Kleintierzüchter
26 Erweiterte Oberschule

dem Rat des Kreises zusammen. Ich höre, daß der Leiter des Reservistenkollektivs, A., den Parteiauftrag bekommen hatte, APO[27]-Sekretär im Rat des Kreises zu werden. So wird Hauptmann der Reserve H. Leiter des Reservistenkollektivs, das die spezielle Aufgabe hat, möglichst viele Jugendliche für den dreijährigen »Ehrendienst in unserer NVA« zu gewinnen. Die Methode ist eine Mischung aus Angst, Drohung und Lockung, dazu Umgang mit modernster Technik, gute Bezahlung, Neubauwohnung und attraktiver Anschluß ins Zivil-Leben.
Die Kinderspiele der Jungen werden ausgenutzt und in die ernsteren Spiele der Erwachsenen überführt. So betont der 10jährige Rüdiger aus Zörnigall laut *Freiheit*, daß er Offizier werden möchte. Sein Bild und der Hinweis auf seine besonderen »gesellschaftlichen Aktivitäten« findet sich in diesem »Bezirksorgan der SED«.
In meinen Unterlagen kramend, finde ich in der *Freiheit* vom 24. Mai 1978 auf der Seite »Volksbildung/Kulturpolitik« eine Meldung: »Fast jeder vierte Abiturient der Halleschen EOS Bertolt Brecht will das Waffenhandwerk erlernen.«
Im Text heißt es dann: »Sie haben einen der wichtigsten Berufe in unserem Land gewählt. Wenn sie das Abitur hinter sich gebracht haben, dann ziehen sie den Rock des Soldaten an und studieren an einer Offiziersschule der NVA. Ein schwerer und verantwortungsvoller Beruf, der unsere Friedenspolitik militärisch sichert und unsere sozialistischen Errungenschaften schützt. Ein Beruf gewissermaßen auf Lebenszeit. Das Pädagogenkollektiv ist bemüht, Vaterlandsliebe und patriotische Haltungen zu erzeugen, die schließlich zu einer solchen Berufswahl führen.« Und die Kulturschaffenden werden zum X. Parteitag der SED aufgerufen: »Entlarvt die Menschenfeindlichkeit des Imperialismus, prangert seine Brutalität und Aggressivität an, gebraucht eure Kunst als Waffe in den geistigen Kämpfen unserer Zeit. Vermittelt unseren Bürgern künstlerische Erlebnisse, die bei ihnen Schöpferkraft, Optimismus und Lebensfreude wecken, die ihre Liebe zur

27 Abteilungsparteiorganisation

sozialistischen Heimat vertiefen und den proletarischen Internationalismus ausprägen.«
Seit 1968 konnte jeder wissen, was sich hinter der Formulierung »proletarischer Internationalismus« verbirgt. Die brüderliche Hilfe mit Panzern gegen eine opponierende Bevölkerung wurde zur wichtigsten Stütze des Ancien régime der DDR. Als dieses Hilfsversprechen mit einer lapidaren Bemerkung Gorbatschows zum 40. Jahrestag im Oktober 1989 wegfiel, brach die DDR in sich zusammen.
Sie ist kaputt und mit ihr auch ein Stück von uns. Da nicht gewaltsam abgeräumt wurde, werden die äußeren und inneren Aufräumprozesse noch lange andauern und dauernd schmerzen. In der Durchsetzungskultur finden sich sehr schnell wieder diejenigen »oben«, die machtbewußt und skrupellos sind. Wenn der Weg nur vom Konsum zum Konsum führt, wird der demokratische Umbruch nur ein riesiger Umverteilungsprozeß sein, mit wenigen Gewinnern und vielen Verlierern.
Das aber wäre Nährboden für Wiederholungen in Variationen.

Ich gehöre auf keinen Sockel

Immer noch und immer wieder muß ich mich kneifen, ob das alles stimmt. Daß einer meiner großen Lehrer, Walter Jens, für mich eine Rede in Wittenberg hält, ist irgendwie unglaublich. Was Worte in Menschen wirken können, und welche Verantwortung denen auferlegt ist, die öffentlich mit dem Wort umgehen, habe ich zu spüren bekommen – damals und heute. Mit dem Wort umzugehen ist Schwerstarbeit. Manchmal wird sie zur Freude, wenn man erlebt, wie Sprache sich uns schenkt. Bei meinem Sprechen lasse ich die Sprache auch spielen, will aber, daß das Sprach-Spiel die Weisheit der Sprache offenlegt und der Wahrheit näherkommt *und* sie wirksam macht. Dabei habe ich sehr viel gelernt von Walter Jens.

Vor fünf Jahren war ich zu seiner »Pro-forma-Emeritierung« in Tübingen und wußte doch damals schon, daß es mit ihm für uns noch einmal richtig losgehen würde.
Nun plötzlich bin ich ein Geehrter, und alles, was Walter Jens sagte, ist wahr und ist auch unwahr. Einen solchen Preis zu bekommen und anzunehmen ist durchaus ein Wagnis. Denn wer sich kennt und wer mich kennt, weiß von meinen Begrenzungen und fragt sich: Das soll nun ein Friedenspreisträger sein?
Ich habe mich nicht auf einen Sockel gestellt, und ich lasse mich auch nicht darauf stellen. Die Verleihung des Friedenspreises des Deutschen Buchhandels ist eine Ermutigung für einen Weg, der nicht ohne Schwierigkeiten ist, deren Ursache auch wir selbst bisweilen sind. Ich weiß genau, wie schwer es ist, andere zu ertragen, und wie schwer es anderen fällt, mich zu ertragen. Ich weiß auch, daß ich nicht alles tun konnte, was im einzelnen hier in dieser Stadt zu tun gewesen wäre. So habe ich in der Öffentlichkeit eine Aufgabe übernehmen müssen, die gegenwärtig nur wenige Ostdeutsche wahrnehmen können. Dazu bin ich auch immer wieder von anderen aufgefordert worden – nämlich ein Mund der Ossis zu sein, ein Dolmetscher zwischen Ost und West, wobei ich mich nicht gescheut habe, Kritisches zu uns selbst und auch Kritisches zu den Westdeutschen zu sagen. Nur wenn wir diese Freiheit gewinnen, voreinander offen zu reden, werden wir auch die Einheit gewinnen. Im politischen Bereich bin ich zwar in der Sache entschieden, aber versuche, mich nicht parteipolitisch zu verhalten, obwohl jeder von uns immer wieder leicht verrechnet wird oder sich auch verrechnen läßt. Was ich zu tun versuche, geht über Wittenberger Belange hinaus. Andere tun das, was hier vor Ort wichtig ist. Sie tun es redlich, kompetent und engagiert. Jeder soll sich darauf konzentrieren, was er jetzt gut tun kann und wo er unersetzbar ist. Und jeder muß erkennen, daß er nicht gleichzeitig alles tun kann. Was ich versucht habe, kostete viel Kraft, Zeit, Korrespondenz, auch Medienabwehr und gleichzeitig Präsenz in wichtigen politischen Fragen.

Im Blick auf das Jahr 1994, das mir Sorge und auch Angst macht, möchte ich über die Demokratie und den Umgang miteinander in unserer Stadt etwas sagen. Uns ist es insgesamt ganz gut gelungen, die Sachfragen vor Parteifragen zu stellen, auch wenn es immer wieder zu Irritationen und gegenseitigen Verdächtigungen und Vorwürfen gekommen ist. Es geht insbesondere um Fairneß gegenüber den Konkurrenten oder Gegnern – dazu gehört unabdingbar die Tapferkeit vor dem Freund, der Versuch, in den eigenen Reihen die Wahrheit zu sagen, die man nicht dem Gegner überlassen darf, weil man sich sonst gezwungen sähe, sie abzulehnen, weil der Gegner sie sagt. Es geht um die Kritik in unseren jeweiligen Gruppierungen. Wenn wir dies vorausnehmen, brauchen wir nicht so sehr um unser gegenseitiges konstruktives Verhältnis – trotz allen nötigen Streites – zu fürchten. Wichtiger als der Nachweis, daß der andere schlechter ist, wäre der Beweis, daß wir selber besser sind. Ich hoffe, daß es uns in unserer Stadt und in unserem Landkreis im Jahre 1994 gelingt, den sachlich berechtigten Streit zu führen, ohne den anderen zu beschädigen. Es liegt an uns Demokraten, daß wir uns nicht in der Arena zerfleischen und uns auch nicht von anderen in die Arena schicken lassen, um uns zu zerfleischen. Fairneß aber kann nicht heißen, sich alle Vergiftungen und alle Schmähungen gefallen zu lassen, die einmal den Bürgermeister, ein andermal den Landrat, einmal den Handwerksvereinsvorsitzenden, ein andermal den Stadtkämmerer treffen, einmal eine Journalistin, ein andermal mich. Der Redakteur eines Anzeigenblattes, der je nach Bedarf Menschen dieser Stadt auswählt, um verkaufsträchtig ihren Ruf zu schädigen, selber aber gänzlich unbescholten dastehen zu können meint, beschädigt nicht nur Menschen, er vergiftet die Atmosphäre. Es ist nicht ganz leicht, versteckten und offenen Schmähungen dieses einschlägigen Stänkerwessis gegenüber immer stumm zu bleiben. Leider wird er trotzdem mit Anzeigen von Wittenbergern gefüttert.
Vor zehn Jahren haben wir nicht nur ein Schwert umgeschmiedet, sondern auch unmittelbar nach dem Auffinden der

Hitler-Tagebücher die Luther-Tagebücher gefunden. Sie waren kurz zuvor aus dem Kleinsten Reformationsgeschichtlichen Museum gestohlen worden. 1993 ist uns bei intensiven historischen Forschungen ein neuer Fund geglückt, der die bleibende Aktualität Luthers wieder in besonderer Weise zeigt:
Martin Luther schrieb in seiner Auslegung des 8. Gebotes: »Das heißen nun Afterredner ... wenn sie ein Stücklein von einem andern wissen, tragen sie es in alle Winkel und haben eine Freude daran, daß sie eines anderen Schmutz aufwühlen können wie die Säue, die sich im Kot wälzen und mit dem Rüssel darin wühlen.«
Im Zusammenhang mit diesem Vergleich und in Auseinandersetzungen mit den Druckern, die seinerzeit anschwärzten, was sie konnten, und die Polemik anheizten, wurde am Tische Luthers darüber gesprochen.
In Wittenberger Kellergewölben sind jüngst neue Nachschriften aufgetaucht, die in mühsamer Kleinarbeit entziffert werden konnten. Wiederum zeigt sich hier, wie aktuell Luther ist. Die nachstehende Version ist vorsichtig in heutiges Deutsch transponiert worden. Die Überschrift ist nicht original; sie ist hinzugefügt.

Die Trecksau und die Trucksau

Wenn du nun siehest das teutsche Landschwein, das im Kote wühlet, so magst du wohl sagen: Siehe da, eine Trecksau. Doch sie ists nicht. Es ist ihr natürlich Wesen. Gemeyn ist, sie also zu titulieren. Sie wühlet im Drecke und fühlet sich wohl, item sie sich selber schmutzt. Stolz zeiget sich eyne solch redliche Trecksau. Sie grunzet und quieket, wird fett und zufrieden, bis sie geschlachtet wird. Da wird sie nun auch von meiner Käthen gekocht, geräuchert und gepökelt und schmecket in Maßen sehr wohl.
Die Trucksau ist nur gemeyn. Sie wühlet im Dreck stetiglich, um zu beschmutzen ander Geschöpf. Sie fühlet sich gar sauwohl, wenn sie wie eine Saubersau dastehe, die andere Ge-

schöpfe mit Schmutz beworfen, bespritzet, besudelt hat. Zu nichts ist ihrer nütze. Willtu sie schlachten? Es würde dich reuen; ihres Fleisches Gestank käme über deiner Küchen. So siehe nun zu, daß du sie erkennest, bevor sie auch dich beschmutzet hat und hüte dich, sie zu füttern. Sie frisset alles, was sie bekommen kann und verdienet daran.
Wenn ich nun geben sollt ein ander Gleichnis, so müßt ich sagen, sie ist wie ein Bitterling und gleichet doch dem Steinpilze. Ein einziger Bitterling verdirbet das gantz Essen. Eine Trucksau will das tun einer ganzen kleinen großen Stadt.
So solltu nun auch die stolze Trecksau ehren, aber die schmähliche Trucksau hintantun.

II

Zu seinem Wort stehen

Ich habe mir die Zunge verbrannt
Eines anderen Schmutz aufwühlen?
Um des inneren Friedens willen
»Wir erweisen uns in Nöten, Ängsten, Verfolgungen …«
Aufarbeitungspraxis in eigener Verantwortung

Ich habe mir die Zunge verbrannt

»Letzte Worte« haben es in sich, sogar in Interviews. Im Oktober 1991 stand auf der ersten Seite eines Boulevardblattes »Asyl in Wittenberg?« Gleichzeitig ging über die Ticker, ich hätte Erich und Margot Honecker, damals noch in Moskau, in mein Haus eingeladen. Dabei hatte ich auf eine letzte Frage, ob ich einen von Gewaltübergriffen bedrohten Honecker in meine Wohnung lassen würde, ja gesagt. Die gesammelte Volkswut war mir sicher.

»Verbrennt die Stasiakten!« stand am 11. November 1993 in dicken roten Lettern in derselben Zeitung. »Das fordert Pfarrer Schorlemmer«, hieß es weiter und ging so in die Agenturmeldungen ein.

Am 9. November 1993 hatte ich spätabends, zum Abschluß eines längeren Interviews, spontan gesagt, was nach dem 1. Januar 1996 meiner Meinung nach mit den Stasiakten geschehen solle, im ironischen Anklang an eine Bemerkung des Kanzlers vor der Enquetekommission: »Ich habe ja nicht die Macht, das zu entscheiden – aber am liebsten würde ich das Ganze einem großen Freudenfeuer anvertrauen.« Was war der Hintergrund für einen solch heißen Satz? Empört über die fortlaufende Veröffentlichung von Nachrichten über kleine Spitzel hatte ich über die gesellschaftlichen Folgen solcher öffentlichen Stigmatisierung schon länger nachgedacht und mich gefragt, wie wir zu persönlicher Befreiung, zu einem offeneren gesellschaftlichen Klima und nicht zu neuerlicher gegenseitiger Belastung kämen. Mir machte und macht es weiterhin Sorge, beobachten zu müssen, wie die Stasiakten noch einmal über uns herrschen, so daß die Stasi gewissermaßen einen Postumsieg über uns erringt. Zugespitzt wollte ich sagen: »Wenn dieser wilden Veröffentlichung von allerlei Akten über jedweden Menschen, dazu noch gewinnträchtig oder durchsichtig politisch motiviert, nicht Einhalt geboten werden kann, wünschte ich, solche Akten lieber zu vernichten, als weitere Vernichtung von Menschen durch solche Akten zuzulassen. Sie sind ja elementare Menschenrechte verletzende Aufzeichnungen, die mit dem Ziel der Zersetzung zusammengestellt wurden.«

Um nun nachträglich noch eins draufzusetzen, sage ich: »All denen, die damit Wahlkampf machen, sollte ein ›Kampforden der Staatssicherheit postum für erfolgreiche Zersetzung der Demokratie‹ verliehen werden.«

Eine Neurotisierung der öffentlichen Debatte führt inzwischen dazu, daß es kaum möglich ist, kritische Fragen zur Ver-Wendung dieser Substrate eines untergegangenen Menschheitsirrtums zu stellen, ohne selber beschimpft oder verdächtigt zu werden. Ich habe auf diese verkürzte Aussage hin auch Briefe vieler enttäuschter Menschen bekommen, die völliges Unverständnis äußerten und meinten, ich wolle ihnen die Möglichkeit nehmen, zu ihrem Recht zu kommen. Dies ist weder meine Absicht, noch war das die Pointe meiner Überlegungen. Ich wollte mit einem Paukenschlag auf den kaum abstellbaren Mißbrauch hinweisen, wenn es nicht zu einer Novellierung des Stasiunterlagengesetzes kommt. Wer sich die Mühe gemacht hätte, den ganzen Text des Interviews zu lesen, der hätte verstehen können, worum es mir geht. Aber es geht inzwischen um Schlag-Zeilen. Natürlich verstehe ich die Menschen, die sinnlos unter diesem Herrschaftsapparat gelitten haben und nun Genugtuung suchen, wenigstens völlige Offenlegung. Ich kann verstehen, wenn ein langjähriger Berliner Freund, ein Künstler aus der Friedensbewegung, mir schreibt:

»... Zu viele Opfer, zu viele Verbrechen sind geschehen, um zu verbrennen. Dies hieße die Täter begünstigen. Schon einmal hat man in Deutschland Akten verbrannt, sogar mit ihren Opfern. Um die Verbrechen zu vertuschen. Jene Akten und die Stasiakten sind ein Dokument des deutschen Ungeistes, der immer wieder auflebt. Wir erleben im perversen Bürokratismus westdeutscher Prägung diesen Ungeist erneut. Der braune Gifthauch senkt sich über dieses Land, weil man verbrannte. Wer Bücher verbrennt, verbrennt am Ende auch Menschen, sagte Heine. Die Akten verbrennen könnte das gleiche bewirken. Sie sind ein Mahnmal des Ungeistes, den man immer bekämpfen muß. Sie reden uns ins Gewissen und bewahren uns vorm Vergessen. Verbrennen aber heißt vergessen. Das Vergessen und Vergessenwerden macht alles wiederholbar. Diese deutsche Erbsünde hat immer nur Leid über dieses Land gebracht. Wir sollten beginnen, über die Wurzeln unseres Unglücks nachzudenken, aber nicht verbrennen. Die Akten können nur Hilfe sein.«

Aber zwischen der Absicht befreiender Offenlegung und den tatsächlichen Wirkungen klafft eine zu große Lücke. Die Akten werden inzwischen mehr und mehr instrumentalisiert. Zudem ist es nun recht merkwürdig, daß es eine Art Dolchstoßlegende gibt, obwohl die Demokratie gesiegt hat. Doch man verhält sich so, als wenn man Schuldige für die Niederlage der Demokratie sucht. Wieso ist bei soviel Kungelei mit der SED oder »geistigem Überlaufen« eigentlich die DDR und nicht die Bundesrepublik untergegangen? Was gäben bei einem hypothetischen »Sieg des Sozialismus« die Akten von Kanzleramt und BND über die Zugeständnisse führender SED-Genossen gegenüber »BRD-Politikern« her? Absurde Vorstellung! Nach meiner »Freudenfeuer«-Äußerung jedenfalls ging eine Kampagne in der Öffentlichkeit gegen mich los. Ich wurde ein Zündler, Brandroder, Vertuscher, Verräter, Schläger ins Gesicht der Opfer, Törichter, Weißwäscher, Populist, Kollaborateur genannt. Ich würde das Stasivernichtungswerk vollenden und hätte »dreist und in aller Öffentlichkeit diesen Akt der Vernichtung der eigenen Geschicke und Geschichte« gefordert – so das Leipziger Bürgerkomitee. Und Frank Eigenfeld aus Halle meint: »Wenn er die Akten schließen lassen möchte, ist das nicht nur falsch, sondern auch dumm. Sie sind doch unsere Geschichte.« Höre ich recht: Sie sind unsere Geschichte? Welche Ehre tut man dem an. Wenn andere nun gar meinen, die Akten seien nötig, um nachzuweisen, wieviel

Zivilcourage es in diesem Lande gegeben habe, so halte ich dies für eine Verirrung des Denkens, denn dazu brauche ich wahrlich diese Akten, ausgerechnet diese Akten, nicht. Wie tief die Verletzung indes geht, ist in vielen Briefen zu lesen, in denen sichtbar wird, daß die Erfahrungen auch zu Verbitterungen führten. Da meint einer: »Diese Akten müssen konkret und ganz korrekt aufgearbeitet werden, denn was dieses Gesindel der Bevölkerung gegenüber sich erlaubt hat, ist doch wohl mit Worten gar nicht auszudrücken. Wer andere Menschen verpetzte, in den Knast oder in den Ruin trieb, für den darf es keine Gnade geben. Es ist schlimm genug, daß viele Stasis heute noch oder schon wieder verantwortungsvolle Positionen bekleiden, also über andere Menschen bestimmen, und das geht entschieden zu weit. Diese Leute haben in öffentlichen Ämtern, als Wachleute oder was auch immer, nichts, auch überhaupt nichts mehr zu suchen, unabhängig von der Qualifikation und Bildung ... Auch im Sport oder anderswo, für diese Leute ist kein Platz in der Gesellschaft. Sie sollten froh sein, wenn man sie in Ruhe läßt.«
Ein anderer schreibt mir, ich wolle doch nur »Leute schützen, die sich mit dem MfS einließen, wie IM-Sekretär Manfred Stolpe und all die anderen ekligen Typen, die sich heute noch in Politik und Kirche in Positionen befinden, die sie nicht haben dürften.« Und eine Frau aus der Lutherstadt Eisleben schreibt mir, ich wolle ein Seelenhirte sein und wisse nicht, was so manchem Menschen in der ehemaligen DDR angetan wurde. Mir sei ja auch nichts geschehen.

»Letztlich geht es anderen Wichtigtuern wie Stefan Heym und dergleichen genauso. Letztlich haben alle diese das DDR-Regime weitgehend unbeschadet überstanden. Die Kirche verdammt den Holocaust, kriecht dem jüdischen Volk zu Füßen. Wir haben eine solche Quälerei 50 Jahre mitmachen müssen – noch bis heute, denn hier hat sich nicht viel geändert.«

Ich gebe schon zu, für solcherlei Gedanken wäre ich gewiß ein schlechter Seelenhirte.

Offenbar habe ich in ein Wespennest gestochen. Denn ich hatte ja gar nichts gefordert, erst recht nicht in irgend jemandes Auftrag oder Namen gehandelt. Man brauchte mich nicht aus den Reihen der Bürgerrechtler zu verstoßen, in deren Reihen ich mich selber nie gestellt hatte. Und Regine Hildebrandt, die mich verstand und meine Intentionen zunächst unterstützte, habe ich in meinem Leben noch nie gesehen oder gesprochen. Auch zu Herrn Stolpe hatte ich seit langem keinen Kontakt. Es ist inzwischen ein Klima entstanden, in dem sich kaum noch jemand traut, sich meiner Argumentation anzuschließen. Wer will sich denn verhöhnen, verdächtigen, abwerten lassen? So gelange ich in die Nähe von besonders Belasteten, die inzwischen wenig zu verlieren haben. Ich begegne Unterstellungsargumenten übelster Sorte. Ein Theologenkreis schreibt eine abstruse »öffentliche Mahnung«, in der es heißt, ich würde »fortgesetzt und wiederholt theologische Irrtümer verbreiten und politische Verwirrung stiften« und »inzwischen mehr auf populistische Affekte aus sein, als in der Wahrheit standzuhalten«. Ich würde »einen neuen Totalitarismus, den einer fundamentalistischen Moral, installieren. Der Anspruch ist totalitär, weil er erneut die Menschen, die für Vergangenes, Gegenwärtiges und Zukünftiges verantwortlichen Individuen, von ihrer Geschichte trennt. Der Anspruch ist totalitär, weil er vormundschaftlich Versöhnung als politische Pflicht auferlegt. Der Anspruch ist totalitär, weil er denunziatorisch die Abweichler als Friedensstörer brandmarkt. Sie enteignen das Recht des Bürgers auf seine Geschichte und stehlen die Urteilskraft des Mündigen.«
Im übrigen »gibt es nur einen Versöhner, der ist aber nicht von dieser Welt ... die Illusion von der Versöhnung aber verdirbt die Versöhnung.« Ich habe den Herren von der Initiative »Recht und Versöhnung« geschrieben, daß sie sicher sein können, daß ich weiterhin theologische Irrtümer verbreiten werde. Daß Versöhnung am Ende der Zeit erst stattfinden solle, das mag nicht in meinen Christenglauben passen, denn wie meinten die Herren Theologen? »Wer IHM vorgreift, vergreift sich an der Würde des schuldigen und schuldfähigen

Menschen.« Schließlich möchte ich alle meine Kritiker fragen: »Kommen Menschen zu euch, die durch unsere Art, mit unserer gemeinsamen Vergangenheit umzugehen, neu belastet werden? Seht ihr nicht, daß das, was wir beim Aufarbeiten des Vergangenen auslösen, auch neues Unrecht bringen kann, ein Unrecht, das wir wohl nicht ganz vermeiden, aber vermindern können?«

Wer den spontanen Vorschlag zu einem »Freudenfeuer« indes mit dem Verbrennen von Büchern durch die Nazis vergleicht, setzt solche Akten mit Büchern von Erich Maria Remarque, Heinrich Heine, Thomas Mann und Kurt Tucholsky auf die gleiche Stufe. Wo sind wir nur hingekommen, wenn Stasiakten mit dem Brennen von Ausländerheimen oder gar von Auschwitz in Zusammenhang gebracht werden. Sicher wäre es klüger gewesen, vorzuschlagen, diese Akten in Moorsleben endzulagern, da inzwischen entschieden scheint, daß nach Moorsleben nur DDR-eigener strahlender Müll kommen soll. Vorschläge für die Bewacher des Grals mit den »Idealen der Bürgerrechtler« könnte ich unterbreiten. Sucht ist schwer heilbar. Inzwischen gibt es längst bedenklich Aktensüchtige. Zu solcher Gegenpolemik komme ich, wenn ich die Presseerklärung von »Bündnis 90/Die Grünen« im Bundestag lese, in der es heißt: »Jetzt schmiedet er nicht mehr Schwerter zu Pflugscharen. Jetzt verbrennt er die Ideale der Bürgerbewegungen auf dem Altar der Kollaboration ... Was bedeutet ihm heute das Wort Frieden? Frieden mit der Zeit der Bespitzelung, der operativen Vorgänge, der Aufträge zur Zersetzung? Unter Frieden haben die Bürgerrechtler und Bürgerrechtlerinnen der DDR immer die Verwirklichung der Menschenrechte verstanden ... Friedrich Schorlemmer hat nicht in ihrem Namen gesprochen.«

Daß dann gar Wolf Biermann im *Spiegel* unter der Überschrift »Des Satans Spießgesellen« zu einem verbalen Rundumschlag ausholte und mir die simple Mathematik der Verdrängung vorwarf, in der schließlich Opfer keine Opfer und Täter keine Täter seien, machte die Mißverständnisse komplett und mich ratlos, auch sehr traurig. Nun war ich ein Vertuscher geworden, der gar verglichen werden kann mit jemand, der die Dokumente über den Tod des Vaters von Wolf Biermann im KZ vernichten wolle. Der Kern meiner Aussagen war indes gewesen, eine Überprüfung des Stasiunterlagengesetzes zum 1. Januar 1996 zu veranlassen. Zum anderen finde ich es unerhört, wenn einige Bürgerrechtler Wolf Biermann mit falschen Informationen füttern, zum Beispiel, daß ich bei den »Frieden konkret«-Treffen seit 1982 bei geplanten Aktionen nur als Bremser aufgetreten sei. Richtig ist, daß ich bei solchen Treffen nie gewesen bin, weil wir aus unserem Wittenberger Kreis stets andere Vertreter dorthin entsandt haben. Ich wollte damals eine kirchliche Verbonzung der Friedensarbeit wenigstens an dieser Stelle vermeiden.

Und die jungen Wehrdienstverweigerer, denen ich gepredigt haben soll, sie müßten erst einmal »ein positives Verhältnis zum sozialistischen Staat beweisen«, würde ich schon gern einmal kennenlernen. Auch habe ich bei der Beratung von Wehrdienstverweigerern die Entscheidung für den Bausoldatendienst als Hebel für die Beschleunigung des Ausreisewunsches nicht für sinnvoll gehalten, weil damit das Friedenszeugnis von den staatlichen Stellen als verkappte Staatsgegnerschaft bezeichnet werden konnte und deshalb Bausoldaten häufig noch größere Schwierigkeiten für ihre weitere Berufsausbildung bekamen. Richtig ist auch – und daraus habe ich nie ein Hehl gemacht –, daß ich nach meinem Selbstverständnis kein ausgemachter Gegner des »Sozialismus« gewesen bin, an den Träumen des Prager Frühlings festgehalten und schließlich seit 1985 mit einiger Hoffnung und einigem Engagement die Perestroikapolitik unterstützt habe. Meine Möglichkeiten, als Pfarrer für offeneres politisches Wirken einzutreten, habe ich stets soweit wie möglich auszureizen versucht, ohne dafür ins Gefängnis zu kommen, denn ich wollte in diesem Lande und bei seinen Menschen bleiben. Und Gefängnis hieß ja in fast allen Fällen, daß nach einer kurzen Haftzeit Abschiebung in den Westen erfolgte. Es ist inzwischen grotesk: Mußte ich früher überall nachweisen, daß ich kein prinzipieller Gegner des Systems war, so werde

ich heute fortwährend genötigt, zu beweisen, daß ich ein richtiger Gegner war. Sonst hätte ich sowieso nichts zu sagen, und man könne mir nachweisen, daß ich doch ein Kollaborateur des Systems gewesen sei, mit Privilegien ausgestattet und ruhig im Schoß der Kirche gelebt hätte.
Mit Wolf Biermann habe ich lange telefoniert. Wir haben uns wenigstens besser verstanden, wenngleich grundlegende Differenzen blieben.

Ich bin Pfarrer und muß mich um Menschen sorgen, die, aus welchen Gründen auch immer, in Not kommen und sei es auch aus eigener Schuld. Auch der Schuldige hat Anspruch auf seine Würde. Ich möchte Wandlungsfähigkeit stets für möglich halten und auch honorieren. Ich möchte nicht das wiederholen, was unsere Gegner uns angetan haben. Dies ist und bleibt mein Lebensprinzip. Ich bin froh, daß es Menschen gibt, die das auch verstanden haben und mir Mut machten, vor allem solche, die selber gelitten haben und dem Haß keine neue Chance geben wollen.
Da schreibt am 11. November 1993 ein Mann aus Essen:

»Auch ich war ein DDR-Opfer, mußte mich als 16jähriger gegen meinen Willen fünf Jahre in der DDR aufhalten, einschließlich zwei Jahren Haft wegen ›Republikflucht‹. Ich werde mein ganzes Leben lang unter diesem Trauma leben müssen, doch mit dem Ende der DDR ist auch mein Haß weg. Sie haben recht; es ist schlimm, daß die Urheber und amtlichen Förderer dieses Unrechts herrlich in Freiheit leben bzw. nicht verurteilt sind! Die politischen Krähen toben sich wieder bei den verräterischen Opfern aus. Als ich nach 25 Jahren erstmals wieder in Leipzig war, hatte ich nach kurzer Zeit nur den Wunsch, schnell wieder wegzufahren; ich sah in den Menschen auf der Straße nur noch versteckte Stasispitzel, die aus erbärmlichem Egoismus zu Opfer-Tätern wurden. Sie sind ebenso seelische Krüppel, wie ich einer wurde. Die wahren Täter schütteln sich vor Lachen und Kumpaneischaft die Hände ... Ich freue mich, daß es Menschen wie Sie gibt, die für die

Vernichtung der Stasiakten sind, aber gleichzeitig darauf hinweisen, daß die wahren Täter unbehelligt bleiben. Das gibt mir ein bißchen Mut, daß nicht alle falsch Zeugnis reden und gegen die Opfer handeln.«

Man konnte also durchaus verstehen, was ich wollte: vermeiden, daß die Sekundärtäter die Debatte beherrschen und die Primärtäter weitgehend unerreichbar sind. Da wird der Name eines jungen Mannes in der IM-Liste, die das *Neue Forum* im Sommer 1992 veröffentlichte, hochgezogen. Seine Geschichte aber sieht so aus, wie sie der Vater mir aufgeschrieben hat. Ich habe diesen jungen Mann 1991 in seiner zweiten Ehe getraut. Er hat mir von dieser Vorgeschichte selber keinen Ton gesagt, nicht weil er etwas zu verschweigen hat, sondern weil er in eine Atmosphäre geraten war, in der er Angst haben mußte. Sein Vater hat den Bericht für mich aufgeschrieben:

»Mit 14 Jahren sammelte mein Sohn eine Kollekte in der Stadtkirche nach einem Orgelkonzert ein. Die Lehrerin (heute an einem Wittenberger Gymnasium tätig) beobachtete dies und teilte es der Schulleitung (Goethe-Schule) mit. Daraufhin wurde er von der Liste der Schüler für die EOS gestrichen.
Er wurde oppositionell zum Staat und traf sich mit anderen Jugendlichen, die gleichartig dachten. Er machte auch in der Bewegung ›Kirche von unten‹ mit. Im Alter von 15 Jahren wurde er in Berlin am Alex verhaftet. Grund: Verunglimpfung des Staates. Saß im Stasigefängnis Berlin. Strafandrohung (ich hatte ein Gespräch mit Staatsanwalt K., Wittenberg) drei Jahre Jugendstrafe.
K. machte gegenüber mir und meiner damaligen Frau die Bemerkung, daß er sich persönlich für eine Freilassung verwenden würde, wenn A. kommunale Aufgaben freiwillig übernehmen würde. Er führte auf: Gartenarbeit im Stadtpark oder Arbeiten auf dem Friedhof usw. Wir sagten zu, und unser Sohn kam frei.
Zwei Tage nach der Freilassung wurde unser Sohn wieder

verhaftet und hatte hintereinander zwei Zuführungen zum VPKA Wittenberg bei Hauptmann M. Ihm wurde der Ausweis abgenommen, ein schon ausgestelltes Visum nach Bulgarien ebenfalls. Er bekam dafür eine PM-12-Erklärung mit Berlinverbot. Trotz Einspruch durften wir nicht (er war ja noch nicht einmal 16 Jahre alt) bei den Verhören dabei sein.
Die Verhöre von unserem Sohn waren der Versuch, ihn für die Stasi als IM gegen Dich und den Bruder des Hallenser Bürgerrechtlers W. einzusetzen. Unser Sohn wurde zu drei konspirativen Treffen in Wohnungen am Markt in Wittenberg bestellt, wo er auch hinging. Dort bekam er Zigaretten und 10,00 DDR-Mark.
Eine Mitarbeitserklärung wurde ihm vorgelegt. Er unterschrieb nicht und weigerte sich, auf weiteren Treffen zu erscheinen. In der Folgezeit wurde er etwa 180mal zugeführt. Da er keine Lehrstelle bekam (alle Versuche wurden von der Stasi blockiert), bildete ich meinen Sohn selber aus. Nach Abschluß der Lehre hielt er den Druck nicht mehr aus und wollte in Halle untertauchen. Nach wenigen Tagen wurde er entdeckt und wieder verhaftet. Nach seiner Freilassung flüchtete er nach Berlin, wo er eine Wohnung besetzte und etwa zwei Monate nicht entdeckt wurde. In dieser Zeit nahm er Kontakt mit der Umweltbibliothek und der Gruppe in der Gethsemane-Kirche auf. Nach seiner Entdeckung wurde er in Berlin wieder verhaftet und etwa 200mal zugeführt. Der dauernde Streß löste bei ihm durch seinen ererbten Gamma-Globulinmangel eine Krankheit aus, die ähnlich wie HIV ist. Er kam zusammen mit HIV-Erkrankten in die Infektionsstation der Tropenabteilung des Krankenhauses Friedrichsfelde. In dieser Situation lernte er eine junge Frau kennen, die sich liebevoll um ihn kümmerte und die er kurze Zeit später heiratete. Nach seiner Heirat wurde er nicht wieder zugeführt oder verhaftet. Er bekam auch die Erlaubnis, als Essensausträger bei der Volkssolidarität zu arbeiten (hatte vorher Arbeitsverbot). In dieser Zeit war er auch Mitorganisator (Pressearbeit) der 1. und 2. Mahnwache in der Gethsemane-Kirche, arbeitete in der IFM (Initiative für Frieden und Menschenrechte) sowie

in der VL (Vereinigte Linke) mit. Im Umbruch gehörte er der Gruppe an, die die Stasiunterlagen in Berlin sichern wollte und von Gauck später übernommen wurde. Er selber wurde Mitglied am Runden Tisch Berlin, Vorstandsmitglied in der IFM und VL, Angestellter der Volkskammer und nach Rumänien (er hatte dort viele Verbindungen) als Sonderbotschafter geschickt. In Rumänien hatte er an der Entdeckung und Auflösung der ›Kinderlager‹ entscheidenden Anteil. Da die Securitate noch voll aktiv war, brachte er bedrohte Leute aus der Opposition über die Grenze (im Kofferraum seines Pkw). Mehrmals wurde er von Sicherheitskräften bedroht (beschossen).
Seine Ehe scheiterte, da seine Frau ihm gestand, daß sie von der Stasi als ›Führungsoffizier‹ gegen ihn mißbraucht worden ist. Schon am nächsten Tag wurde die Ehe in Friedrichshain nach Offenlegung der Tatsachen auf Staatskosten geschieden.
Zwei Tage nach der Vereinigung tauchten in seiner Wohnung Mitarbeiter des BND auf, die ihn für den BND gewinnen wollten. Er machte diesen Versuch zunichte, indem er dies allen Interessierten mitteilte und sich zurückzog.
Nach der ›Enttarnung‹ in der Bildzeitung als IMS wurde er von so vielen (auch alten Freunden) bedroht (z. B. wurde sein Auto angezündet, und er erhielt Morddrohungen), daß er sich völlig aus der Politik zurückgezogen hat und auch mit seinem ›alten Leben‹ abgeschlossen hat.«

Aus vielen Briefen und Gesprächen mit Menschen, die im jungen Alter in diesen Apparat hineingezerrt wurden, freikamen, aber heute eine lebenslange Quittung bekommen, möchte ich zwei zitieren. Ein achtzehnjähriger Student der Pädagogischen Hochschule wurde durch einen Zimmerkollegen zur Stasi geworben. Sein Aufgabengebiet war die westdeutsche Studentenbewegung. Als er 1962 laut Stasi als Chemiker für die Spionage in einem westdeutschen Konzern ausgebildet werden sollte, beendete er seine Mitarbeit und wurde Lehrer. Das war vor dem Eintritt in den Lehrerberuf. In den Akten liest es sich heute so: *Wegen Perspektivlosigkeit Interesse an IM verloren.* Endgültig wurden die Akten 1968 geschlossen. Also vor 31 Jahren beendete er seine Mitarbeit bei der Stasi. Heute erreicht ihn die außerordentliche Kündigung. Ein anderer schreibt:

»Mich hatte 1968 die Staatssicherheit während des Studiums angeworben. Letztlich war es ›freiwillig‹, denn man wußte ja nicht, was passiert wäre, hätte man die Unterschrift verweigert. Sechs Jahre wurde ich dann aufgebaut für den Tag X, wo man mich zu meinen Eltern nach München schickte, um dort zu spionieren. Mein Leben wollte ich wieder in Ordnung bringen und habe mich den Behörden gestellt. Als ich dem Landeskriminalamt damals Rede und Antwort stand über meine langjährige Tätigkeit für das MfS, da kam mir das alles vor wie eine Reinigung an Körper und Geist. Deshalb verstehe ich auch heute zu gut, welche Deformationen diese Verbrecherclique, die den Sozialismus im Munde geführt hat, hinterlassen hat. Denn dahin möchte doch niemand mehr, wenn teilweise alte DDR-Zeiten verklärt werden. Ich kann mich noch gut erinnern, daß ich vor zwanzig Jahren lange darunter gelitten habe, jemals für die Stasi gearbeitet zu haben. Rückblickend ist es natürlich einfach zu sagen, wie konnte das überhaupt passieren und hätte man das nicht durch Widerstand verhindern können? Deshalb bewundere ich heute all die, die in der Ex-DDR Widerstand geleistet haben und das System, welches für die Ewigkeit gedacht war, gestürzt haben … Ihren Vorstoß, die Stasiakten zu vernichten, unterstütze ich voll und ganz.«

Noch Monate nach meiner Freudenfeueräußerung verzichtete kaum eine öffentliche Debatte auf dieses Stichwort, um sich daran zu ereifern. Es war sicher unklug, aber ich dachte nicht daran, aus meinem Herzen eine Stasigrube zu machen. Alles, was in Sachen Wehner, Brandt und Rau in letzter Zeit aus Akten zutage gefördert und wie damit umgegangen wurde, bestärkt mich darin, von einer grundlegenden Verirrung des demokratischen Geistes zu sprechen, wenn man diesen Akten erlaubt, unsere Urteile über Menschen, Leben und ihre Ansichten zu bilden.

Es ist doch immer zu fragen, wer was wann in wessen Interesse, in welcher Situation, mit welcher inneren Verfassung, mit welcher Vergangenheit, mit welcher verdeckten oder offenen Zielstellung über wen aufgeschrieben hat. Sorgsamste historische Quellenkritik ist bei diesen Akten dringlich, und eine politische Instrumentalisierung oder Vermarktung ist menschenrechtsverletzend und widerspricht den elementarsten Persönlichkeitsrechten unseres demokratischen Rechtsstaates. Außerdem führt die Personalisierung der Debatte auf das letzte Glied der Perversion hin, zu einer wunderbaren Selbstentschuldigung all derer, die (zufällig) nichts mit der Stasi zu tun hatten. Sie können sagen: »Ich war kein IM. Also bin ich entlastet.« Ich möchte erreichen, daß die Strukturanalyse stärker betrieben und die Debatte nicht mittels Akteneinsicht auf die IM personalisiert wird. Wieso soll ein Polizist, der als 18jähriger während der Militärzeit erpreßt wurde, weil bei ihm Pornozeitschriften aus dem Westen gefunden wurden, er dann aber jeglichen Kontakt mit der Staatssicherheit abbrach und Polizist wurde, einer, der im Herbst 1989 frühzeitig seine demokratische Gesinnung unter Beweis stellte, jetzt entlassen werden? Natürlich wirkt die pauschale Selbstentschuldigung vieler übler Zuträgerkreaturen »Ich habe doch niemand geschadet« pervers, doch das darf uns im Rechtsstaat nicht davon entlasten, in jedem einzelnen Fall zu prüfen, was der oder die einzelne konkret unter welchen Umständen getan hat. Die pauschale Klassifizierung als IM reicht jedenfalls nicht. Die Verbitterung, die durch solcherart Umgang mit Vergangenheit längerfristig erzeugt wird, schadet dem Klima unserer Demokratie.

Um mir selbst treu zu bleiben und das »Forum für Aufklärung und Erneuerung« nicht mit fruchtlosen Debatten über meine Position zu belasten, bin ich am 18. November 1993 aus dem Forum ausgetreten. Das wurde bei einer Mitgliederversammlung mit hämischem Beifall quittiert. Ich bedaure nur, diesen

Schritt nicht schon früher getan zu haben, als sich abzeichnete, daß die Mehrheit in diesem Forum eher ein Tribunal wollte als eine wirkliche Aufklärung mit dem Ziel der Erneuerung anstrebte.
Als ich im Oktober 1992 ehemalige Staatsvertreter gewann, um über innen- und außenpolitische Aspekte der Menschenrechtspolitik der DDR zu sprechen, schämte ich mich vor meinen Gästen für die Art, in der sie vorgeführt und abgeurteilt werden sollten. Dabei war ihnen das Bemühen um Selbstklärung ohne Selbstrechtfertigung abzuspüren, ohne daß sie sich anbiederisch als Wendehälse entpuppten. Solche Ehrlichkeit muß honoriert und darf nicht von notorischen Besserwissern denunziert werden. Dies ist nicht meine Kultur.
Seit den Oktobertagen 1989 hat mich die Frage bewegt, wie wir mit der Vergangenheit und mit den Verantwortlichen für die Zerrüttung unseres Landes umgehen sollten. Am 4. November 1989 hatte ich auf dem Alexanderplatz gesagt:

»Aber, liebe Freunde, liebe Mitbürger in unserem ganzen Land, reißen wir nun nicht neue Gräben auf! Trauen wir jedem eine Wende zu! Auch wenn nicht jeder in seiner alten Position verbleiben darf. Aber bitte keine Rachegedanken. Wo persönliche Verantwortung oder Schuld vorliegt, ist strikte Gesetzlichkeit einzuhalten. Tolerieren wir nirgendwo Stimmen und Stimmungen der Vergeltung! Und zu uns aus der neuen demokratischen Bewegung möchte ich sagen: Setzen wir an die Stelle der alten Intoleranz nicht neue Intoleranz ... Toleranz wächst aus der Erkenntnis, daß wir irren und den alten Fehlern neue hinzufügen werden.«

Diese Gedanken habe ich dann in einem Vortrag vor Studenten der Germanistischen Fakultät der Martin-Luther-Universität Halle-Wittenberg am 10. Januar 1990 näher ausgeführt:

»Wir stehen vor dem inneren und äußeren Ruin des ›real existierenden Sozialismus‹, der sich als real existierender

Stasiismus entpuppt hat, in dem der allgegenwärtige Sicherheitsapparat die Verbrechen der Parteiführer sicher zu dekken, die Wahrheit sicher zu verschweigen, ja die Wirklichkeit ideologisch verbrämt abzuschaffen, die Sager der Wahrheit sicher zu verschließen oder gegen gutes Geld zu verhökern hatte. KoKo und Stasi, Jagdreviere und Stasi, Partei und Stasi, die großen Manifestationen und Stasi, Zensur und Stasi, Post und Stasi ... Die Stasi war weitgehend nicht dazu da, Verbrechen zu verhindern, sondern sie zu ermöglichen und im Falle des Neonazismus zu verschweigen.

Der Kaiser ist nicht nur nackt, er ist unansehnlich. Dem biederen Herrenjäger, noch am 7. Oktober 1989 in der Pose eines entschlossenen Revolutionärs, muß nun eine unabhängige Untersuchungskommission Haftunfähigkeit bescheinigen.

Die über achtzigjährigen Gerontokraten bekommen nun – nachdem sie nicht von der Macht lassen konnten – zu spüren, was sozialistischer Strafvollzug ist. Aber sie können es nicht mehr bessern. Sie können *sich* nicht mehr bessern. Und wer Barmherzigkeit für sie – ja auch für sie! – fordert, bekommt den Zorn des Volkes zu spüren. Aber diese alten Herren glauben immer noch, daß sie die Menschen geliebt haben und daß die Menschen sie geliebt hätten. Nun ist der alte Honecker auf der Suche nach einer Wohnung und niemand will ihn haben.

Was ist zu retten? Was ist wert, gerettet zu werden? Was ist unrettbar verloren? Wer ist schuld?

Wer ist noch verantwortlich zu machen oder wer noch zur Verantwortung zu ziehen? Die Frage, ob der innere oder ob der äußere Schaden größer ist, ist müßig. Wo Häuser verkommen, verkommen auch Menschen. Die Herkulesaufgabe des Ausmistens können wir nur gemeinsam und nur längerfristig erfüllen. Voraussetzung ist, daß wir das nötige Selbstvertrauen behalten oder gewinnen, daß es zu schaffen ist.

Dazu gehört aber unabdingbar zu sagen, was ist. Die Wahrheit wird zur Zumutung in dem Maße, wie sie uns verschwiegen wurde. Dazu gehört auch der Mut zu sagen, was war.

Wenn führende SED-Leute nur beherzt nach vorn sehen und uns auffordern, nicht im Zorn zurückzublicken, weil dies nur die Kraft für das Morgen nehme, dann ist das dasselbe Denkschema, nach dem nicht sein konnte, was nicht sein durfte. Da konnte eine Erzählung – nur als Beispiel – von Uwe Saeger wegen ›Schwarzseherei‹ nicht erscheinen (*Freiheit*, 11. Januar 1990). Wer uns jetzt drängen will, nur noch nach vorn zu sehen, drängt uns schließlich wieder in die betonköpfige Vergangenheit! Wir müssen ganz klar sehen, was war, warum es so war, welche Struktur beziehungsweise welche Person in dieser Struktur verantwortlich ist – und die ideologischen Rechtfertigungen für diese Struktur sehen. Ein-Sicht – ein kluges deutsches Wort! – ist nötig und *jedem* Menschen zuzugestehen, daß er Einsicht gewinnen kann. Auch späte Einsicht ist Einsicht. Das individuelle Maß an Scham und Reue entscheidet mit darüber, was der ›Einsichtige‹ nun tut.
Ich sehe drei Reaktionsmuster:
1. ›Ich war ein Repräsentant des Systems.‹ Ich habe das alles geglaubt, glauben wollen. Ich habe Parteidisziplin gehalten. Deshalb fühle ich mich verantwortlich und schuldig. Ich will aber jetzt durch eigene Arbeit mit abtragen helfen. Ich hänge mit drin. Ich habe Schuld. Ich kann sie nicht tragen. Ich räume meinen Posten. Ich gehe aus dem Leben. Ich verlasse das Land und beginne ›drüben‹ neu.
2. ›Ich habe nichts dabei gefunden.‹ Etwa Sindermann und Margot Honecker wollen von der Doppelzüngigkeit unseres Lebens und speziell von der Pädagogik nichts gewußt haben. So falsch war das alles nicht. Das sieht man ja jetzt.
3. ›Ich habe das schon immer gewußt.‹ Ich konnte nur nicht anders. Ich war in Zwängen. Alle haben es doch so gemacht. Jetzt zeigen wir es der SED und den alten Kommunisten! Je radikaler, desto weniger wird zurückgefragt.
Schamlosigkeit ist das Charakteristikum der ›Wendehälse‹, im Unterschied zu denen, die sich wirklich gewandelt haben, denen eine Spur Scham abspürbar ist, die ihre (Mit-)Schuld konkret benennen, die jetzt mehr hören, als sie reden, die Vorwürfe auch annehmen und nicht zu rechtfertigen suchen.

Sie nehmen selbst das auf sich, was sie nicht persönlich zu verantworten haben.
Und ich sehe bei den ›Zuschauern‹, dieser großen schweigenden Mehrheit, entsprechende Reaktionsmuster:
1. ›Wir haben doch auch mitgemacht.‹ Wir hatten mehr Angst als Vaterlandsliebe. Auch in der SED gibt es ehrliche und glaubwürdige Leute. Wir trauen ihnen auch Änderung zu. Es gibt Bewahrenswertes in der DDR – trotz allem.
Aus dieser Haltung heraus wurde auch der Aufruf ›Für unser Land‹ formuliert. Es war wohl die letzte Rache an uns Gut-Willigen durch die oberste Verbrecherclique, daß sie eine zynische Kampagne von Kampfgruppenkommandeuren zu Unterschriftensammlungen startete und damit die Erstunterzeichner desavouierte. Und genau in den Tagen der Veröffentlichung des Aufrufes wurden die Waffengeschäfte Schalcks offengelegt, die Verwendung von 50 Millionen Solidaritätsgeldern für die verlogene Jugendschau zu Pfingsten 1989 und anderer Solidaritätsgelder für das FDGB-Schloß von Harry Tisch und Willi Stophs Residenz im Naturschutzgebiet östlich der Müritz wurden entdeckt. Wer noch ein gutes Wort für den Sozialismus wagt, kommt in eine schwierige Position, nachdem der Conducator mit Goldzepter und Karl-Marx-Orden das Wort ›Sozialismus‹ buchstäblich zusammenschießen ließ.
2. ›Hier ist alles verfahren.‹ Es ist sinnlos, hier noch etwas zu versuchen. Ich lebe nur einmal. Die Chance liegt drüben. (Das meinten auch die vielen tausend Ausreiser schon, die nun in makabrer Weise darauf bestehen, daß sie Deutsche sind und drüben gegen Ausländer auftreten, um für sich Arbeitsplätze zu bekommen.)
3. ›Weg mit der SED und dem ganzen Sozialismusgequatsche.‹ Wir sind keine Versuchskaninchen für ein neues Experiment. Deshalb: ›Deutschland – einig Vaterland‹ und ›Marktwirtschaft‹. Kein Pardon für die SED und alle Helfershelfer!
Das ist noch keine rechte Position. Es ist eher eine verständliche Ungeduld und die Skepsis gegenüber Programmen. Die Erfahrung mit großen Programmen führt zu einem Pragmatis-

mus, der politisches Rahmen- und Folgedenken ausblendet, auch Geschichtserinnerung.
Mein Fazit: Wir brauchen eine gesellschaftliche Katharsis. Die Voraussetzung dafür ist, über das Verlorene und das (Mit-) Verschuldete zu trauern.
Eine Flucht in die BRD – so oder so! – würde uns betrügen um die Aufarbeitung, und wir würden uns betrügen um die gewiß schwierige Suche nach einer ökologisch und sozial verträglichen Lebensweise, nach einer innen und außen friedensfähigen demokratischen Struktur, die wir uns selbst erarbeiten und nicht einfach übernehmen sollten.
Den gegenwärtigen gesellschaftlichen Zustand mit allen Verwerfungen hat die SED als anmaßende Allmachts- und Allwisserpartei zu verantworten. Sie hat die Herausbildung einer funktionstüchtigen Opposition verhindert. Ihre Aufgabe besteht darin, uns Demokratie zu ermöglichen und jedenfalls für vier Jahre in die Opposition zu gehen, um sich dort zu erneuern oder aufzulösen. Ihre Rettungspropaganda ›gegen rechts‹, das Aufbauschen und Schüren der Angst vor dem Chaos, der Angst vor den Rechten ist machtpolitischer Zynismus. Was jetzt geschieht, gehört zu den Erblasten der SED.
Wir müssen durch ein Tal der Tränen. Die Probleme, die zu lösen sind, sind nicht alle durch die SED verursacht. Es geht um eine tiefere Wende, um eine Wende im Selbstverständnis des Menschen, der sich als Prometheus verstand und der den Homo sapiens zum Homo konsumens verkommen ließ. Der Prophet Jeremia warnte 700 Jahre vor der Zeitrechnung: ›Sie heilen den Schaden meines Volkes nur obenhin und sagen: Friede! Friede! Und es ist doch kein Friede.‹ Wir müssen Selbstbesinnung leisten, Besinnung auf uns selbst als Wesen, deren höchste Angelegenheit es ist, ihre Stellung in der Schöpfung gehörig zu erfüllen, und zu wissen, was man sein muß, um ein Mensch zu sein (Immanuel Kant). Ich bin ein Wesen, das schuldig werden kann, weil ich Verantwortung tragen kann. Die Schuld ist in drei Dimensionen zu suchen. Diese sind klar zu unterscheiden:
1. Die *ethische* Dimension: Wir haben eine Verantwortung,

die über das geschriebene Recht hinausgeht und den Menschen in seinem Gewissen bindet.
2. Wir haben eine *juristische* Verantwortung und uns den verfaßten Normen der Gesellschaft zu beugen beziehungsweise sie im Dienst der Menschen auszufüllen.
3. Wir haben eine *politische* Verantwortung für das, was wir getan und unterlassen haben, für die Irrtümer, in denen wir gefangen waren.
Es geht um eine Wende, die mehr und anders ist als eine Hinwendung zur reichen Bundesrepublik und ihrem Lebensstil. Wir haben dies in unseren Thesen zum Kirchentag 1988 in Halle formuliert. Diese Thesen gelten unter veränderten Bedingungen durchaus wieder. Angesichts der elementaren – weltweiten! – Bedrohungen der Lebensgrundlagen ist Umkehr unsere einzige Chance, damit wir mit der Entwicklung der materiellen Verhältnisse geistig nicht nur Schritt halten, sondern uns sogar geistig schneller entwickeln. Alle Tragödien dieses Jahrhunderts waren das Ergebnis eines umgekehrten Verhältnisses. Wir haben nur diese eine Hoffnung, daß der Mensch vernünftiger wird als die Produkte, die er schafft. Bleibt er Gefangener seiner Produkte, seiner Technologien, ist er verloren.«
Die Auslegung eines Verses aus dem 4. Buch Mose 14,18: »Der Herr ist geduldig und von großer Barmherzigkeit und vergibt Missetat und Übertretung«, führte mich im Sommer 1993 zu folgenden Überlegungen:

»Geduld und Barmherzigkeit, nicht Schnellurteil und Strafe, Versöhnung und nicht Vergeltung, Vergebung und nicht Rache, Mitempfinden und nicht Gefühlskälte, Einfühlung und nicht Distanz sind Kennzeichen des biblischen Gottes. Um dies zu zeigen, mußte Gott Mensch werden, sich zeigen als der sanftmütige, friedfertige und barmherzige Mensch schlechthin, der lebte, was er sagte, und der auslegte, was er tat. Ein Beispiel hat er uns gegeben. Den autoritären Herr-Gott löst er ab durch den mitverstehenden Vater-Gott, der wesentlich etwas ›Mütterliches‹ hat.

Wie Gott mir, so ich dir! Es ist Mangel an Gottvertrauen, Mangel an Dankbarkeit für Empfangenes, wenn wir nicht vergeben, nicht Geduld haben miteinander, uns unbarmherzig zeigen. Gerade in einer Zeit der Vergangenheitsabrechnung und der rückwärts gewandten Schuldzuweisung, aber auch einer Zeit der neuen großen Fehler, Versäumnisse, Irrtümer und Fehltritte kommen wir miteinander weiter, wenn wir nicht immerfort mit anderen oder bei anderen ›aufräumen‹, sondern jedem die faire Chance lassen und geben, zurückzukehren in die Gemeinschaft. Freilich gibt es dafür eine einzige unabdingbare Voraussetzung: das Ein-Sehen in Misse-Tat, zum Beispiel die Verletzung von Menschen-Rechten. Wer, wenn nicht wir Christen, sollten Anwälte der Barmherzigkeit, Geduld und Vergebung Gottes in unserer Abrechnungskultur sein. Der Verzicht auf Auf- und Abrechnen kommt schließlich auch immer uns selbst zugute. Der andere Weg hat sich totgelaufen und eröffnet kein neues Leben. Was Gott mit uns angefangen hat, dürfen wir getrost und mutig fortsetzen.«

Was aber hieß das, wenn es konkret wurde? Sollte ich für Verjährung eintreten, zum Beispiel für Postschnüffler und Telefonabhörer? Was da 1993 zur Debatte stand und weiter steht, sind ja keine Bagatelldelikte, sondern perverse Praktiken systematischer ›Zersetzung‹ von Menschen.
Mein verletztes Gefühl gegenüber den Stasimachenschaften sagt: Es muß Sühneleistungen geben. Die Straftäter dürfen sich nicht in Sicherheit wiegen. Wer so etwas Perverses getan hat, muß auch belangt werden können. Es ist schwer erträglich, sich vorzustellen, sie könnten jetzt keck ihren Kopf erheben, als sei nichts gewesen. Doch mein Rechtsempfinden sagt: Bei Verlängerung würde aus politischen Gründen – wie gehabt – geltendes Recht geändert. Dies möchte ich aus prinzipiellen Gründen vermieden sehen. Eine Wiedergutmachung für die Perversitäten gibt es ohnehin nicht, wohl aber Bessermachen durch engagierte Sorge dafür, daß das nicht wieder geschehen kann. Ist man sich dessen beim ›großen Lauschangriff‹ bewußt? Viel schwerer wiegt für mich indes,

daß bei Verlängerung der Verjährung Illusionen weiter genährt würden, ein angemessenes Strafmaß sei zu finden, Strafe würde Entlastung für die Geschädigten schaffen, Rechtsfrieden sei so am besten zu fördern oder gar Rechtsgleichheit erreichbar.
Warum sollen überdies diejenigen weiter belangt werden, die Telefone abgehört oder Briefe geöffnet haben, aber diejenigen nicht, die sie dazu beauftragten, die die Ergebnisse gegen mißliebige Bürger ›zersetzend‹ anwandten, und diejenigen, die solche Gesetze gemacht oder geduldet haben?
Rückläufig nach Schuldigen zu suchen, ergäbe eine Kette ohne Ende, denn schließlich wären auch die Bürger wegen Hehlerei anzuklagen, die in Postämtern das Anbringen der Abhörschleifen gesehen und geduldet haben, auch die Professoren, Assistenten und Sekretärinnen, die der Staatssicherheit in den Hochschulen bereitwillig Räume für Verhöre und Erpressung von Studenten bereitstellten, ohne zu fragen, was sich hinter den verschlossenen Türen vollzog. Der Verstrickung werden wir nicht durch Bestrafung einzelner gewahr. Unabdingbar ist die Selbstauseinandersetzung aller, die antreibend, handelnd, duldend, schweigend, wegsehend in das System verwickelt waren. Die heute schon wieder Kuschenden wollen gern Strafe für die, vor denen sie gekuscht haben, ohne sich einzugestehen, wo und wie sie neuerlich kuschen. Die vorrangige Aufgabe ist deshalb nicht Strafe nach rückwärts, sondern Zivilcourage nach vorwärts.
Es geht nicht um die Verjährung von ›Bagatelldelikten‹, sondern um menschenverachtende Eingriffe in unser Leben. Die Verjährung der ›kleineren‹ Vergehen kann Raum schaffen für die Verfolgung der ›größeren‹ Verbrechen. Das hinterläßt bei den Geschädigten einen bitteren Nachgeschmack, doch das Unrecht der Tat und die Schuld des Täters bleiben unberührt; sie werden nur nicht mehr strafrechtlich verfolgt. Ich bin kein Weißwäscher und will keinen Schlußstrich. Ich suche die redliche Aufklärung darüber, warum dies mit der Billigung und Duldung so vieler geschehen konnte. Mir geht es nicht zuerst um strafrechtlich vollzogene Wiedergutmachung, son-

dern um die Verhinderung der Wiederholung. Wenn es schon schwer ist, die großen Rädelsführer des ideologisch motivierten Unrechts strafrechtlich zur Verantwortung zu ziehen, wieviel schwerer wird es erst bei den vielen tausend kleinen schmutzigen Rädchen des Systems! Die allgemeine gesellschaftliche Ächtung solchen Verhaltens, die Aufdeckung und Offenlegung der Verhaltensstrukturen vermögen die gesellschaftliche Katharsis besser zu gewährleisten als bloße Bestrafung vergangenen Fehlverhaltens.
Alle Kräfte sind jetzt darauf zu richten, einen demokratischen Staat aufzubauen, in dem so etwas nicht wieder möglich ist. Nicht nur wegen der Verhältnismäßigkeit oder Überlastung der Gerichte, sondern auch wegen des nötigen engagierten Aufbaus unseres demokratischen Rechtsstaates bin ich gegen eine mit heißer Nadel gestrickte Verlängerung geltender Verjährungsfristen.
Was nicht verjährt, ist die Erinnerung, die uns auf die Zukunft hin belehren muß.

Eines anderen Schmutz aufwühlen?

Geradezu bestürzend aktuell ist ein Abschnitt aus dem Buche Exodus (Kap. 23), zu dem ich auf dem Kirchentag in München aus Anlaß eines Martin-Luther-King-Tages (25 Jahre nach seiner Ermordung) vor einem jugendlichen Publikum im Circus-Krone-Bau eine Bibelarbeit zu halten hatte. Ich bezog mich dabei ausführlich auf Luthers Auslegung des achten Gebotes, vor allem wegen der öffentlichen Rufschädigung und des Afterredens angesichts aktueller Erfahrungen. Eine besondere Pikanterie besteht darin, daß im freiesten Land der freien Welt das FBI nach Aussagen ehemaliger beteiligter Mitarbeiter minutiös – also über jede Minute – über das Leben des Pazifisten und Friedensnobelpreisträgers bis ins Intimste hinein Bescheid wußte – merkwürdigerweise nicht über die letzten 15 Minuten vor seiner Ermordung. Zufall? Bis heute ist höchst zweifelhaft, ob der richtige und ob der einzige Schuldige verurteilt wurde. Die Akten, die darüber Aufklärung bringen könnten, sind bis heute unzugänglich. Martin Luther King war einer der entscheidenden Paten für unseren friedlichen Umbruch gewesen.

Im Geiste Martin Luther Kings haben wir in der DDR einen friedlichen Umbruch geschafft. Das war und bleibt ein gesellschaftliches, ein menschliches Wunder. Auf alles waren die Machthaber vorbereitet – nur nicht auf Gewaltlosigkeit (so Politbüromitglied H. Sindermann). Wir schlugen nicht, hängten nicht auf, schossen nicht, zündeten nichts an. Die Kerzen brannten in unseren Herzen! Wachs tropfte, kein Blut. Gewaltlosigkeit als Massenbewegung. Nun stehen wir vor den bisweilen gnadenlosen Folgen der Gewaltlosigkeit. Wir haben noch eine lange Wegstrecke vor uns, weil eben auch noch viel von erlittener Gewalt, Verletzung, Bedrückung in uns steckt, und es steckt noch viel Wut und Vergeltungswunsch in uns. Insofern ist die friedliche Revolution im Osten noch nicht beendet, sondern hat noch einen langen Weg vor sich, aber wir haben ihn ja jetzt gemeinsam vor uns, angesichts der Dinge, die wir in den letzten Wochen in unserem Land erleben mußten. Die Diktatur hat uns verletzt, auch krank gemacht.
Im Geiste Jesu wollen wir Heilung suchen.

Du sollst kein falsches Gerücht verbreiten.
Du sollst nicht einem Schuldigen Beistand leisten und kein falscher Zeuge sein.
Du sollst der Menge nicht auf dem Weg zum Bösen folgen und nicht so antworten vor Gericht, daß du der Menge nachgibst und vom rechten Weg abweichst.
Du sollst den Geringen nicht begünstigen in seiner Sache.
Wenn du dem Rind oder Esel deines Feindes begegnest, die sich verirrt haben, so sollst du sie ihm wieder zuführen.
Wenn du den Esel deines Widersachers unter seiner Last liegen siehst, so laß ihn ja nicht im Stich, sondern hilf mit ihm zusammen dem Tiere auf.

Du sollst das Recht eines Armen nicht beugen in seiner Sache. Halte dich fern von einer Sache, bei der Lüge im Spiel ist. Den Unschuldigen und den, der im Recht ist, sollst du nicht töten, denn ich lasse den Schuldigen nicht recht haben. Du sollst dich nicht durch Geschenke bestechen lassen, denn Geschenke machen die Sehenden blind und verderben die Sache derer, die im Recht sind. Die Fremdlinge sollt ihr nicht unterdrücken, denn ihr wisset um der Fremdlinge Herz, weil ihr auch Fremdlinge in Ägyptenland gewesen seid.

Ein Paulusseufzer entfährt mir immer wieder, wenn ich diesen Text lese: »Was sollen wir noch dazu sagen?« Alles, was ich hinzufüge, ist bemühtes Geschwätz. Ganzes Lebensprogramm in wenigen Sätzen, menschliches Geländer für unmenschlichen Streit, Kultur der Fairneß.
Fünf Themenkreise sehe ich, die alle eine eigene Vertiefung verdienen: Das Gerücht und die (Medien-)Meute, der Feind und sein Vieh, wie die Bestechlichkeit blind macht, das Recht des Geldes und die Chance der Unbemittelten, der Fremdlinge Herz und der Fremden Schutz.
Dieser Text ist eine richtige Entdeckung, ganz im Geiste Martin Luther Kings. »Sich der Gewalttätigkeit der Faust, der Zunge, des Herzens zu enthalten.«

Das Gerücht und die Meute

Das Gerücht tötet. Das letzte Gericht vollzieht sich unter uns oft als das letzte Gerücht. Der große Haufen erfreut sich daran, wenn er über jemanden ein Gerücht zu hören bekommt. Das Afterreden scheint zu den Lustmomenten unserer Analkultur zu gehören, die sich wiederum sehr gut nutzen läßt, um mit Druckerschwärze Menschen anzuschwärzen. Und über wen ließe sich nichts nach-reden? Wer hat eine weiße Weste? Wer ist nicht verletzlich? Ein Gerücht, einmal in der Welt, tut seine Wirkung. Die Wahrheit wird hilflos, wo sich das Gerücht in unserer Medienwelt gleich vermillionenfacht.

Nachdem es einen neuen katholischen Katechismus gibt, der sich neu gibt, aber älter ist als mancher »alte«, lese ich aus der Auslegung eines alten Katechismus, der sehr neu klingt: aus Martin Luthers Auslegung des achten Gebotes:

»Über unsern eigenen Leib, ehelichen Gemahl und zeitliches Gut hinaus haben wir noch einen Schatz, nämlich Ehre und guten Ruf, welchen wir auch nicht entbehren können; denn es gilt, nicht unter den Leuten in öffentlicher Schande, von jedermann verachtet, zu leben. Darum will Gott des Nächsten Leumund, Ehre und Gerechtigkeit so wenig wie Geld und Gut genommen oder verkürzt haben, auf daß ein jeglicher vor seinem Weib, Kind, Gesinde und Nachbarn ehrlich dastehe. Darauf ist nun erstlich dies Gebot gerichtet, daß ein jeglicher seinem Nächsten zu seinem Recht helfe und es nicht hindern noch beugen lasse, sondern fördere und genau darüber wache, gleichviel ob als Richter oder Zeuge, und betreffe, was es wolle. Und besonders ist hiermit unsern Herrn Juristen ein Ziel gesteckt, daß sie zusehen, recht und aufrichtig mit den Sachen umzugehen; was recht ist, recht bleiben lassen, und umgekehrt nicht verdrehen noch bemänteln oder verschweigen, ohne Rücksicht auf Geld, Gut, Ehre oder Herrschaft.

Das heißen nun Afterredner, die es nicht bei dem Wissen bleiben lassen, sondern weiter gehen und dem Gericht vorgreifen. Und wenn sie ein Stücklein von einem andern wissen, tragen sie es in alle Winkel und haben eine Freude daran, daß sie eines andern Schmutz aufwühlen können wie die Säue, die sich im Kot wälzen und mit dem Rüssel darin wühlen. Das ist nichts anderes als Gott in sein Gericht und Amt fallen, urteilen und strafen mit dem schärfsten Urteil. Denn kein Richter kann höher strafen noch weiter fahren, als daß er sage: Dieser ist ein Dieb, Mörder, Verräter usw. Darum wer sich solches vom Nächsten zu sagen untersteht, greift ebenso weit wie Kaiser und alle Obrigkeit. Denn ob Du das Schwert nicht führest, so brauchest Du doch Deiner giftigen Zunge dem Nächsten zu Schande und Schaden.

... Dahin gehöret sonderlich das leidige schändliche Laster Afterreden oder Verleumden, mit dem uns der Teufel reitet, wovon viel zu reden wäre. Denn es ist eine allgemeine schädliche Plage, daß jedermann lieber Böses als Gutes von dem Nächsten sagen höret. Und obwohl wir selbst so böse sind, daß wir nicht leiden können, daß uns jemand ein böses Stück nachsage, sondern jeglicher gern wollte, daß alle Welt Goldenes von ihm redete, können wir doch nicht hören, daß man das Beste von andern sage.«

Eine bis dahin nicht gekannte oder geahnte Variation der Denunziation, des Afterredens, der Rufzerstörung ganzer Familien, der Zerstörung von Menschen ist hinzugekommen: Mit den Akten der Denunziation werden Menschen denunziert, Schuldige und Unschuldige. Zu viele Unschuldige bleiben mir da auf der Strecke. Ich zähle auf, wen es erwischt hat: Ich zähle nur die, die ich kenne, die es an den Rand des äußeren Abgrundes und der inneren Existenz gebracht hat: den Thomaskantor Hans-Joachim Rotzsch aus Leipzig, den Internisten Eckard Ulrich aus Halle und den Völkerrechtler Gerhard Riege aus Jena, die sich das Leben nahmen, den Theologieprofessor Eberhard Winkler aus Halle, den Doktor der Physik Volker Nollau aus Dresden, den katholischen Propst Günther Hanisch aus Leipzig, den evangelischen Propst Jochen Jaeger aus Nordhausen, den Besamungstechniker Judersleben, den Internisten Bernhard Opitz aus Wittenberg, die Schriftstellerin Christa Wolf aus Kleinmachnow, den Konsistorialpräsidenten Manfred Stolpe aus Potsdam, den Anwalt Lothar de Maizière aus Berlin, den Schriftsteller Günter de Bruyn aus Beeskow, den Sozialwissenschaftler Michael Brie aus Berlin, den Tierarzt Bernd Seite aus Schwerin. Die Liste ist offen. Bei jedem liegt der »Fall« anders, die Umstände damals und die Absichten jetzt. Aber alle wurden durchs öffentliche Feuer geschickt. Es hat Schmerzen gemacht, Wunden gerissen, den menschlichen Ruf beschädigt, Menschen aus der Bahn oder aus dem Leben geworfen. Auch wenn es sich bei vielen nachträglich ganz und gar klären ließ: Ein Makel bleibt.

Ich kann mich gut mit dem identifizieren, was Adam Michnik uns zu sagen hat. Er erinnert sich:

»Zum 10. Jahrestag der Intervention von 1968 trafen wir uns an der Grenze in der Nähe der Schneekoppe. Václav Havel war dort, Jacek Kurón, auch Jan Lytinski, Antoni Macierewicz und ich. Da sitzen wir zusammen, die künftigen Präsidenten, Minister und Abgeordneten, damals verfolgt von der Kriminalpolizei, später sogar per Steckbrief gesucht.
Wir alle haben uns unterschiedlich entwickelt. Die einen gingen den Weg der ›sanften Revolution‹, ohne Rache und Haß, die anderen machten sich zu Theoretikern und Praktikern der antikommunistischen Durchleuchtungspolitik, dieser nahezu bolschewistischen Sitte, Menschen zu vernichten, indem man in ihren Akten wühlte.
Damals aber, bei diesen Gebirgstreffen, waren wir noch einig – in der Überzeugung, der kommunistischen Unterdrückung Widerstand entgegensetzen zu können und zu müssen, und in dem Glauben, daß wir darüber einer Meinung seien. Dabei waren wir ganz unterschiedliche Leute. Ehemalige Kommunisten und ehemalige Antikommunisten, Katholiken und Agnostiker. Der Prager Frühling und unsere polnische Freiheitsbewegung vom März '68 verliehen uns gemeinsame Erinnerungen und eine gemeinsame Identität. Niemandem von uns kam es 1978 in den Sinn, daß zwölf Jahre später die einen die anderen als Kommunisten bekämpfen und ihnen die bürgerlichen Rechte absprechen würden. Wir hatten Freiheit im Sinn, nicht Rache. Es ging uns um Toleranz, nicht darum, die kommunistische Orthodoxie durch eine andere zu ersetzen.«
Mit Michnik verbinde ich mich gern, wo es um Honecker und Schabowski, Modrow und Wolf, Müller und Fischer geht. Und es fällt mir nicht leicht, weil noch viel Unter-Drückung, Beleidigung und Erniedrigung durch die dumpfe Arroganz der Mächtigen von gestern in mir steckt. Ich suche den Sieg über mich selbst.
Wir müssen denen Lebensraum geben, die auf der anderen

Seite gestanden hatten, Befehlsgewalt hatten, nicht geschossen haben und keine Anweisung dazu gegeben haben, nun das Recht geben, aufrecht und gerade in unserer Gesellschaft zu leben. Es betrifft den damaligen Ministerpräsidenten Hans Modrow. Wenn dann aber ein (West-)Oberstaatsanwalt schreibt: »Schwer begreiflich sollte nicht sein, daß in der demokratisch verfaßten Strafprozeßordnung das Legalitätsprinzip herrscht. Danach muß dieser Prozeß, wenn hinreichender Tatverdacht besteht, geführt werden und damit basta.«

Was formaljuristisch klar scheint, ist doch politisch, weil ausgerechnet gegen Modrow der spektakuläre Prozeß geführt wurde. Ein Richter muß in der Tat nach dem Legalitätsprinzip vorgehen. Wenn es indes um so schwierige, gesamtgesellschaftliche Prozesse, ein historisches Ereignis geht, das so wunderbar gewaltlos ausging, dann gebührt auch denen Dank, die auf der anderen Seite die Gewaltlosigkeit ermöglicht haben. Und ich möchte dem Herrn Staatsanwalt auch sagen: *und damit basta.*

Im übrigen hat der Urteilsspruch des Richters in Dresden »Weisheit« gezeigt! Der Prozeß soll nun auf Betreiben eines »Bürgerrechtlers« erneut aufgerollt werden. Ist das das Recht von Bürgerrechtlern?

Der Feind und sein Vieh

Das ist Größe, Selbstüberschreitung, aktive Entfeindung, intelligente Konfliktminimierung, Beschämung ohne Demütigung, das Wagnis, dem einst mächtigen oder gar gefürchteten Gegner, nun, da er »unten« ist, am Boden liegt, nicht in haßbesetzter Schadenfreude zuzusehen, wie er nun endlich geschlagen da-liegt, aufzuhelfen, ihm seine Würde zu belassen. Dem Gegner seine Würde belassen, wiedergeben, statt sich an seinem »gerechten« Geschick zu weiden, ist auch weise. Es bezieht sich auf das Gelingen der Zukunft, nicht auf das emotionale Auskosten der Gegenwart. Wer so handelt, denkt über den Tag hinaus, den »Tag des Sieges« hinaus, kostet nicht den (verständlichen) Triumph aus, weil er will, daß beim nächstenmal »der andere« auch nicht triumphiert. Diese Regel ist mutige Durchbrechung, zivile Courage – gegen befohlene Tapferkeit oder emotionale Entfesselung. Solche Ent-Feindung meidet auch »Sippenhaftung«, sogar für Tiere. Sie beschränkt sich auf den eingegrenzten Konflikt und totalisiert ihn nicht auf alles. Sie gönnt dem Feind Leben, führt ihn auf sein Menschsein zurück.

Das gemeinsame Aufhelfen für den Esel transzendiert, was zwischen Menschen steht. Verzeihen-Können, wo aus den Starken Schwache geworden sind, selbst wenn sie ihre »Stärke« gewissenlos gebraucht hatten! Bei der Schuld soll es keine »Kreislaufwirtschaft« geben, sondern ein bewußtes Weg- und Abtun. Sonst kommen wir nicht aus diesem Kreis heraus.

Wir werden nach erfolgreicher Gewaltlosigkeit von beiden Seiten noch einen langen Weg solcher Versöhnung brauchen. Werden wir bereit und fähig sein, ihn zu gehen? Alles andere würde Verbitterung und neue Feindschaft gebären.

An einem Protokollauszug einer SED-Kreisleitungssitzung aus Böhlen von 1976 kann man sehen, wie tief die Sprache der Feindschaft sinken kann, zumal wenn sie Drohsprache einer Allmachtspartei wurde.

»Wenn es gegen uns – die sozialistischen Länder und die Kommunisten – geht,
- dann ist den Imperialisten und ihren Handlangern jedes Mittel recht,
- dann genieren sie sich auch nicht vor Lügen, Verdrehungen und Entstellungen.

Die Losung der Antikommunisten ist doch:
›Bei den Kommunisten ist alles falsch, auch das Gegenteil.‹
Nach dem Beschluß über die sozialpolitischen Maßnahmen
- versuchte der Gegner einen neuen Dreh anzuwenden,
- indem er Grenzprovokationen am laufenden Band startete.

Dann ließen sie
- den Idioten Brüsewitz in Flammen aufgehen,

– was für die Konterrevolution das Flammenzeichen sein sollte.
Danach gab es dann von der reaktionären Kirchenführung
– eine ganze Reihe Dokumente,
– die über die Pfaffen in der Kirche verlesen werden sollten
– und verlesen wurden,
– um die christlichen Bürger zur Konterrevolution aufzurufen.
Das war unwirksam.
Dann versuchten sie es mit der Kultur,
– indem sie Biermann nach Köln riefen,
– um über ihn die Konterrevolution organisieren zu lassen.
Wie ist das vor sich gegangen?
Anfang des Jahres hat Gaus,
– der Beauftragte der BRD-Regierung in der DDR,
– der größte Ganove, der die ganzen anderen Ganoven in der BRD-Botschaft in der DDR anführte,
– vor den Botschaften der BRD einen Vortrag gehalten,
– wobei er vor allem auch über eine
– ›Instabilität der DDR‹ und eine ›Desinformiertheit‹ auch der Parteiführung sprach.
Auch hier zeigt sich der Brötchengeber von Biermann.
Er hatte die gleiche Auffassung,
– daß die DDR-Regierung desinformiert ist und
– erklärte deshalb:
– ›Die Parteiführung müßte nach dem Kölner Abend erleichtert sein.‹«

(Aus dem handschriftlichen Protokoll eines Funktionärs aus dem »Apparat«.)

Werden wir nach erfolgreicher Gewaltlosigkeit von beiden Seiten zum langen Weg der Versöhnung bereit und fähig sein? Alles andere würde Verbitterung und neue Feindschaft gebären.
Ich lese die großen, tiefen Sätze Martin Luther Kings:

»Es wäre feige und unmoralisch, wolltet ihr die Ungerechtigkeit geduldig hinnehmen. Seid besorgt, daß die Mittel, die ihr gebraucht, so rein sind wie die Ziele, die ihr erstrebt. Seid niemals verbittert. Wenn ihr der Gerechtigkeit zustrebt, so tut es mit Würde und Disziplin. Gebraucht die Liebe als wichtigste Waffe. Laßt euch von keinem Menschen so erniedrigen, daß ihr ihn haßt. Meidet stets die Gewalt. Wenn ihr in eurem Kampf die Saat der Gewalt ausstreut, so werden ungeborene Generationen den Sturm einer zerfallenden Gesellschaft ernten. Laßt in eurem Kampf um die Gerechtigkeit eure Unterdrücker wissen, daß ihr sie nicht besiegen, daß ihr die Ungerechtigkeiten nicht heimzahlen wollt. Laßt sie wissen, daß die eiternde Wunde der Rassentrennung den weißen Mann nicht weniger schwächt als den schwarzen. Verhaltet ihr euch so, dann kämpft ihr als wahre Christen.«

Bestechlichkeit und Blindheit

»Wer regieren will, muß korrumpieren. Das Zusammenspiel der ars corrumpendi mit der Willigkeit der Korrumpierten schafft und erhält Ordnung. Jedenfalls ist es an der Zeit, Korruption endlich als ein unerläßliches Regulans unserer Gesellschaft anzuerkennen.« Dies schrieb Horst-Eberhard Richter 1989, noch nicht ahnend, was 1993 wäre. Dabei konnten wir uns noch '89 an der Korruption des zusammengebrochenen Systems ergötzen, obwohl die Summen, von »uns aus« betrachtet, eher Sümmchen waren und dann noch Ostmark. Wenn wir uns vergegenwärtigen, in welchen Hauptstädten unserer Bundesrepublik schon ein großer Korruptionsskandal aufgedeckt wurde, so spüren wir, daß wir schneller sind, wenn wir die Hauptstädte aufzählen, in denen es noch nicht öffentlich gestunken hat.

Unsere Demokratie fault von innen, wo die Bestechlichkeit derer, die man »politische Klasse« nennt, zum Alltag wird in einer Situation, in der sich die Parlamente nicht mehr wirksam kontrollieren, sondern sich allerhöchstens noch darin einig sind, daß die Diäten erhöht werden müssen. Das Vertrauen in die Kontrollfähigkeit der Parlamente ist derart gesunken, daß man die kritische Kraft lediglich in den Medien sieht, wobei diese verkaufswirksam Skandale genüßlich offenlegen und ihr Geschäft machen. Was wäre unsere Presse ohne die Skandälchen und Skandale der Politiker? Inzwischen wird die Intellektuellen- und Politikerschelte – ein publikumswirksamer Schlager – einem Publikum vorgeführt, das allzu gerne Publikum bleiben will. Dies ist eines der großen Probleme, daß das Abräumen der Bühne lustvoll, hämisch oder zynisch, traurig oder tragisch betrieben wird, aber wenige bereit sind, die Bühne zu betreten und ein anderes Stück zu spielen. Haben die »Verweigerer« Angst, selber so zu werden? Machen die Strukturen korrupt? Kein Tag ohne Skandal – kein Tag ohne Lust, von einem Skandal zu hören. Von einem bestimmten Kontostand an scheint selbst respektablen Menschen mit hohem Anspruch an sich selbst kaum noch aufzufallen, wenn da »zu viel« draufgekommen ist, oder wenn die Spekulationssummen allein schon wie ein Hohn für die wirken, die nicht wissen, wie sie ihre Miete bezahlen sollen.

Zudem scheinen bestimmte gesellschaftliche Stellungen Bestechung geradezu zu implizieren. Die Relationen verschwimmen. Einkommen und Stellung machen blind – man merkt nicht mehr, welche Sorgen sich andere machen müssen. Ist nicht das Lohngefüge unserer Gesellschaft selber eine einzige »Bestechung«, alles zu tun, um »da oben« zu bleiben, gespaltene Persönlichkeiten zu schaffen, die nicht mehr sehen, was ist. Mit redlicher Arbeit, an Leistung orientiert, gemessen an dem, was ein »normaler Bürger« leistet, fragt man sich, ob ein Mensch überhaupt so viel leisten kann, daß er zwischen 20 000 und 200 000 Mark monatlich verdient? Da stimmt doch etwas nicht, wenn selbst der Staat so viel zahlen kann. 14 000 Mark sollen ab 1995 die Abgeordneten bekommen. Will man denn mutwillig die Politikverdrossenheit schüren, den Verdacht, daß Politik ein Geschäft ist, Politiker käuflich, schon weil sie alles daransetzen, solche lukrativen Jobs zu behalten, selbst wenn das vielen, die gar zu viel arbeiten, unrecht tut? Eines jedenfalls sollten diejenigen bedenken, die »Und führe uns nicht in Versuchung« beten: Die Wahrheit über uns selbst ist erschreckend. Unsere eigene Verführbarkeit verbietet uns

den ausgestreckten nackten Zeigefinger, die genüßliche Schlag-Zeile, die vorschnelle Verurteilung und Gleichsetzung aller. Das sollte denen vergehen, die um sich selbst und ihre eigene Grundgefährdung wissen. Nur wenige von uns (allen!) sind davor gefeit, den ausgeklügelten, feinmaschigen, einschmeichelnden, verharmlosenden, glückversprechenden Versuchungen zu erliegen. »Wo Aas ist, sammeln sich die Geier« – das höre man einmal vor dem Hintergrund dessen, was die Treuhand zu verwalten hat!
Noch wichtiger als Aufdeckung der kleinen und großen, der großgemachten und der kleingehaltenen Skandale, wichtiger als moralische oder bigotte Entrüstung scheint mir, die Bedingungen zu minimieren, die solche Bestechlichkeit ermöglichen. Nichts hülfe uns indes die Tabuisierung unserer eigenen Bestechlichkeit, einer strukturellen Empfänglichkeit für Vorteile. Auch dürfen wir uns nicht verschweigen, daß Bestechlichkeit ein movens und ein Herrschaftsinstrument unserer, *jeder* Gesellschaft ist. Gerade deshalb brauchen wir Einschärfung, daß Bestechung blind macht, und daß wir nicht uns oder andere belügen, ohne es noch zu merken!

Das Recht des Geldes und die Chancen der Unbemittelten

Unparteilichkeit bezieht sich auch auf den Geringen und Unbemittelten. Sie richtet sich gegen jegliche Spaltung des Rechts, nämlich gegen die Parteilichkeit der Wahrheit und gegen die Zweiteilung des Rechts in das Recht »des Guten« beziehungsweise »des Schlechten«, das durchzusetzen jedes Mittel rechtfertigte.
Dann wäre gut, was der Arbeiterklasse nützt, was der Kirche nützt, was der guten Sache der Revolution nützt, was der Deutschen Bank nützt.
Tapferkeit auch gegenüber dem Freund, Redlichkeit und Offenheit in einer Gemeinschaft sind nötig, nicht parteilicher Klüngel, der »in bester Absicht« tabuisiert, entschuldigt, vertuscht oder zudeckt. Wenn Recht aber zum Recht derer wird,

die zahlen können, verkommt es: Der § 218 ist ein Skandal gegen Frauen. Ich finde es immer schlimm, wenn eine Frau, in der Leben heranwächst, sich zum Abbruch entschließen muß oder meint, dieses Leben nicht zur Welt bringen zu können. Wir in der DDR damals sind mit dieser Regelung insgesamt verantwortungsbewußt umgegangen, und die Geburtenrate war sehr, sehr viel höher, als sie jetzt ist. Das hängt auch mit dem Empfangsraum der Gesellschaft für Kinder zusammen, mit nichts anderem.

Der Fremdlinge Herz und unsere Erinnerung

Der »Fremdlinge Herz« – das meint eben nicht nur ihre soziale Situation, es meint auch ihre innere Situation: die Erniedrigung, die Entwurzelung ohne Alternative, die unstillbare Heimatsehnsucht, das alltägliche Begafftwerden, die Anpöbelei, die Nachäffung, der rausschmeißende Blick, ihre Mutlosigkeit, das Gefühl bloß geduldeter Existenz. Die Jungen gehen nur noch in Gruppen, werden zu Rudeln, werden laut-stark aus Angstabwehr und provozieren Rivalität und Aggression. Wie weit sind wir inzwischen gekommen? Ein Beispiel:

... Vor einigen Wochen hatte eine Angestellte der Kölner Staatsanwaltschaft in den Geschäftsräumen ein Plakat aufgehängt, auf dem unter der Überschrift »Das neue Deutschlandlied« unter anderem folgende Texte standen: »Nix verstehen, weil ich Türke bin, aber Kasse immer stimmt ... Wozu soll ich hier noch schaffen, das erledigt doch mein Glied ... Wenn wir (Türken) erst zur Urne schreiten, mit dem Zettel in der Hand, Deutschland, Deutschland über alles, bald gehört uns dieses Land.« Ein Kölner Rechtsanwalt, dem das Plakat aufgefallen war, hatte die Justizangehörige mehrfach gebeten, das Papier von der Wand abzuhängen. Als diese sich weigerte, erstattete er Anzeige gegen sie wegen Volksverhetzung. In dieser Woche nun entschied die Staatsanwaltschaft, dieser Text rufe »weder zum Haß gegen Teile der Bevölkerung« auf noch zur Gewalt. Dieses sogenannte Deutschlandlied stelle keine

»böswillige Verächtlichmachung« der türkischen Bevölkerung, sondern lediglich deren »Verspottung« dar. Die Menschenwürde sei nicht verletzt.

(*Frankfurter Rundschau*, 2. Juni 1993)

Das spricht für sich und gegen uns. Ein kalter Rechtsstaat?
Wenn wir die Fremden wirklich unter uns aufnehmen wollen, brauchen wir eine kulturelle Wende, eine Mitempfindsamkeitskultur mitten im Selbstdurchsetzungskult unserer Effizienzgesellschaft. Wann hören wir das Seufzen der Kreatur und der Natur, statt es weiter zu übertönen?
Laßt uns lieber als blauäugig gelten denn als kaltäugig, aber laßt uns auch genau hinsehen, was warum in wessen Interesse geschieht.
Laßt uns lieber träumend als berechnend sein, aber auch die Kosten und Kräfte überschlagen, statt an Selbstüberschätzung zugrunde zu gehen.
Kein Computerkurs kann Gemütsbildung ersetzen! Wo nur noch unsere Fertigkeiten gelten, gilt kaum noch Herzenswärme. Die Spielstätten sind Orte technischer Phantasielosigkeit geworden, des geistlosen Auslebens von Geschwindigkeit und Verfolgung. Immer ist der Spieler Verfolger, nie Verfolgter, Schießender, nicht Erschossener. Die Enthemmung der Verfolger ist ebenso Programm wie die Seelenlosigkeit der Verfolgten. Die Empfindungslosigkeit der Verfolger am technischen Drücker unterscheidet bald nicht mehr zwischen Spiel und Wirklichkeit. Das hat viel zu tun mit dem Verhalten gegenüber Fremden und Schwachen.
Neben den rechtlichen Signalen (doppelter Staatsbürgerschaft, kommunalem Wahlrecht, einem Einwanderungsgesetz, Integrationsprogrammen) brauchen wir jetzt Runde Tische der Verständigung und des Konfliktaustrags. Und neben polizeilichem Schutz brauchen wir Nachbarschaftshilfe und Nachbarschaftswachsamkeit. Polizei und Feuerwehr können nur bereits ausgebrochene Gewalt eindämmen und Feuer löschen, nicht aber die Ursachen von Gewalttaten und Feueranschlägen beseitigen.

Die Verbrechen der letzten Monate offenbaren eine Boden-Losigkeit, unsere Bodenlosigkeit, eine Herz-Losigkeit, unsere Herzlosigkeit, eine Gedanken-Losigkeit, unsere Gedankenlosigkeit.

Dies alles ist gewissermaßen der theologische Hintergrund, aus dem heraus ich auf praktisch-politische Fragen reagiere. Nach heftigen Reaktionen von fast allen Seiten, vor allem von Bürgerrechtlern und solchen, die die Akten verwalten, frage ich mich, warum erhitzen sich so viele Leute an mir und unter Mißbrauch der »offenen Briefe« an meinen Stichworten? Ist dies inzwischen neurotisch? Ich versuche, Menschen gerecht zu werden, mit ihrer ganzen Lebensgeschichte, in all ihren Lebenszusammenhängen. Ich möchte keine Reduktion von menschlichem Leben auf Akten, schon gar nicht auf Stasiakten zulassen. Zum anderen möchte ich, daß wir die Befreiung auch wirklich genießen und loskommen – sowohl die Opfer wie die Täter, aber auch die Aufklärer über das Geschehene. Und drittens brauchen wir alle Kraft für die gegenwärtigen Herausforderungen an die Demokratie.

Ich bin weiterhin dafür, daß für strafrechtlich relevante Fälle auch nach 1996 der Zugang für Anwälte möglich sein muß. Für mich wäre es eine traumatische Vorstellung, wenn noch 15 Jahre lang die letzten Glieder der Kette der Perversion öffentliche Stigmatisierung erleiden.

Mir geht es nicht um Vertuschung. Mir geht es um eine menschlich besser vertretbare Aufklärung, die auch den Schuldigen ermöglicht, sich bewußt zu werden, was sie getan haben, um dann aber ohne Stigma weiterleben zu können.

»Ideale der Bürgerbewegung« sind für mich wesentlich die Forderungen der Demokratie, denen wir uns gegenwärtig mit ihren menschlichen, sozialen, (friedens-)politischen und ökologischen Dimensionen zu stellen haben. Es geht um Hilfe für Benachteiligte und um Minderheitenschutz. Es geht um den Gewinn von mehr unmittelbarer Demokratie und um die einsatzbereite Ausfüllung der demokratischen Strukturen im freiheitlichen Rechtsstaat durch möglichst viele Bürger. Es geht

um die Bewährung von Zivilcourage in neuen, gravierenden sozialen und nationalen Konflikten. Darauf den Blick zu konzentrieren, halte ich für vorrangig. Die Aufklärungsarbeit soll nicht unterbleiben, wohl aber die beliebige Personalisierung und die Geschäftemacherei mit Veröffentlichung.
Den Titel »Bürgerrechtler«, den ich mir nicht selbst gegeben habe, möchte ich fortan nicht mehr mit meinem Namen verbunden sehen! Ich wünschte mir ein abwägendes, (selbst-) kritisches Gespräch darüber, wie wir nach allen bisherigen Erfahrungen, wie lange, mit welchem Ziel, mit welchen Methoden und mit welchen Einschränkungen weiter »Akten aufarbeiten« und in welchem Verhältnis das zu anderer Aufklärung zu stehen kommt. Dabei ist durchaus die Bilanz der guten Erfahrungen mit der Bilanz schlechter Erfahrungen zu vergleichen und zu gewichten. Mein *Freuden*-Feuer ist ein utopischer Wunsch – aber der Wunsch soll signalisieren, daß ich eine befreiende Verabschiedung nicht mehr hinreichend klärbarer Schuld wünsche und keine neue Schuld beim »Aufarbeiten«. Überdies kann ich nicht erkennen, daß diejenigen, die »die Wahrheit« nun aus ihren Akten wissen, wirklich freier wurden, so sehr das auch viele augenflackernd beteuern.
Bis 1996 hätten wir noch zwei Jahre Zeit, das dringend Klärbare zu klären. Danach sollten nur noch Anwälte für Prozesse darin Einsicht nehmen. Was aber wäre die Folge einer veröffentlichten Endlos-Neu-Gier nach rückwärts?
Dies alles hat mich schon längere Zeit beschäftigt.

Um des inneren Friedens willen

Als sich immer mehr abzeichnete, daß Aufklärung über unsere Vergangenheit zur skandalträchtigen Enthüllung verkam, parteipolitische Instrumentalisierung von SED- und Stasiakten einsetzte, die öffentliche und veröffentlichte IM-Hascherei peinliche und tragische Züge annahm, beinahe jede positive Erinnerung an das Leben in der DDR – trotz der SED – als

Nostalgie denunziert wurde, recht unterschiedslos als »systemnahe« eingeteilte ehemalige DDR-Bürger ihre Posten verloren und allzu häufig an Westdeutsche abgaben und schließlich Selbstverleugnung zum Überlebensrezept zu werden begann, habe ich mich mit Überlegungen darüber herumgequält, wie Versöhnung ohne Verwischung der Schuld, wie innerer Friede ohne Zudecken der Konflikte, wie Wandlung in Würde noch möglich sein könnten. Mir gab sehr zu denken, was der Theologe Hans-Joachim Iwand 1947 in ungleich schwierigerer Lage geschrieben hatte:

»Wenn wir heute mit Schrecken erleben, wie jetzt im Leben unseres Volkes ein furchtbares Ringen begonnen hat zwischen Nazis und Nicht-Nazis, wie hier noch einmal alle Geister des Hasses, der Unbarmherzigkeit, der Habsucht und der Selbstgerechtigkeit entfesselt werden und neues Unrecht dem alten hinzugefügt wird, anstatt daß wir uns gemeinsam unter die gemeinsame Schuld beugen und einander helfen und froh sind und dankbar, daß nun auch den anderen die Augen aufgehen und sie bereit sind, umzukehren und ein Neues zu pflügen, dann kann man leicht ermessen, was es bedeutet, daß die Kirche und gerade die Bekennende Kirche da nicht mittut, sondern ihre Schuld bekennt.«

Hans-Joachim Iwand hatte zu den führenden Theologen der Bekennenden Kirche gehört und war von daher von dem Verdacht frei, er wolle sich damit nur selber reinwaschen.
Als ich auf einer Ost-West-Begegnung auf der Insel Hiddensee im April 1993 Gräfin Dönhoff traf, besprachen wir miteinander die sich auftuenden Dilemmata bei den »Aufklärungs- und Aufräumarbeiten« nach Ende der »Diktatur des Proletariats«. Wir fürchteten gemeinsam um die langfristigen Folgen von Entmündigung, Entwürdigung und Entwertung.
Gräfin Dönhoff meinte, daß dies ein mögliches Thema für ein zweites Manifest sein könnte, nachdem das kleine Manifest *Weil das Land sich ändern muß* soviel Zuspruch gefunden und Einfluß auf die öffentliche Debatte genommen hätte. So frag-

ten wir einige Leute, ob sie an unserem Vorhaben teilnehmen wollten. Sie nahm sich der Sache entschlossen und umsichtig an. Wir trafen uns mehrmals, fanden aber nicht Zeit und Kraft, einen von allen Autoren gemeinsam verantworteten Text zu formulieren. Ich beschäftigte mich besonders mit der Integration der Menschen, die dieses System getragen hatten. Ich wollte jedenfalls vermeiden helfen, daß es zu einer die Einheit erschwerenden Ostalgie kommt, und wollte vermieden sehen, daß ehemalige Kommunisten in alte ideologische Positionen zurückgedrängt würden, wenn sie in der Demokratie keinen Platz fänden.
Die wunderbare Selbstbefreiung der Ostdeutschen von einer Diktatur war nicht nur die Befreiung der Unterdrückten von ihren Unterdrückern, sondern auch die Befreiung der Unterdrücker von ihrem Unterdrücken. Nicht wenige haben an diesem Befreiungsprozeß schließlich teilgenommen, der zu neuem Würdegewinn, Wertebewußtsein und Selbstwertgefühl der großen Mehrheit der Ostdeutschen – auch vieler Systemträger – führte. Die Erwartung der Demokratie verband sich sehr bald und sehr vehement mit der Erwartung der Einheit Deutschlands.
Inzwischen ist die Euphorie vieler einer Depression sehr vieler gewichen, weil sie neue Entwürdigung, Entwertung und Entmündigung erleben und erleiden. Die Heilserwartungen an die Demokratie und an das Einig-Vaterland erweisen sich als Täuschungen und Selbsttäuschungen. Der Versuch, die DDR im Schnelldurchgang zu einer erweiterten Ausgabe der Bundesrepublik zu machen, mißlang. Die 40 getrennten Jahre haben uns sehr unterschiedlich geprägt. Die Trennungszeit hat strukturell wie mental zu Unvereinbarkeiten geführt, die erst in einem längeren faireren Ausgleichsprozeß überwunden werden können. Im Vereinigungsprozeß wurden einige, kaum noch revidierbare Grundfehler gemacht, so daß manche Enttäuschung in Verbitterung umschlägt. Der Wunsch nach einer »noch höheren Mauer« sowohl in Ost- wie in Westdeutschland wird hier und da laut. Dabei wird leicht übersehen, was wir miteinander durch die deutsche Einheit gewon-

nen haben und wieviel im Osten Deutschlands inzwischen aufgebaut wurde. Das aber können die millionenfach ins gesellschaftliche Aus beförderten Ostdeutschen nicht mehr würdigen, denn im ganzen steht der Aufbau-Ost noch in keinem Verhältnis zum eskalierenden Abbau-Ost. Die (selbstbestimmte) Einverleibung der DDR in die BRD wird von vielen inzwischen als ein Auskaufen, Kolonisieren und Plattmachen empfunden.
Der Regierungskriminalität der SED-Oberen, der man mit juristischen Mitteln unzureichend zu Leibe rücken kann, wird eine bisher kaum aufgedeckte, schwerwiegende Vereinigungskriminalität von Glücksrittern aller Couleur hinzugefügt. (Der gesamte Beitrag ist erschienen in *Weil das Land Versöhnung braucht. Ein Manifest II.* Herausgegeben von Marion Gräfin Dönhoff. Reinbek, 1993.)

Wir werden aber in einer komplizierten gesellschaftspolitischen Umbruchsituation, deren Folgen wir noch eine ganze Generation zu tragen haben, alle brauchen, die unsere soziale und liberale Demokratie gestalten, ausfüllen und gegen ihre Verächter schützen wollen. Davon sollte niemand, der will, prinzipiell ausgeschlossen werden – es sei denn, sein Tun ist strafrechtlich relevant. Nach einer Zeit existentieller Unsicherheit, rigoroser Entlassungen und gesellschaftlicher Ächtung muß fachlicher und gesellschaftspolitischer Einsatzwillen auch wieder Anerkennung finden.
Viele erleben, daß sie zwar »im Prinzip« politische und bürgerliche Freiheit gewonnen haben, aber im wirtschaftlichen Bereich über sie verfügt wird. Es geht ihnen an die Substanz, an ihre elementare Würde, wenn sie nicht mehr gewürdigt werden, ihre Arbeitskraft einzusetzen. Sie wollen etwas leisten, ehe sie sich etwas leisten.
Befreit sind sie alle durch die Demokratie. Sie alle müssen die Chance haben, diese Befreiung auch aktiv mitzugestalten. Das fällt im einzelnen sehr schwer. Wenn man in einer Kommune sieht, wie schnell manche wieder auf die Füße gefallen sind, mit welcher altbekannten Rechthaberpose viele PDS-

Mitglieder nachträglich noch einmal recht haben oder recht zu bekommen scheinen, wenn der demokratische Staat auf verschiedenen Feldern bei dem komplizierten Transformationsprozeß nicht nur Fehler macht, sondern vergleichbares bürokratisches Machtgebaren zeigt. Wenn die hohen Herren von heute ganz offiziell Privilegien genießen, fragt ein schuldlos arbeitslos gewordener Chemiearbeiter schon mit Bitterkeit nach dem »Verdienst« eines Ministerpräsidenten. Wie hoch sind die Spekulations- und Korruptionssummen, wie kalt gehen die Marktgesetze über Menschen hinweg, fragt sich der Vorruheständler verwundert. Wie grotesk wirkt da manche Rigorosität nach rückwärts?
Der Ausgang der mentalen Diffusion der Umbrüche und Dammbrüche ist in Deutschland überhaupt noch nicht abzusehen.

»Wir erweisen uns in Nöten, Ängsten, Verfolgungen ...«

Ein biblischer Text, im Sechsjahresrhythmus wieder als Predigttext vorgesehen, schlägt die Brücke zwischen Februar 1988 und Februar 1994. Es geht darum, worin sich Diener Gottes erweisen. Darüber habe ich 1988 in Wittenberg, 1994 in Köln in der Antoniterkirche gepredigt. Wie sich die Konflikte verschränken, wie das »Amt der Versöhnung« unausweichlich zur Existenz im öffentlichen Zwielicht wird, habe ich damals und heute erfahren.
Während der Prozesse gegen die Rosa-Luxemburg-Demonstranten im Februar 1988 war das Land elektrisiert. Besonders in Berlin fanden gutbesuchte Fürbittgottesdienste für die Inhaftierten statt, die Ausreisewelle hatte erneut einen Höhepunkt erreicht, die Ökumenische Versammlung in Dresden sollte am 13. Februar eröffnet werden. Die DDR-Oberen fürchteten das Ausbrechen der Konterrevolution. Hans-Jochen Tschiche hatte für das jährliche Friedensgruppentreffen

»Frieden konkret V« in Cottbus die bis dahin weitestgehenden Forderungen für eine Demokratisierung vorgelegt. Ich habe dieses Papier wegen der Selbstüberschätzung der Gruppen kritisch betrachtet und fürchtete, daß die mächtigen Staatsorgane unsere kleinen Gruppen erdrücken würden, weil sie sich der Billigung durch das Volk sicher sein konnten. Die Führung in Berlin handelte kopflos. Sie ließ die etwa 100 Ausreisewilligen, die die Rosa-Luxemburg-Demonstration benutzt hatten, um auf ihren Ausreisewunsch hinzuweisen, lautlos die Grenze passieren, während die politischen Demonstranten, die innen die Veränderung wollten, Prozesse bekamen. Dann aber gab es den bis heute nicht hinreichend geklärten Purzelbaum, daß die rechtskräftig verurteilten oder noch in Untersuchungshaft befindlichen Dissidenten in den Westen abgeschoben wurden und einige von ihnen eine Rückkehrgarantie nach einem festgelegten Zeitraum erhielten. Ich weiß noch genau, daß wir diese Lösung für falsch hielten, weil sie uns die Möglichkeit nahm, uns mit den Inhaftierten zu solidarisieren. Und der Aufenthalt im Westen erschien uns nun wirklich nicht als »Gefängnis«. Aber wer kann schon ermessen, unter welchem psychischen Druck die Inhaftierten damals waren und wie sie erpreßt, getäuscht und verlockt wurden? Auch in Wittenberg gab es angesichts der straffen Zensur selbst für Kirchenzeitungen eine Informationsrunde nach einer Passionsandacht. Dort wurde über die Vorgänge informiert, über Hausdurchsuchungen, Zuführungen und Verhaftungen in Berlin, Leipzig und Weimar. Die kurzfristig anberaumte Veranstaltung in Wittenberg war überraschend gut besucht. Ich habe damals nach umfassenden Informationen über die Vorgänge folgendes Fazit formuliert:

»Die Staatssicherheit droht den Staat in einen Sicherheitsstaat zu verwandeln. Die inneren Folgen werden verheerend sein. Nach außen wird die DDR ihre gewonnene Reputation verlieren. In den Strudel der Eskalation droht alles mitgerissen zu werden, was neu geworden ist, auch zwischen dieser Partei und der Gesellschaft. Wir drohen in die alten Gräben zurück-

zufallen. Der Sozialismus wird seine Anziehungskraft noch mehr verlieren. Das Glückwunschtelegramm an den Diktator Ceauşescu, der sein Volk in den Hunger manövriert hat, ist ein makabres Symbol. Was dort noch klappt, ist einzig die Bespitzelung. Der Konflikt ist am falschen Ort ausgebrochen und mit den dafür ungeeigneten Gruppen zusammen provoziert worden. Denn die Ausreiser gehören nicht mehr zu denen, die dieses Land verändern wollen. Aber über die Inhalte muß diskutiert werden können, zum Beispiel über das, was die Gruppe ›Frieden und Menschenrechte‹ will und sagt. Kritik darf nicht Landesverrat genannt werden. Das Zusammenkommen und Öffentlichmachen eigener Meinung darf nicht unter ›Rowdytum und Zusammenrottung‹ verhandelt werden. Das Strafgesetzbuch bedarf dringend einer Revision im Sinne der Schlußakte von Helsinki und Madrid.
Die über die Westmedien bekanntgewordenen Forderungen der Protestierenden zur Rosa-Luxemburg-Demonstration sind nicht rassistisch, militaristisch, terroristisch, nationalistisch, faschistisch, friedensfeindlich und antikommunistisch. Dort wurden keine Molotowcocktails geworfen und keine Hetzparolen oder Diffamierungen ausgerufen.
Die Ausreiser helfen uns nicht für die Veränderung in unserem Lande. Aber sie sind dazu gekommen, weil sie Veränderungen hier nicht mehr erhoffen. Auch darüber muß geredet werden, damit nicht mehr so viele Menschen ausreisen. Kommunisten können von heute auf morgen in stalinistische Manieren zurückfallen, wenn sie ihre Macht gefährdet sehen. Wir brauchen ihnen gegenüber jetzt zugleich Klarheit und Besonnenheit. Wir sollten uns öffentlich und privat für die Inhaftierten einsetzen, auch wenn wir ihre provozierende Konfliktform nicht teilen mögen. Das Vorgehen des Staates ist gänzlich unangemessen, ja grotesk. Es könnte jeden von uns und unsere Kinder morgen schon treffen. Und wir sollten nun nicht alle Kommunisten in eine Kiste werfen. Wer das tut, könnte gerade das erreichen, was er verhindern will. Darüber hinaus sollten wir an allen Orten und zu allen Gelegenheiten klarstellen, daß wir unser kritisches Potential nicht durch Abschie-

bung in den Westen erledigen können, statt dessen die aufgeworfenen Fragen und Probleme besprechen müssen. Wir brauchen eine Umgestaltung unserer gesellschaftlichen Verhältnisse. Dazu brauchen wir Beharrlichkeit und Geduld, Entschiedenheit und Augenmaß. Sonst verspielen wir alles. Die Frage wird sein, ob die DDR zukünftig von solchen Repressionsmethoden abläßt und zu Diskussionsmethoden findet, die produktiv werden. Es geht darum, den Streit um die Sache zu organisieren, die Alternative zu prüfen und nicht zu kriminalisieren. Gruppen scheinen manchmal Arbeitsbeschaffungsmaßnahmen für einen Sicherheitsapparat zu sein, der um seine Existenz fürchtet, wenn es gesellschaftliche Offenheit gibt.«

Soweit mein damaliges Fazit am 1. Februar 1988. Ich wurde am folgenden Tag in den Rat des Kreises zitiert. Dort wurde mir vom »Stellvertretenden für Inneres«, Herrn Fliegner, folgendes eröffnet: »Die Grundsatzpositionen vom 6.3.78 bleiben bestehen. Es gibt aber Meldungen über Wittenberg, daß Wittenberg ein Stützpunkt der Konterrevolution sei. Verantwortungslose Pfarrer im Lande benutzen die Ereignisse zu Zwecken, die nichts mehr mit Religionsfreiheit zu tun haben. Das kann nicht geduldet werden. Eine (von mir gestaltete) ›Informationsstunde‹, wie sie im Bugenhagensaal stattgefunden hat, und auch die sogenannten ›Betgottesdienste‹ sind nicht Sache der Kirche. Die Tagespresse informiert ausreichend über die Ereignisse. Der Mißbrauch solcher Veranstaltungen kann nicht ausgeschlossen werden. Wir haben Gesetze, und die müssen angewandt werden. Was die Kirche da veranstaltet, widerspricht eindeutig der Veranstaltungsverordnung und trägt keinen religiösen Charakter. Die Frage der Beteiligung des Vikars Lampe an den Provokationen in Berlin ist noch nicht abgeschlossen. Der Brief von Vikaren aus dem Predigerseminar berührt politische Fragen, die nicht zu ihrer Zuständigkeit gehören. Auch das Sammeln von Spenden ist illegal.«
Fliegner fordert mich auf, in meinem Verantwortungsbereich

keine Provokationen zuzulassen. Daraufhin erkläre ich ihm folgendes: »Man sollte jetzt nicht kaputtmachen, was im Staat-Kirche-Verhältnis gewachsen ist und wächst. Ich selber habe diese Aktionen weder mit vorbereitet noch in dieser Weise befürwortet. Aber die Reaktionen darauf sind töricht, unangemessen und schädlich. Worin haben denn die Störungen des Gedenkens an Karl und Rosa bestanden? Wodurch wurden sie gar besudelt? Soweit mir bekannt ist, sind dort auch keine reaktionären Kräfte aufgetreten, sondern im wesentlichen ehemalige Parteimitglieder. Gerade Rosa Luxemburg hat sich für sozialistische Pluralität ausgesprochen in ihrer frühen Kritik an Lenin. Besonderer Schaden ist durch das *Neue Deutschland* vom selben Tag entstanden, wo die Demonstranten in die Nähe von ›Stahlhelm‹-Kreisen gebracht wurden. Es gibt eine Verbitterung von Ausreisern, die nicht straffällig geworden sind, aber wie Straffällige behandelt werden und vor dem Gesetz ungleich behandelt werden, zumal dann, wenn die Berliner Demonstranten einfach in den Westen abgeschoben werden, aber andere lange warten müssen. Ein Sachgespräch in der Gesellschaft ist nötig, auch über Rosa Luxemburg und die DDR.« Ich spreche die Hoffnung aus, daß die Urteile in Berlin revidiert werden und wir nicht in die alten Gräben zurückkehren. Die Hilfe für bedrängte Menschen ist für die Kirche wie für den einzelnen Pfarrer etwas Selbstverständliches.

Ganz ähnlich ging es dann am 19. Februar 1988 in Berlin zu, als das Politbüromitglied Jarowinsky Bischof Werner Leich und Oberkirchenrat Martin Ziegler eine Abmahnung verpaßte. Letzterer hat diese Ausführungen mitstenografiert. Darin heißt es:

»Kirchliche Räume würden mißbraucht. Vorfälle in Dresden am 13. 2. 1988 und Äußerungen bei der Ökumenischen Versammlung zeigten an, daß es sich bei diesen Erscheinungen nicht um Zufälle und Einzelfälle handele. Darum sehen sich Partei und Regierung veranlaßt, die bedenklichen Fehlentwicklungen in den evangelischen Kirchen offen anzusprechen und ihnen entgegenzuwirken ... Der Staat mische sich nicht in die kirchlichen Angelegenheiten ein, aber er erwarte, daß auch die Kirche sich nicht in staatliche Angelegenheiten mische. Konzeptionen, die einen Gegensatz der Kirche zum Staat zum Ziele hätten, stehen im Widerspruch zu den bisherigen Entwicklungen. Wer solche Konzeptionen vertrete, handele gegen die Interessen der Gläubigen und untergrabe die eigene Basis. Voraussetzung für diese gute Entwicklung sei die Standortbestimmung der Kirche als ›Kirche im Sozialismus‹ gewesen ... Die Kirchen werden zu Oppositionslokalen gegen die Staatsmacht ... Hier werden kirchliche Strukturen durchbrochen und Subkulturen gebildet. Die Veranstaltungen werden logistisch ferngesteuert. Die kirchlichen Gremien ließen es an eindeutigen Klarstellungen fehlen ... Es gäbe auch in unserem Land eine öffentliche Meinung zu diesen Fragen. Sie sei in einigen Veröffentlichungen des *Neuen Deutschland* zum Ausdruck gekommen. Man habe das meiste zurückgehalten. Es gäbe Empörung und Unwillen in unserem Land und Fragen nach der wirklichen Stellung führender kirchlicher Repräsentanten. Warum nehmen die Kirchenleitungen nicht endlich das Wort im Namen der vielen fleißigen christlichen Bürger? ... Diese Erklärung solle vertraulich behandelt werden. Es werde der Wunsch ausgesprochen, daß die Kirchenleitung die angeschnittenen Probleme gründlich bedenke und prüfe. Das könne am besten geschehen, wenn Vertraulichkeit gewahrt bleibe.«

Soweit Werner Jarowinsky. Dies war der Versuch, Kumpanei und Drohung zu verbinden. Die Kirchen sollten die Schmutzarbeit des Sicherheitsapparates selber machen. Wenn sie es nicht täten, würde Volkes Stimme gegen die Kirchen eingesetzt werden. Bei allen nachträglichen Diffamierungen kirchenleitenden Handelns scheint es mir wichtig, darauf hinzuweisen, daß die Kirche sich nicht darauf eingelassen hat, sondern auf ihren dienstlichen Kanälen die Gemeinden ausführlich über dieses Gespräch informiert hat, von dem Herr

Jarowinsky meinte, es solle »Vertraulichkeit«, sprich Geheimhaltung, herrschen. Das aber wäre pure Kumpanei gewesen!
Am 21. Februar 1988 habe ich in der Stadtkirche über einen Abschnitt aus dem 2. Korintherbrief gepredigt.
Als Mitarbeiter aber ermahnen wir euch, daß ihr die Gnade Gottes nicht vergeblich empfangt.
Denn er spricht: »Ich habe dich zur Zeit der Gnade erhört und habe dir am Tage des Heils geholfen.« Siehe, jetzt ist die Zeit der Gnade, siehe, jetzt ist der Tag des Heils!
Und wir geben in nichts irgendeinen Anstoß, damit unser Amt nicht verlästert werde; sondern in allem erweisen wir uns als Diener Gottes: in großer Geduld, in Trübsalen, in Nöten, in Ängsten,
in Schlägen, in Gefängnissen, in Verfolgungen, in Mühen, im Wachen, im Fasten, in Lauterkeit, in Erkenntnis, in Langmut, in Freundlichkeit, im heiligen Geist, in ungefärbter Liebe,
in dem Wort der Wahrheit, in der Kraft Gottes, mit den Waffen der Gerechtigkeit zur Rechten und zur Linken,
in Ehre und Schande; in bösen Gerüchten, als Verführer und doch wahrhaftig; als die Unbekannten und doch bekannt; als die Sterbenden, und siehe, wir leben; als die Gezüchtigten und doch nicht getötet;
als die Traurigen, aber allezeit fröhlich; als die Armen, aber die doch viele reich machen; als die nichts haben und doch alles haben.
In dieser Predigt nahm ich Bezug auf die aktuellen Ereignisse, vor allem in Berlin.

»Ich höre diese Worte am ersten Passionssonntag 1988 in der DDR. Daß wir uns nur keine Illusionen machen über den Charakter des realen Sozialismus, in dem die Diktatur des Proletariats durch eine zentralistische Kaderpartei ausgeübt wird, die nach politischem Gutdünken mit Recht umgeht, wenn's ihr nötig erscheint. Die Herrschaftsorgane können einmal sanfter, einmal härter sein, einmal die Hand hinhalten, ein andermal den Knüppel aus dem Sack holen, sich einmal öffnender, ein andermal einsperrender verhalten, einmal

drucken lassen, ein andermal unterdrücken lassen, den Grenzpfahl einmal kurz öffnen, aber den ›Grenzfall‹ verbieten. Strategie und Taktik heißt das, um nicht das zu gefährden, was man gemeinhin ›die Macht‹ nennt, und das sprichwörtliche Porzellan – wie das mühsam hergestellte Vertrauen – wird zerschlagen. Macht ist nicht verloren, aber das Gesicht. Eine tiefe Unsicherheit, eine Rechtsunsicherheit breitet sich aus. Erst wird die ganze Härte des Gesetzes für eine politische Bagatelle angedroht (für Rowdytum, Zusammenrottung, staatsfeindliche Verbindungsaufnahme, Herabwürdigung ...), dann werden innerhalb von Stunden Menschen rausgeschoben, abgeschoben, nicht ohne eigene unterschriebene Willensbekundung – acht Jahre Bautzen oder ein Jahr Studienaufenthalt in England. Was ist das für eine Wahl?
Ich bin traurig über den Verlust, traurig auch über unser Land, von dem wir sagen konnten, daß wir hier weitergekommen sind, souveräner, toleranter, offener geworden sind. Ratlos auch, wenn sie so schnell aufgegeben haben. Ich denke an die Christen unter ihnen. Könnte es sein, daß sie sich auf ihre Durchhaltekraft verlassen haben, auf den Glauben, ihnen würde schon nichts passieren, sie hätten schon genügend innere Stärke? Könnte es sein, daß sie am sichtbaren politischen Erfolg orientiert waren – und als der ausblieb, konnte man ihnen alle Gewißheiten nehmen, daß sie resignierten, alles als vergeblich ansahen, nicht einmal mit der Solidarität und dem Gebet der anderen rechneten? Wenn das so wäre, müßten wir alle prüfen, wie weit und wie tief gesellschaftliches Engagement geistlich fundiert ist. Also, um das Engagement als Diener Gottes unter dem Kreuz und nicht als Sachwalter einsichtiger politischer Interessen geht es. Dazu gehört die Geduld, dazu gehört das Durchkommen durch gute und böse Gerüchte, durch Ehre und Schande, das Aushalten, daß wir als Verführer gescholten werden und doch wahrhaftig bleiben, daß wir ferngesteuert werden und doch eigenständige Denker sind ...
Liebe Gemeinde, wer sind wir? Eine unbekannte Kirche und doch bekannt, eine sterbende Kirche und doch lebendig, eine

an die Wand gedrückte und doch lebende, eine deprimierte und doch wieder frohgemute, Leute, die nichts zu bieten haben und doch alles haben, was wir zum gelingenden Leben brauchen.«

Soweit Auszüge aus meiner damaligen Predigt. 1994 wurde ich zu den Kölner Stadtpredigten eingeladen. Wieder war in den evangelischen Kirchen Deutschlands dieser Text vorgeschlagen. Die Vorbereitung zu dieser Predigt im Februar 1994 brachte mir eine wichtige Nebenerkenntnis: die geläufige Kapiteleinteilung in unserer Bibel zerreißt Gedankenzusammenhänge. Ich entdeckte, daß zwischen dem fünften und dem sechsten Kapitel des 2. Korintherbriefes eine gedankliche Brücke besteht, die durch Kapitel- und Verseinteilung künstlich unterbrochen wird.
Nachdem Paulus darüber geschrieben hat, daß »Christus unter uns das Wort von der Versöhnung aufgerichtet« und uns das »Amt der Versöhnung« übertragen hat (ein Akt, in dem die Mitarbeiter – selber aus Gnade lebend – an Christi Statt Versöhnung weitersagen), berichtet er davon, wie die Mitarbeiter nun in einschneidende Konflikte geraten.
Versöhnung erweist sich nicht als ein zahmes, sondern als ein höchst streitbares und in Streit bringendes Wort. Versöhnung widerspricht stets denen, die auf ihrem Recht und ihrem Rechthaben gegen andere bestehen wollen, auf ihrem religiösen, moralischen, ethnischen oder sonstigen Bessersein. In bezug auf dieses Amt der Versöhnung beschreibt Paulus seine Erfahrungen.

Liebe Gemeinde!
Höre und schweige. Selten ist so gefüllt alles gesagt, was zu sagen ist. Prallvoll von Erfahrung, errungene Erkenntnis, nicht ohne Schwer-Mut und doch ganz heil, spannungsgeladen und lösend. Empfangt die Gnade Gottes nicht vergeblich. Seht, daß sie jetzt da ist, für euch. Jetzt, gerade jetzt. Und in allem – trotz allem – erweisen wir uns, durch alle Tiefen und Höhen hindurch, als Mitarbeiter Gottes. Lebenszeit – Prüfungszeit.

Nichts wird verschwiegen und doch bleibt Aussicht. Das kleine Aber wird ganz groß.

Lies das – hör das – leb das – staune, daß das geht! Doch ist Christsein überhaupt in Normalsituationen lebbar, wenn dies als Maßstab für Mitarbeiter gelten soll? Kann man überhaupt Christ sein unter normalen Bedingungen – oder erfordert es ständige außerordentliche Bewährung? Was soll das heißen im Klein-Klein unserer Tage, wo wir uns in unseren Einrichtungen eingerichtet haben und beständig lernen zu klagen, ohne zu leiden? »Unser heutiger Text« – schreibt Martin Luther – »bringt eine Vermahnung an die Korinther, daß sie tun sollen, was sie als Christen schon vorher wissen. Und soweit es die Worte angeht, ist der Text leicht, aber was das Tun betrifft, ist er sehr schwer und selten im Brauch. Denn er malet das Christenleben wunderlich ab und gibt ihm Kennzeichen, die gar unfreundlich anzusehen sind … Er zeigt die Gefahr an, daß man die Gnade nicht versäume. Denn die Predigt des Evangeliums ist nicht eine ewig dauernde Lehre, sondern sie ist wie ein fahrender Platzregen, der herabfällt. Was er trifft, das trifft er, was danebengeht, das geht daneben. Er kommt aber nicht wieder, bleibt auch nicht stehen, sondern nach ihm kommt die Sonne und die Hitze und bringt ihn zum Verschwinden. Das ergibt auch die Erfahrung, daß an keinem Ort der Welt das Evangelium lauter und rein über ein Menschenalter hinaus geblieben ist; solange die lebten, die es wiederentdeckten, ist es geblieben und hat zugenommen; wenn sie dahin waren, so war das Licht auch dahin.

Es ist eine angenehme Zeit und ein Tag der Seligkeit. Hiermit beschreibt Paulus, welch eine reiche Seligkeit *da* ist, wo das Evangelium ist. Es ist eitel Gnade und Hilfe da. Da ist kein Zorn noch Strafe. Hier ist aller Sünden vergessen, sowohl der vergangenen wie der zukünftigen, kurz, es ist ein Reich der Barmherzigkeit, darin eitel Vergebung und Versöhnung ist. Der Himmel steht jetzt offen … Gott will nicht müßige, schläfrige noch ungeduldige Diener haben, sondern Menschen, die mit den Waffen der Gerechtigkeit zur Rechten und zur Linken

streiten ... Zur Linken setzt er Schande, böse Gerüchte, daß wir die Verführer, Unbekannten, Sterbenden, Gezüchtigten, Traurigen, Armen und Bedürftigen sein sollen. Ein Christenmensch muß sich ins Angesicht schmähen und verhöhnen, dazu in der öffentlichen Meinung als ein Verführer anklagen lassen. Er muß unbekannt sein, den niemand anerkennen noch kennen will, sondern man schämt sich seiner, auch seine besten Freunde, um der Schmach und der bösen Nachrede willen, die er bei den Großen, Weisen, Reichen, Gewaltigen vor der Welt hat. Er muß einem Sterbenden gleich sein, der in der Welt immer auf den Tod wartet, durch Haß, Neid und allerlei Verfolgung ... Damit er nicht an Gott verzage und nicht weich werde, muß er gegen solche Feinde zur Linken mit göttlichen Waffen gerüstet sein, mit festem Glauben, mit dem Trost göttlichen Wortes, mit Hoffnung, auf daß er bestehe und geduldig bleibe. Damit beweist er sich als einen rechten Diener Gottes, was die falschen Lehrer nimmermehr tun.
Zur rechten Seite setzt Paulus Ehre, gute Gerüchte, daß wir die Wahrhaften, Bekannten, Lebendigen, Nichtgetöteten, Fröhlichen, Reichen sind und die alles haben. Denn ein Christ muß immer etliche haben, die ihn ehren und preisen, dazu auch einen guten Leumund und Lob bei anderen, daß er wahrhaftig und rechtschaffen in seiner Lehre sei, daß etliche ihn annehmen und sich zu ihm bekennen, die sich seiner nicht schämen. Er muß am Leben bleiben, wie nahe der Tod ihm auch sei. Er ist fröhlich, wenns ihm auch am übelsten geht. Denn sein Herz freut sich an Gott, das bricht heraus mit Worten, Werken und Gebärden ...
So ist ein Christenmensch ein ganz freier Mensch, der nichts vor Augen hat als Gott allein. Er geht auf der rechten Mittelstraße zwischen den Dingen zur Linken und zur Rechten hindurch, läßt sich durch das Böse nicht anfechten noch durch das Gute erheben, sondern braucht beides zu Gottes Ehre und dem Nutz seines Nächsten.«
So weit – so trefflich – so gut – Martin Luther.
Ich habe den Eindruck, daß dieser Text nicht aktuell gemacht werden muß, sondern unmittelbar spricht. Christsein heißt

nicht, aus den Spannungen herauskommen, sondern durch Spannungen hindurchkommen. Paulus sagt nicht einfach: *Haltet durch!*, sondern: *Ihr seid durchgehalten, im Glauben.* Paulus gibt keinen Forderungskatalog für christliche Helden, sondern einen Erfahrungsbericht: Das haben wir durchgemacht, und wir sind nicht erledigt, enttäuscht, verbittert, verdrossen. Das Schwere ist Teilhabe am Leidensweg Christi in der Welt. Er ist der Weg zum Leben, der Karfreitagsweg nach Ostern hin. Glaube hilft standhalten. Er kann das Schwere integrieren, annehmen, bejahen als Lernweg unter dem Kreuz, mit dem Kreuz.

Paulus weiß, wovon er redet. Er hatte sich mehrfach eingemischt, in den Synagogen und auf den Marktplätzen. Überall hatte er freimütig seine Meinung gesagt, seine Glaubensüberzeugung vertreten, öffentlich, niemandes angesehen. Da wird er mehrfach verhaftet wegen Erregung öffentlichen Ärgernisses, Majestätsbeleidigung, Durcheinanderbringen der peinlich eingehaltenen ethischen, religiösen, kultisch-kulturellen Grenzen, »Rowdytum und Zusammenrottung«, geschlagen, gesteinigt, in den Block gelegt, mit Todesstrafe bedroht, zu mehreren Verhören geladen, später in Wartezeit, in Caesarea zwei Jahre lang, bis er schließlich nach Rom gebracht wird und ihm endgültig der Prozeß gemacht wird.

Unbeirrt vertritt er seine Sache, die Sache Jesu! Er betont immer wieder, daß er ohne den Glauben, ohne die kräftige und kräftigende Christusbeziehung nicht durchgehalten hätte, was er durchgehalten hat. Aufgrund von Denunziation wird er ergriffen, vor die Stadtrichter (die Staatsanwälte) geschleppt mit dem Vorwurf: »Diese Menschen bringen Aufruhr in unsere Stadt. Sie verkünden Ordnungen, die wir weder annehmen noch einhalten dürfen.« Diese allgemeine Anklage reicht. Das Volk fordert Härte. Paulus und Silas werden die Kleider heruntergerissen. Sie werden geschlagen, eingesperrt, verleumdet. Als die Untersuchungsorgane merken, daß sie juristische Fehler begangen haben, bedrängen sie die Inhaftierten, heimlich zu verschwinden und nichts weiterzusagen. Sie bitten sie, die Stadt zu verlassen (daß sie im

Gefängnis bedrängt wurden, etwas zu unterschreiben, davon wird nicht berichtet – es ist aber denkbar, durchaus denkbar). Ist Christsein nur in solcher Dramatik denkbar, müssen wir uns also Zustände zurückwünschen, in denen Angst, Willkür, Bespitzelung herrschen? Ganz gewiß nicht. Aber, wer in unserer demokratischen Gesellschaft nicht zuerst fragt, was ihm selbst oder seiner Institution bei der gegenwärtigen Stimmungslage nutzen oder schaden konnte, sondern das unerschrocken sagt, was er denkt und fühlt, was jetzt nötig ist, wenn er das »Amt der Versöhnung« wahrnehmen will, der wird merken, daß ihm übel mitgespielt wird, daß er in die öffentliche Gerüchteküche kommt, daß er gezielt mißverstanden wird, daß vor ihm gewarnt wird. Wer sich hier heraushängt, dem wird wechselseitig ein Ährenkranz umgehängt oder der Kopf abgeschlagen. Wer sich einsetzt, setzt sich aus, geht durch Schimpf und Schande. Er erlebt, daß es klug ist zu schweigen.
Verdrossenheit kommt daher als Bequemlichkeit in der Zuschauerposition. Sich nicht einsetzen heißt: sich nicht aussetzen. Wer sich aber nicht einsetzt, verweigert sich, verweigert auch, sich auseinanderzusetzen.
Wer wie ich aus einer Diktatur ewiger Wahrheiten, aus einer Welt zweigeteilten Weltbildes, aus den Mühlen der Unfreiheit nun in die Mühen der Freiheit gekommen ist, merkt bald, daß er auch unter den Bedingungen der Freiheit in Mühlen gerät. Wie leicht wechseln Ehre und Schande, gute Gerüchte und böse Gerüchte, werden mutige Anführer als Verführer tituliert und wird ihnen jede Wahrhaftigkeit aberkannt von solchen, die sich selbst nicht im Traum solchen Ansprüchen stellen. In der Schlag-Zeilen- und Einschaltquoten-Gesellschaft werden Nachrichten zur Ware, Menschengeschick zu Verkaufsmaterial.
Ich erinnere mich dabei auch an die Kirchen in der DDR. Ich denke an das, was Manfred Stolpe durchgemacht hat – damals und heute –, und daran, welches Schauspiel wir Christen dabei abgeben. Da vollziehen sich am laufenden Band Schaukämpfe von Christen gegen Christen, beamteten zumal. Fra-

gen sie sich, fragen wir uns da noch nach den Wirkungen? Da geht es um Akten und Gespräche, Kumpanei und Verrat, Gutgläubigkeit und Eitelkeit, Verschweigen und Vergessen. Da schreibt öffentlich Eppelmann an Rau, Rau an Eppelmann, Meckel gegen Eppelmann, Heitmann gegen Stolpe, Schorlemmer gegen Heitmann, Ullmann gegen Schorlemmer, Gauck, Eggert und Neubert gegen Stolpe. Besier gegen Krusche, Löwe gegen Falcke, Demke gegen Löwe, Pahnke gegen Krusche, Hinze gegen Meckel oder: Lehmann gegen Drewermann, Dybar gegen Kamphaus, Woytila gegen Boff und umgekehrt. Da wird mit Urteilen nicht gespart, und beschädigt bleiben sie alle zurück. Da geschieht es im Wechsel der Zeiten, daß frühere Wehrdienstverweigerer, vormals Pfarrer, jetzt MdB, feierliche Vereidigungen von Soldaten auf ostdeutschen Marktplätzen vorschlagen – morgen schon mit Glockengeläut? –, andere fordern die formelle Verabschiedung von »Bekennen in der Friedensfrage« des DDR-Kirchenbundes, weil solche Texte ihre Zeit gehabt hätten, die am 3. Oktober 1990 endgültig zu Ende gegangen sei.

Unsere Kirche ließ es sich zu gerne gefallen, so hochgelobt zu werden. Sie täuschte sich und ließ sich täuschen über ihren Einfluß (darin war sie auch den kleinen Oppositionsgruppen des Herbstes 1989 vergleichbar). Sie genoß ihre unerwartete neue Rolle und Akzeptanz. Pfarrer leiteten von Rügen bis in den Thüringer Wald die Runden Tische, rückten bald in Ministerämter, direkt aus Niederndodeleben ins Flugzeug nach Washington – welch ein Aufstiegsgefühl. Der Bluesmessenpfarrer mit Helmut Schmidts Prinz-Heinrich-Mütze wurde Abrüstungs- und Verteidigungsminister und als solcher Vorgesetzter hochdekorierter Generäle. Als drei Pfarrer um den Vorsitz einer Partei buhlten, wurde ein Germanist gewählt, ein Glück für uns alle. Ein Konsistorialpräsident wurde von einem jungen Pfarrer, gerade zum Vorsitzenden einer Partei gewählt, dazu gedrängt, für das Amt des Ministerpräsidenten zu kandidieren. Die personelle Decke war dünn. Ein Studentenpfarrer verdiente sich als Landrat den Spitznamen »Pfarrer Ungnad«, weil er im Länderdreieck mit den »Roten Socken«

reinen Tisch machte. Jetzt ist er Innenminister. Ein Justizminister, weiter als Pfarrer ausgegeben, obwohl nur sehr kurze Zeit im pfarramtlichen Dienst, zog unverblümt die neokonservative Karte, reklamierte für den Osten echte, von 1968 nicht angekränkelte nationale Gefühle und meinte, die Ostdeutschen seien nicht dem Grundgesetz beigetreten, »um daran herumzubasteln«. Und ich, zu seiner Kandidatur gefragt, ob er nicht Repräsentant des Ostens sei, lasse mich provozieren, und es sagt aus mir heraus: »Was? Repräsentant? – Nein, Karikatur aus dem Osten.«

Das wird ohne meine Zustimmung gedruckt, nochmal gedruckt und nochmal gedruckt, und es geht ein Trommelfeuer wie nie auf mich los. (Versuch mal, ein Wort wieder einzufangen! Was nützt da jede Distanzierung und Entschuldigung?) Da geht es dann jeweils nicht um uns als bürgerliche Personen, sondern um uns als Amts-Träger.

Die Kirche insgesamt aber übernahm in der Übergangszeit von der Diktatur zur Demokratie die »Führung«. Kirchliche Feiertage wurden »aus Dank an die Kirche« wiedereingeführt, die Pfarrer zu Weiterbildungen für Lehrer eingeladen, wurden aufgefordert, den Weihnachtsmarkt zu segnen und so fort. Plötzlich gibt es keinen Neujahrsempfang mehr ohne den Herrn Pfarrer, keine Bankfilialeinrichtung wird eingeweiht, ohne ihn dazuzubitten. Der Religionsunterricht kam in die Schulen, die Kirchenzugehörigkeit auf die Lohnsteuerkarte. Zum 3. Oktober ließ man mancherorts die Glocken läuten. Pfarrer bekamen Quasibeamtenstatus, kirchliche Krankenhäuser sogen andere Einrichtungen auf. Die Kirche wurde zwischenzeitlich Machtfaktor ohne richtige Basis.

Es rächte sich. Es rächt sich. Ein guter, zu guter Leumund wurde sehr schnell wieder zum zu schlechten. »Keine Pfarrer mehr in die Politik!« sagen viele Leute. Sie sehen doch immer noch den Pfarrer, der die Enquetekommission leitet und in den Wahlkampf hineinschlittert, oder des Kanzlers Generalsekretär oder einen, der immer noch ein »Tribunal« will, obwohl dieses Tribunal täglich stattfindet.

Was das Nebeneinander von guten und bösen Gerüchten und

von großer Ehre und großer Schande bedeutet, habe ich persönlich in den letzten drei Monaten durchlebt und durchlitten, wahrlich geblendet vom Licht und gestoßen in finstere Abgründe – bis ich allmählich wieder das Gleichgewicht fand. Im letzten Jahr habe ich sehr viele Briefe bekommen, Gespräche geführt und Anrufe angenommen, dann auch viele Zeitungsenthüllungen gelesen und erfuhr aus allem, wie mit Aktennotizen Menschen beschädigt, entwürdigt und ruiniert wurden – mehr und weniger Schuldige. Ich sah, wie die Relationen sich verschoben. Das Wort IM wurde zum Totschlagwort, das gerade die Sensiblen traf. Nun erlebe ich, wie dies alles hinüberschwappt in den beginnenden Wahlkampf. Ich konnte nicht sehen, daß uns die Einsichtnahme in die furchtbaren »Wahrheiten« dieses Schnüffelapparates wirklich Einsichten bringt und uns befreit. Um Befreiung ging es mir und geht es mir. Da habe ich am 9. November, abends im Zeughaus, gemeint, das sogenannte Stasiunterlagengesetz sollte zum 1. Januar 1996 novelliert werden und der weitere öffentliche Umgang mit diesen Akten überprüft werden. Wenn es nach mir persönlich ginge, sagte ich, aber dazu hätte ich ja nicht die Macht, würde ich das Ganze am liebsten einem großen »Freudenfeuer« anvertrauen. Dies war ein Notschrei in dem Dilemma zwischen legitimem Aufklärungsbedürfnis und allgegenwärtiger Enthüllungs- und Aufdeckungspraxis, die weniger klärt als verklärt. Ich wollte und will, daß Versöhnung geschieht; die bedarf der Wahrheit. Der Wahrheit kommen wir aber nur nahe in einem Klima von Offenheit und möglichst großer Angstfreiheit. So versuche ich lieber, Gespräche in Gang zu bringen, auch öffentliche, wie zwischen einem Bischof und dem ehemaligen Bezirkssekretär, zwischen heutigen Lehrern und früheren Direktoren oder gar den geistigen Vätern eines gescheiterten ideologischen Bildungssystems. Warum werden Menschen heute entlassen, deren Kontakt zum MfS 25 Jahre zurückliegt? Mir geht es um Befreiung und nicht um neue Bedrückung. Schuldlösende Befreiung wird uns mit unseren menschlichen Kräften sicher nur sehr unzureichend gelingen, aber sie ist gebrochener Ausdruck

unseres Glaubens, daß Christus der große Allversöhner ist, vor dem Sünde aussprechbar wird, weil solches Aussprechen ohne Strafangst möglich wird. Dies ist für mich im Grunde, im letzten Grunde der evangelische Glaube. Versöhnung ist in diesem Zusammenhang kein sanftes Wort. Es stößt in Konflikte, wenn es sich den Konflikten unserer Welt stellt.
Aus Gnade leben heißt, in den Konflikten der Versöhnung das Wort reden, mitten in der mörderischen und sich selbst zerrüttenden Welt von Aufrechnung und Abrechnung abzusehen, auch wenn das den ewigen Rechthabern, den Rotten und Rachegeistern nicht paßt. Sie stecken in jedem von uns. Aber wir sind lösbar, erlösbar durch die Gnade, die wir empfangen haben. Laßt sie uns nicht umsonst empfangen!
Ich meine, daß es jetzt wieder darum geht, zu erweisen, daß Glaube eine solche Substanz hat, daß wir nicht stets anpassungsbereit am Zeitgeist orientiert sind. Noch haben wir große Freiheit und Unabhängigkeit, nicht zuletzt wegen unserer gegenwärtigen materiellen Sicherheit, gegen Mehrheitsstimmungen das Fällige zu sagen und zu wagen, weil nicht der »Herr Omnes« von Stimmungsbarometern und Einschaltquoten, sondern der Herr Christus unter uns bestimmend ist. Wir werden Mißverstehen einkalkulieren, unscheinbar bleiben können, Kopfschütteln riskieren, nicht im Trend von Modernismen, Neomodernismen oder Antimodernismen mitschwimmen, sondern die Zeichen der Zeit benennen, auch dort, wo wir keine Zustimmung erwarten können. Wo wir nicht mehr Stimme der Versöhnung sind, gerade dort, wo alles nach Ab- und Aufrechnung schreit, wo wir nicht mehr Stimme der Stummen sind, die sich nicht wehren können, *da haben wir unser Amt verspielt.* Und wo wir nicht mehr strittig im Gespräch sind, sind wir auch nicht mehr der Rede wert. Das ist nicht zu verwechseln mit dem Drang, in die Schlagzeilen zu kommen. Es geht vielmehr darum, der gefährlichen und befreienden Botschaft unverdrossen Stimme zu geben.
Amen.

Wenn ein mit allen politischen und ideologischen, technischen und logistischen, militärischen und psychologischen, ökonomischen und rechtlichen Mitteln ausgerüsteter Sicherheitsapparat eines totalitären Staates aus permanenter Machtverlustangst mit Angst gegen die eigenen Bürger 40 Jahre existiert und jede Krise übersteht, dann aber in wenigen Wochen friedlich seinen (Un-)Geist aufgibt, nirgendwo jemand die Nerven verliert, keiner einen chaosauslösenden Befehl gibt und die Dynamik einer zwischen Angstanspannung und euphorisierten Kraftgefühlen pendelnden Masse sich weder gegen Personen noch gegen Sachen gewalttätig entlädt, dann ist etwas völlig Unerwartetes geschehen. Die Nacharbeit aber verlangt allen Beteiligten eine besondere Anstrengung ab. Die Repräsentanten des SED-Systems stellten sich im Herbst 1989 endlich mit dem Gesicht zum Volk, setzten sich Pfiffen, Hohn, Spott, gelegentlich auch Bespeiungen aus. Aber im wesentlichen war es eine offene und öffentliche Auseinandersetzung. Die Gedemütigten demütigten ihre Demütiger. Aber sie ließen sie unversehrt. Die Staatssicherheit wirkte schließlich auf vielfältige Weise am friedlichen Verlauf mit und versuchte »ihre Leute« in Entscheidungspositionen zu bringen, wobei die »IM« meinten, daß sie sich dieser Steuerung und damit auch ihrer Vergangenheit entledigen könnten. Zunächst sah es so aus, als ob es einen fairen, wenngleich harten und schweren Weg der inneren Auseinandersetzung gäbe. Auf der größten Demonstration der DDR-Geschichte, der am 4. November 1989, wurde der letzte Versuch der SED, öffentlich einen Schwenk zu vollziehen, buchstäblich heruntergepfiffen. Aber alle Redner waren sich an diesem Tag wohl noch darin einig, daß die Erneuerung und Demokratisierung der Gesellschaft ein gemeinsamer Prozeß sein müßte und strikte Rechtsstaatlichkeit in aller Interesse anzuwenden sei. Sofort ergab sich die bis heute unbeantwortete Frage: Rechtsstaatlichkeit auf welcher Rechtsgrundlage?

In den folgenden Wochen luden die alten Repräsentanten das Volk ein, und es kam zu Dialogen, wie wohl noch nie in der deutschen Geschichte, ob in einer kleinen Kreisstadt in der Altmark oder im Gewandhaus in Leipzig. Die Auseinandersetzung hatte zivile Formen. Ich erlebte auf der Rathaustreppe der Lutherstadt Wittenberg, wie die »führenden Repräsentanten« des sozialistischen Staates nun nicht Ovationen in Empfang nahmen, sondern eine vernichtende Gesamtbilanz des Sozialismus über sich ergehen lassen mußten.
Das offene Mikrofon, zuerst in den Kirchen, dann auf den großen Plätzen wurde zum kerzenbeleuchteten Symbol einer friedlichen Revolution. Die Aufarbeitung der Geschichte war von Anfang an Bestandteil des Umbruchs. Die Verantwortlichen nahmen die Generalabrechnung öffentlich ab, halfen mit, den Weg in die Demokratie zu organisieren, traten ab oder drehten sich geschickt ins Glied der Demokratie. Die Ersten Sekretäre, die Bürgermeister, die Wirtschaftsfunktionäre luden gar »das Volk« ein, um mit ihnen zu reden. »Unsere Menschen« schnitten ihnen das große Wort ab. An allen Orten traten einzelne – Leute aus der kleinen Opposition für die manchmal von Gewaltübergriffen bedrohten Herren ein.
Ich bin dreimal für Machthaber, für den Bürgermeister, den Chef des VPKA und auch den Kreisdienststellenleiter der Staatssicherheit öffentlich eingetreten, als eine aggressive Massenstimmung in Gewalt umzukippen drohte. Ich tat dies, weil ich meinte, es müsse honoriert werden, daß sie sich wehrlos gemacht hatten. Das Volk und die ehemalige Staats- und Parteiführung waren sich einig, den Umbruch so zu gestalten, daß das Volk dabei keinen Schaden nimmt und »die Versorgung der Bevölkerung« aufrechterhalten bleibt. Außerdem wußte zu diesem Zeitpunkt jeder, daß bürgerkriegsähnliche Verhältnisse in der DDR den Weltkrieg auslösen könnten.
Der Wahltag am 18. März 1990 markiert eine Wende in der Wende. Die SED/PDS wurde für die Demokraten zur Partei der Unberührbaren. Die Bürgerbewegungen fühlten sich durch das Wahlergebnis an den Rand gedrückt. Es kam faktisch zu einer Machtübernahme der Bonner Regierungskoalition in der

DDR. Da die politische Gestaltungsmöglichkeit für die Bürgerbewegungen fast völlig ausfiel, konzentrierten sie sich auf die Vergangenheit. Die Versuche, dem Phänomen des totalitären Sozialismus mit juristischen Mitteln beizukommen, zeigten sich im Falle Honecker als eine politisch und moralisch gefährliche Sackgasse. Zur Kehrseite der juristischen Dilemmata wurden die Prozesse gegen die Mauerschützen.

Das von einigen Bürgerrechtlern unabhängig voneinander vorgeschlagene »Tribunal« erwies sich schon wegen des Begriffs und seiner Geschichte als ein untaugliches Mittel einer sachgemäßen Aufklärung.

Mein Anliegen war, die Dialogformen des Herbstes 1989 mit dem Ziel fortzuführen, daß alle Teilnehmer erkennen lernen, wie totalitäre Herrschaftsstrukturen funktionieren und welche Verhaltensweisen in der Demokratie nötig sind, damit sie stabil bleibt. Zum anderen sollte den Hauptverantwortlichen das Ausmaß ihrer Verantwortung klarwerden, ohne daß eine gesellschaftliche Ächtung erfolgt, wohl aber eine Bewertung. Voraussetzung aber war für mich stets die Fairneß gegenüber denen, die zu solchen öffentlichen Befragungen eingeladen wurden. Aufklärung hieß das Ziel, nicht Abstrafung. Statt eines von vornherein feststehenden Schemas (Kläger – Angeklagte, Fragende – Antwortende) sollten Gespräche inszeniert werden, die den Verantwortungsanteil aller Teilnehmer klären, statt Sündenböcken alles aufzuladen, was an Schutt dieser Jahre in diesem Land und in den Seelen der Menschen zurückgeblieben ist.

Meine Rede vom 4. November 1989 hatte viele ehemalige »Überzeugte« des Systems, deren Verblendung so weit ging, daß sie gar nicht gemerkt hatten, in welchem Lande sie lebten, angestoßen und hatte zu einer Briefflut geführt, der ich nicht Herr wurde. Dadurch habe ich viel gelernt über die Funktionsmechanismen »verführten Denkens« und habe gleichzeitig Verständnis für Menschen gewonnen, die in dieses Denken hineingewachsen waren. Im übrigen hatte ich immer noch in Erinnerung, auf wen wir in den letzten Jahren gehofft hatten und von wem, nach anfänglichen bürgerkriegsähn-

lichen Auseinandersetzungen in Dresden, der friedliche Umschwung eingeleitet war: von Hans Modrow. Mit ihm habe ich auch die erste öffentliche Auseinandersetzung versucht, in Berlin im »Haus der sowjetischen Kultur«, zusammen mit dem stellvertretenden Botschafter der UdSSR.
Bei einer späteren kontroversen Diskussion in Wittenberg mit Hans Modrow platzte der Saal aus den Nähten, und ich fuhr beinah aus meiner Haut, weil die entmachtete SED-Elite fast ausschließlich den Raum besetzte. Ein Gemisch aus Selbstrechtfertigung und radikalpazifistischer und ökologischer Kehrtwende machte aus mir quasi den Angeklagten. Hans Modrow fiel am Ende in einen Stil der frühen FDJ-Zeit zurück. Da spürte ich, wie tief doch Prägungen liegen und wirken. Andererseits erlebte ich beim ersten größeren Versuch des »Forums für Aufklärung und Erneuerung« (der Tribunalgedanke war in der Satzung des Vereins relativiert worden), wie öffentliche Aus-Einander-Setzung mißlingt, wenn die eingeladenen »Systemträger«, die überhaupt bereit gewesen waren, zu kommen und zu sprechen, mit dem ganzen Frust von Bürgerrechtlern einerseits und SED- und Stasiaktenjägern andererseits konfrontiert wurden. Da gab es nicht einmal das, was es im ordentlichen Gericht gibt, nämlich bestellte Verteidiger und unabhängiges Gericht. Es kam zur nackten, unerbittlichen Gegenüberstellung von Schuldigen und Nichtschuldigen. Ich schämte mich vor den von mir eingeladenen Gästen. Danach verstand ich die Ablehnung des ehemaligen Außenministers Oskar Fischer, zu einem solchen Forum zu kommen, obwohl es für die Öffentlichkeit sicher gut zu hören gewesen wäre, mit welcher Konsequenz und Ehrlichkeit er zu seinen Überzeugungen stand und wie stark er seinen Schuldanteil am Scheitern erkannte, ohne dies in irgendeiner Weise öffentlich zu vermarkten oder vermarkten zu lassen. Als sich die parteipolitische Instrumentalisierung und die Reduktion der Vergangenheitsaufklärung auf Deutung von Stasi- und SED-Akten beschränkte, habe ich mich aus der Forumsarbeit zurückgezogen.
Mein Versuch, Aufarbeitung in eigener Verantwortung zu

befördern, hat sich in den letzten vier Jahren in vier Formen vollzogen. Zum einen wenden sich Menschen an mich, die für ihre Situation wenig Verständnis finden, vor allem IM, die in ihrer Jugendzeit auf irgendeine Weise, meistens kurzzeitig, mit dem Sicherheitsapparat kooperiert haben und nun aus der Balance geworfen werden. Von diesen lassen sich die beflissenen Denunziantentypen, die zynischen Exekutoren der »guten Macht«, die verbohrten Helden »an der unsichtbaren Front« schon unterscheiden. Diese Unterschiede aber muß man machen und nicht alle in gleicher Weise als »stasibelastet« behandeln. Zum anderen wenden sich Systemopfer an mich, die wieder draußen sind. Ich nehme mir Zeit für kleine Täter und kleine Opfer, soweit es irgend geht, spürend, wie wenig ich faktisch helfen kann.

Zum zweiten habe ich im Rahmen meiner Tätigkeit als Studienleiter in der Evangelischen Akademie eine Veranstaltungsreihe »Lebenswege« eröffnet. Ein oder zwei Gäste erzählen ihren Lebensweg und lassen sich befragen. Die Besucher können im Vergleich ihr eigenes Leben besser verstehen lernen. Dort wird nachgefragt, aber nicht nachgehakt, schon gar nicht nachgehackt. Es ist der Versuch, aus Respekt vor einem Menschen, auch vor seinen Irrtümern, Blessuren und auch angesichts seiner Schuld, zu fragen. Diese narrative Art der Vergangenheitsbearbeitung kann fast völlig auf moralisierende oder bewertende Formen verzichten. Verstehen ist vorrangiges Ziel.

Ein dritter Versuch sind Wochenendseminare, die Erlebnisbericht und wissenschaftliche Durcharbeitung verbinden. Ein Forum über »40 Jahre Bildung als Herrschaft« fand mit dem führenden Pädagogen der Akademie für pädagogische Wissenschaften, Professor Gerhard Neuner, anderen Professoren für Gesellschaftswissenschaften und ehemaligen Direktoren statt. Die Auseinandersetzung kann indes kaum gelingen, wenn jetzige Lehrer sich dieser Diskussion nicht stellen und darauf verzichten, an die damaligen Verantwortlichen ihre Fragen zu stellen. Verstehen kann ich nicht, warum dieselben sich beschweren, daß ich solche Herren überhaupt einlade.

Ich vermute, daß sie fürchten, zurückgefragt zu werden; aber gerade dies möchte ich aus Gründen einer umfassenden Wahrheitsfindung erreichen.
Tagungen an Orten grauenvollen Geschehens vor und nach 1945 wie in Torgau gehen weit über Aufklärung hinaus, wenn hautnah politischer Strafvollzug im Fort Zinna oder Praktiken der Volksbildung im berüchtigten Torgauer Jugend-Werkhof mit ehemaligen Insassen erlebt werden. Da treffen ein Jugendstaatsanwalt der DDR, ein als Deserteur zum Tode verurteilter Wehrmachtssoldat und ein wegen Spionage verurteilter Uhrmacher, ein seit dem sechsten Lebensjahr von einer sozialistischen Erziehungsanstalt zur anderen geschubster, dann 1974 geflohener Mann aufeinander. Betroffenheit wird zur verwandelnden Erkenntnis.
Schließlich stelle ich mich öffentlichen Streitgesprächen, die sehr viel innere und äußere Kraft erfordern, weil die Wirkungen in alle Richtungen gänzlich unberechenbar sind.
Mein Resümee nach vier Jahren: Die Fronten verhärten sich. Eine Mehrheit will nichts mehr von der Vergangenheit wissen, auch nicht von sich und ihrer eigenen Rolle. Wer indes die Unterdrückung in der DDR übertreibt, gleichzeitig die gegenwärtigen Verwerfungen in der vereinigten Republik schönredet, erzeugt eine verlogene und gefährliche DDR-Nostalgie und trägt damit dazu bei, daß eine ehrliche Selbstauseinandersetzung der Gesellschaft unterbleibt.
Es war ein schöner Traum, als im Haus der Jungen Talente in Ostberlin am 2. Dezember 1989 eine öffentliche Auseinandersetzung zwischen weggegangenen und in der DDR gebliebenen Liedermachern stattfand. Biermann, Wegner, Thalheim, Mensching u. a. einerseits; andererseits der damalige Kulturminister Dietmar Keller, Rainer Eppelmann, Heinrich Fink und Gregor Gysi sprachen offen miteinander.
Zusammen mit Lutz Bertram (jetzt ORB) habe ich diese Veranstaltung vor vielen hundert, vor allem jungen Ostdeutschen moderiert. Da wurde in aller Deutlichkeit und Härte, aber mit gegenseitiger Fairneß Fälliges gesagt. Und heute reden die meisten nur noch abfällig übereinander.

Wenn die Dämonisierung der DDR-Geschichte fortschreitet, wird die Erkenntnis mehr und mehr blockiert und nicht ganz zu Unrecht als Ablenkungsmanöver verstanden werden. Die eigentliche Aufklärung über unsere Vergangenheit in ihrer widersprüchlichen Komplexität wird wahrscheinlich nur Literatur leisten können. Das Recht auf Irrtum und das Recht auf ehrliche Wandlung muß jedem zugestanden werden.
Der Aufklärungs- und Verarbeitungsprozeß kann weder »zentral« von einer parlamentarischen Enquetekommission oder einem gesellschaftlichen »Forum« noch bloß juristisch erfolgen. Er bedarf einer konkreten, vielfältigen, längerfristig angelegten Auseinandersetzung, der Klärung der Lebensumstände und politischen Rahmenbedingungen insgesamt. Das muß »vor Ort« geleistet werden. Die Verweigerung gegenüber der Aufklärung über die Vergangenheit resultiert bei den 98 Prozent wahlgehorsamen DDR-Deutschen einerseits aus dem – publizistisch verstärkten – Gefühl, pauschal auf die Anklagebank weniger »Gerechter« und vieler Westdeutscher gesetzt zu werden. Andererseits wirkt ein Entlastungsbedürfnis durch Projektion auf »die Führung«. Wer von den ehemals Verantwortlichen öffentlich zugibt, beteiligt oder gar mitschuldig geworden zu sein, ist in der Regel schlechter dran als derjenige, der die Auseinandersetzung verweigert, in der freien Wirtschaft abtaucht, »sein Geld macht« und schweigt. Andere kommen in eine politische Trotzhaltung, die in penetrante Rechthaberposition der PDS einfließt. Wer auf diese Vorgänge hinweist und um Verständnis für die Betroffenen aller Seiten wirbt, wird allzuschnell zum Kumpanen der Täter gestempelt. Aus der Vermauerung der Vergangenheit des Mauerstaates herauszukommen, hilft nur eine Atmosphäre der Offenheit und der Nachsichtsbereitschaft, um sich der Wahrheit zu nähern und um zur allmählichen Erneuerung zu kommen. Eine wirkliche Wieder-Gut-Machung für die Opfer gibt es nicht. Das ist hart. Eine großzügige materielle Entschädigung aber sollte uns allen nicht zu teuer sein.
Erinnerung und Aufklärung könnten uns belehren, den Anfängen eines jeglichen neuen Totalitarismus zu wehren.

III

Die Heilsversprechungen der Diktatur und die Heilserwartungen an die Demokratie

Die Institutionenkrise – eine Menschheitskrise?
Die Macht der Moral und die Moral der Macht

Die Institutionenkrise – eine Menschheitskrise?

Eine angsterzeugende, anonyme, unberechenbare Macht ist meine Urerfahrung mit dem »Staat«. Ich erinnere mich an ein Gefühl des Ausgeliefertseins an die Sieger der Geschichte, die im Verbund mit der Besatzungssiegermacht meine ländliche Welt bis zur Unkenntlichkeit umkrempelte. Die Bauern wurden vertrieben, Nachbarn verschwanden über Nacht, die Höfe verfielen, das Vieh schrie. Die Dörfer verödeten, Parks und Wege wurden zerstört, die Häuser verkamen, das innere Leben in den Dörfern erlosch. Und überall prangten die Parolen mit den Versprechungen eines neuen, qualitativ neuen Zeitalters. Der im ganzen Dorf bekannte Spion Willi Baum wohnte dreihundert Meter entfernt und hatte jede Bewegung auf der Straße im Blick.

Ich gehörte von Geburt an zu den »Feinden«, war Vertreter einer gesetzmäßig absterbenden Institution. Eine total organisierte Gesellschaft, in der der Staat in der Gestalt der Staatspartei die Gesellschaft verschluckte, erstickte fast jede Initiative. Die Partei betrachtete die Bürger als ihr Eigentum und als Objekte permanenter Erziehung. Immer wieder gab es dennoch Aufbrüche, Hoffnungen auf Erneuerung, die aber wegen des Machttraumas dieser Partei zunichte gemacht wurden. Sie litt ständig unter einem uneingestandenen Legitimationsmangel. In der sozialistischen Demokratie wurde eine pseudowissenschaftliche Ideologie vollstreckt, nach der die historische Mission der Arbeiterklasse in Gestalt der kommunistischen Kaderpartei darin bestand, dem gesetzmäßigen Verlauf der Geschichte zum schnelleren Durchbruch zu verhelfen. Man hatte stets das »große Ziel« vor Augen. Parteilichkeit der Wahrheit und die dazugehörige Parteidisziplin wurden streng geübt. Die »Linie« wurde für die Lebenslinie schlechthin gehalten, die stete Wachsamkeit vor dem Feind eingeschärft, die Überlegenheit des Sozialismus immer mehr

vervollkommnet, die Einheit von Volk und Partei in immer neuen Variationen beschworen, die Zustimmung aller gutwilligen Menschen für das hehre Ziel des letztendlichen Wohls aller Menschen stets vorausgesetzt. Die sozialistische Demokratie vollzog sich »vorübergehend« als Diktatur des Proletariats. Das dauerte für uns 40, für andere gar 70 Jahre!
Menschen, die sich dem Weltfrieden verpflichtet fühlten und die Ausbeutung des Menschen durch den Menschen für immer überwinden wollten, waren im Normalfall keine Verbrecher, sondern Verführte, die durch ihr Marxismus-Leninismus genanntes politisches Wahngebilde große Menschheitsideen in die Wirklichkeit überführen wollten. Nicht wenige glaubten überdies wirklich, daß Sozialismus die angemessene Antwort auf die Naziherrschaft und den verbrecherischen Zweiten Weltkrieg und die ruhmreiche KPdSU zur führenden Kraft der Weltgeschichte berufen seien.
Die prinzipielle Richtigkeit der Politik der SED müßte sich in der Einmütigkeit des Volkes niederschlagen. Da dies nicht alle Menschen sogleich und dauerhaft begreifen wollten, wurden sie permanent geschult. Solche Schulungen waren nichts anderes als intellektverschrobene Einschwörungen auf die jeweilige Parteilinie. Kritik wurde als Defätismus und der Versuch, mit Gegnern fair umzugehen, als Versöhnlertum abgestempelt. Insbesonders sozialdemokratisches Gedankengut galt als besonders gefährlich, weil es soziale Grundanliegen mit »bürgerlicher Demokratie« zu verbinden suchte. Die Bevölkerung wurde eingeteilt in Menschen »mit Bewußtsein« und in solche, die »kein Bewußtsein« hatten. Die Demokratie vollzog sich als machtgeschickt eingefädelte Zeremonie der Disziplinierung, der sich begeistert, willig, angstvoll oder gleichgültig die große Mehrheit »unserer Menschen« unterwarf. Welcher gutwillige Mensch wollte denn gegen »Frieden und Sozialismus« eingestellt sein?
Solche Erfahrungen haben Denken und Empfinden, Einstellung und Verhalten, Sprache und Sprechen, Selbstbild und Fremdbild in 40 Jahren Trennung Deutschlands stärker geprägt, als dies offensichtlich wird.

Die parteiamtlich-staatliche Reglementierung machte dem Volk undiskutierbare Vorgaben und führte zu einer Versorgungsabhängigkeit und auch zu einer Versorgungssicherheit auf mehr oder weniger hohem Niveau. Die vertikale Struktur wurde verinnerlicht: Alles wird oben entschieden. Das hieß auch: »Ich bin nicht verantwortlich. Ich mußte nur. Ich konnte nicht anders.« Die Partei beanspruchte alle Erfolge für sich und wurde deshalb umgekehrt auch für alles, was ungelöst blieb oder schieflief, verantwortlich gemacht. Es bildete sich durch das Verbot von ausländischen Druckerzeugnissen eine Art Fetischisierung alles Gedruckten aus. Man achtete peinlich auf die richtigen Worte, an denen Freund und Feind erkennbar wurden.
Reglementierung, vertikale Struktur und Fetischismus des Gedruckten führten zu Risikoscheu, Kusch-Mentalität und Kritikunfähigkeit. Es entwickelte sich ein Konsensbedürfnis, ein Bevatterungs- und Bemutterungsbedürfnis, verbunden mit einem Einordnungsbedürfnis. Jedenfalls hatte man stets jemand, auf den man schimpfen konnte, und jemand, der sich gefälligst um jeden einzelnen in jedweder Notlage zu kümmern hatte. Da gab es doch das einklagbare Recht auf Arbeit, Wohnung, Bildung, Gesundheit. Wie angenehm war doch für viele, zu viele das Leben in der fürsorglichen Belagerung von der Wiege bis zur Bahre! Nun kann nicht nur jeder Mann und jede Frau entscheiden, nun müssen sie gar alle entscheiden oder sich zu Markte tragen. Das Eigentum geht eigentümliche Rückwege. Der sehr plötzlich über uns gekommenen Demokratie stehen viel zu wenige Demokraten zur Verfügung.
Nachdem eine ganze Schicht von Verantwortlichen (»Staatsnahen«) aus den Ämtern entfernt wurde und großteils auch untauglich war, mußten aus dem Stand die Institutionen des demokratischen Gemeinwesens aufgebaut werden. Etwa drei Millionen waren in der SED oder in Nachfolgeorganisationen beziehungsweise Blockparteien dem »Sozialismus treu ergeben«, die anderen wollen nun nicht die Karre aus dem Dreck ziehen, und »überschüssiges Bewußtsein«, das Bahro den Ostdeutschen 1978 in seinem Buch *Die Alternative* noch

attestierte, stand zehn Jahre später nicht mehr zur Verfügung. Die Wahlen wurden 1990 im Osten für die (westdeutschen) Politiker entschieden, die den schnellen Erwartungen an blühende Landschaften entgegenkamen und so einem Hilfsbedürfnis am ehesten entsprachen. Nachdem die Erwartungen nicht so schnell erfüllt wurden, ist das Land in *einem* vereint: in der Enttäuschung über die Politiker. Endlich gibt es wieder ein stabiles Feindbild: die Politiker, die nichts machen, und was sie machen, falsch machen und sich wahrlich sorgen, aber nur um ihre Diäten und Einkünfte. Viele Politiker tun der Öffentlichkeit zusätzlich den Gefallen, solchem Negativklischeebild zu entsprechen. Gleichzeitig bilden sich in Ost und West Projektionen heraus. Wer oben steht, muß nun das verwirklichen, was man selber nicht schafft, nämlich überzeugende Argumente haben und andere überzeugen können, so gut reden wie zuhören können, ein moralisches Vorbild sein, erfolgreich und bescheiden zugleich. Politik wird verstanden als großes Dienstleistungsunternehmen, das gefälligst alle noch so disparaten Wünsche zu erfüllen habe. Sie haben sowohl dem großen Mehrheitswillen wie auch einzelnen Gruppeninteressen nachzukommen. Was aber heißt Mehrheitswillen in der sich gegenseitig beeinflussenden Stimmungsbarometerdemokratie, wo Stimmungen wie Aktien quantifiziert werden, Berater mit der Wünschelrute vorangehen, um festzustellen, wo Stimmen winken und was jetzt am besten ankommt? Jedenfalls ist der Mehrheitswille für sich genommen noch kein Wert, wenn einer Gesellschaft ihr Grundkonsens und ihre Maßstäbe abhanden gekommen sind.

In der DDR ließ sich das Wogegen in der revolutionären Umbruchphase 1989/90 gut formulieren. Der Rausch des spontanen Einverständnisses war ein Genuß. Die wenigen, die die Demonstrationen von Rostock bis Suhl organisiert und dort gesprochen haben, als es noch gefährlich war, haben sich in politische Verantwortung drängen lassen oder gar Freude daran gefunden. Die Mehrheit aber ließ den machen, der am sichersten versprach, es werde bald alles so gut wie im

Westen, und die Schwierigkeiten höflich verschwieg. Die Parteiendemokratie löste die spontanen Bürgerversammlungen ab. In den Mühen des verrechtlichten Staates gaben aber zu viele zu schnell auf, zumal bald neues, gravierendes Unrecht geschah und sich das nicht so schnell bewegen ließ, was jeder wollte, weil er merkte, daß sein Anliegen durchaus mit den Interessen des anderen konkurrierte, der auch etwas bewegen oder eben er- oder behalten wollte. So kam es schnell zu einer pauschalen Diffamierung der demokratischen Regelmechanismen und zu einer Kultivierung des Ressentiments. Die Langsamkeit der demokratisch-rechtsstaatlichen Entscheidungsprozesse wird nicht mehr als Wert erlebt, weil nichts entschieden und Demokratie eher als Verzögerungsritual erlebt wird, wie beispielsweise beim § 218, beim Streit um Pflegeversicherung oder Asylgesetze.
Die neue Konsum-Freiheit hatte bis dahin nicht gesehene Folgen. Plötzlich können sich alle Autos kaufen. Aber die »blöde Stadt« ist nicht in der Lage, sofort ausreichend Parkplätze und breite Straßen bereitzustellen. Da meint man, »den Staat« strafen zu müssen, indem man die Autos in Parks oder auf Grünflächen stellt. Plötzlich muß man für alles bezahlen, und was nichts kostet, ist auch nichts wert. Wenn man aber plötzlich für Abwasser und Müll soviel zahlen soll, aber noch nicht soviel verdient, wie die vielen Reichen, die man um sich herum sieht, straft man »den Staat« und schmeißt aus Rache den Müll in den Wald. Dies bringt die anderen, die es sehen, wieder zu der Feststellung, daß die kommunalen Einrichtungen nicht in der Lage sind, diese Verschandelung des Spazierweges zu beseitigen ... Dies alles führt zu einem gegenseitigen Verdruß und zu einer tiefgreifenden Kommunikationsstörung zwischen denen, die politische Verantwortung übernommen haben, und denen, die sie da hineingewählt haben. Viele von denen, die im Osten Deutschlands sich in die politische Arbeit auf den verschiedenen Ebenen einzubringen bereit gefunden haben, ziehen sich längst wieder zurück, nicht nur aus Verdruß gegenüber der Parteiendemokratie, sondern auch aus Verdruß am Gesamtklima der Gesell-

schaft, in der den Erwartungen an andere keine ausreichende Bereitschaft zur Mitwirkung entspricht. Es kommt in Ost und West gewiß aus unterschiedlichen Gründen, aber mit den gleichen Folgen zu einer Politikabstinenz, die noch weitere, tiefgreifende Gründe hat.
Ein bewußter oder unbewußter Grund für die Abstinenz einer großen Mehrheit von Bürgern gegenüber Politik besteht darin, daß immer mehr BürgerInnen ahnen, daß sie kaum noch etwas ausrichten können und die Schwierigkeiten allmählich so groß und so komplex werden, daß sie nicht mehr lösbar sind. Dafür möchte man nicht verantwortlich sein – weder vor sich selbst noch vor der Öffentlichkeit. Hinzu kommt die totale Veröffentlichung der öffentlichen Personen, die jeden abschreckt, der nicht auch noch an einem Skandal oder an einem Dauerfeuer auf seine Person eine gewisse Lust empfinden kann.
Zu viele sind sich zu gut für die Politik. Der Handelnde scheint strukturell gewissenlos zu werden, weil die vorliegenden Handlungsalternativen Konflikte nicht mehr lösen, sondern sie allerhöchstens einzudämmen vermögen. Der Handelnde scheint gezwungen zu sein, gewissenlos zu werden, es sei denn, er bleibt kompromißlos. Bleibt er aber kompromißlos, kann er praktisch am Handeln nicht mehr teilnehmen und wird marginalisiert. Die resignative »Ethik der sauberen Hände« durch Nichtstun, verbunden mit dem blanken Finger beim Zeigen auf die, die etwas tun und häufig versagen, scheint in Mode zu kommen.
Eine Single-Kultur, die Selbstverwirklichung und persönliches Fortkommen über alles und Politik weit hintenan stellt, prägt sich immer mehr aus. Der Verantwortungsverweigerung zu vieler entspricht ein fast zwanghaftes Überverantwortungsgefühl zu weniger, die meinen, sich einer Pflicht nicht entziehen zu können, obwohl sie ständig ahnen oder auch durchaus klar sehen, sich permanent herumquälen, daß sie sich überfordern und daß sie vielfach ihren Prinzipien zuwiderhandeln (müssen). Das Tempo der Zeit und das allgegenwärtige Mikrofon führen zum Sprechen vor dem Denken.
Der Typ des Zweiflers und lustlosen Verantwortungsträgers

steht neben dem dickhäutigen, machtbewußten und mit einer Art »Killerinstinkt« begabten Politikers. Der Zögerlich-Sensible kommt indes ebenso wie der Entschlossen-Machtbewußte in das Schußfeld der Öffentlichkeit. Wer *etwas* und wer *sich* durchsetzen kann, bleibt auf der Bühne. Der sensible und nachdenkliche, zögerliche und abwägende Politikertyp besteht in der Härte der Auseinandersetzungen immer weniger. Ist einer zu wenig entschlossen und machtbewußt, sagt man, er habe »Angst vor der Macht«. Ist einer bereit, Verantwortung zu übernehmen, und stellt sich der Macht in ihrer ganzen Ambivalenz ohne erkennbare Skrupel, bekommt er flugs das Etikett des Machthungrigen. Was auch immer Politiker in der Öffentlichkeit tun – es gibt schon ausreichend Stoff für jedwede publizistische Vermarktung. Aus hunderten Fotos *einer* Situation wird ein »treffendes« ausgewählt. Je verräterischer oder je skandalträchtiger, desto besser; denn desto mehr kann sich der Nichthandelnde am »wahren Gesicht« oder am Versagen der Handelnden ergötzen. Das führt wiederum zu einer noch größeren Verweigerung vieler »im Prinzip« politisch interessierter Bürger, sich aufs politische Geschäft einzulassen. Sein eigenes Geschäft zu machen wird alles.

Politik wird schließlich auch nur noch als »Geschäft« aktiv betrieben oder passiv als solches betrachtet. Für den Verzicht auf alles Private, für Dauerstreß, Erfolglosigkeit, Undankbarkeit und Vereinsamung des medial ständig Verschlissenen meinen wohl nicht wenige (un-)bewußt, sich eine Entlastung und zusätzliche Vergütung beschaffen zu müssen, so daß sie staatliche Zuwendungen auf allen erdenklichen Wegen erschleichen und Politikerdasein als Selbstbedienungsladenexistenz verstehen.

Inzwischen wächst in der Bevölkerung der in sich widersprüchliche Wunsch nach immer weniger Staat, um eigene Interessen besser durchsetzen zu können, und gleichzeitig nach mehr Staat, verbunden mit der Sehnsucht nach einem entschlossenen, wenn nicht diktatorischen Zupacken und Durchgreifen einer »Führungspersönlichkeit«, wenn auch noch nicht nach einem »Führer«. Anarchische und diktatori-

sche Tendenzen bedingen einander. Sie betreffen nicht diese oder jene Personengruppe; sie betreffen als tiefes Ambivalenzgefühl tagesstimmungsbedingt viele ganz unterschiedlich vorgeprägte Bürger.
Noch gibt es ein verborgenes schlechtes Gewissen, rechts oder gar »ganz rechts« zu wählen und dies auch öffentlich kundzutun. Eine gewisse Scham ist noch da. Das Denken läuft wieder »recht«-winkliger; je unübersichtlicher die Situation wird, desto mehr wird die Zweiteilung, die klare Alternative gesucht, werden Freund und Feind beschrieben, werden Schuldige für die Misere ausgemacht, wird Deutschsein und Nicht-Deutschsein wieder wichtig. Zunächst geht fast ein Drittel erst gar nicht zur Wahl. Sie lassen andere rechts wählen. Sie »Protestwähler« zu nennen, täte vielen von ihnen zu viel Ehre an. Sie halten Abstinenz für Moral.
Gerade sie zu einem »demokratischen Erkenntnisruck« zu bringen, ist ebenso wichtig wie die kritische Selbstbefragung der demokratischen Institutionen, besonders der Parteien.
Ob die vorhandenen Institutionen wirklich erneuerungsfähig sind, hängt davon ab, ob Menschen sich in diesen Institutionen so einbringen können, daß sie die Erfahrung machen, persönlich mit ihrer Begabung und ihrem Engagement gefragt zu sein, und erleben, daß es sinnvoll und wirksam ist mitzumachen. Wenn die etablierten Institutionen sich nicht als erneuerungsfähig erweisen, müßten sich neue bilden. Sonst erlischt Demokratie allmählich.
Für alle am Gemeinwohl Interessierten stellt sich die Aufgabe, die Selbstorganisation der Gesellschaft als ziviler Gesellschaft zu befördern, statt durch Rückzug aus den demokratischen Institutionen die Demokratie selbst zu gefährden oder durch andere buchstäblich fahr-lässig gefährden zu lassen.
Im audiovisuellen Zeitalter geht die politische Kultur beinahe zwangsläufig in die Personalisierungsfalle. Politiker aller Parteien tappen hinein, oder sie lassen es sich – ganz entgegen ihrem eigenen öffentlichen Bekunden – allzugerne gefallen. Personen ersetzen Programme, bis die am meisten Gesehenen kaum noch erkennen lassen, *wofür* sie einstehen, außer

für sich. Sie entwickeln einen sicheren Instinkt dafür, wer gerade hinter ihnen steht und wie sie am wirkungsvollsten ihre besondere Flexibilität mit dem Eindruck führungsstarker Standhaftigkeit – machtbewußt – verbinden können. Die diversen wöchentlichen Politbarometer geben ihnen jeweils Noten dafür, wie gut oder schlecht sie es vermocht haben, den wechselnden Stimmungslagen der Bevölkerung mit Biegsamkeitsreflexen und medienwirksamen Sprechblasen zu entsprechen. Politik wird auf diese Weise eine Variation von Werbung, zu einem bestimmten Personalangebot mit immer weniger Programmangebot. Die Wechselwirkungen zwischen »Politiker« und »Publikum« bei dieser Entwicklung sind unübersehbar. Mit einer einseitigen Verantwortungszuweisung würde das Problem verfehlt.

»Es gibt keinen Weg zur Demokratie – die Demokratie ist der Weg.« Mit dieser Abwandlung eines berühmten Martin-Luther-King-Satzes ist das Problem angezeigt, in dem unsere Demokratie steckt.

Demokratie ist ein bewahrenswerter und hoher Wert, der davon lebt, daß Menschen sich zusammenfinden, um diesen Wert beständig auszufüllen und dadurch zu verteidigen. Eine Delegation der Demokratie auf bestimmte Institutionen führt letztlich zu dem einschneidenden Kommunikationsproblem, das sich gegenwärtig zwischen den etablierten Institutionen und den Bürgern ergeben hat. »Politik ist ein schmutziges Geschäft« und »Politik verdirbt den Charakter«, sagt der Volksmund. Liest man die Zeitungen, bestätigt sich die Regel beinahe täglich. Der Allerweltsname eines besonders cleveren ostdeutschen Politikers wurde zum Inbegriff von Absahnmentalität. »Lässige« Unwahrheiten und dicke Lügen, kleine Erinnerungslücken und großzügige Urlaubsreisen bestimmen die Abendnachrichten. Die fatale Konsequenz der großen Mehrheit der Politikbeobachter: Halte dich raus, laß machen, laß aufdecken! Bestätige dich täglich in deinem Urteil über ein Geschäft, an dem du dich selbst nicht beteiligst. Betreibe lieber relativ unbehelligt deine eigenen Geschäfte! So kannst du von den schmutzigen Geschäften der anderen mit einem

bestimmten Unterhaltungs-, Empörungs- und Selbstentlastungswert, stets in Farbe und in entlarvender Nahaufnahme, hören und sehen.
Wenn es kein gesellschaftliches Gesamtklima mehr gibt, das letztlich vom Respekt der einen gegenüber den anderen geprägt ist, werden gesetzliche Regelungen kaum helfen. Wenn die politischen Skandale von den demokratischen Institutionen nicht mehr verhindert oder aufgedeckt werden, wird dies der Presse allein überlassen. Dann aber muß man sich nicht über sensationslüstern-süffisante Enthüllungspresse wundern. Wenn alle irgendwie politisch Tätigen auf allen Ebenen zu den bevorzugtesten Vorführobjekten werden, werden gerade diejenigen die politische Bühne verlassen, die sich bei ihrem kräftezehrenden Engagement ein Gewissen bewahrt hatten, sich aber aus Selbstachtung weigern, unentwegt über jeden Schritt, jede strittige Entscheidung in der Öffentlichkeit nach Belieben vorgeführt zu werden. Nur der Unempfindliche wird sich noch zur Verfügung stellen oder durchstehen.
Viele Politiker liefern reichlich Material für den Eindruck, Politik sei ein wohlfeiler Selbstbedienungsladen für Minister, Abgeordnete oder ganze Parteien. Folge könnte in absehbarer Zeit sein, daß alle unterschiedslos in den zum Himmel stinkenden Eintopf von Korruption, Erpressung, Erpreßbarkeit und Bereicherung geworfen werden.
Die vielen tausend Menschen, die sich in Kommunen, Ländern oder beim Bund bereit gefunden haben, in der res publica aktiv mitzuwirken, fühlen sich inzwischen pauschal diffamiert, reagieren trotzig, depressiv oder beleidigt, bis die Bereitschaft immer geringer wird, sich für die öffentlichen Belange in den Institutionen der Demokratie zu engagieren. Wenn Politik auf diese Weise pauschal in Mißkredit kommt, führt das zu Parteiverdrossenheit, atomisiert sich die Gesellschaft in die totale Single-Kultur, in der Einzel- und Kleingruppeninteressen miteinander konkurrieren, das kurz- und längerfristige Gemeininteresse indes immer weniger Anwälte findet.
Politik stellt sich für den, der sich etwa in kommunale Volks-

vertretungen oder Verwaltungen hineinbegeben hat, als ein ziemlich mühsames, kräfteverschleißendes, zermürbendes, undankbares Geschäft dar. Politisch Handelnde sind heute strukturell und persönlich beinahe ständig *über*fordert. Private und familiäre Beziehungen werden schweren Belastungsproben ausgesetzt. Die Kinder verfluchen »die Politik«, die ihnen die Eltern wegnimmt. Die Politik kommt innerhalb der (zu kurzen) Wahlperioden in immer mehr Dilemmasituationen, die durch das parteibesessene Hin und Her nochmals verstärkt werden. Ein besonders schwieriges Dilemma in der »Erwartungsdemokratie« ist, daß die Mehrheit von einigen wenigen, die Politik »machen«, erwartet, daß sie das erfüllen, was die jeweiligen Bürger sich wünschen. Politiker reden ihnen oft wider besseres Wissen zum Munde. Nähern sich Wahlen, haben Politiker jeweils abzufragen, was die Bürger als »Wählermasse« sich – durchaus disparat – wünschen, bis Politbarometer den politischen Opportunismus zum Ersatzprogramm machen. Dabei wissen die Bürger zumeist zu genau, daß die Politikerversprechungen vor Wahlen (gutgemeinte) Lügen sind. Politiker werden wegen dieser wohlfeilen Lügen gewählt, um ihnen dann nach Wahlen vorwerfen zu können, daß sie gelogen haben, obwohl man vorher schon wissen konnte, daß sie lügen mußten, um gewählt zu werden. Die Belogenen wußten also, daß sie Lügner wählten, weil sie von ihnen etwas wünschten, was nicht erfüllbar ist. So kann man seine eigene moralische Entlastung auch betreiben, nur geht sie auf Kosten von Menschen und schließlich der Demokratie überhaupt.

Die Demokratie braucht mehr Menschen, die bereit sind, das Wagnis des Handelns einzugehen und in Dilemmasituationen schwierige Kompromisse zu suchen, der Öffentlichkeit zu vermitteln und mutig durchzusetzen. Wer nicht konkret entscheiden muß, hat meistens gut reden. Je weniger er sich über Interessenkonflikte, Rahmenbedingungen, Kosten, Kurz- und Langzeitfolgen informiert, desto sicherer bleibt er in seinem Urteil. Der Stammtisch ist das Betätigungsfeld derer, die sich nicht in die Streitkultur begeben, sondern lediglich die Selbst-

bestätigung unter ihresgleichen konsequenzlos, ressentimentsgeladen und stimmungsbetont betreiben. Politik- und Politikerkritik ist der Demokratie nur so lange zuträglich, wie sie auch von der menschlichen Barmherzigkeit und einer bestimmten Verständnisbereitschaft für ihre Schwierigkeiten als unsere Schwierigkeiten getragen bleibt. Unsere eigenen Ratlosigkeiten können wir nicht unentwegt auf »die Politiker« projizieren. Wer wird denn sonst übermorgen noch bereit sein, sich unentwegt öffentlich vorführen zu lassen? Bei der – demokratisch gebotenen! – Kritik an Politikern muß indes der Maßstab gefunden werden, dem sich der Kritiker auch selbst zu stellen bereit ist. Wenn weiterhin der hämische Zeigefinger, eine zynisch eingefärbte »Medio«-kratie die politische Szene bestimmt, wird jedes entschiedene Tun wie andererseits jede zögerliche Unterlassung zum Fehltritt. Wenn jeder, der in die Öffentlichkeit kommt, gewärtig sein muß, ins Glashaus des *Spiegel* zu kommen oder groß ins *Bild* gesetzt zu werden, wird Öffentlichkeit zu einer Art Jagdrevier.
Wer bekannt wird, wird zur Ware, täglich feilgeboten. Die Relationen zwischen den kleinen Unachtsamkeiten, den in der Hektik eines permanent überfordernden Geschäfts übersehenen oder falsch bewerteten Aufgaben, falschen Ratschlägen, »taktischen« Ängsten und großen Skandalen verschwimmen. Alles wird in veröffentlichter Stimmungsmache zu gleicher, dicker Schlagzeile, bis schließlich die Konkurrenz um die Schlag-Zeile die Konkurrenz bei der Suche nach der Wahrheit völlig ersetzt.
Das »Projekt Aufklärung«, das in der Politik des »Neuen Denkens« der achtziger Jahre ansatzweise Gestalt gewann und schließlich zu einer Auflösung der Ost-West-Konfrontation beitrug, hat uns national und international in eine Krise gestürzt, weil es eine institutionell abgesicherte, politische, mentale und psychosoziale Konzeption für »die Zeit danach« nicht gab. Die auf eine »solidarische Überlebensvernunft« abzielende Weltgesellschaft ist ferner als in der Zeit der Ost-West-Blockrivalität.
Die Menschheit scheint wieder zu versinken in anachronisti-

sche Nationalismen und territorial-ethnische Ausschließlichkeitsansprüche. Dahinter ist ein instinktiver Abwehrvorgang gegenüber einer Welt zu vermuten, in der alle von allen immer abhängiger werden, in der die ökologische Existenzbedrohung ebenso grenzüberschreitend ist, wie die sozialökonomische Weltkrise (plus Bevölkerungsexplosion) an nationalen Grenzen nicht haltmacht. Der politische, territoriale und geistige Partikularismus ist letztlich Ausdruck einer panischen Angst. Im Nationalismus drückt sich gleichzeitig dreierlei aus: eine krampfhafte Suche nach *Identität* (als Form der Selbstbehauptung und Aufbau neuen Selbstbewußtseins), *Angst* (als Abschottung nach außen, als Angst vor Nivellierung des Eigenen oder als Angst vor Überfremdung) und schließlich *Sehnsucht* nach etwas archaisch-emotional Verbindendem. In einer Welt, in der alle religiösen oder ideologisch verbürgten Gewißheiten dahinschwinden, wächst die Anfälligkeit von Individuen, Gruppen und ganzen Gesellschaften für irrationale »Sicherheiten«. Hinzu kommt die heikle Frage, ob auch »aufgeklärte« Menschen nicht viel stärker mit revierbezogenen Verhaltensdeterminanten zu rechnen haben. Emotionale Bindungen an überschaubare, genau abgrenzbare Großgruppen werden offenbar in dem Maße stärker, als die Umwelt- oder Umfeldkonflikte anwachsen. National-soziale Kohäsion führt zu Abweisungs- und Abstoßungsprozessen. Die Kriege unserer bisherigen Geschichte sind neben den Ressourcenverteilungskämpfen und imperialen Überlegenheits- oder Welterlösungskriegen stets auch »ethnische« Auseinandersetzungen gewesen. Der Bestand von Gemeinwesen war häufig so lange durch Abgrenzung gesichert, als dies »säuberlich« funktionierte. Destruktive Energie nach innen wurde weggelenkt in destruktive Energie nach außen, die dann einen zeitweiligen Zusammenschließungseffekt nach innen hat und die Illusion der Einheit nährt (zum Beispiel der »entwickelten sozialistischen Menschengemeinschaft« oder der »Völkergemeinschaft des freien Westens«). Über das Entsetzen über nationalistische oder ethnische Kriegsorgien hinaus ist es für die Menschheit geradezu tragisch, daß genau in dem

Moment, wo Politik eigentlich immer auch Welt-Politik sein müßte, da wir auf Gedeih und Verderb miteinander verbunden sind, Zeit- und Rauminseln des friedlichen Wohl-Standes keinen dauernden Bestand haben können, die partikularen Tendenzen weltweit zunehmen. Und doch kann verantwortliche Politik nur unverdrossen den aberwitzigen Versuch machen, das *Eine-Welt-Bewußtsein* zu fördern, was ohne Schritte zu einer neuen Welt-Wirtschaftsordnung hoffnungslos wäre.

Die Politik hat die Aufgabe, Menschen Mut zu machen, sich zu organisieren, um zu einer wirklich freien Assoziation freier Individuen zu kommen, die sich in den politischen und demokratischen Diskurs einbringen. Das Verschieben der Probleme auf »die da oben« ist nur die Langzeitschädigung einer autoritär verinnerlichten Struktur. Dieser zu widerstreben und zu widersprechen, bleibt Gestaltungsaufgabe praktischer Politik. Heute geht es nicht zuletzt um eine bessere Wahrnehmung der Vermittlungsaufgabe von Politik für die Gefahren wie für die Chancen. Das Gefahrenbewußtsein ist mit einer Gestaltungsvision zu verschwistern. Das wird schwierig, aber unumgänglich sein, wenn wir vor Depressionen einerseits und Zynismus andererseits bewahrt bleiben wollen.

Es ist nicht eo ipso eine konservative Schimäre, wenn man den fortschreitenden Verlust verbindlicher und verbindender Werte beklagt. Keine noch so gute Gesetzgebung und keine noch so gut funktionierende Verwaltung kann ersetzen, was an Wertbildung und einer ihr entsprechenden Verhaltensdisposition im einzelnen und im Klima der gesellschaftlichen Beziehungen Gestalt findet. Wird die Schere zwischen beiden zu groß, wird die Gesellschaft in sich labil. Nur was von einer Mehrheit von Menschen in der Gesellschaft frei-willig eingehalten und als Recht oder Unrecht Allgemeingut ist, wird auch eingefordert und kann bei Verletzung notfalls mit staatlichen Machtmitteln durchgesetzt werden. Wo aber der von einer Mehrheit akzeptierte Wertehimmel zerbrochen ist, ist eine Gesellschaft existentiell gefährdet. In einer pluralistischen

Gesellschaft braucht eine solche Konsensfindung beständigen Dialog als Form ihrer Selbstvergewisserung.
Mit den Werten welken längst auch die Gewißheiten dahin. Dies führt zu einer inneren Verunsicherung über das, was diese demokratische Gesellschaft trägt und wer ihre Garanten sind. Die Versuche von Parteien, Kirchen und anderen werteimplizierenden Institutionen, dies von oben neu zu bestimmen, sind von vornherein zum Scheitern verurteilt. Programme von gestern, die für die Gestaltung der nächsten Zukunft formuliert worden waren, wirken wie schal gewordene Worte aus der Welt von vorgestern. Neue Programme zu formulieren, fehlt es an Zielvisionen, Gestaltungskraft und Konsensfähigkeit. Wo Ziele entschwinden, entschwinden auch Handlungsprinzipien, die den Zielen zu entsprechen suchen. Die praktische Konsequenz ist, daß Politiker vor schwierigen Entscheidungen zu schmierigen Kompromissen kommen.
Ein Symptom für den Zielverlust trotz eines elementaren Handlungsbedarfs ist das Gerangel bei der Formulierung der künftigen gesamtdeutschen Verfassung. Staatsziele »Umweltschutz« oder »Recht auf Arbeit und Wohnung« wurden als Verfassungslyrik abgetan. Politik wurstelt zerstritten vor sich hin, und man ist froh, wenn wenigstens *ein* stabiler Mann an der Spitze Machtkompetenz verkörpert und Richtungskompetenz suggeriert.
Die wertbildenden Institutionen sind in eine Zerreißprobe zwischen totalpragmatischer Öffnung einerseits und fundamentalistisch-restaurativer Ab- und Ausschließung andererseits gekommen. Inzwischen laufen den Politikern die Wähler, den Kirchen die Gläubigen, den Gewerkschaften die Mitglieder, den Bürgerbewegungen die Bewegten scharenweise davon.
Die Alternative »Sozialismus«, die in praxi keine war, wirkte doch als solche und brachte neben der wissenschaftlich-technischen, politischen und ideologischen, militärischen und ökonomischen Konkurrenz auch eine Konkurrenz bei der Gewährung sozialer Rechte unter Beibehaltung des Wertes »freiheitlicher Demokratie«.

Der Zusammenbruch des Sowjetimperiums ist ein wirklicher Pyrrhussieg, weil nicht eine befriedete »neue Weltordnung« das Ergebnis ist, sondern eine lokale wie globale Instabilität mit bedrohlichen Unbekannten. Dazu gehören die perspektivlos gewordenen sowjetischen Atomwissenschaftler, marode Nukleartechnik und Nuklearmaterial, das auf dem freien Markt angeboten wird. Es ist grotesk: Der Zusammenbruch einer »Utopie«, die keine war, hinterläßt bei den Siegern eine Leere. Es gab keine Konzeption für die Zeit nach dem Zusammenbruch der »zweiten Welt«. Die westlichen Gesellschaften sind sich ihres *Wofür* und ihres *Wogegen* nicht mehr sicher. Der Zerfall des Ostens fängt an, den Zerfall des Westens nach sich zu ziehen. Die westliche Integration scheint nicht unwesentlich durch den Wettkampf mit dem Osten bedingt gewesen zu sein.

Das Menetekel Jugoslawien bringt alles durcheinander, was sich international als politisch-moralische Richtlinie herausgebildet hatte. Die individuellen Menschenrechte kommen nun, zusammen mit der Selbstbestimmung der Völker, in einen schroffen Gegensatz zum Recht der Minderheiten. Der Interventionskrieg als Mittel der Politik macht den Krieg als Mittel der Politik wieder hoffähig, wobei die Eskalationsgefahr beim Eingreifen fremder Truppen in dem Maße außer acht bleibt, wie die Situation durch die Greuel eines erbarmungslosen Bürgerkrieges emotionalisiert ist.

Indes geht es um ein viel umfassenderes Problem.

Die kollektive Verdrängung, daß unser Zivilisationsweg in eine Sackgasse gekommen ist, führt zur Verdrängung von Wahrheit aus der Politik.

Längst hören wir neben dem Wetterbericht schon die Ozonwerte, längst haben wir Angst vor der Sonne, wundern uns, daß es »keinen Winter mehr gibt«, daß die Bäume sterben …

Die unabwendbaren Hungerströme der Menschen aus den unterentwickelten und überbevölkerten Ländern in die Wohlstandsmetropolen werden mit nationalistischen Parolen beantwortet und könnten mehrheitsfähig werden. Politiker stehen vor Zielkonflikten, in denen sie fast nur noch zwischen falschen Entscheidungen abzuwägen haben und die allenfalls weniger falsche suchen. Die Politik wird unter anderem zerrieben zwischen den elementaren Anforderungen des Umweltschutzes und der Erhaltung von Arbeitsplätzen. Weder unser Bewußtsein, schon gar nicht unser individuelles oder kollektives Verhalten zeigen sich den von uns selbst verursachten (Welt-)Risiken gewachsen.

Neben der Politikverdrossenheit des Volkes gibt es inzwischen längst eine Volksverdrossenheit der Politiker, die sich einem im Anspruchsdenken verhätschelten Volk ausgesetzt fühlen. Sie finden immer dann keine Resonanz beim Wahlvolk, wenn sie sich zum Gespräch stellen. Das zum Wahlvolk degradierte Volk wirft den gewählten Repräsentanten vor, daß sie just in dem Moment nicht präsent sind, wo das Volk sie sich wünscht und wie das Volk es von ihnen wünscht. Den Perspektivwechsel kann jeder nachvollziehen, der den Rollenwechsel hinter sich hat. Die Kommunikationskrise zwischen politisch Handelnden – von der Kommune bis zum Bundestag – ist tief, wenn Bürger sich für politische Probleme nur dann interessieren, wenn diese sie unmittelbar und persönlich betreffen. Politiker fühlen sich mißbraucht und mißverstanden. Sie reagieren trotzig. Eigentlich aber müßten Politiker wie auch »das Volk« rechtzeitig, ja vorzeitig auf herannahende Probleme reagieren.

Der Zusammenbruch des Ostens und seiner Vision trifft auf den Westen nun ohne Vision. Ohne Vision aber zerfällt die Welt in Partikulares und Pekuniäres. Mit dem Ende des Sozialismus beginnt eine alternativlose Zeit, die nicht zur Ära werden darf, weil eine Gesellschaft ohne Alternative eine Gesellschaft ohne Profile wird. Die wertevermittelnden und wertegestaltenden Institutionen, die normalerweise den gesellschaftlichen Visionen konkrete Konturen und Gestaltungsrahmen geben, sind in eine Plausibilitätskrise geraten, die sie teils zu Recht und teils zu Unrecht trifft. Die *Parteien* zumal haben die Demokratie als »Legislaturperiodenmacht« an sich gerissen, innerhalb derer sie nur soviel Demokratie zulassen, wie es für die nächste Wahlentscheidung günstig erscheint. Sie stehen beständig unter dem Druck der Medienmeinungsmache und der Medienmeinungsmacher. Ihre politischen Entscheidungen scheinen mehr von Trendmeldungen bestimmt zu sein, als daß sie sich von eigenen Überzeugungen bestimmen lassen. Nur wer Machtbewußtsein, Standhaftigkeit und Flexibilität in sich zu vereinen vermag, vor allem eine dicke Haut hat und für alles eine honorige Erklärung zu geben vermag, bleibt und sitzt sich aus.

Die *Kirchen* sind angesichts der neuen Unübersichtlichkeit völlig verwirrt, und es scheint ihnen die Sprache verschlagen zu haben. Während sich der Papst im wesentlichen auf eine spätmittelalterliche Sexualethik orientiert, versuchen sich die evangelischen Kirchen im wohltemperierten Proporzdenken. Einem denkfaulen und lauen Glauben entspricht ein denkfauler und lauer Unglaube. Darin entwickeln sich keine wirklich fruchtbaren Kontroversen.

Die *Gewerkschaften* habe es bisher nicht vermocht, die Ost-West-Differenzen zu überwinden. Sie haben einen Verlust an Solidarität zu verzeichnen, solange es ihnen im wesentlichen um die Tarifanschlüsse für diejenigen geht, die noch Arbeit haben, und weniger um die, die ihre Arbeit verloren haben. Die Gewerkschaften sind gegenüber neuen, ungewöhnlichen Wegen ziemlich zugeknöpft und scheinen kein innovatives Potential mehr zu haben. Auch ihnen geht es im wesentlichen um Besitzstandswahrung. Wenn Vorschläge zu einem »zweiten Arbeitsmarkt« oder zum »Teilen der Arbeit« bei geringerem Einkommen tabu sind, wird die Zweiteilung in wenige hochqualifizierte und hochbezahlte Arbeit-Habende und viele Arbeitslose sich verschärfen. Der Zusammenhang zwischen »Arbeit« und »Sinn« muß auch bei den Gewerkschaften ebenso im Blick bleiben wie die Beziehung von Arbeit und Entgelt. Kurzsichtig wäre es, wenn bei den Gewerkschaften lediglich die Arbeitsplatzsicherung und nicht die mittel- und längerfristigen Perspektiven ökologischer Verträglichkeit in den Blick kommen.

Die *Bürgerbewegungen* in Ost und West sind in eine Krise gekommen, weil ihre Prinzipien sich nicht mehr hinreichend auf die gegenwärtigen neuen Herausforderungen beziehen, beziehungsweise weil sie entweder in einem heillosen Streit kompromißloser Idealisten verharren oder aber sich ganz und gar nach dem Bilde der bisherigen Parteien formen und auch profillos werden.

Selbst die *internationalen Großorganisationen* wie die UNO, ihre Unterorganisationen oder der Ökumenische Rat der Kirchen müssen erleben, wie die Partikularinteressen meistens höher stehen als die Gemeininteressen. Die hehren ethischen Prinzipien werden nur so lange im Munde geführt, wie es die Interessen der einzelnen nicht unmittelbar berührt. Zum Beispiel läßt man sich wohl auf die allgemeine Formel ein, daß man gegen Krieg und Gewaltanwendung ist. Sowie dies aber konkret ansteht, die eigene Gewalt stets als Reaktion auf die Gewalt der anderen gerechtfertigt wird, wird auch das Prinzip der Nichteinmischung so lange propagiert, wie es im Eigeninteresse liegt. Die miteinander konkurrierenden Werte von Freiheit, Gleichheit und Solidarität werden immer stärker als durchaus konkurrierende Größen erlebt. Dies führt vielfach zu einem Handlungsstillstand, auch in Situationen äußerster Herausforderung, wie zum Beispiel bei der Umwelt- und Entwicklungskonferenz der Vereinten Nationen, dem sogenannten »Erdgipfel« in Rio.

Auch Zusammenschlüsse von Schriftstellern wie der PEN-Club werden in Handlungsdiffusionen gerissen, wenn es darum geht, in einer Bürgerkriegssituation für Freiheit der Schriftsteller zu kämpfen. Zwischen der Angst, instrumentalisiert zu werden, und der Angst, selber Opfer zu werden, schlingert der Weltkongreß dahin. Er wird mit hämischen Begleitkommentaren von Journalisten bedacht, die das nicht mitzuentscheiden hatten. Das Dilemma der Intellektuellen ist, daß das Verbindende im Streit sehr schnell verloren ist, wenn eine gemeinsame Vision verlorengegangen ist.

Die Gesellschaft spaltet sich in Handelnde, Erleidende und Kommentierende. Es fehlt die Formulierung des Erwarteten, Wünschbaren und Nichtwünschbaren *und* die Übersetzung des Erwarteten in das Machbare.

Unsere Demokratie ist durch nichts mehr gefährdet als durch die Gleichgültigkeit ihr gegenüber, die nicht zuletzt wegen der Politiker in Verachtung, vor allem bei der jüngeren Generation, umschlägt. Eine noch nicht näher bezifferbare Zahl der Deutschen droht damit, »rechts« zu wählen. Wer Demokraten als »Schlaffis« denunziert, weil sie sich mit der konkreten Ausgestaltung der Asyl- und Einwanderungsgesetzgebung herumschlagen, ist tendenziell rassistisch. Wenn der demokratische Diskurs über schwierige (Grund-)Fragen der Demokratie durch Abstinenz, Gleichgültigkeit, »Privatisierung des Gemeininteresses«, Enttäuschung und Verachtung abgebrochen wird, geht es an den Lebensnerv der Demokratie. Ich fürchte am meisten, daß gerade dies nur wenigen bewußt ist. Sie müßten aufwachen, ehe es zu spät ist.

Die Demokratieabstinenz zu überwinden wird nicht leicht sein.

Die Probleme, die zur Lösung anstehen, lassen sich kaum noch im Konkurrenzverfahren politischer Parteien lösen: die Umweltbedrohung, die Arbeitslosigkeit und die Energieerzeugung. Wir stehen vor dem Zwang zum Konsens im Überlebensinteresse.

Eine Gesellschaft, in der die Kommunikation, ja alle Leistungen nur noch über »Geld« laufen, wird den Kältetod erleiden. Wer heute anders leben will, wird häufig als ein Fossil, das schön dumm ist, angesehen, bis er sich selbst so fühlt. Es ist dahin gekommen, daß jeder seinen Wert am Vergütungswert seiner Leistungen mißt. Wo aber alles eine Frage des Geldes wird, wird eines Tages nichts mehr bezahlbar sein, schon gar nicht das, was Menschsein ausmacht.

Zur Situation der Demokratie im vereinigten Deutschland mit inneren und äußeren Aspekten habe ich mich in einer Rede im Schauspielhaus in Dresden am 14. Februar 1993 beschäftigt.

Ich habe tiefen Respekt vor den Dresdnern, weil in dieser Stadt in den ersten Oktobertagen 1989 die Vorentscheidung über die friedliche Regelung schwerwiegender Konflikte fiel,

nachdem es in Dresden schon zu bürgerkriegsähnlichen Ausschreitungen gekommen war. Dazu gehörten nach meiner genauen Erinnerung nicht nur die Besonnenheit der Demonstranten, sondern auch die der damaligen Führungen.
Ich traf in Dresden auf ein Publikum, das sich nicht zum Publikum machte, sondern mit einer mir bis dahin noch nie begegneten inneren Gespanntheit und Aufmerksamkeit jedem Satz folgte. Hier spürte ich, wie sehr den Menschen im Osten noch immer ein Gespür für jedes Wort und den Hintersinn und Mehrfachsinn von Worten geblieben ist. Genau diese Empfindung aber legte mir wieder eine Verantwortung für jedes einzelne Wort auf, der ich mich stets mit Furcht und Zittern nähere, dann beim Vortrag alles auf eine Karte setze, als wenn es jetzt das Wort sei, das unverwechselbar hier zu sagen ist. Dann trete ich ab, irritiert und erfreut über Zustimmung, zugleich wissend, daß ich in der Art des Sprechens das kompensiert habe, was in der Genauigkeit des Wortes und in der Stringenz der Argumente noch längst nicht erreicht wurde. Dann aber ist es in der Welt, und ich muß leben mit dem, was andere herausfiltern, herausstellen und herauspicken. Erst mit einem gewissen Abstand sehe ich, ob das, was ich im Trab der Zeit in die Öffentlichkeit habe herausgehen lassen, wirklich Bestand hat. Das Wagnis des eigenverantworteten Wortes ist für mich eine der Grundbedingungen für das Weiterbestehen in unserer Demokratie unter der Voraussetzung, daß Gesagtes diskutierbar und korrigierbar ist. Zunächst aber erwarte ich von mir und auch von anderen, daß sie zu dem stehen, was sie sagen. Nichts ist mir mehr zuwider als das postmoderne Probieren und Jonglieren eines inzwischen mit allen Duftwässerchen gewaschenen Zynismus. Betroffen macht es mich, wenn manches, was ich (selbst-)ironisch nur sagen kann, mir als Zynismus gerät oder auf andere so wirkt.

Die Macht der Moral und die Moral der Macht

Zur Eröffnung der Duisburger Akzente 1994 zum Thema »Macht und Moral« war ich gebeten worden, die Eröffnungsrede zu halten. Barbara Thalheim und Jean Pacalet begannen mit einem musikalischen Paukenschlag »Helmut unser« und »Fremde gehen«. Der Oberbürgermeister und der Ministerpräsident nahmen manches zum Thema gebündelt vorweg, und ich bezog mich spontan mit folgenden Sätzen auf Johannes Raus überzeugende kleine Ansprache: »Wenn ich das noch persönlich anfügen darf: Es gibt nicht viele, die so über Macht reden und so mit Macht umgehen wie Johannes Rau. Es gibt auch nicht viele, die im langen politischen Geschäft in keine Falle gelaufen sind, die offenbar keine Affären hatten und denen auch keine angehängt werden konnten. Und ein Mann, der das 16 Jahre in einem verantwortlichen Amt geschafft hat, dem kann man mit einer gewissen Zuversicht das höchste Staatsamt anvertrauen.« Diese Bemerkung wurde leider sofort parteipolitisch mißverstanden und fand als angeblicher Wahlkampf Widerspruch und Einspruch. Für mich ist das eine Reverenz an Johannes Rau und ein konkreter Widerspruch gegen die pauschale moralische Abqualifizierung »der« Politiker. In Stuttgart hätte ich Rommel, in Dresden Biedenkopf, in Bremen Koschnick gesagt.

»Jede starke äußere Machtentfaltung, sei sie politischer oder religiöser Art, schlägt einen großen Teil der Menschen mit Dummheit. Ja, es hat den Anschein, als sei das gerade ein soziologisch-psychologisches Gesetz. Die Macht der einen braucht die Dummheit der anderen. Der Vorgang ist dabei nicht der, daß bestimmte – also etwa intellektuelle – Anlagen des Menschen plötzlich verkümmern oder ausfallen, sondern daß unter dem überwältigenden Eindruck der Machtentfaltung dem Menschen seine innere Selbständigkeit geraubt wird und daß dieser nun – mehr oder weniger unbewußt – darauf verzichtet, zu den sich ergebenden Lebenslagen ein eigenes Verhalten zu finden …

Es wird wirklich darauf ankommen, ob Machthaber sich mehr von der Dummheit oder von der inneren Selbständigkeit und Klugheit der Menschen versprechen.«

(Dietrich Bonhoeffer, *Widerstand und Ergebung,* 1943)

»Macht und Moral«, nicht »Macht der Moral«, auch nicht »Moral der Macht« lautet das Motto. Also, Ihr armen Mächtigen, Ihr machtvoll Ohnmächtigen und Ihr mächtig Moralischen! Angekratzt sind wir eben durch das, was wir gehört haben, schon genug. Ich bin froh, daß ich hier reden kann und keine Angst mehr vor den Mächtigen zu haben brauche, also keine Angst mehr, den Mächtigen nicht zu genügen mit dem, was ich sage, eher nun Angst, dem Thema nicht zu genügen. Wissen Sie, das ist schon ein Glück, und das genieße ich immer noch.

Ja, als Pfarrer am Sonntagmorgen über so ein Thema zu reden ist wohl so etwas, wie in des Teufels Küche zu kommen. Bei diesem Ewigkeitsthema fühle ich mich, durch die Geschichte tappend, eher wie ein dummes Huhn, das sich im Thema-Terrain ohne Gatter bewegt, ein bißchen kratzt, pickt und sich schüttelt.

In dem Land, in dem ich 45 Jahre lebte, dichtete mit großem Pathos der spätere Kulturminister J. R. Becher: »Seid Euch bewußt der Macht / Die Macht ist Euch gegeben / Daß Ihr sie nie, nie mehr / Aus Euren Händen gebt!« In der »sozialistischen Gesellschaft« waren staatsoffiziell Moral und Macht identisch geworden, so daß das Rütteln an der Macht als das Amoralische schlechthin galt. Deshalb dieses Pathos von Johannes R. Becher. Hermann Axen – schwieriger Gesprächspartner für manchen, früher, als wir Entspannungspolitik versuchten – sagte: »Wir werden die Macht wie unseren Augapfel hüten.« Die Ironie der Geschichte wollte es, daß er just in den Oktobertagen 1989 in der Sowjetunion zu einer Augenoperation »weilte« (DDR-offizieller Jargon).

Wer »Feind des Systems« war, war bei uns gleich »Feind der Menschheit und des Friedens«. Sozialistische Macht – gute Macht, also sozialistische Waffen – gute Waffen, soziali-

stischer Geheimdienst – guter Geheimdienst, sozialistische Grenze – gute Grenze, mit guten Hunden und gut treffenden Schüssen auf »Feinde«, die das gute Land verlassen wollten. Wenn die Menschen nicht gewesen wären, hätte der Sozialismus sicher siegen können. Die gefährliche Witzfigur der DDR – der sächselnd-singende Walter Ulbricht – handelte nach der Maxime: Es muß nicht demokratisch sein, aber es muß demokratisch aussehen. Er beherrschte instinktiv den Machiavelli, wahrscheinlich ohne ihn gelesen zu haben. Er erließ »Zehn Gebote der sozialistischen Moral«, baute eine Mauer durch Deutschland und nannte sie kurzerhand »Antifaschistischer Schutzwall«, der uns vor den Übergriffen der »Bonner Ultras« zuverlässig schützen würde. Die Überlegenheit des eigenen Systems sollte dadurch erreicht werden, daß man den Westen überholen wollte, ohne ihn einzuholen. Immer wenn es nicht weiterging, wurde etwas zur »Machtfrage« erklärt. Die Macht zu schützen war höchste Moral.
Die Moral der guten Macht machte alles einfach. Die Frage hieß stets Wer-Wen? Wem zum Vorteil? Freund – Feind, fortschrittlich – rückschrittlich, friedenssichernd – kriegstreibend und so fort. Vor die eigene Gesellschaft wurde einfach ein großes, dickes Plus gesetzt, und alles, was darinnen geschah, wurde gerechtfertigt durch den »Kampf des Alten gegen das Neue«, bei dem das Neue unerbittlich sein mußte, um sich sehr bald endgültig durchsetzen zu können. Der Gesellschaft wurde das Prädikat »sozialistische Menschengemeinschaft« verliehen, die dabei war, den dritten Teil des Faust zu schreiben.
Die Machtlegitimation kam aus dem Willen der Geschichte, deren Gesetzmäßigkeiten die Machthaber nicht nur erkannten, sondern auch beherrschten. Diese Gesellschaft hatte höchste Moralansprüche, von denen aus sie alle bisherige Geschichte als Vorgeschichte kritisierte. Sie selbst sah sich als Form des verwirklichten Humanismus an. Wegen dieser höchsten Ansprüche hielt sich dieser Staat für so unantastbar, daß seine Macht- und Machtausübung zu befragen als Anschlag auf den historischen Fortschritt geahndet wurde.

Das System, das alles daran setzte, seine Macht so zu erhalten, implodierte. Dies setzte unterdrückte Antriebe frei. Da nun der Druck von oben weg ist, verlagert sich der Druck in die Horizontale. Ziemlich schnell, wenn es um nackte Interessen und um Umverteilung geht, verlagert sich der Machtkampf in die Horizontale. Die Machtmoral des Westens, die – so scheint es häufig – die Freiheit darin sieht, daß jeder die Freiheit hat, sich durchzusetzen, sofern er etwas hat. Das führte bei uns in vielem zu Verhaltensformen, die an Frühkapitalismus erinnern, und schließt die Herrschaft Darwinscher Überlebensprinzipien ein.

Wir sind jetzt dabei, miteinander Demokratie zu üben, was heißt, Darwinschen Überlebensprinzipien zu widersprechen, Prinzipien, die häufig auch in uns selbst stecken.

Ich will mich heute beschränken auf die Frage nach politischer Moral und politischer Macht. Um es vorweg zu sagen: Wer einen Gegensatz zwischen Moral und Macht für unausweichlich hält, nimmt der Macht prinzipiell die Fähigkeit zur Moral und der Moral prinzipiell die Fähigkeit zur Macht, bis schließlich jeder, der Macht ausüben will oder soll, von vornherein als amoralisch gilt, und »die Guten« dann im gepflegten Schmollwinkel der Einflußlosigkeit bleiben und sich darin gut einrichten.

Ich will nicht kommentierend alltägliche Nachrichten wiederkäuen über angebliche oder tatsächliche, läßliche oder strafbare, den Stil oder die Gesetze verletzende Politikerskandale, über verstorbene oder lebende Personen. Ich will auf Grundgefährdungen aufmerksam machen und den gebrochenen Linien zwischen beidem nachgehen.

Meine Kurzdefinition: Macht ist können, was man will. Moral ist tun, was man darf. Wer keine Macht hat, kann sich in der Vorstellung wiegen, er könne, wenn er erst an der Macht ist, seinen Grundsätzen und Überzeugungen zum Durchbruch verhelfen. So habe ich es ganz gut. Ich habe gut reden; ich hab' keine Macht. Die Unschuld der Möchtegerne ist noch nicht durchs Feuer der Gernegroße gegangen. Denn wer Macht hat, kommt gleich in Zwänge, die seine Grundsätze und

Zielstellungen so einengen, daß das an Ohnmacht grenzt. Das führt dann zum Vorwurf, die Mächtigen würden sich, erst einmal an der Macht, verraten und verkaufen; dabei sind sie häufig verraten und verkauft.
Ihnen sogleich mit der moralischen Keule zu kommen und Unredlichkeit und Opportunismus vorzuwerfen ist so verständlich und berechtigt wie ahnungslos und falsch. Man denke nur an das Duo Clinton/Gore und ihr munteres Programm oder an die unverbrauchten Politiker Ostdeutschlands. Ganz abgesehen davon, daß die gestrigen Diätenkritiker, nun im Amte, ganz und gar keine Diätenmuffel sind. Wer garantieren kann, daß er oder sie anders ist, der trete vor.
Wer weiß vorher, wie ihm die Macht schmeckt? Welches Machtgebaren legen die Dissidenten Walesa, Mečiar, Gamsachurdia an den Tag? Wie anders gehen Havel und Göncz damit um!
Mut zu handeln ist der *Mut zu irren,* zu versagen, anderen etwas schuldig zu sein, schuldig zu bleiben und auch schuldig zu werden. Unterhalb dieser – wie ich sagen würde – getrösteten Selbsterkenntnis sollte niemand beginnen, politische Macht auszuüben. Das schließt allerdings notwendig die kritische Selbsterkenntnis und den möglichen freiwilligen, rechtzeitigen und anständigen Machtverzicht ein. Ich habe immer Respekt, wenn Menschen das rechtzeitig in Würde tun. Es gehört zu den großen Tugenden einer Demokratie, zurücktreten zu können, ohne in Schande zu fallen.
Die Politiker sind das Spiegelbild der Gesellschaft und die Gesellschaft auch das Spiegelbild der Politiker, denn entscheidend ist, woran Politiker appellieren und womit sie arbeiten. Appellieren sie an unsere Gier, an Allmachtswünsche, an Überlegenheitsgefühle, an Egoismus, an Verführbarkeit, oder wecken sie das, was ebenfalls in uns ist: Verantwortungsfähigkeit, Einsichtsvermögen, Einsatzbereitschaft, ja sogar Solidarität. Es ist gewiß nicht unerheblich für unsere Handlungen, mit welchen Haltungen wir an eine Sache herangehen. Erwarten wir, daß Macht prinzipiell böse und Politik prinzipiell schmutzig ist, werden wir auch nichts anderes zu sehen

bekommen. Es geht deshalb darum, die Grundüberzeugung zu behalten, daß »Politik als praktizierte Sittlichkeit möglich ist«, so Václav Havel. Politisch handeln (müssen) bedeutet Annehmen des prinzipiell Unvollkommenen. *Verantwortliches Handeln* richtet sich ebenso gegen die zerknirschte Abstinenz wie gegen zynische Machtentfaltung und begnügt sich in gelassener Akzeptanz mit der Differenz zwischen großem Ziel, zweischneidigen Mitteln und mühsamen Schritten und bleibt beharrlich dabei, Ziel, Mittel und Zeitstrecke einander näherzubringen.

Wenngleich Erscheinungsformen von Politik und ihre Ergebnisse durchwachsen sind, muß Politik doch Ziele benennen und für diese Ziele werben. Sie muß die Macht gebrauchen, um den Zielen näherzukommen, und dafür Mittel wählen, die den Zielen entsprechen. Und dazu gehört unabdingbar Mut, in Dilemmasituationen zu entscheiden, Niederlagen hinzunehmen, Irrtümer einzugestehen, bei Zielstellungen zu bleiben und gleichzeitig bescheidener zu werden. Das zeichnet Demokratie aus. Diktatur macht mit ihrer Macht den Menschen wechselweise zum Objekt der Angst und der Begeisterung, ja des Fanatismus.

Dazu braucht sie Massen und keine Individuen, Vormünder und keine Mündigkeit, klare Vorgaben und keine Mitbestimmung, ein dunkles Feindbild nach innen und außen und keine Differenzierung. Wer sich nicht die Mühe macht, die Demokratie zu stärken, läuft Gefahr, wieder in die Mühlen der Diktatur zu geraten. Ein verantwortlicher einzelner zu werden, mündig zu sein, mitzubestimmen, Differenzierung zu üben, all das macht Mühe. Aber diese Mühen lohnen und sind nötig, wenn wir nicht wieder in die tödlichen Mühlen der Diktatur kommen wollen.

Die Hoffnung zu behalten, daß das Harte unterliegt, bedeutet nicht, der Naivität das Wort zu reden, als ob nur Gutsein schon das Gute brächte, als ob pure Arglosigkeit das Arge sogleich verhinderte, als ob schon Friedfertigkeit den Frieden brächte. Die demokratische Kultur der Bundesrepublik, in der ich jetzt im 5. Jahr lebe – ein Glück! –, scheint auf drei Ebenen ihre

Akteure zu installieren. Die einen handeln, die anderen erleiden und die dritten kommentieren.
Es bildet sich mehr und mehr eine fatale Arbeitsteilung heraus: Wer keine Macht hat, ist für Moral zuständig, das heißt, er kann sich Moral leisten, weil er nicht selber handeln will, kann oder muß. Und wer keine Moral hat, ist für Macht zuständig und muß alles tun, um an der Macht zu bleiben und meint sich alles leisten zu können, darf sich nur nicht erwischen lassen, wird aber meistens erwischt.
Das Grundübel der politischen Kultur ist, daß öffentliche Beteuerungen und politische Praxis auseinanderfallen, so wie das gute Volk und die scheinheiligen Moralprediger, das »ehrliche« Volk und die »schäbigen« Politiker, die wahrheitsbesessenen Journalisten und die verlogenen Mandatsträger, die von allen guten Geistern verlassene Öffentlichkeit und die verantwortungsvergessenen Machthaber. So würde man sich gern die Welt zurechtlegen! Wer sich da raushält, der fällt nicht rein. Die Welt wimmelt inzwischen von politikabstinenten Moralisten, die allzugern aburteilen, aber weit davon entfernt sind, je selber handeln zu wollen.
Anderen unentwegt ihre Morallosigkeit vorwerfen zu können, tut irgendwie gut. Man fühlt sich selber gleich besser, wenn man hört oder entrüstet aufzeigen kann, wie schlecht die anderen sind. Wer bewahrt uns eigentlich vor der Scheinheiligkeit derer, die unentwegt die Scheinheiligkeit offenlegen? Die Scheinheiligkeit derer, die beruflich für Moral als zuständig angesehen werden oder sich als solche zuständig fühlen, wird zumeist von solchen aufgedeckt, die selber recht scheinheilig sind, weil sie die Maßstäbe, die sie an die anderen anlegen, nicht im Traume an sich selbst anlegen (lassen). Hüten wir uns vor den Saubermännern, die immer nur den Schmutz anderer aufdecken, um selber ganz tadellos dazustehen! Hüten wir uns auch vor einer »Diktatur der Guten«, die mit dem Motiv der Ausmerzung alles Schlechten höchste Macht anstreben. Und hüten wir uns vor den Zynikern, die wissen, wie schlecht der Mensch ist, wie schlecht sie selbst sind und sich deshalb auf hohem Niveau über alles erheben,

selber aber mit aller Geschicklichkeit zusehen, daß sie mit ihrem Zynismus »obenauf« bleiben. Wirklich weiter führt eine Kritik, die aus einem Wahrhaftigkeitsstreben kommt, das die eigenen Schwächen kennt, gegenüber Fäulnis und Machtmißbrauch nicht nachsichtig ist, aber mit denen barmherzig bleibt, die den Versuchungen der Macht erliegen, barmherzig in dem Sinne, daß offenlegende Kritik die Kritisierten nicht zerstört, wenn deren Verfehlung offengelegt wurde. Nichts ist scheinheiliger als das Genießerische, mit dem die einen den anderen öffentlich Schande machen können.

Wer keine Macht ausüben muß oder kann, leistet sich zuallermeist eine hehre Moral und weiß zu genau, wie er selbst als Mächtiger handeln müßte. Sie brauchen es nicht zu erweisen. Wer nicht in konkreten Zwängen steckt, kann schöne Sätze über die Freiheit bilden!

Woche für Woche schreibt unterdessen die Wirklichkeit eine neue Unmoralgeschichte der Macht, eine Politikergeschichte aus dem Schatzkästlein derer, die in besondere Versuchung geraten sind, weil sie Macht haben und der Öffentlichkeit ein Bild von sich darstellten oder darstellen ließen, das nicht stimmt, schlicht nicht stimmt. Die Betrügerei in höchsten Ämtern geht so weit, daß man zur Entschuldigung schon sagen muß, »jedermann hätte doch gewußt, daß er kein Engel gewesen ist«. Die Folgen sind indes verheerend, weil nun alle, die noch Politik machen, sich beinahe vorab rechtfertigen müssen, warum sie noch einen politischen Beruf ausüben oder ein Mandat anstreben.

Wir erleben inzwischen die Rückseite der offenen Gesellschaft, in der alles offengelegt werden kann, auch das, was nicht in die Öffentlichkeit gehört. Selbstverständlichster Anspruch eines Menschen auf Privatheit wird beim Politiker oder Mandatsträger kaum noch eingehalten.

Ich halte die pauschale Aburteilung politisch Handelnder nicht nur für fatal, sondern auch für falsch. Auch wenn ich nach der fast täglichen Skandallektüre über die politische Klasse entsetzt bin – ich komme aus dem skandalgebeutelten, armen Sachsen-Anhalt! –, halte ich dieses Grundurteil für falsch, weil ich viele redliche, nachdenkliche, fleißige, verantwortungsbewußte Bürgerinnen und Bürger kenne, die politische Verantwortung auf allen Ebenen tragen und in ziemlich zerreibenden, täglichen Mühen stecken. Auch sie werden gleich noch mitbeschmutzt! Man tut ihnen Unrecht, so daß sie vorzeitig resignieren. Ich habe Bange davor, daß die politischen Bühnen leergeräumt sind und nur noch diejenigen sie betreten, denen es nichts ausmacht, wenn sie als amoralisch gelten.

Unsere Demokratie zeichnet sich dadurch aus, daß sie Kontrolle garantiert. Das wird häufig durch solche Macht- und Parteitypen – ob alten oder neuen Typus, würde man bei uns in der DDR gesagt haben – ins Zwielicht gebracht, die machtgespreizt, zuhör- und kritikunfähig daherkommen, den politischen Gegner möglichst eins auswischen wollen, um dadurch gleich besser dazustehen, doch ständig beteuern, daß es ihnen natürlich »nur um die Sache« ginge, in Wirklichkeit aber ihre Position als Erbhof ansehen, Privilegien nutzen oder sich in sie hineinziehen lassen, grundsatz- und überzeugungslos den Leuten nach dem Munde reden.

Glücklicherweise haben wir eine im ganzen funktionierende Gewaltenteilung und eine offene Gesellschaft, in der das alles benennbar wird und Abhilfe geschaffen werden kann. Allerdings können solche »Typen«, die es wirklich nicht nur in Wandlitz gab, ihr moralloses Machtgebaren nur ausüben, weil es zu viele unterwürfige Menschen gibt, die die VIPs hofieren, die Führung brauchen, um nicht mündig werden zu müssen, und lieber auftragsbeflissen als eigenverantwortlich handeln. (Das ist der Bürokrat in uns!) An die Mächtigen hängen sich genügend Parasiten, subalterne Feiglinge und postenängstliche Untergebene, Schmeichler und – ich glaube, das Gefährlichste! – die mit allen Wassern gewaschenen Beraterteams.

Ich denke immer noch: Wer sich auf sein Herz verläßt, auf sein eigenes gutes Gefühl, das sich nicht auf ein Machtgefühl beschränkt, tut immer noch besser, als sich auf Kampfteams und ihre ausgeklügelten Taktiken zu verlassen.

Die Gewaltenteilung unserer Demokratie ist so funktionstüch-

tig, wie einerseits jeder an seiner Stelle seiner Pflicht zuverlässig nachkommt, wie er andererseits sein staatsbürgerliches Recht wachsam und aktiv wahrnimmt. Und da sind die verächtlich gemachten alten Tugenden schon unentbehrlich, allen voran eine tapfere Offenheit ohne Ansehen der (Stellung der) Person, eine Offenheit, die niemanden zerstört und frühzeitig Fehlentwicklungen entgegenwirkt.
Wenn ich sehe, wie die Veranstaltung hier heute begann, wenn ich mich erinnere an die Spaliere, die ich 40 Jahre erlebte, wie »bürgerlich« es hier zugeht zwischen denen, die Verantwortung übertragen bekommen haben, und denen, für die sie übertragen wurde, so fühle ich mich schon wohl.
Verfehlungen der politischen Klasse bringen die politische Kultur der Demokratie in ein gefährliches Zwielicht, bis ein anständiger Mensch sich kaum mehr traut, in die Politik zu gehen, und anständige Politiker anfangen, sich dafür zu entschuldigen, daß sie in der Politik bleiben. Insofern geht es nicht um die Verfehlung von einzelnen, sondern um das Ansehen unserer Demokratie und politischer Führung insgesamt.
Es wird in der Tat mit unterschiedlichem Maß gemessen. Alle, die sich einem Anspruch stellen, werden auch an diesem Anspruch gemessen. Wer sein Leben nur damit verbringt, auf allen möglichen, persönlich erfolgversprechenden Wegen »seinen Schnitt zu machen«, von dem erwartet man auch nichts anderes und ist über Skandale und über Hunderttausende oder gar Millionen verschobener Summen nicht besonders verwundert.
Also konkret: Über den »Immobilienlöwen« Dr. Schneider urteilt man nicht moralisch, sondern strafrechtlich. Um so mehr aber richtet sich unser Restgewissen auf Menschen, die in solchen Institutionen tätig sind oder in diese hineingewählt worden sind, die sich um das Wohl von anderen Menschen berufsmäßig zu bemühen haben, ob in Parlamenten, Gesundheits- oder Wohlfahrtseinrichtungen, Gewerkschaften oder Kirchen. Von solchen Menschen darf eine ganz normale Grundanständigkeit erwartet werden. Nicht mehr, nicht weniger.

Wem Redlichkeit nicht ins Lebenskonzept paßt, sollte in solchen Institutionen nicht tätig werden. Der eigentliche Schaden ist nicht, was beim Aufdecken von Machtmißbrauch für den Ruf eines einzelnen Menschen herauskommt. Der eigentliche Schaden ist der Schaden für unsere Demokratie. Im wesentlichen geht es dabei fast immer um zwei Dinge: um Intrigen zur Machterlangung beziehungsweise Machterhaltung und um Geld. Um Raffgeschäfte auf Kosten der Menschen, für die die Verantwortung *übertragen* wurde und die nun buchstäblich Verantwortung *tragen* müssen. Diese ehrende Verpflichtung wird gröblich verletzt, wo sie zum privilegierten Dasein samt ungesetzlicher Vorteilsnahme wird. Wer aber Macht hat, kommt nahezu zwangsläufig in Widersprüche, die selbst demokratische Machtausübung ins Zwielicht bringen und die Träger von Verantwortung ins Zwielicht stürzen, das sie bisweilen menschlich zerreißt. Man denke nur an die disparaten Ansprüche des einzelnen Bürgers und der Industrie an »vernünftige« Verkehrs-, Energie- und Umweltpolitik.
Sind PolitikerInnen machtbewußt und bejahen dies, lese ich sofort in der Zeitung, sie seien machtgeil. Sind sie zögerlich und bedenklich, werden sie entscheidungsschwach genannt. Bleiben sie bei Überzeugungen und versuchen, sie auch gegen Mehrheitsstimmungen durchzusetzen, werden sie fundamentalistisch oder starrsinnig genannt. Weichen sie zurück und pendeln zwischen widerstreitenden Meinungen, beugen sich Mehrheitsmeinungen und suchen schließlich den Kompromiß, so werden sie gewissenlos und anpaßlerisch genannt. Zeigen sie Schwäche, sagt man, sie hätten keine Durchsetzungskraft. Setzen sie sich durch, gelten sie als selbstherrlich oder autoritär.
Nur wenige schaffen den allgemein akzeptierten Mittelweg. Das ist keine Schlängellinie, sondern ein praktisch begehbarer Weg, der Linie erkennen läßt und gleichzeitig demokratisch legitimiert ist. Ich fürchte mich ebenso vor der Macht von Mächtigen, die eine pure Lust zur Macht entwickeln, wie vor der Macht der »immer Guten«, die die Macht nicht bekommen,

weil sie zu radikal sind. Sie selber nennen das Konsequenz. Daneben sehe ich dann noch die Gruppe der permanenten Begutachter, die immer nur bewerten, was andere tun. Sie sind meistens unglaublich schlau, brauchen sie doch nicht zu zeigen, wie sie ihre guten und richtigen Erkenntnisse innerhalb demokratischer Strukturen durchsetzen wollen. Sie brauchen nur geduldiges Papier mit ungeduldigen Gedanken zu beschreiben und sind sich allzuschnell des Beifalls ihrer Leser (oder ihrer kleinen Anhängerschar) sicher. Die Häme genüßlich moralisierender Kommentatoren wirkt auflagensteigernd, weil »die da unten« sich gegenüber »denen da oben« ergötzen und »die da oben« denen »da unten« den Gefallen ihrer Fehlbarkeit auch ausreichend tun. Der Rest ist nicht Schweigen, sondern Zynismus. Unter der Herrschaft flimmernder Medien entwickelt sich unsere Demokratie mehr und mehr zu einer Zuschauerdemokratie, die den demokratischen Diskurs auf Talk-Runden reduziert, in die der einzelne nicht mehr eingreift, sondern nur noch zuschaut. So wird die Mündigkeit unserer Demokratie nicht gestärkt! Zuschauen und sich echauffieren ist noch lange keine demokratische Haltung. Wer gar mit sogenannten »Denkzettelwahlen« wiederum andere machen lassen will, wird bald spüren, daß dies auf den enttäuschten Wähler selbst zurückschlagen wird, wo er nur Denkzettel an andere verteilen wollte.
Auf etablierte Parteien zu schimpfen, ist geradezu modisch geworden, und in einer Partei zu sein, gilt für einen sich moralisch integer fühlenden Menschen inzwischen geradezu als ein Sündenfall. Was aber wird, wenn die Parteien, die gemeinsame Interessen in längeren Diskussionsprozessen als Programme zu bündeln versuchen, Meinungsbildung befördern, Alternativen aufzeigen, Entscheidungen vorsortieren und das dann (in Koalitionen) in berechenbare Politik zu übersetzen versuchen, zerfallen?
Was dann werden kann, kann man unschwer in den Ländern erkennen, die keine demokratischen Parteistrukturen hatten, in denen sie nicht entstehen konnten oder in denen sie völlig zerrüttet wurden, wie einerseits in Rumänien, andererseits in

unserem europäischen Partnerland Italien. Parteien brauchen Menschen, die in ihnen wirken, sie kritisieren, sich ins Gemenge hineinbegeben, statt nur darauf zu schimpfen. Das ist inzwischen einfach nur modisch. Wer, meine Damen und Herren, ermißt die dünne Luft der Vereinsamung der Öffentlichen, die Ohnmacht der Mächtigen, die Versagensangst derer, die oben stehen, die Verletzlichkeit derer, die ständig im Schußfeld liegen, die Brüchigkeit der Freundschaft zwischen denen, die sich an den ersten Plätzen drängeln? Was ist das und was war das zwischen Walter, Erich und Egon? Zwischen Helmut, Willy und Herbert? Zwischen Helmut, Heiner und Rita? Zwischen Antje, Petra und Lukas?
Wer wissen will, was Macht mit Menschen macht, der lese die Königsdramen Shakespeares oder das Alte Testament mit den Hofintrigen im Hause David, diesem Psalmsänger und Uriamörder. Das Grundproblem, das wir heute mit Politikverdrossenheit bezeichnen, wird schon in einer alttestamentlichen Fabel recht trefflich beschrieben, in der Jotamsfabel. Da suchen die Bäume nach einem König und fragen mehrere Bäume, ob sie nicht König werden wollen, und jeder Baum hat eine Ausrede, weil er sein nützliches Werk weiter tun will, weil er sich zu schade ist. Der eine will Holz geben, der andere Olivenöl und so fort. Nein, ich nicht, ich nicht! Schließlich meldet sich der Dornstrauch und sagt: »Wenn es keiner will, ich mach' es.« Er sagt ihnen aber gleich, daß er der Dornstrauch ist. Die anderen lassen ihn, den Dornstrauch, seine stacheligen Herrschaftsgelüste ausleben, lassen ihn ihren König werden. Selber schuld!
Nun, wenn der, der Öl gibt, nicht bereit ist, Verantwortung zu übernehmen, die vielleicht nicht so schön ist wie Ölmachen, soll er sich nicht wundern, wenn der Dornstrauch über ihn herrscht. Für das politische Geschäft sollte sich keiner zu schade sein, vor allem der nicht, der möchte, daß Moral in der Politik bleibt.
Das Theater ist nicht identisch mit dem, was wir »Kultur« nennen. Aber eine Kultur ohne Theater verliert ihre Kultur. Denn das Theater führt uns vor Augen, *wohin* etwas führt,

wer wir sind, sein können, nicht sein sollen. Die Stücke sind Spiegel, die uns auf mehr oder weniger absichtsvolle Art zeigen, wie wir werden, in welchen Zwängen wir stecken, welche Tragik wir auslösen oder zu bestehen haben, welche Entscheidungsspielräume bleiben, welche »glückliche Lösung« es gibt – und: wie komisch wir sind. Theater hilft uns, Leben durchzuspielen, damit wir in der Wirklichkeit nicht wiederholen müssen, was Leben zerstört.

Willy Brandt nannte Versuchungen Fallen und Begleitumstände der Macht. Er schreibt: »Man wird abgeschirmt, ist Schmeicheleien und gefilterten Nachrichten ausgesetzt, läßt lesen und läßt schreiben und womöglich nachdenken.« Er richtet sich aber gleichzeitig gegen das Klischee »vom schmutzigen Geschäft mit Lumpen und unterwürfigen Kreaturen«. Recht begriffen, sagt Willy Brandt, »ist Politik eine Konsequenz aus der Verantwortung für unser Leben, und gerade wer ein Stück staatlicher Macht auszuüben hatte, sich dabei nicht über Gebühr wichtig nahm und sich nicht allzusehr verbiegen ließ, der macht sich über die Grenzen des vernünftig Machbaren keine Illusionen.« Was Brandt da sagt, ist etwas so wunderbar Bejahendes und Bescheidenes zugleich. Ein Stück ... nicht über Gebühr ... nicht allzusehr ... die Grenzen, um dann Verantwortung auch zu bejahen! Wir waren Zeitgenossen eines großen Politikers.

Macht hat also auch in der Demokratie etwas Anziehendes, ja Verführerisches, auf das Willy Brandt hinweist. Machtverlust wird zumeist als Niederlage empfunden. Wenn Machtverlust als Niederlage empfunden wird, dann wird Macht mit aller Kraft, bald auch mit allen Mitteln verteidigt werden. Da werden dann Wahlen zu Werbefeldzügen. Gewinnen heißt Niederringen nach Pluspunkten und Zurschaustellen der eigenen Potenz und der Schwäche des anderen. Da sagen politische Freunde mitten im Superwahljahr 1994, man müsse doch seine »Schmutzkisten« bereithalten, weil der politische Gegner mit Sicherheit mit Dreck werfen wird. Man muß gewappnet sein und warten, sagen sie. Schmutzige Logik, denke ich, der der Gegner wahrscheinlich genauso vorsorglich folgt. Dann ist es nur noch die Frage, wer den ersten Tropfen verspritzt. Ich bin gegen vorsorgliche Schmutzkisten. Ich frage mich: Soll ich das, wenn ich das schon nicht gutheiße, wenigstens dulden, weil im Kampf um die Macht eigene Gesetze gelten und einzig der Erfolg entscheidet, nicht die Moral? Und als »moralisch« wird das angesehen, weil man den Erfolg als Erfolg der eigenen, also besseren Sache ansieht, wenn nicht gar als Sache der Guten *und* Realistischen! Wer meint, man selber sei gut, wer meint, daß man die Macht haben muß und Macht dadurch gut wird, weil man selber gut ist, der ist gefährlich. Gefährlich ist es auch, Menschen Macht zu geben, die, um wer zu sein, Macht brauchen. Selbstwertschwache Menschen sind gefährliche Machthaber. Macht macht maßlos. Macht macht mißtrauisch. Macht macht Untertanen. Deshalb bedarf sie geregelter Ablösung und der Begrenzung durch Regeln.

Macht ist lediglich dazu da, Bosheit einzudämmen (die auch jede Anarchie sofort auslösen würde), Recht und Gerechtigkeit durchzusetzen, Frieden nach innen und außen zu sichern. Andererseits wird Macht selbst böse, macht böse, macht sich zum Selbstzweck. Also kann es nur um die kontrollierte und begrenzte Macht gehen, um die Kontrolle der Kontrolleure, ohne allerdings Mißtrauen zum Prinzip der Gesellschaft zu machen. Wir brauchen ein rechtsstaatlich begrenztes Mißtrauen, damit wir miteinander vertrauensvoller leben können. Wer vorhandene Machtinstitutionen abschaffen will, der sehe zu, was er an ihre Stelle setzen will, nicht nur für Momente einer Umbruchseuphorie, sondern auf die Länge der Zeit. Institutionen verkrusten, brauchen beständige Erneuerung, ja Beständigkeit durch Erneuerung.

Es gibt nur so viel Moral in der Gesellschaft, wie es breiten moralischen Konsens in der Gesellschaft gibt. Das postmoderne »anything goes«, also das Beliebigkeitsprinzip, macht aus allen Fragen, auch aus allen moralischen Fragen, Fragen der Cleverneß. Insofern werden wir mit keiner staatlichen Macht unsere Demokratie schützen können, falls sie in eine Krise kommt, wenn unserem Staatswesen nicht eine Moralität der

Bürger zugrunde liegt, die in unserem Grundgesetz bloß rechtlich fixiert ist.
Wenn das Konsensgespräch über das, was grundlegende Ziele unserer Gesellschaft sind, nicht mehr stattfindet und bestimmte Grundregeln keinen Konsens unter uns finden, werden wir das nicht durch Polizei, Gerichte oder Machtmaßnahmen erreichen. Insofern ist die Moralität der Bürger die Voraussetzung dafür, daß Macht auch moralisch handeln kann. Ein Bewährungsfeld dafür wird unser Umgang mit Ausländern unter uns oder mit weiteren Zuwanderern sein. Ich denke in diesen Tagen an die bedrohten Kurden.
Zum Schluß noch etwas Globales und etwas Konkretes: Gegenwärtige Politik muß an gelingenden Lebensmöglichkeiten für möglichst viele in der gegenwärtigen Zeit und gleichzeitig an generationsübergreifenden Lebensmöglichkeiten orientiert bleiben. Die Entscheidungsspielräume künftiger Generationen so wenig wie möglich einzuengen wird heute zur schwierigsten Aufgabe von Politik, damit die künftigen Generationen nicht unter den Sünden ihrer Väter und Mütter (also an uns!) zu leiden haben. Wer dies nicht weiß, dies nicht sagt, dies nicht hören will, versündigt sich an der uns überkommenen und von uns weiter zu überliefernden Welt. Politisches Handeln ist wagendes Handeln, oft auch Handeln wider besseres Wissen, weil aus Geldgründen, Interessengründen, Stimmungsgründen, Mehrheitsgründen bestimmte Dinge »nicht durchzusetzen« sind.
Unsere menschliche Macht ist entgrenzt. Die Frage nach »Macht und Moral« läßt sich nicht auf unser deutsches Gemeinwesen beschränken. In unserem Umgang mit der Natur, mit dem ganzen Planeten, sind die Folgen unserer Macht »grenzenlos« längst zu Ursachen unserer Ohnmacht geworden. Wenn wir weiter tun, was wir können, ohne zu fragen, was das Leben mittel- oder längerfristig gefährdet, dann wird die Selbstvernichtung Nebeneffekt unserer Macht. Die Verstümmelung unseres Planeten wird unwiderruflich, wenn es uns nicht gelingt, umzusteuern und für solches Umsteuern, für lebensverträgliche Selbstbegrenzungen auch Mehrheiten

zu bekommen. Andernfalls wird der Vernichtung der Natur ein gewaltiges globales menschliches Elend vorausgehen, das Europa nicht länger verschonen wird.
Meine Damen und Herren, im Superwahljahr, das manche schon als ein Super-Täuschungsjahr bezeichnen, schlage ich etwas sehr Konkretes vor. Vor jedem Werbespot im Fernsehen oder zu Beginn jeder Wahlveranstaltung sollten einige Sätze von Machiavelli gelesen werden, damit die Wähler gegenüber falschen Versprechungen kritisch werden.
»Jeder weiß, wie lobenswert es ist, wenn ein Fürst sein Wort hält und rechtschaffen ist, nicht hinterlistig handelt. Dennoch sieht man aus der Erfahrung unserer Tage, daß Fürsten, welche sich aus Treu und Glauben wenig gemacht und es verstanden haben, mit List die Gemüter der Menschen zu betören, große Dinge ausgerichtet und am Ende diejenigen, welche redlich handelten, überwunden haben. Für einen Fürsten ist es nötig, bald den Menschen, bald das reißende Tier spielen zu können. Die Fuchsnatur ist nötig, um die Schlingen kennenzulernen, und die Löwenmaske, um Wölfe zu verjagen. Ein kluger Fürst kann und darf sein Wort nicht halten, wenn dessen Erfüllung sich gegen ihn selbst kehren würde und wenn die Ursachen aufhören, die ihn bewogen haben, es zu geben. Wenn alle Menschen ohne Ausnahme gut wären, würde dieser Rat nichts wert sein. Da sie aber nicht viel taugen und ihrerseits nicht Wort halten, so brauchst du es ihnen auch nicht zu halten. Einem Fürsten kann es nie an einem Vorwand fehlen, seinen Wortbruch zu beschönigen.«
(Machiavelli, 1516)
Bürger, seid so kritisch wie selbstkritisch!
Verschonen wir die Macht- und Verantwortungsträger vor Übererwartungen, gar moralischen! Und verschonen wir uns in Wahlen vor Mandatsträgern, denen lediglich ein sicheres Gefühl für die Macht eigen ist und von denen ein moralisches Gefühl kaum zu erwarten ist. Ich denke, es gibt genügend Menschen, die bereit sind, ein begrenztes Mandat auf sich zu nehmen. Nur die Begrenzung der Macht vermag uns vor den grenzenlosen Folgen der Moral der Macht zu bewahren.

IV

Was wird aus unserer Hoffnung?

Die Gnadenfrist der Hoffnung
Was ist schön?
Leben der Stadt – Stadt des Lebens
Gibt es noch einmal einen Anfang?
Gerechtigkeit und die Utopien der Bürgerbewegung
Das Wunder der Verständigung feiern

Die Gnadenfrist der Hoffnung

Vor zehn Jahren, im Januar 1984, habe ich im Umweltkreis in Leipzig einen Gesprächseinstieg gegeben, in dem ich zum erstenmal öffentlich wagte, eine so bestürzende wie befreiende Erkenntnis auszusprechen.

»Ich lebe etwas gelassener, seit mir klar ist, daß unsere Zivilisation kaum noch eine Chance zur Umkehr hat – und damit auf Sintflutkurs bleibt. Wer das erkannt hat, kann daraus folgern:
Unsere Welt ist wie eine Sterbende. Wir schenken ihr unsere Liebe. Wir pflegen sie zu Tode, wo andere eher nachhelfen, bewußt oder unbewußt. Wir helfen ihr und freuen uns daran, wie gut es ihr zwischendurch immer wieder geht, in jedem Frühling zum Beispiel, herzzerreißende Schönheit.
Wir pflanzen noch ein Bäumchen – und erhalten ihr ein wenig Fruchtbarkeit. Wir tun ihr nicht noch zusätzlich weh und fahren Rad. Wir tragen getragene Sachen. Wir legen Kompost an, sammeln Altpapier und fügen uns, so gut es geht, in natürliche Kreisläufe ein. Ansonsten leben auch wir unentrinnbar in der Auto-Beton-Chemie-Zivilisation:

> Flucht mit dem Auto, Leben in Beton, Waschen mit Spee und Fit, Kassettenrecorder und Einwegflasche. Wir hängen drin, mit jeder Batterie, die wir wegschmeißen, mit jedem sauberen Hemd.

Rührend unsere kleinen Versuche, anders zu leben.
Hämisch sagen die anderen: Damit ändert ihr die Welt nicht!
Wahrlich, solange sie nicht mitmachen, wird es immer unwahrscheinlicher, daß es ein Umsteuern gibt.

Aber *ich* tue es, das Kleine, weil ich sie liebe, die Natur, die Vielfalt, die Ruhe.

Und das Baden im Fluß muß wieder möglich sein. Ich habe es noch erlebt, vor 25 Jahren.
Ich sehe die Natur sterben, überall. Ich werde nicht mehr bitter – ich liebe sie mit der Melancholie, wie zwei Partner, die voneinander scheiden. Mein *Dennoch* ist ohne den großen, selbstzerreißenden Anspruch.
Bisher lebte ich selbstzerreißend, mit schlechtem Gewissen bei jeder Rahmbutterdose, bei jedem Autokilometer.

> Zerreibend ist es, weil ich belächelt werde wegen der völlig unzureichenden Mittel für mein unerreichbares Ziel. Ich zerreibe mich, weil ich leicht ein sauertöpfischer Pharisäer werde, der selber einsieht, wie wenig konsequent er ist – und die anderen lassen auch keine Gelegenheit aus, mir das vorzuhalten.

Muß man die Hoffnung aufgeben?
Zögernd sagen wir: Es gibt wieder Störche, Junikäfer, Biber.
Es gibt ›grünen Widerstand‹, der fröhlich ist.
Es gibt Trampelpfade in der Gefahr.
Die Wahrheit ist dem Menschen zumutbar. Tödliche Verdrängungen gilt es zu überwinden. Die Tiefenstruktur unserer Zivilisation offenlegen, Fortschrittsmythen entlarven, Selbstbegrenzung und Selbstvertiefung suchen, Glückserfahrungen ohne »Weltverbrauch« machen, Horizonte öffnen; die Problemverflechtung von Ost-West-Konkurrenz, Nord-Süd-Gefälle, Natur-Mensch-Konflikt erkennen, kulturelle Identität und kulturelle Vielfalt als gegenseitige Bedingung begreifen …
Ich kann alles, was ich weiß, mir nicht mehr anders deuten als mit dem Verdacht, daß es zu spät ist, diese Erde noch zu retten. Es gibt nur noch Zeitverzögerungen fürs Ende. Denn wir selber sind weder bereit noch fähig, uns und unsere Lebensgewohnheiten grundlegend zu ändern, Selbstbeschränkungen auf uns zu nehmen und gesamtgesellschaftlich einzuklagen. Beispiele sind Autoindividualverkehr, Energieverbrauch, Fleischkonsum.
Schenken wir also der Erde unsere Liebe als einer Sterbenden,

der es hin und wieder noch ganz gut, erstaunlich gut geht! Und tun wir ihr Gutes, verschaffen ihr ein bißchen Linderung. Tun wir ein wenig zur Verlängerung unserer Gnadenfrist. Ich sage: unserer Gnadenfrist. Denn ihre Frist ist die unsere. Es ist schrecklich zu wissen, wenn das Wissen dem Wissenden nichts mehr nützt. Noch nützt es. Ein wenig.«

Dies 1994 wieder lesend, bin ich immer noch hin- und hergerissen zwischen kämpferischer Hoffnung und gelassener Verzweiflung. Die »Wende« in Leipzig hat viele Wälder entmilitarisiert, hat demokratische Mitbestimmung ermöglicht, hat Atemfreiheit geschaffen, hat auch die Atemluft in Leipzig verbessert, aber das Ozonloch vergrößert sich merklich, und der Bewußtseins- und Verhaltenswechsel für eine sozial-ökologische Revolution ist noch immer nicht mehrheitsfähig.
Die Generationen, die unmittelbar nach uns kommen, schon unsere Kinder und Kindeskinder, werden uns anklagen oder gar verfluchen, weil sie unter den Folgen unseres Starr-Sinns leiden werden. Doch dies auszusprechen in dem Wissen, daß es nichts nützt, macht Selbstzweifel bedrängend.
Wer lebt, wird unabdingbar mitschuldig. Da ich aber lebe und nicht ohne Hoffnung wirken kann, halte ich mich immer wieder an die Jona-Geschichte. Als wir im Juni 1984 zu einer Radsternfahrt nach Potsdam, einem DDR-weiten Treffen von Ökologiegruppen, fuhren, meine Mitwirkung als Prediger – mit Rücksicht auf die Behörden und in Absprache mit Konsistorialpräsident Stolpe – aber zurückgezogen wurde, damit die Veranstaltung nicht überhaupt verboten würde, hatte ich mit Jugendlichen zusammen unter der Überschrift: »Klar sehen und doch hoffen« einen Predigtentwurf zu Jona gemacht. Ich hatte gar nicht vor zu provozieren. Dazu war es mir viel zu ernst. Dies waren meine ersten Überlegungen:

»Kassandra muß reden, sie sieht das Unheil, und sie muß zusehen, daß sie keiner hört, keiner hören will.
Jona will nicht reden. Er hat Angst, daß man ihn wegen seiner Wahrheit verprügeln wird, statt auf ihn zu hören.

Er sieht das vorausgesagte Unheil kommen und will fliehen, weit weg, nach Neuseeland, nach Australien. Aber es gibt keine Flucht für ihn. Er wird wieder angespült an die Ufer des Unheils.
Und er redet, weil er soll. Ohne das Zutrauen, daß es etwas hilft. Aber der senile König hört, sein Hofrat auch. Sie sperren ihn nicht ein, sondern haben ein Einsehen. Sie versperren sich nicht die Sicht, sie gehen nicht sehenden Auges in das Unheil. Sie tun das völlig Unerwartete. Sie ändern ihren Lebensstil, sie gehen in sich, sie lassen keinen aus, sie werden mit den anderen gleich, sogar die Tiere werden einbezogen.
Ein-Sicht ist also möglich und auch der Einsicht entsprechendes Verhalten. Gewiß kann Jona eins über die Rübe bekommen: Berufsrisiko für die Sager der Wahrheit, der unangenehmen. Wer möchte nicht Angenehmes hören? Aber es ist auch möglich, daß die Oberen wie auch das Volk sich nicht mit den Sagern der unangenehmen Wahrheit befassen, sondern sich der angesagten Wahrheit zuwenden.
Wer sein Land und seine Probleme verläßt, flieht wie Jona. Es ist gefahrvoll und verlangt Mut, sich in die Hauptstadt zu begeben und dort zu sagen, was fällig ist, damit nicht alles zusammenfällt. Leute mit Zivilcourage sind nötig. Wir sind keine Helden, wir haben Angst wie Jona – aber Gott will auch uns in Anspruch nehmen. Trauen wir Gott etwas zu – und trauen wir der Lernfähigkeit der Menschen, auch der Oberen, etwas zu. Sonst werden wir Zyniker.
Wir müssen gar riskieren, daß das, was wir ankündigen, was sich ankündigt, nicht eintritt und man uns dann sagt: Seht, wo ist sie denn, eure Katastrophe? Dann frei sagen: ›Gut, daß sie nicht geschehen ist!‹
Beglückt, unrecht zu haben – das wäre innere Vollendung.«

Auch ich hätte gern unrecht. Welcher Art sollte denn eine Befriedigung sein, wenn Warnungen vor hochgehenden osteuropäischen Atomkraftwerken bald recht bekämen? Katastrophen werden immer wahrscheinlicher. Aber noch ist es nicht zu spät.

Was ist schön?

Zu den »fünf Schwierigkeiten beim Schreiben der Wahrheit« zählt Bert Brecht auch die List. Wir zitierten seit Oktober 1985 Gorbatschow. Gegen die Worte des »Generalsekretärs der ruhmreichen KPdSU« konnten die Funktionäre offiziell nicht vorgehen.
So nannte es die Stasi »demagogisch«, wenn wir Gorbatschow-Sätze als Schutzschild für unsere Gedanken nutzten.
Die ökologische Dramatik der Entwicklung und der nationalistische Zerfall Osteuropas, das Wiedererstehen von Feindbildern und Mißtrauen läßt uns erneut um das Schicksal unserer Welt bangen, nachdem kurze Zeit so viel Hoffnung war.
Der Kalte Krieg wurde vom Westen »gewonnen«, den Frieden aber, zusammen mit dem materiellen Wohlergehen der befreiten Völker, zu gewinnen ist weit schwieriger.
Da in diesem Jahr die letzten russischen Soldaten Deutschland verlassen, geht es wieder ums Zurückschauen und Vorausdenken. Außerdem steht für 1995 neu zur Debatte, wie wir vereinigten Deutschen nach Abzug der Alliierten, besonders der Russischen Armee, nun über den 8. Mai sprechen werden und wozu er uns verpflichtet.
Der Geschichtsklitterung darf nicht die Geschichtsrevision folgen.

Vor der Synode der Evangelischen Kirche in Magdeburg hatte ich am 5. Oktober 1985 zum erstenmal die Perestroikaansätze Gorbatschows öffentlich aufgegriffen und gesagt:

»Der ganze Kirchenleitungsbericht weist auf schwierige Probleme hin. Das wirkt nicht schön. Auf den ersten Blick jedenfalls. Mir ist dazu eine Überlegung von Bert Brecht eingefallen, die ich – bevor ich von den Schwierigkeiten reden will – hier zitieren möchte. Unter der Überschrift ›Was ist schön‹ schreibt Brecht: ›Schön ist es, wenn man Schwierigkeiten löst, schön ist also ein Tun. Es gibt Schwierigkeiten tiefer und weniger tiefer Art, lang und kurz dauernde Schwierigkeiten großer und kleiner oder wichtiger und unwichtiger Gruppen. Sie zu lösen ist ganz verschieden schön.‹

Von allen solchen Schwierigkeiten ist die Rede in diesem Abschnitt, von tiefen und weniger tiefen, von langen und kurz andauernden, von Schwierigkeiten großer und kleiner, bedeutender und unbedeutender Gruppen und solcher, die sich jeweils dafür halten.

Zuerst also zu den tiefen und lang andauernden Schwierigkeiten, deren Lösung so dringlich wie schwierig ist. Ich habe vor ein paar Tagen einen Fernsehbericht über ein Buch gesehen, das viele recht reißerisch nennen. Ich finde es sehr zutreffend. Das Buch heißt: *So laßt uns denn ein Apfelbäumchen pflanzen. Es ist soweit.* Und ich habe gedacht, daß dieses Buch vorausblickt auf das, was wir auf unserer Synode in Erfurt mit manchem Würgen an den Problemen versucht haben anzugehen. Und wir haben gemerkt, daß wir sie zu lösen außerstande sind, weil sie tief sind, lang dauern und nicht nur einzelne Gruppen betreffen, sondern uns alle. Zu den Schwierigkeiten möchte ich in drei Punkten etwas sagen. Ich spreche zum Abschnitt ›Zurückschauen und vorausdenken‹. Es wird im Rückblick auf den 8. Mai erwähnt, daß in Magdeburg, Halberstadt und Nordhausen (wie in anderen Städten der DDR – müßte man hinzufügen!) im Zusammenhang mit dem 8. Mai auch kirchliche Vertreter geredet haben. Das wird ganz nüchtern vermerkt. Das Bedenken der Vergangenheit hat aber – denke ich – eine erstaunliche Gemeinsamkeit erreicht. Daß wir etwa in unseren Gemeinden jetzt erst von ›Befreiung‹ reden konnten. Ich erinnere mich an unsere Synode, als wir 1976 über liturgische Entwürfe ›zum Tage der Befreiung‹ diskutierten. Wie schwer war es noch, im Zusammenhang mit dem 8. Mai von ›Befreiung‹ zu reden. Eine zweite erstaunliche Gemeinsamkeit, die sich in diesem Jahr ergeben hat: daß wir gemeinsam vom verschuldeten und erlittenen Leid, auch dem Leid in unserem Land, und daß wir gemeinsam mit den Staatsvertretern von besonderer deutscher Verantwortung für die Bewahrung unseres Lebensraumes reden konnten.

Was hier geschehen ist und ganz nüchtern im Kirchenleitungsbericht verzeichnet wird, hat Symbolwert für erreichtes Vertrauen und gegenseitige Hörbereitschaft zwischen Staat und Kirche, hat Symbolwert für die gemeinsame Suche nach ehrlicher Vergangenheitsbewältigung. Im Zurückdenken haben wir – denke ich – im Blick auf den 8. Mai Gemeinsames erreicht.

Im Vorausdenken, im Bedenken der Zukunft, sollte das nun auch mehr möglich sein. Ich sehe dafür einige wichtige Ansätze, etwa in den letzten Reden des Staatsratsvorsitzenden. Ich möchte daraus kurz zitieren: ›Wir werden gemeinsam auf dieser Erde leben lernen oder gemeinsam untergehen. Ob uns die anderen passen oder nicht, wir müssen miteinander leben lernen. Nichts, aber auch gar nichts kann uns daran hindern, ungeachtet ideologischer Divergenzen, alle Kräfte zu mobilisieren, die dazu beitragen zu verhindern, daß der Himmel zu einem Vorhof der Hölle wird, daß unser Planet vom Wahnsinn des Wettrüstens in eine Wüste verwandelt wird. Mit zwingender Logik ergibt sich die Feststellung, daß die Menschheit heute vor der Wahl steht, gemeinsam zu überleben oder gemeinsam unterzugehen. Man muß lernen – dafür gibt es keinen anderen Weg –, miteinander zu leben und gut miteinander auszukommen.‹ Und das über die Block- und Ideologiegrenzen hinweg. Solche Sätze werte ich als Zeichen dafür, daß wir auch im Vorausdenken Gemeinsamkeiten in unserer Gesellschaft erreicht haben.

Doch viel weiter geht das, was am 4. Oktober 1985 im *Neuen Deutschland* zu lesen war – M. Gorbatschow sprach vor der französischen Nationalversammlung –, im ganzen etwa zwölf Spalten. Ich habe den Eindruck, daß viele vor dieser Zeitung resignieren. Ich kann eigentlich nur sagen: Es lohnt sich zu suchen, denn man wird jetzt fündig. Ich finde das, was Gorbatschow gesagt hat, ungewöhnlich im Sprachstil, überraschend in den Gedanken, mutig im Aufbrechen militärischer und ideologischer Fronten, im Zeigen von Perspektiven, daß ich daran auch die faktische Eröffnung eines Dialogs entdekke, den wir nicht übersehen sollten.

Ich sehe sogar eine erstaunliche, eine große Nähe zu dem

Nachdenken auf unseren Synoden, zum Beispiel unter der Überschrift ›Umkehr zum Frieden‹ auf unserer letzten Synode. Und da ich annehme, daß wenige von Ihnen das Vergnügen hatten, das selber zu lesen, möchte ich daraus ein paar Dinge zitieren, weil der Autor selber hier nicht reden kann.
Zunächst einmal die Voraussetzung: ›In einem Kernwaffenkrieg kann es keine Sieger geben.‹ Unter dieser Voraussetzung fährt Gorbatschow dann fort: ›Das bedeutet, daß die Sicherheit Europas nicht mit militärischen Mitteln und nicht mit militärischer Stärke gewährleistet werden kann. Das ist eine völlig neue Situation, die einen Bruch mit den Traditionen, der Denkweise und den Verhaltensmustern bedeutet, die sich über Jahrhunderte, ja über Jahrtausende herausgebildet haben. Der menschliche Geist paßt sich an Neues nicht sofort an. Das gilt für alle. Wir spüren das. Wir haben begonnen umzudenken und viele gewohnte Dinge voll und ganz in Übereinstimmung mit den neuen Realitäten zu bringen, darunter im militärischen und natürlich im politischen Bereich.‹
Das könnte fast so in unserem Rahmenpapier stehen. Da ist etwas passiert, was wir noch nicht genügend bedacht haben. Er fährt dann weiter fort, daß eines der größten Hindernisse bei der Herstellung von Frieden heute die Angst ist, die Angst vor totaler gegenseitiger Vernichtung, und fragt: ›Die Frage ist aber, wo ist eine Alternative zur Angst oder, um es mit der Sprache der Militärs zu sagen, zur Abschreckung zu suchen?‹
Dann werden die praktischen Lösungsvorschläge zur Abrüstung genannt. Vor allen Dingen, daß es naiv ist, ›eine Lösung des Sicherheitsproblems in der Vervollkommnung von Schild und Schwert zu suchen‹, statt durch ›Festigung des Vertrauens‹. Dann werden Gedanken geäußert, die, so hoffe ich, auch irgendwann einmal in die Schulbücher übergehen und den Dialog der Toleranz ermöglichen. Festigung von Vertrauen ist notwendigerweise Teil der Ablösung der Abschreckungsstrategie. ›Das ist ein langer und nicht leichter Weg, um so mehr, als er die Überwindung jahrzehntelang angehäuften gegen-

seitigen Argwohns und Mißtrauens erfordert. Es gibt aber keinen anderen Weg, wenn wir leben wollen. Und wie jeder lange Weg beginnt er mit den ersten Schritten, die oft besonders schwerfallen. Wir verstehen das und wollen sowohl uns als auch Ihnen helfen, die Aufgabe zu lösen.‹
Schließlich noch zum Gedanken der ›Umkehr‹, die so schwer wird: ›Die größten Denker der Menschheit haben vor der Gefahr eines Zurückbleibens unseres Bewußtseins hinter der schnellen Veränderung des Seins gewarnt. Das ist in unseren Tagen besonders aktuell ... Ich weiß, bei weitem nicht jeder in diesem Saal akzeptiert unsere Ansichten, unsere Ideologie. Als Realist versuche ich nicht, jemanden zu unserem Glauben zu bekehren. Zu jeder Philosophie kommen die Menschen und Völker selbst, indem sie sie durchleiden, indem sie das mit Verstand und Herz erfassen. Bei allen Unterschieden in den politischen und philosophischen Anschauungen, in den Idealen und Werten müssen wir uns jedoch des einen bewußt sein: Wir alle sind Hüter des uns von den vorangegangenen Generationen überlieferten Feuers des Lebens.‹ Das ist eine Herausforderung zu einem von ideologischem Frontdenken freien Verhalten. Wir haben einen Jahrtausende weiten Weg vor uns. Wir sind behaftet mit dem, was wir jahrtausendelang gemacht haben.
Wenn wir vorausdenken, dann muß eine weitere Frage bedacht werden, die Gorbatschow auch anspricht, nämlich die Frage der Umkehr in die ›Schöpfungsverantwortung‹. Er sagt: ›Ohne die Vereinigung der Anstrengungen aller europäischen Länder wird es nicht gelingen, auch ein so brennendes Problem wie die Erhaltung und Gesundung der Umwelt auf unserem Kontinent wirklich zu lösen. In vielen ihrer Regionen beginnt die Erde, bildlich gesprochen, uns unter den Füßen zu brennen, vom Himmel fällt, wenn nicht Feuerregen, so doch saurer Regen, und der Himmel selbst ist vor Rauch nicht zu sehen. Der Zustand der europäischen Flüsse und Meere wird immer trauriger.
Offenbar haben wir seinerzeit nicht weitsichtig genug gehandelt, als wir solche Probleme schufen, die jetzt im nationalen

Rahmen schon nicht mehr zu lösen sind. Das ist wahrlich ein Bereich, bei dem sich alle darüber bewußt werden müssen, daß der Kontinent ein gemeinsames Schicksal hat.‹
So deutlich, finde ich, wurde bislang noch nirgendwo im Kontext des sozialistischen Weltsystems gesprochen. Wenn wir Gemeinsamkeiten im Zurückdenken und Gemeinsamkeiten im Vorausdenken gefunden haben, dann muß das auch Konsequenzen für unser Land haben.
Ich möchte das an einer Stelle konkret machen: Im Zuge der Perspektivpläne für die Zeit nach dem XI. Parteitag müßten wir Übereinstimmung bei der Suche nach Schritten zur Bewahrung der natürlichen Lebensgrundlagen in unserem Land anstreben, wenn wir nur einmal den traurigen Zustand unserer Flüsse ansehen.
Dazu müßte sich nach meiner Ansicht jeder Christ an jedem Ort in die laufende gesellschaftliche Diskussion einmischen und fragen, ob Fortschreibung oder Veränderung der ›Hauptaufgabe‹ an der Zeit ist. Bisher finde ich in den DDR-offiziellen Dokumenten wenig zu dieser Frage. Ich sehe bisher wenig Fortschreiten im Umdenken in unserer Gesellschaft, während Boden-, Luft- und Wasserbelastung immer weiter fortschreiten. Ich denke, daß in diesem Weltsystem ein verlockendes Zukunftsprogamm – etwa eine ökologisch angepaßte Produktionsweise – entwickelt werden kann und daß wir uns als Christen im Vorausblick auf die kommende Zeit daran beteiligen sollten.«
Die Überraschung über und das Interesse an den zitierten Gorbatschow-Sätzen war so groß, daß dieser Redebeitrag abgeschrieben, vervielfältigt und weitergegeben wurde.

Die Vorbereitungen zur 750-Jahr-Feier von Berlin – Hauptstadt der DDR – führten in der DDR-Provinz zu großer Verbitterung, weil alle Baubilanzen nach Berlin abgezogen wurden und die Städte mehr und mehr verfielen, während alle Gelder und Kapazitäten in die Metropole flossen. Der Groll auf die Hauptstadt und die Hauptstädtischen insgesamt wurde groß, zumal die Arroganz der Berliner gegenüber der »DDR« schon lange in der Provinz spürbar war. Auch der Kirchentag, der im Zusammenhang mit dem Stadtjubiläum vorbereitet wurde, kam in Konflikte, zum Beispiel über die Auswahl des Werbeplakats von Manfred Butzmann, das die Seitenansicht eines Müllcontainers in Kreuzform zeigte. Die Kirche von unten machte sich während der Eröffnungsveranstaltung und dann sehr medienwirksam in der Schlußversammlung bemerkbar. Während des gesamten Kirchentages gab es Auseinandersetzungen, wobei die offiziellen Kirchentagsvertreter auch zu Briefträgern des staatlichen Drucks wurden. Ich war zu einer Bibelarbeit über Apokalypse 21–22,5 in die Samaritergemeinde eingeladen, wo Rainer Eppelmann Pfarrer war. Ich erlebte dort erstmalig seine vielfältige phantasievolle und konsequente Menschenrechts- und Friedensarbeit. Ich begegnete in der überfüllten Samariterkirche einem außerordentlich konzentriert zuhörenden Publikum. In meiner Bibelarbeit, die von der dortigen Kirchengemeinde dann in vielen hundert Exemplaren vervielfältigt und auf Wunsch an Teilnehmer verschickt wurde, ließ ich meinen Ängsten und Träumen freien Lauf und sagte unter anderem:

Ich sehe unsere Erde durch unser Tun und Lassen sterben. Was kann ich tun? Was hoffen? Was ich tun kann, sehe ich als liebevolle Sterbehilfe an, als hilfreiche, leidenmindernde Hinauszögerung eines Endes, das unabweisbar auf uns zukommt. Aus Liebe zum Leben versuche ich, aktiv zu bleiben und auch Widerstand zu leisten gegen alles, was todesmächtig wirkt, unabsichtlich und absichtlich. Aber das ist alles so bescheiden, daß ich nicht wie einige meiner Freunde sagen kann: »Wir leisten nicht der alten Welt Sterbehilfe, sondern der neuen Welt Geburtshilfe.«

Die Angst *vor* der Zukunft ist mir zur Angst *um* die Zukunft geworden. Ich sehe uns in einer Weltzeit leben, die offenbar der Illusion bedarf, sowohl der Illusion, alles sei nicht so schlimm, als auch der Illusion, alles würde sich zum Guten wenden. Ich höre die liebevolle, distanzierte, zynische Entgegnung: »Sei doch nicht so traurig!« Und dann: »Sieh mal, wie viele Menschen sich heute schon Sorgen um die Zukunft machen. Es bewegt sich doch was!«

»Endzeitstimmung hat es schließlich immer wieder gegeben, und keine hat sich bewahrheitet.« »Wer so schwarz sieht, überträgt seine persönlichen Probleme auf die Welt und sollte mal zum Psychiater gehen.«

Und die machtverwaltenden Politiker schließlich verweisen auf die Erfolgsbilanz unserer Wirtschaft, auf die Zufriedenheit des Volkes, auf die immer weitere Vervollkommnung des Lebens, die immer schönere, bessere, ertragreichere Zukunft.

Und doch geht ein Gespenst um in Europa, das Gespenst der Apokalypse.

Aber Johannes sieht alles zerbrechen *und* alles neu werden. Die Leiden seiner Zeit, der Zeit des Gottkaisers Domitian, des grausamen Christenverfolgers, der römischen Großmannssucht, sieht er zu Ende gehen in einem grandiosen Endkampf und Endgericht, wo Tod und Höllenmächte hinabgerissen werden in den brennenden Pfuhl, in den See der Vernichtung für immer. Und er sieht eine neue Zeit, eine neue Weltzeit hereinbrechen, eine neue Qualität des Lebens, eine Welt ohne Angst- und Chaosmächte, eine versöhnte Welt, in der unten und oben aufgelöst, Tod, Mangel und Leid durch Leben, Fülle und Glanz abgelöst sind. Eine vollkommene, eine erleuchtete Welt rundum. Für Johannes ist diese Zeit nahe, ist die Stunde der endgültigen Entscheidung da. Und die Aufgabe der Christen ist es, sich standhaft vorzubereiten. Es ist höchste Zeit.

Jetzt geht es ums Letzte! Bewahrt Eure Hoffnung, mitten in der Finsternis, durch mutiges Handeln! Das Lamm und nicht der Drache wird siegen.
Mit Erschrecken und Faszination, mit verständnislosem Kopfschütteln und mit erwärmtem Herzen zugleich lese ich dieses letzte Buch der Bibel, als letztes in den Kanon aufgenommene Buch der Visionen.
Ein schwer deutbares Buch, für viele Deutungen offen. Immer wenn Untergangsstimmung und Endzeiterwartungen aufkommen, hat dieses Buch Hochkonjunktur. Es ist der Tummelplatz religiöser Sondergemeinschaften und wundersamer Zaubersprüche, wie es zur Quelle sozialrevolutionärer Inspiration werden kann. Ein Dulde- und ein Widerstandsbuch, ein Trost- und ein Vertröstungsbuch in einem. Historische Spekulationen und chiliastische Ideen tausendjähriger Reiche knüpfen sich an die geheimnisvolle Bildwelt und Weltschau. Der Berliner Thron- und Altartheologe Hengstenberg sah das Ende des Deutschen Reiches im Jahre 1848 als Einläuten des Endkampfes an, wo Gog und Magog auf der Bühne der Weltgeschichte erscheinen.
Spekulationen hin und her – nach Hiroshima und Nagasaki, nach Harrisburg und Tschernobyl haben die Endzeitmetaphern angefangen, sich in grausigstrahlende Realität zu verwandeln. Das Ende wird herstellbar, jederzeit ist fortan das Zeitende möglich. Ja, die fünfzehnfache Overkillkapazität kann als bevorstehende Harmageddon-Endschlacht umgedeutet werden (Apok. 16). Schließlich gehen wir auf eine Jahrtausendwende zu!
Und der Glaube fragt sich, was aus Gott dem Schöpfer wird, wenn der Mensch der Schöpfung Gottes ein Ende bereiten kann. Ist dies auch ein Vernichtungsangriff auf Gott selber, wenn wir seine Schöpfung aufs Spiel setzen? Er hat so viel »zugelassen«, also wird er auch das zulassen? Steht mit dem Leben der Menschheit auch das Sein Gottes auf dem Spiel? Töten wir ihn noch einmal? Oder muß diese Welt gar zu Ende gehen, ehe die neue Welt Gottes beginnen kann? Und: Ist das Ende, das wir machen können, gleichzusetzen mit dem Ende,

das Gott setzt? Sollte Gott das Ende durch uns vollziehen? Wir – seine Gerichtsvollzieher?

Jerusalem wird Mitte und Ziel der neuen Welt – Gegenbild zum völkerknechtenden Machtzentrum Rom, das als »Hure Babylon« bezeichnet wird. Jerusalem wird Gegenbild, nicht aggressives Gegenbild, sondern festliches Gegenbild, »geschmückt wie eine Braut«. Jerusalem: Sinnbild der vollendeten Gottes- und Menschengemeinschaft. Das eigentliche Weltproblem, das gelöst werden muß, ist die Überwindung der Entfremdung zwischen Gott und Menschen. Das neue Jerusalem ist das Symbol dieser Überwindung.

Entrückt, verzückt, wie verzaubert schaut Johannes in das lichtvolle Dasein, Mitsein, Fürsein Gottes. Gott ist der Anfang, er ist am Ende da, er ist in unserer Mitte. Unser Leben ist von Gott umschlossen. Das schafft ein tiefes Gefühl der Geborgenheit mitten in aller Unruhe. Johannes sieht das Ende von Einsamkeit und Heimatlosigkeit, Gewalt und Tränen, Angst und Leid, Mangel und Tod, Herrschaft und Krieg. Der Lebensdurst ist gestillt, der Sinnzweifel ist aufgehoben, die Macht des Geldes ist abgetan. Die Tristesse der Städte verschwindet im funkelnden Zauber der Stadt. Die Sehnsucht wird verwandelt in ein Hoffnungsbild, das Hoffnungsbild drängt auf Verwirklichung. Die Vorstellung des Neuen schließt die Kritik des Alten, des Vorhandenen, ein.

Gott kommt zum Menschen. Er steigt ab, zieht um, wird wohnen in den Hütten und Zelten, nicht in den Palästen und Kathedralen. Die gelingende Menschengemeinschaft wird in der vollendeten Gottesgemeinschaft ruhen. Der einzelne wird befreit von seiner inneren Zerrissenheit. »Unser Herz ist voll Unruhe, bis es ruht in Dir, Gott«, schrieb Augustin. Diese Ruhe, diesen Frieden mit sich und den anderen findet der Mensch in Gott. Die Entfremdung der Menschen voneinander wird in der Aufhebung der Entfremdung von Gott aufgehoben sein. Wir Menschen werden heimisch, wo Gott uns nicht mehr fremd ist. Menschsein erfüllt sich erst, wenn das Leid ein Ende hat. Gott erscheint wie eine Mutter, die die Tränen abwischt und die Gründe für die Tränen aufhebt.

Das gilt es angesichts der Selbstentfremdung der Menschen, der Leidensschreie der Hungernden, der Gequälten, der Krebskranken, der Kaputten, angesichts der Fremdheitserfahrungen mit Gott zu sehen, zu sagen, zu hoffen. Komm, Gott, komm in unsere Niederungen!

Religiöse Institutionen und Gebäude als Stätten der Vermittlung der Gottesbeziehungen werden überflüssig. Dieser Gott will nicht versteinern in Domen, sondern mit uns unterwegs sein im Zelt. Die Gemeinschaft Gottes mit den Menschen wird »religionslos« sein. Dann spiegeln sich auch Dome nicht mehr in Palästen ...

Das gilt es angesichts der kirchlichen Minorisierung und der drückenden Gebäudelasten zu sehen und zu bedenken.

Die Zukunft der Menschheit wird nicht als vollendeter Individualismus – jedem seine Nische! –, sondern als vollendete Gemeinschaft in einer vollendeten Stadt gedacht. Wie die Welt als paradiesischer Garten begann, so vollendet sie sich in der paradiesischen Stadt – in einer Stadt, die ökonomisch, ästhetisch, ökologisch und ökumenisch vollkommen ist. Reich und schön, gerecht und gewaltfrei, wasser- und baumreich, weltoffen. Eine weltoffene Stadt.

»Einhergehen werden die Völker – alle! – im Glanz dieser Stadt«, deren Tore offenstehen, deren Marktplatz ist wie durchscheinendes Glas (21, 21–25). Eine durchsichtige, eine Glasnost-Stadt, mit lauter offenen Toren, wo die große und hohe, die edelsteinbestückte Mauer Ausdruck der Geborgenheit und Vollkommenheit – nicht des Mißtrauens und der Abgrenzung – ist. Eine wunderschöne Mauer, kaum vorstellbar, sie gehört zur Vollkommenheit der Stadt, sie gehört in das »Reich der Freiheit«, nicht in das »Reich der Notwendigkeiten«. Das gilt es angesichts des Glanzes und Elends unserer Weltstädte und dieser Stadt zu sehen, zu hören, zu bestaunen.

Der Zukunftshorizont ist nicht Nacht, sondern Tag, nicht Finsternis, sondern Licht, nicht Hunger, sondern Fülle, nicht Zeitende, sondern Erfüllung der Zeit. Das gilt es angesichts unserer düsteren Zukunftsszenarien – abgeholzter Wälder,

nuklearer Winter und verhungernder Menschenmassen – zu sehen, zu sagen, zu glauben.
Können wir das alles aus ganzem Herzen, bei klarem Verstand und mit unserer Tatkraft annehmen, übernehmen, glauben?
Ich meine: Die Visionen des Glaubens und die Prognosen des Verstandes kommen in einen produktiven Widerspruch, wenn wir beide ganz wahrnehmen.
Eine apokalyptische Untergangsstimmung regt auf, aber sie regt nichts an.
Schreckensszenarien erregen uns, aber sie bewegen wenig – höchstens das Bedürfnis, solange es denn geht, noch so gut wie möglich zu leben. Die Leute haben Noah einstmals ausgelacht und hurtig gegessen und getrunken, als er von der Sintflut sprach. Doch dem heutigen Noah ist alles vergangen, weil er weiß, daß es keine Arche gibt. Er droht zu verzweifeln. Wer nichts mehr sieht als das Ende, der kommt ans Ende schon vor dem Ende.
Positive Visionen geben uns Sichtweite, Atem-Raum und Handlungs-Kraft auf das Geschaute hin.
Das geschaute »Jenseits« wird zur praktischen Kraft des »Diesseits« – oder es wird bloß »Opium des Volkes«. Die Marxsche Religionskritik ist auf den Text der Apokalypse verändert anwendbar.
Indem ich die Begriffe der Marxschen Religionskritik aufnehme, meine ich: Dieser Text ist gebrauchbar, mißbrauchbar als »allgemeiner Trost- und Rechtfertigungsgrund« des realen Elends, als abspeisende Vertröstung auf die Zukunft angesichts aussichtsloser Gegenwart. Unser Text ist in der Tat ein Ausdruck des wirklichen Elends und in einem der Protest gegen das wirkliche Elend. Darin drückt sich der »Seufzer der bedrängten Kreatur« aus, aus ihm spricht »Gemüt« in einer herzlosen Welt – er stellt der bedrückenden »Wahrheit des Diesseits« das »Jenseits der Wahrheit« gegenüber, nicht aber, um das reale Diesseits durch ein irreales Jenseits zu ersetzen, sondern um dem Diesseits eine Perspektive zu geben, die es aus sich selbst nicht findet. Ich versuche, das theologisch so auszudrücken: Gott hat sich in Christus mit

dem Geschick der Welt verbunden – und läßt sie nicht wieder los. Dies ist der auf Christus bezogene Kern der Vision. Der Text spricht aus, wie es sein wird, wenn Gott ganz bei den Menschen wohnt, er selbst und »das Lamm«. Wenn sein kann, was sein soll, dann kann der kategorische Imperativ gläubiger Hoffnung (ganz wie bei Marx) heißen: »Alle Verhältnisse umzuwerfen, in denen der Mensch ein erniedrigtes, ein geknechtetes, ein verlassenes, ein verächtliches Wesen ist.« Alle Verhältnisse umzuwerfen, also auch die bereits umgeworfenen, in denen der Mensch wieder, anders, ein erniedrigtes Wesen ist.

Hoffnung macht hungrig auf das Erhoffte. Solche Hoffnung ist nicht frommer Handlungsersatz, sondern gottesgewisser Handlungsimpuls. Daß religiöse Hoffnung anders gebraucht worden ist, steht außer Frage. Marx hat mit seiner Kritik also durchaus nicht unrecht.

Die Visionen sind nach ihrer mobilisierenden Kraft zu befragen und danach, wozu sie uns mobilisieren. Wecken sie uns auf oder lassen sie uns weiter aussichtslos dahindämmern?

Wofür mobilisiert mich diese Vision? Wovon macht sie mich frei?

Sie befreit mich davon, immer nur auf das Katastrophische zu starren.

Sie läßt mich Leid, Tod, Tränen wahrnehmen und aushalten, weil ich ihr Ende weiß.

Unsere Welt wird nicht verworfen und vernichtet, sondern erlöst und erneuert. Die Gebückten werden aufrecht gehen. »Gott ist mit uns« unterwegs, wo Leiden gemindert werden, die leiblichen und seelischen, die sozialen und die politischen.

Gott kann unten in Anspruch genommen werden, genau dort, wo wir ganz unten sind. Der Name Gottes läßt sich für die Leidenden und für die Leidminderung in Anspruch nehmen. Weil Gott auf die Erde kommt, um sie für alle heimatlich zu machen, darum lohnt es sich jetzt schon, an einer heimatlichen Erde zu arbeiten.

Weil es das »lebendige Wasser« umsonst geben wird, lohnt

es sich heute schon, Aufgaben zu übernehmen, die nichts bringen, was sich zwischen Daumen und Zeigefinger ausdrücken läßt. Weil diese Welt zum Guten verwandelt werden wird, lohnt es sich, sich für die Wandlung einzusetzen, uns selbst Wandlungen zuzutrauen und auf die Erneuerung unserer visionslos gewordenen Kirche und Gesellschaft hinzuwirken.

Ich frage: Haben wir eine Vision für unsere Kirche? Haben wir eine Vision für unsere Gesellschaft? Haben wir eine Vision für unsere Welt? Wer kaum noch hofft, auf den können wir kaum noch zählen. Und viele sind auch schon gegangen, haben sich von uns verabschiedet, innerlich und äußerlich.

Die Vision, die sich an der Wirklichkeit reibt, ist die produktive Vision. Sie wird ernüchtert durch die Realität und läßt uns nur Schritt für Schritt gehen.

Ich begebe mich in die Strittigkeit der Konkretionen. Unser Text erlaubt es nicht, konkrete Forderungen zu erheben – aber er ermuntert, befreit, bestärkt dazu, konkrete Zielvisionen zu entwerfen und ins Gespräch zu bringen.

Ich sehe ein endgültig innerlich und äußerlich entmilitarisiertes, »entblocktes« deutsches Land vor mir – in einer europäischen Friedensordnung. Niemand in Ost und West hat mehr Angst vor uns. Die besten deutschen Traditionen sind nicht mehr der korrekte Stechschritt und der staatsfromme Angstgehorsam, sondern menschliche Zuverlässigkeit und persönliche Gewissensverantwortung. Wir übernehmen alle die Verantwortung für unsere Geschichte und beginnen, nicht mehr national zu denken.

Ein mittleres Wunder: Von deutschem Boden geht Frieden aus. Als erstes Zeichen reduzieren Bundeswehr und Volksarmee ihre Truppen um 50 Prozent. Um der Gerechtigkeit willen, nein, um der Kranken, Alten, Behinderten willen »dienen« die anderen 50 Prozent sozial. Ein Drittel der Militärdienstzeit wird nicht mehr dafür verwandt, in den Wäldern den Ernstfall zu üben und so den Frieden zu schützen, sondern wird dafür verwandt, den ernst bedrohten Wald praktisch zu schützen – zu pflegen und aufzuforsten.

Die Deutschen bilden sich nicht ein, immer die Besten zu sein. Sie fühlen sich auch nicht verpflichtet, andere nachzuahmen, »neu zu tapezieren«, dafür aber fühlen sie sich in besonderer Weise verpflichtet, das gemeinsame europäische Haus neu zu bauen, mitzubauen – mit offenen Toren zu den Völkern der Dritten Welt.
Ich sehe eine offene, eine weltoffene Gesellschaft. Wir grenzen uns nicht ab und wir grenzen uns nicht ein. Soziale und individuelle Menschenrechte werden nicht mehr gegeneinander ausgespielt, sondern miteinander verwirklicht. Die Freiheit eines jeden wird zur Bedingung der Freiheit aller. Christen haben nicht die große kritische Klappe, sondern gehen die kleinen konstruktiven Schritte mit. Der Austausch von Gedanken, Ideen und Lebensweisen macht niemandem mehr Angst. Wir lernen von den anderen und sie von uns. Keiner will den anderen mehr »ablösen«. »Unsere Menschen« kommen wieder aus ihren Nischen heraus, weil sie sehen, wie sinnvoll es ist, am Ganzen mitzuarbeiten, frei und willig, freiwillig. Jeder spürt, daß er gebraucht wird und daß seine Stimme wichtig ist. Volkseigentum wird wie Eigentum behandelt, und die Wirtschaft erblüht. Geld ist kein Wort mehr für »Reichtum«, es wird nicht mehr alles von der ökonomischen Frage diktiert. Nichts ist dem ehemals 90 kg Fleisch verbrauchenden Bürger mehr zu teuer, was dem klaren Wasser der Flüsse und Seen, dem Gedeihen der Bäume, dem Weiterbestand der Artenvielfalt dient, weil uns miteinander die Naturverträglichkeit unseres Tuns wichtiger geworden ist als die Befriedigung unserer naturzerrüttenden Konsumbedürfnisse. Nicht nur der eigene Vorgarten, die ganze Wirtschaft, das ganze Land erblüht. Alle Bürger begreifen, daß die »Hauptaufgabe« darin besteht, sich von ihr zu lösen und die »Alternative« zu bauen – den ökologisch aufgeklärten Sozialismus! Die Menschen in Espenhain und in Wolfen atmen auf – wir alle mit ihnen. Wir werden weniger haben. Wir werden aber mehr sein. Unsere Horizonte werden wieder heller.
Ich sehe offene Tore:
Ich sehe, wie das abgebaute Mißtrauen die Tore aufgemacht

hat – und wie aufgemachte Tore das Mißtrauen abbauen. Ich sehe eine friedliche Gesinnung – auch bei unseren Feinden –, und sie sehen dasselbe bei uns. Wir erkennen miteinander: Wir haben keine Wahl – gemeinsam sein oder nicht mehr sein. Aus unserer großen Gefahr wird unsere Chance. Also mauern wir keine Unvereinbarkeiten mehr, wiederholen nicht die überholten Forderungen, die abwertenden, die angstmachenden, erhöhen nicht mehr ständig die Wachsamkeit und werden nicht mit hämischen Kommentaren verunsichert. Gemeinsam haben wir unsere Sicherheit gefunden: militärisch und ökonomisch, ökologisch und ideologisch. Wir brauchen einander, wir unterstützen einander, wir leben in solidarischer Konkurrenz. Wir wetteifern um den besten Weg für alle.
Uns geht es gemeinsam gut oder gemeinsam schlecht,
im Osten wie im Westen, im Süden wie im Norden.
Überall haben wir endlich begriffen:

- Mein Fluß ist auch dein Wasser
- Mein Schornstein ist auch deine Luft
- Meine Zufriedenheit ist auch dein Friede
- Meine Störfälle sind auch dein Knochenmark.

Also helfen wir uns, wenn wir den anderen helfen! Endlich soll niemand mehr klagen müssen: »Dein Reichtum ist mein Hunger.«
Liebe Freunde, wenn weltweite Gemeinsamkeit eine Utopie bleibt, wird das Weiterleben weltweit »Utopie«. Wenn wir Christen, verbunden im Glauben an den Herrn, verbunden im Leib Christi, weiter nur im Geiste eins sind und nicht zur Gemeinsamkeit für das Leben finden, wie soll die Welt, die zerrissene, glauben, daß Eins-Werden für das Leben möglich ist?
Ich sehe mitten in dieser Gesellschaft eine Kirche, eine Gemeinschaft freier und fröhlicher Menschen, die ganz entschieden handeln und ganz bescheiden leben, die Gottes Nähe als eine verwandelnde Kraft erfahren und weitertragen, betend, singend, helfend, denkend. Die Christen zerreiben nicht mehr aneinander ihre Kräfte; das Miteinander der kirchlichen Mitarbeiter wird spielend.

Christen aller Konfessionen werden Gäste an einem Tisch. Wir lernen teilen und teilhaben. Wir finden theologische Sätze, die wir tanzen können. Die konfessionell und dogmatisch verengten Sätze der Wahrheit werden aufgegeben. Wir lernen es, die Wahrheit in den Wahrheiten der anderen zu entdecken.
Hier und da lassen wir uns »erleuchten«: Wir finden erleuchtete Augen-Blicke im Lächeln eines getrösteten Kindes, im Singen eines Finken, in einer Zeile von Cardenal, in einer Suite von Bach, in einer Landreform für Brasilien. Es gibt keine Kirche mehr »von unten« und »von oben«, von Rechts wegen und von linksaußen, und alle fangen an, dasselbe zu meinen, wenn sie dasselbe sagen, und der Friede Christi regiert in unseren Herzen.
Die weltweite Ökumene wird zum Vorreiter einer neuen, einer funktionierenden Natur-, Weltwirtschafts- und Friedensordnung.
Schwestern und Brüder, bitte hört nicht auf, die Vision einer neuen Kirche voranzutreiben! Ich sehe, wie unsere Städte, die Städte der Welt, danach trachten, sich zu bereiten, sich vorzubereiten für die neue Stadt, das »neue Jerusalem«!
Ich sehe uns für eine Stadt wirken, in der Kultur und Natur, Stein und Baum, Altbau und Neubau keine Gegensätze sind, wo Wohnen und Leben zusammenstimmen – und nicht die Stadtflucht ins Grüne nötig und eben dadurch das Grüne gefährdet wird. Es gibt keine Vorzeigeviertel, sondern eine Stadt, die sich sehen lassen kann, auch in den Nebenstraßen und in den Außenbezirken.
Ich sehe die vollkommene Stadtgemeinschaft – keine paradiesische Gartenidylle –, eine Stadt, überschaubar gegliedert, vielfältig projektiert, ohne wuchernde Gewerbe am Rande, so nützlich wie häßlich.
Ich sehe jeden an seinem Ort für eine schöne, wirklich menschliche Stadt wirken. Nicht mehr zuerst autogerecht, sondern zuerst kindergerecht.
Die Provinz sorgt sich, und die neue Hauptstadt kommt nicht mehr von »oben herab«, prächtig aufgeputzt, weltstädtisch,

erstrahlend für die Völker, aber zu Lasten und auf Kosten des ganzen Landes!
Es heißt nicht mehr: Die eine erstrahlt, und die vielen verkommen, die Unvollkommenheit der Städte wächst nicht mehr zugunsten der äußeren Vollkommenheit »der Stadt«. Der 87iger Groll ist vergessen. Berlin, die Stadt des Friedens, hat den Frieden wiedergefunden, auch mit der Republik.
Und ich sehe die rundum grüne Stadt Berlin gedeihen, die kranken Bäume erholen sich, und mitten durch die Stadt führt ein von Ost und West bestaunter breiter Grünstreifen. Die hohen Gäste aus aller Welt kommen, werden an den Grün-Wall geführt und staunen über diesen prächtigen Streifen, diesen grün flutenden Strom des Vertrauens. Und die Berliner singen diesseits und jenseits des Streifens von der Berliner »Luft, Luft, Luft«, und niemand muß husten dabei.
Gewöhnen wir uns nicht das Träumen nach vorn ab, und lassen wir uns das nicht abgewöhnen! So, wie wir uns nicht mit der realen Kirche abfinden, sondern uns auf den Weg zur wahren Kirche machen, so sollten wir uns auch nicht mit dem »realen Sozialismus« begnügen, sondern zum wirklichen unterwegs bleiben. Unsere Wirklichkeit braucht den Traum, den gemeinsamen Traum. Es werden nicht alle Blütenträume reifen, aber wir werden unterwegs bleiben – und Menschen werden, die die mühevollen Schritte in die Richtung der Träume mitgehen, auch in den Ebenen der DDR! Wir werden nicht das »himmlische Jerusalem« bauen – ebensowenig wie dies im 16. Jahrhundert den christlichen Städten Wittenberg, Straßburg oder Münster gelang –, aber wir werden das jetzt und morgen Mögliche nur erreichen, wenn wir mehr *träumen,* mehr *wollen* als das, was jetzt gerade möglich ist. Solches Träumen schießt über – und braucht dann auch wieder den nüchternen Blick des praktisch Möglichen. Christsein könnte dann heißen: Die Differenz zwischen dem Heute und Morgen, zwischen Pragmatischem und Utopischem, Wirklichem und Erhofftem auszuhalten, durchzuhalten und nicht zur einen oder anderen Seite abzukippen. Also: Schauen und bauen, innerste Intensität und äußerste Aktivität! Gespeist wird die-

se Haltung aus dem Glauben, daß Gott immer viel mehr mit uns vorhat, als wir schon sehen oder gar tun können.

Gibt es noch einmal einen Anfang?

Für viele Westdeutsche ist es geradezu unerklärlich, wieso Ostdeutsche beginnen, ihre Vergangenheit zu verklären. Hat sich mit dem Scheitern des Sozialismus nicht auch die Utopie erledigt, und kann, ja muß man das alles nicht getrost und konsequent vergessen? »Der Sozialismus war eigentlich gar nicht so schlecht«, sagen inzwischen nicht wenige Ostdeutsche, nachdem sie »den Kapitalismus« erleben, der durch den Sozialismus nicht mehr in Frage gestellt wird. Was meinen sie, wenn sie sagen »gar nicht so schlecht«? Universale Gleichheitsbemühungen, menschliche, nicht vom Eigentum abhängige Geltung, Sicherheit des Arbeitsplatzes, der Schwächeren, der Kranken, der Alten, der Kinderreichen. Und sie meinen, er sei »eigentlich« nicht schlecht, er sei nur falsch gemacht worden. *Darin* steckt wohl der verführerische Grundirrtum. Er war nicht schlecht, sondern falsch, strebte etwas Falsches, Irreales, Irreführendes an, aber nicht aus schlechten Absichten, sondern aus zu guter Absicht.
Das zweite, sehr bezeichnende an diesem Satz ist, daß »der Sozialismus« wie ein Geschichtssubjekt, als eine personal vorgestellte Totalität, seiner durchaus sehr subjektiven, von Personen abhängigen Gestaltung beraubt, als ein historisches Fatum mit Zielstrebigkeit betrachtet wurde. Deswegen wurde auch der später lächerlich gemachte Liedvers, der durchaus eine unterdrückerische Funktion hat, geprägt: »Die Partei, die Partei, die hat immer recht.« Der Parteiführer war jeweils nur Inkarnation »der« Partei, wobei es eben nur die Partei gab, die der (katholischen) Kirche in ihrer metaphysischen Dignität entsprach. So war es nur folgerichtig, daß die großen Vorsitzenden selbst nach ihren Reden zusammen mit den Zuhörern klatschten, als ob eben gerade der Weltgeist schlecht-

hin gesprochen hatte, der seine Verwirklichung in der Partei der Arbeiterklasse gefunden zu haben »machtvoll« beanspruchte. An diesen metaphysischen Ansprüchen ist der Sozialismus zugrunde gegangen, indem er es vollbrachte, aus einer kritischen Theorie eine Art Religion zu machen, von der Gorbatschow noch in den dramatischen Wochen des August 1991 wie von einer Religion sprach, die man nicht einfach verbieten könne. Und er hatte nicht unrecht. Nur wurde solcherart Erkenntnis von einem Parteiführer 70 Jahre zu spät ausgesprochen.

Nun weht uns von überall her der Leichengeruch einer Politgerontokratie entgegen, die an permanentem Wirklichkeitsverlust, an ihrer Ideologie als falschem Bewußtsein verkam.

Als einer, der fast sein ganzes Leben darin und darunter verbracht hat, habe ich Schwierigkeiten mit zwei, mir durchaus befreundeten Gruppierungen des Westens:

Mit den Linken, die immer noch nicht begreifen wollen, daß mit der erwiesenen Reformunfähigkeit der Länder, die der sozialistischen Idee einen gesellschaftlichen Leib zu geben versuchten, ein elementarer Einbruch auch für diese Idee erfolgt ist. Vorerst wird sie keine Massen mehr ergreifen. Zudem steht vorerst keine andere vergleichbar motivierende, universalistische Idee zur Verfügung. Diese Linken machen gewissermaßen unverdrossen weiter und haben unverdrossen weiterhin »recht«. Ihr analytischer, marxistischer Verstand bleibt völlig unangefochten, ihre Zielstellung auch. Sie laden nun gar zu christlich-marxistischen Gesprächen ein, wobei sie durchaus solche Leute einladen, die sie vorher als verdeckte oder offene Antikommunisten denunziert hatten.

Ich habe Schwierigkeiten mit solchen Altlinken, auch denen der 68er Generation, die uns jahrelang penetrant belehrt und häufig lieber mit FDJ-Kadern und aufgeklärteren SED-Marxisten gesprochen hatten, die sich nun in einer Selbstzerknirschung üben, die zur Selbstzerfleischung wird, bis sie mit ihrer intellektuellen Eleganz die rechte Kehre vollziehen und gewissermaßen mit Ernst Jünger wieder Anschluß an die geistigen Moden ihrer Zeit finden wollen. Der Sozialismus ist tot – es lebe der gepflegte Zynismus!

Was aber wird aus unserer Welt-Gesellschaft ohne eine Idee, ohne Orientierungsmarken, für die es sich einzusetzen lohnt, deren Richtigkeit man »glaubt«. Bei der Formulierung und Formierung von motivierenden Ideen mit Orientierungen kann man auf Grundzüge sozialistischer, sozialdemokratischer und kommunistischer Gedanken als einem Ferment für den Status quo gar nicht verzichten. Nur eines muß von vornherein und ein für allemal klar sein:

Daraus darf nie wieder eine Ideologie im Sinne einer geschlossenen Weltanschauung und einer totalitären Parteimacht werden. Nur wer die unüberwindliche Differenz zwischen Idee und Verwirklichung aushält, ohne auf die Idee und auf den Drang zur Verwirklichung zu verzichten, behält Anspruch darauf, gehört zu werden. Der Sozialismus erwartete stets, daß der Kapitalismus verfaulen und der Sozialismus über dessen Kadaver als Verwirklichung der Menschheitsträume erstrahlen würde. Nun ist der Sozialismus selber verfault. Das von den Kommunisten mit »Kapitalismus« nicht hinreichend, aber auch nicht unzutreffend beschriebene westliche System ist übriggeblieben, ohne daß Anlaß wäre, vom strahlenden Sieger zu sprechen. Das westlich-kapitalistische System ist mit den drängenden Weltproblemen schlicht alleingeblieben und sieht sich sehr schnell gänzlich neuen Herausforderungen ausgeliefert. Die ganze Weltgemeinschaft wirkt hilfloser denn je.

Der Zerfall des russischen Imperiums, das drohende Chaos angesichts von Atomraketen und Atomkraftwerken, die ethnisch bedingten Bürgerkriege, das faktische Scheitern des Erdgipfels in Rio und der eskalierende Nord-Süd-Konflikt sind dafür die Stichworte der (Über-)Lebensangst. Das bisher höchstbewertete Menschenrecht auf Selbstbestimmung wird in einer ethnisch und kulturell durchmischten Welt höchst fragwürdig, wenn nicht gleichzeitig der Minderheitenschutz garantiert und sozialer Ausgleich angestrebt wird.

Über die Kirchengeschichte sagte Goethe, sie sei ein Mischmasch aus Irrtum und Gewalt. Genau das muß man über die

Geschichte des sogenannten sozialistischen Weltsystems sagen. Das war nie und nirgends »realer Sozialismus«, sondern eine auf Grundirrtümern aufgebaute Idee unter dem Primat der (Partei-)Macht, die sich je nach Notwendigkeit der Gewalt bediente, sich dabei als nichts anderes denn als Vollstreckerin des Ur- und Grundsinns von Geschichte verstand. Eine ausgeklügelte Teleologie ohne Gott!

Wenn Bloch fragte: »Hat sich der Marxismus im Stalinismus nur bis zur Unkenntlichkeit oder streckenweise auch bis zur Kenntlichkeit verändert?«, so muß ich antworten: »Er hat sich nicht streckenweise zur Kenntlichkeit verändert, sondern ganz und gar zur Kenntlichkeit gebracht, daß die Trias aus Marx, Engels und Lenin das ideologische und organisatorische Korsett dieser Idee gewesen und geworden ist.« Stalin hat das nur konsequent vollstreckt, wie sich bereits in seiner Rede an Lenins Grab zeigen läßt:

»Als Genosse Lenin von uns schied, hinterließ er uns das Vermächtnis, den erhabenen Namen eines Mitglieds der Partei hochzuhalten und in Reinheit zu bewahren. Wir schwören dir, Genosse Lenin, daß wir dieses dein Gebot in Ehren erfüllen werden! Als Genosse Lenin von uns schied, hinterließ er uns das Vermächtnis, die Einheit unserer Partei wie unseren Augapfel zu hüten. Wir schwören dir, Genosse Lenin, daß wir dieses dein Gebot in Ehren erfüllen werden! Als Genosse Lenin von uns schied, hinterließ er uns das Vermächtnis, die Diktatur des Proletariats zu schützen und zu festigen. Wir schwören dir, Genosse Lenin, daß wir unsere Kräfte nicht schonen werden, um auch dieses dein Gebot in Ehren zu erfüllen! Als Genosse Lenin von uns schied, hinterließ er uns das Vermächtnis, mit allen Kräften das Bündnis der Arbeiter und Bauern zu festigen. Wir schwören dir, Genosse Lenin, daß wir auch dieses dein Gebot in Ehren erfüllen werden! Als Genosse Lenin von uns schied, hinterließ er uns das Vermächtnis, die Union der Republiken zu festigen und zu erweitern. Wir schwören dir, Genosse Lenin, daß wir auch dieses dein Gebot in Ehren erfüllen werden! Als Genosse Lenin von uns schied, hinterließ er uns das Vermächtnis, den Grundsätzen der Kommunistischen Internationale die Treue zu bewahren. Wir schwören dir, Genosse Lenin, daß wir unser Leben nicht schonen werden, um den Bund der Werktätigen der ganzen Welt, die Kommunistische Internationale, zu festigen und zu erweitern.«

Was blieb da noch vom inspirierenden Pathos des Kommunistischen Manifestes oder des jungen Marx? Eine kommunistische Macht-Liturgie!

Die Folgen des Zusammenbruchs des »sozialistischen Weltsystems«, aber auch aller seiner Derivate – ob in Kambodscha, Vietnam, Tansania, Nicaragua, Kuba oder Indien – sind überhaupt noch nicht abzusehen, zumal im Wettkampf der Systeme der sogenannte Kapitalismus sich durch das bloße Existieren der anderen Großmacht mit Weltmachtansprüchen durchaus gebändigt zeigte. (Wie schamlos bisweilen die verbliebene Großmacht die UNO benutzt, um ihre eigenen Interessen durchzusetzen, ist nur ein Vorspiel möglicher Einbrüche der gesamten Weltpolitik, es sei denn, es gelänge, die UNO wirklich zum demokratischen Völkersubjekt von Weltinnenpolitik zu machen.) Die marktwirtschaftlich funktionierende westliche Demokratie hat nicht etwa über die sozialistische Welterlösungsideologie gesiegt; sie ist nur übriggeblieben und muß nun mit den Folgen ihres eigenen Wirtschaftens fertig werden.

Aber über eines muß man sich klar sein und klar bleiben: Der real existierende Sozialismus, der von Anfang an Tschekismus war, hat die Utopie auf dem Gewissen, weil die kommunistischen Parteien die Utopie zu einer wissenschaftlichen Teleologie machten. Die Partei half den gesellschaftlichen Gesetzen nach und stellte alles unter den Primat der Macht, die sie »Diktatur des Proletariats« nannte. Sie wollte den Staat abschaffen und schuf den totalen Staat. Sie wollte den Menschen zu seiner Bestimmung und Entfaltung führen und zwang ihn in das Einheitskollektiv. Die Avantgarde mißtraute dem Volk und ernannte sich selbst zur Repräsentantin des Volkes. Bei Wahlen jeweils ließ sie sich nur bestätigen, daß sie es war, ohne den Bürgern je eine Wahl zu lassen.

Was der Zusammenbruch in den Menschen hinterläßt und wohin es sie verführt, ist noch gar nicht absehbar. Die ersten Anzeichen sind die eines wiederaufstrebenden Nationalismus, der sein einziges Ziel offensichtlich in der ethnischen Reinheit sieht und so verblendet ist, daß er auch nicht mehr nach dem Wohl der »Nation« fragt.

Nach dem Zusammenbruch des kommunistischen Internationalismus ist ein Vakuum zurückgeblieben, das durch nationalistische Hilflosigkeit gefüllt wird.

Was wird aus dem Millionenvölkergemisch der ehemaligen Sowjetunion, die weder eine Idee noch zu essen haben? Überall müssen sie sehen, wie verseucht das Land durch Industrie oder Militär zurückgeblieben ist. Wie grausam es ist, am Aralsee leben zu müssen, in hoffnungslos verfallenen Städten mit einer völlig desolaten Infrastruktur, vor riesigen verrosteten Industrieanlagen und mit hochgefährlichen Chemie- und Atomkraftwerken. Hinzu kommt eine mehr und mehr offengelegte Geschichte, auf die man nicht mehr stolz sein kann (20 Millionen von Stalin Ermordete – in der DDR sind es »nur« 198 km Akten der Perversion).

Und doch ist es auch wahr, daß in den sozialistischen Ländern eine große Kultur wuchs – Romane, Gedichte, Theaterstücke, Essays mit großer Tiefgründigkeit geschrieben, Filme phantastischer Weltkunst gedreht wurden ... Es ist auch wahr, daß alle Menschen Arbeit hatten, daß die soziale Schere nicht so groß war wie im Westen, daß Kinder betreut wurden und so fort.

Immer wieder gab es auch Aufbrüche, weil die Differenz zwischen Idee und Wirklichkeit unerträglich wurde. Die sozialistische Idee wurde jeweils kritisches Ferment der Praxis, denn die Idee behielt etwas Reines, hatte immer wieder etwas Faszinierendes, das im Gänsehaut auslösenden Gesang der Internationale gefeiert werden konnte, das in der bisweilen großartigen Diktion Marxens ihre Motivationskraft immer wieder erneuerte. Wiederholt gab es Aufbrüche, die zu neuen Hoffnungen führten: in Polen 1956, in der Sowjetunion mit dem Tauwetter Chruschtschows, 1968 in der Tschechoslowakei. Wahrscheinlich wurde die sozialistische Idee in Prag endgültig unter den Panzerketten begraben. Und dennoch vertrauten viele – auch ich – noch auf eine Reformfähigkeit, weil das utopische Potential sich in ethischen Grundhaltungen niederschlug und erneuerungsfähig erschien. Als Gorbatschow im Oktober 1985 endlich die Grundlinien seiner Politik des Neuen Denkens – und dies vor der Französischen Nationalversammlung! – entwickelte, waren wir geradezu elektrisiert und meinten, nun könne die Weltgeschichte wirklich in friedlicher Konkurrenz, in der Verantwortung vor der nächsten Generation und im Angesicht unserer bedrohten Natur eine Perspektive gewinnen.

Doch weder die ökonomische Kraft, noch die Plausibilität bei den Menschen im sowjetischen Machtbereich reichten für eine Reform. Als der Deckel weggenommen wurde, zeigte sich, daß die gesamte Ideologie ein Potemkinsches Dorf gewesen war. Siebzig Jahre völlig umsonst ein Sechstel der Erde umgekrempelt?

Tschernobyl im April 1986 war wohl das Menetekel – nicht nur das Ende des Traums von der friedlichen Nutzung der Atomkraft, sondern auch der strukturellen Verlogenheit des Systems, dem auch Gorbatschow mit Perestroika und Glasnost nicht abhelfen konnte.

Was eigentlich Grund zur Trauer wäre, wird von vielen zu einem Siegesgeheul gegen jedwede Utopie, gegen jedwede Gesellschaftskonzeption auf ethischen Grundlagen. Ausgerechnet Konservative machen sich unentwegt darüber Gedanken, was denn »links« sei. Dabei war die Kritik an der Utopie seitens der aufgeklärten Linken längst vollzogen, »Sozialdemokratismus« der Hauptfeind. Die Praxis des »sozialistischen Weltsystems« drohte längst zu einer Infragestellung linker Gedanken zu werden. Nun, nach dem Zusammenbruch dieses Weltsystems, gerade die kritische Linke nach ihrer Idee zu befragen, erscheint zynisch. Gerade sie wurde doch bestätigt!

Allerdings wollen nicht wenige im Westen noch immer nicht den Traum vom dritten Weg aufgeben und meinen, der Sozialismus sei nur etwas falsch angefaßt worden. Ich denke, es wurde etwas Goldrichtiges grundfalsch konzipiert. Schon Mitte der fünfziger Jahre hatte Albert Camus der Linken ins Stammbuch geschrieben, »in unerbittlicher Kritik, Übung des Herzens, Festigkeit der Überlegung und auch in ein wenig Bescheidenheit« Heilung zu suchen.

Wir müssen uns wohl unerbittlich dem Phänomen stellen, daß der Sozialismus, so wie er war, weder lebensfähig noch reformfähig war. An einem derart utopischen Bewußtsein festzuhalten ist nichts anderes als die Weigerung zu ehrlicher Selbsterkenntnis unserer Gebrochenheit, Verführbarkeit, unserer Ausschließlichkeitsansprüche, unserer Verblendung gegenüber Gefahren und unserer Selbstüberhebung mit einem immer wieder aufkommenden babylonischen Turmbaukomplex. Was uns jetzt not tut, ist im gedanklichen wie im produktiven und konsumtiven Bereich »Selbstbegrenzung« (Ivan Illich). Doch brauchen wir auch immer wieder etwas, was überschreitet, was ist, was uns motiviert, auf das hin, was wir nicht erreichen werden:

Frieden, Gerechtigkeit, Freiheit. Wenn wir kein überschüssiges Bewußtsein mehr haben, werden wir nur noch zu Vollstreckern des Status quo, bekommt in praxi immer wieder der Sozialdarwinismus recht.

Das eigentlich Tragische ist, daß der Sozialismus an sich selbst gescheitert ist; der Faschismus aber ist nicht an sich selber gescheitert. Dieser hatte bis zum Schluß eine hohe Plausibilität, selbst angesichts der Ruinen von Hamburg und Dresden. Das sozialistische Weltsystem ist letztlich gescheitert an der Unfähigkeit zu produktiver Selbstkritik und daran, daß die Gesellschaft die Verantwortungslosigkeit auf allen Stufen organisiert hat.

»Unser Wahlspruch muß also sein: Reform des Bewußtseins nicht durch Dogmen, sondern durch Analysierung des mystischen, sich selbst unklaren Bewußtseins, trete es nun religiös oder politisch auf. Es wird sich dann zeigen, daß die Welt längst den Traum von einer Sache besitzt, von der sie nur das Bewußtsein besitzen muß, um sie wirklich zu besitzen. Es wird sich zeigen, daß es sich nicht um einen großen Gedankenstrich zwischen Vergangenheit und Zukunft handelt, sondern um die Vollziehung der Gedanken der Vergangenheit. Es wird sich endlich zeigen, daß die Menschheit keine neue Arbeit beginnt, sondern mit Bewußtsein ihre alte Arbeit zustande bringt«

(Marx-Werke, Bd. 1, S. 346).

Die Idee wurde zur nackten Gewalt, als sie die Partei ergriff. Widersprüche wurden wegretuschiert. Eine wissenschaftliche Welterklärung wurde in allem als ewig, unverbrüchlich und heilig erklärt. Lenin wurde wie ein Pharaonenkönig in einem Sarkophag aufgebahrt und millionenfach mit gläubiger Hingabe betrachtet, 70 Jahre lang. Die Kollektivierung des Eigentums führte nicht nur zu Hungersnöten, sondern auch zur Verantwortungslosigkeit gegenüber dem Boden. Letztlich haben die Parteiführer nie an den Menschen geglaubt. Sie mußten sie in Unfreiheit halten – im Namen der Freiheit. Sie mußten sie »vorübergehend« überwachen, einsperren, erziehen, indoktrinieren und eine Ideologie vorgeben, ohne je sich eine Alternative entwickeln zu lassen. Die Abschaffung der politischen Opposition war nur eine Ausdrucksform der Abschaffung jeden alternativen Denkens. Dies alles führte in die strukturelle Korruption des Systems, in die Korruption der Theorie *und* der Praxis. An Grundwidersprüchen ist das System gescheitert, die grundlegend überwunden zu haben es vorgab. Verführtes Denken führte zum Verlust der Wirklichkeit.

Der Sozialismus – auf dem Weg von der Utopie zur Wissenschaft, von der universalen Idee in die partikulare Realität einer Partei mit Welterlösungsideologie – ist zu Ende. Unter dem Primat der Macht und einem ideologischen Welterklärungsmodell – unter Leitung des »heiligen Offiziums« Politbüro – ist er gescheitert. Er hat mit sich nahezu alle Ideen heruntergerissen, die mit »soz-« beginnen.

Die Frage bleibt, welche andere Straße der allgemeinmenschliche Weg entlangführt.

In mir streiten sich nach wie vor die Begeisterung für die sozial-demokratische Utopie und die Verzweiflung über die irreversibel erscheinenden Zerstörungs-, ja Selbstzerstörungsprozesse in einer Freiheitsgesellschaft, die sich nicht durch Einsicht zu bändigen vermag.
Es ist nicht an der Zeit, heute die alten Utopien neu zu formulieren oder gänzlich neue zu entwickeln, sondern es ist höchste Zeit, alle Kräfte daranzusetzen, daß das Leben selber nicht zur Utopie wird. Aus Liebe zum Leben und aus einem elementaren (Über-)Lebenswillen ist für ein Schadensbewußtsein und ein Schadenminimierungsverhalten zu werben, das baldigst Mehrheiten gewinnen muß. Wir können praktisch nur noch Schadensbegrenzung durch Selbstbegrenzung erreichen. Das müßte entschlossener geschehen.
Ich erinnere nur an die bisher fast folgenlos wiederholten Informationen, welche Konsequenzen die Fortsetzung unseres Energiehungers auf allen Ebenen für unser Klima hat, an die akute Gefahr, daß marode Kernkraftwerke in Osteuropa »hochgehen«. Wieweit merken wir, die wir noch auf der Sonnenseite des Lebens sitzen und so billig konsumieren können, weil wir so effektiv ausbeuten, welche Welthandelsstrukturen für uns alle zerrüttend sind? Wer spürt von uns persönlich, wie der Zinseszins die Dritte Welt ruiniert und wie wir schließlich auf Kosten der Natur produzieren, konsumieren und die ganze Welt zur Exkrementenlagerstätte degradieren, ohne zu merken, was das die Menschheit »kostet«? Wir entnehmen der Natur kostenlos beinahe alles, ohne ihr etwas zurückzugeben. Zudem macht der zu erwartende Modernisierungsschub den Menschen als Produktivkraft immer entbehrlicher. Die Menschen werden sich millionenfach überflüssig vorkommen. Es ist nötig, andere Modelle für das Teilen der Arbeit zu finden und Sinngebung durch alternative Tätigkeiten zu ermöglichen.
Unsere technischen Erfindungen sind unseren sozialen Erfindungen davongelaufen. Es gilt jetzt, alle Kraft darauf zu richten, sozialen Erfindungen einen gesellschaftlichen Leib zu geben, damit wir nicht unsere Fehler endlos wiederholen.

Sozialutopien und ihnen entsprechende Gemeinschaftssehnsüchte können nur auf einer realistischen Anthropologie basieren, in der die »Natur« des Menschen und seine »Kultur« den Versöhnungsprozeß weiterführen. Das Paradies haben wir seit Adam und Eva im Rücken, nicht vor uns. Aber stets wird uns die Frage gestellt werden: »Wo ist dein Bruder, wo ist deine Schwester?« In der *einen* Welt, in der eskalierende Armut und die Bevölkerungsexplosion sich gegenseitig hochschaukeln, kann dies – auch ganz im eigenen Interesse – nur eine Frage sein, die sich globalisiert. Wenn der Zerfall in Einzelinteressen in unseren Gesellschaften, aber auch zwischen den Staaten und Kontinenten weitergeht, weil das Vertrauen abnimmt, daß es ein Gemeininteresse gibt, in dem der einzelne und einzelne Gruppen, Völker, Kulturen sich auch vertreten fühlen, werden wir ans absehbare Ende kommen. Die Idee einer »Weltinnenpolitik«, von Carl Friedrich v. Weizsäcker vor 30 Jahren ins Gespräch gebracht, braucht heute dringender denn je praktische Konturen, die nicht unter die Dominanz einer Großmacht (oder überhaupt von Großmächten) kommen darf.
Der Verlust einer Utopie beraubt eine Gesellschaft ihrer Zielvorstellung, läßt sie in sich erschlaffen, bis ihre Kraft sich wieder destruktiv zielstrebig auf etwas, vornehmlich gegen andere richtet. Offensichtlich ist der Frieden ein äußerst verletzliches Gut, wenn eine Wachstumsgesellschaft an ihre Grenzen kommt und entweder an ihrer Langeweile und Ziellosigkeit oder aber an der von innen oder außen befürchteten Gefährdung ihres Besitzstandes »krankt«. Insofern muß eine Gesellschaft sich stets Ziele setzen, die über das hinausreichen, was überhaupt erreichbar ist, und muß gleichzeitig Erfolgserlebnisse schaffen, die als Zielannäherung aufgenommen und verstanden werden können.
Die Ideologie des Status quo läßt keinen Status nascendi zu. In einer Ideologie des gesellschaftlichen Fortschritts, zumal in einer pseudowissenschaftlich bestimmten Teleologie wird der Status quo hinweginterpretiert. Es entwickelt sich eine Art Wirklichkeitsallergie, die durch die Sicherheitsorgane

peinlichst gehütet wird. Wer aber sagt, »der Mensch ist so«, traut ihm keine Überschreitung zu, sondern schreibt ihn durch Beschreibung fest.
Zudem macht ein aufklärerisches Hinwegsegeln über die Wirklichkeit des Menschen blind für die Wirklichkeit. Auch im emanzipatorischen Glauben an den Menschen wird nur wahrgenommen, was man sehen *will.* Damit aber bereitet er praktisch denen den Boden, die den Satz »So ist der Mensch« zu einer Handlungsmaxime machen und nicht mehr spüren, daß sie sich so auf Erfahrung festlegen, daß sie nicht aus Erfahrung lernen, sondern Erfahrung festschreiben.
Das sogenannte sozialistische Weltsystem wirkte als Alternative, war aber keine auf Dauer lebensfähige Alternative. Das Konkurrenzverhältnis bändigte sowohl den markthungrigen Kapitalismus als auch den totalen Sozialismus. Die beiden Systeme brauchten einander, hielten einander in Schach und standen in ständiger Konkurrenz um die Überzeugung der Menschen in ihrem Wirkungsbereich. Sie mußten ja in diesem Konkurrenzkampf die Völker für sich gewinnen. Der Kapitalismus ist nun mit sich allein, gnadenlos sich selber ausgeliefert. Es herrschen nun wieder Profitinteressen, wirken Marktinteressen am Wohl von Menschen und ganzen Völkern vorbei, werden Effektivitätskriterien zu höchsten Werten, wird Ausbeutung wieder schamlos möglich, wenn die internationalen Konzerne sich die Orte suchen, an denen sie noch am billigsten ausbeuten können. Sie können die Widerstandsmöglichkeiten der Arbeitnehmerinstitutionen entmachten, indem sie eine Produktivität schaffen, die mehr und mehr ohne Menschen auskommt. Maschinen können sich nicht organisieren und Interessen vertreten. Insofern führt die Entwicklung des wissenschaftlich-technischen Fortschritts dazu, daß der Produktivfaktor »Mensch« mehr und mehr überflüssig werden und der Weltverteilungskampf um die vorhandene Arbeit zwischen den Staaten und in den einzelnen Gesellschaften neue, noch ungeahnte Folgen haben wird.
»Jede große Idee, sobald sie in Erscheinung tritt, wirkt tyran-

nisch; daher die Vorteile, die sie hervorbringt, sich nur allzubald in Nachteile verwandeln. Man kann deshalb eine jede Institution verteidigen und rühmen, wenn man an ihre Anfänge erinnert und darzutun weiß, daß alles, was von ihr im Anfange gegolten, auch jetzt noch gelte.«

(Johann Wolfgang von Goethe,
Wilhelm Meisters Wanderjahre)

Gibt es noch einmal einen Anfang? Jeden Morgen neu läßt uns diese wunderbare Schöpfung springen und singen vor Verwunderung. Wer mag gleichgültig bleiben, sehend, schmeckend und fühlend die Wunder des Lebens im täglichen Leben? Das Wunder menschlicher Zuwendung, des Verzichts auf Vorteile, des Abgebens statt Übervorteilens, des Einsatzes für Behinderte und Kranke, der gewaltschlichtenden Entschlossenheit.
Um so mehr schmerzen ihre Verwundungen in blattlos werdenden Baumwipfeln, an den giftgeschwängerten Mündungen unserer Flüsse, angesichts der chemischen und atomaren Zeitbomben, auf dem Grund unserer Meere, angesichts der Millionen Minen im Erdreich Afghanistans, Angolas, Kambodschas und der dreißigtausend an unserer Grenze, angesichts des strahlenden Staubs der ehemaligen SAG Wismut und des salzgiftigen Staubs am Aralsee, der Regenwaldverwüstung wegen unserer Rindersteaks und der vernichteten Dörfer wegen unseres unstillbaren Energiehungers. Wir haben diese wunderbare Welt in äußerste Gefahr gebracht und brauchen deshalb Besinnung, Rückbesinnung und Umkehr.
Die Bühne ist abgeräumt. Wir erleben wieder und wieder »schlechte Zeiten«. Da mag *uns* gelten, was Bert Brecht schrieb:
»... Lob denen, die den undurchführbaren Plan vergessen!
Das Haus ist gebaut aus den Steinen, die vorhanden waren.
Der Umsturz wurde gemacht mit den Umstürzlern, die vorhanden waren.
Gegessen wurde, was da war.
Gegeben wurde den Bedürftigen.

Gesprochen wurde mit den Anwesenden.
Gearbeitet wurde mit den Kräften, der Weisheit und dem Mut derer, die zur Verfügung standen.
Die Sorglosigkeit soll nicht entschuldigt werden.
Mehr wäre möglich gewesen.
Das Bedauern wird ausgesprochen.
(Was könnte es helfen?)«

(Bert Brecht, *Schlechte Zeiten*)

Gerechtigkeit und die Utopien der Bürgerbewegung

Die Universitäten in den neuen Ländern sind in einem sehr schwierigen und schmerzhaften Umstrukturierungs- und Evaluierungsprozeß und auf der Suche nach ihrer Identität. Um die studentische Generation aufzufangen, versuchen viele Universitäten eine Anknüpfung an die Vergangenheit im Widerspruch. Nach meiner Kenntnis versuchen überall einzelne Fachrichtungen fachübergreifende Vorlesungen oder Vortragsreihen anzubieten, wobei die Aufklärung über die jüngste Vergangenheit eine große Rolle spielt. So wurde ich nach Leipzig, Freiberg, Halle, Rostock und Chemnitz eingeladen. In Rostock setzte man sich in mehreren Vorträgen mit dem berühmt gewordenen Satz von Bärbel Bohley auseinander: »Wir wollten Gerechtigkeit, und es kam der Rechtsstaat.« Ich sprach im Sommer 1993 dort über die Utopien, auch die Illusionen der Bürgerbewegung im Blick auf die »Gerechtigkeit«.

Vor 50 Jahren suchte meine Mutter, eine Medizinstudentin, mit mir schwanger, hier in Rostock in Kellern Zuflucht vor den angloamerikanischen Bombern.
Meine Utopie: Frieden für Sarajewo. Deutschland nicht weiterhin drittgrößter Waffenexporteur.
Vor 35 Jahren war ich – von der schmutzigen Elbe kommend

– fasziniert von diesem wunderbar klaren Wasser in Warnemünde. Jetzt lese ich: Gift. Gas. Gülle.
Meine Utopie: Sauberes Wasser.
Als vor einem Jahr hier Jugendliche taten, was Erwachsene wünschten, und diese Beifall für die Brandsatzwerfer klatschten, wurde Rostock zu einem weltweiten Schandnamen für unser Land. Was konnte da die friedliche Gegendemonstration ausrichten. Wolfgang Richter und andere RostockerInnen zeigten der Welt, daß sie Zivilcourage hatten. Ein Vietnamese hatte die menschliche Größe, mitten im Flammeninferno zu sagen, so seien nicht alle Deutschen.
Meine Utopie: Lebensmöglichkeit für alle Bedrängten.
Die Polizei war gut gerüstet, als französische Juden kamen, und ein Herr mit dem Namen Schmidt richtete dummdreist eine Rausschmeißerfrage an Ignatz Bubis. Rostock ist nicht anders als andere deutsche Städte, nicht besser, nicht schlechter, es ist eine deutsche Stadt.

Meine Utopie: Ein tolerantes Land.
Zu den genuinen Bürgerbewegungen zähle ich nur, wer vor dem 9. Oktober 1989 (gerade noch, wer bis zum 9. November 1989) öffentlich Flagge gezeigt hat.
Mir kann es heute weniger um die vielstrapazierte und noch völlig ungelöste ökonomische und damit sozialpolitische Problematik gehen als vielmehr um die politischen, psychologischen und geistigen Rahmenbedingungen eines epochalen Transformationsprozesses ohne Beispiel und Konzept, der natürlich im Verlauf der Entwicklung unter das Primat der Ökonomie kam. (Das wenigstens hätten die DDR-Deutschen rechtzeitig von Karl Marx lesen und behalten sollen.)
Gleichzeitig aber wird erschreckend deutlich, wie wirkmächtig die emotionalen Antriebskräfte von Menschen sind, die etwas erreichen, verhindern oder wieder aufbrechen lassen.
Mir geht es hier um die Frage, wie den Ost-Bürgern (Un-)Gerechtigkeit widerfahren ist, was sie beim Umbruch und Zusammenbruch der DDR zunächst erhofften, welcher »Lastenausgleich« erwartet und verweigert wurde, wie die Entwürfe

möglicher gemeinsamer und gleichberechtigter Zukunft sich innerhalb von Stunden, Tagen, Wochen, Monaten veränderten und »umgebogen« wurden.

Der Utopiebegriff ist ebenso vieldeutig und hintergründig, nutzbar, benutzbar und abgenutzt wie der Begriff Gerechtigkeit. Ich meine mit Utopie hier Zielvorstellungen mit einem Überschuß, der über bloße Zwecke hinausgeht. Besser geeignet scheint mir für das von mir Gemeinte das Wort *Vision* zu sein.

Dies ist zu unterscheiden von Selbsttäuschungen, die zu Selbstlügen werden können (zum Beispiel von den nostalgischen Schwärmern von »Basisdemokratie« und erstrebter Perpetuierung »Runder Tische«), und zu unterscheiden von Illusionen über die schnelle Übertragbarkeit von Idealen in die Wirklichkeit, über die Einsichtsbereitschaft der Mehrheit, die »Weisheit des Volkes«, über »das Gute im Menschen«, auch Illusionen über sich selbst, wir, die wir nicht »oben« waren, wären nun ganz anders oder gar besser. Auch ein Opfer ist an sich noch kein besserer Mensch, ein leidender, aber kein besserer. Mielke dachte auch: richtige Seite = guter Mensch. Manche Enttäuschung war so nur Produkt falscher Erwartungen, und es gibt Enttäuschungen von Menschen, die sich haben täuschen lassen. Wer nicht »hören« wollte, muß nun »sehen«.

Gerechtigkeit verstehe ich als den Versuch, die jedem Menschen in gleicher Weise zukommende Würde in die gesellschaftlichen Beziehungen so einzubringen, daß das Recht, das geschriebene Recht, dafür einen zumutbaren und durchsetzbaren Rahmen schafft. Gleichzeitig bleibt die Differenz von Recht und Gerechtigkeit. In der Erwartung von Gerechtigkeit liegt ein Überschuß gegenüber dem Recht. Aber dies darf nicht das Recht erübrigen wollen.

Gerechtigkeit, das ist
- gleiche Chancen für alle,
- reelle Vergütung für eine Leistung,
- Wiedergutmachung für eine Schädigung an Leib, Gut und Seele,

– Strafe für eine Verletzung des Rechts.
In der Realität zeigt sich:
– das Recht ist weniger als Gerechtigkeit. Es egalisiert und formalisiert. Aber es ist in seiner sachlichen Kühle auch relativ »objektiv«, bei funktionierender Gewaltenteilung.
– Es gibt strukturelle und »schicksalhafte« Ungerechtigkeit.

Wir werden
– gesund/krank/begabt/unbegabt geboren,
– in »reiche« Familien geboren,
– in einem reichen Land, in einer befriedeten Zeit, in einem armen Land, in einer Kriegszeit geboren.

Wir haben das Vorrecht des Erstgekommenen, den Nachteil des Zuspätgekommenen. Wir erleben und erleiden gegenwärtig das Recht des Siegers, des Stärkeren – sowohl über »die Geschichte« wie über die Güter des Landes.

Der Begriff Utopie vermischt sich unversehens mit dem Adjektiv »utopisch«, also unrealistisch, der von selbsternannten Realisten mit überlegener Geste abgetan wird, und gleichzeitig wird alles, was Menschen einmal als ihre »gemeinsamen Zielvorstellungen mit Überschuß« formuliert haben, als »Spinnerei« erledigt. Und die Unmöglichkeit, für wirkliche Gerechtigkeit zu sorgen, wird mit dem Satz quittiert, daß es Gerechtigkeit »sowieso nie gibt«, was dann praktisch bedeutet, daß man auch aufhört, sich dafür einzusetzen.

Woran aber soll Gerechtigkeit gemessen werden? Maßstab ist die letztlich unbegründbare, aus einem ethischen Entschluß über das Humanum kommende Überzeugung, daß jedem Menschen gleiches Recht auf geistige und körperliche Unversehrtheit zukommt und daß die Güter dieser Erde letztlich allen gehören und zukommen, wiewohl wir praktisch in verschiedenen Eigentumsverhältnissen leben und noch keine andere praktizierbare Lösung als privates Verfügungsrecht über die Güter der Erde gefunden haben. Jede Gesellschaft muß aber ein zumutbares Ausgleichsreglement zwischen Eigennutz und Gemeinsinn suchen. Gelingt ihr dies nicht, geht sie ökonomisch oder politisch oder in beidem zugrunde.

Der Versuch, die Trias der Grundforderungen der Französischen Revolution, *Freiheit – Gleichheit – Brüderlichkeit*, gleichzeitig zu verwirklichen, ist ebenso zum Scheitern verurteilt, wie diese Anstrengung nötig bleibt – als beständige Bemühung um dieses »Fließgleichgewicht der Menschlichkeit«. Indes: je mehr Freiheit, desto weniger Gleichheit. Je weniger Gleichheit, desto weniger Brüderlichkeit. Je mehr Gleichheit, desto weniger Freiheit. Die Brüderlichkeit (beziehungsweise Geschwisterlichkeit, Solidarität, Mitmenschlichkeit) ist die eigentliche Voraussetzung von Freiheit mit Gleichheit. Aber sie ist dem »Revierkämpfer Mensch« ums Über- oder Besserleben weder angeboren noch von oben zu verordnen. Man kann sie nicht in einer Rechtsordnung fixieren und als »Kollektivgeist« verordnen, allerhöchstens als moralisches Gesetz im Menschen durch Erziehung und erleichternde Rahmenbedingungen verankern. Dafür sind die klassischen Moralinstitutionen dagewesen. Wenn sie praktisch ausfallen, kommen wir zu einer kalten Durchsetzungsgesellschaft, wenngleich mit sehr kultivierten Formen des Zynismus: Take it easy!

Brüderlichkeit ist Atmosphäre, gemeinsam geteiltes Grundethos einer Gesellschaft, die bereit ist, für die Schwächeren und Schwächsten etwas einzusetzen sich einzusetzen – oder jeder lebt und stirbt letztlich für sich allein.

Gerechtigkeit wird zuallermeist von denen eingefordert, denen sie vorenthalten wird. Die anderen sprechen gelegentlich darüber und verfassen (Protest-)Texte. Sie haben sie ja schon. Ungerechtigkeit wird gewissermaßen zu einer intellektuellen Annonce, gut für rechte, linke, liberale Feuilletons. So muß Gerechtigkeit von denen erkämpft werden, denen sie vorenthalten wird. Kämpfen sie nicht dafür, werden sie kaum Anwälte finden, die dies statt ihrer tun. Dafür müssen sie sich zusammentun. Vereinzelung befestigt, befördert Ungerechtigkeit. Wer im demokratischen Staat nur über erlittene Ungerechtigkeit jammert und nicht die demokratischen Institutionen nutzt, um sein Recht und neue Rechte einzufordern, wird nichts bekommen. Damit es beim Kampf um die Gerechtigkeit allerdings nicht zur bloßen Umkehrung der Ungerechtigkeit

kommt, ist eben Recht nötig, ein Recht, das relativen Ausgleich schafft, mehr nicht, aber auch nicht weniger. Wer mehr will als eine Gerechtigkeit, die eine soziale Rechtsordnung herstellen kann, kommt beinahe zwangsläufig zu einer Diktatur der Gerechten. Und davor bewahre uns Gott.
Gerechtigkeit wird zudem nur dann erreicht, wenn es Solidarität gibt, nicht nur immer mit sich selbst, sondern mit anderen, und nicht nur bei akuter eigener Bedrohung, sondern auch vorausschauend und für andere eintretend. (Wenn aber zum Beispiel die Metaller von den Werften aus Rostock-Warnemünde und anderswo im April 1991 nicht nach Berlin zur Großdemonstration fuhren, weil es damals so aussah, als ob sie verschont würden, brauchen sie sich nicht zu wundern, wenn die anderen nun für sie keinen Finger krümmen. Damals hätte Steinkühler die 300 000 Metaller in Berlin gebraucht, um in Bonn für eine andere Industriepolitik Druck zu machen. Aber es kamen nur 35 000.)

Die Bürgerbewegungen hatten die Utopie (gemeint ist hier »Wunsch-Vorstellung«), daß die Mehrheit des Volkes hinter ihnen stand. Und so verstanden sie sich als Sprecher der Bürger. Darin fanden sie sich in den ersten Wochen der Großdemonstrationen bestätigt, bis sie entdeckten, daß die Mehrheit der Bürger anderes wollte. Zugespitzt gesagt: Die Bürgerbewegungen wollten zuallererst das große D der Demokratie, die Mehrheit der DDR-Deutschen allerdings zuerst das große D Deutschlands mit dem großen starken D der D-Mark. Insofern waren die Bürgerbewegungen in der Tat idealistisch. Sie hatten Ideale, die bald abgewählt wurden. Die Bürgerbewegungen verband etwas, was sie aber nicht in die Lage versetzte, sich miteinander zu einer großen Sammlungsbewegung zu vereinigen, die sich programmatisch und strukturell dem Volk als eine überzeugende Alternative hätte präsentieren können.
1. *Demokratie,* also bürgerliche Freiheit, Menschenrechte, Gewaltenteilung, Partizipation.
2. *Frieden,* zusammen mit Abrüstung und europäischer Ent-

spannung, Einbindung der deutschen Frage in die europäische Frage.
3. *Ökologie.* Prüfung der Zuträglichkeit unserer Produktion und Konsumtion für die längerfristigen Interessen der nächsten Generation beim Schutz der Natur, sowohl im Lande wie weltweit.
4. *Eine Welt.* Der Ost-West-Gegensatz wird längst überlagert durch den Nord-Süd-Gegensatz. Es geht um Strukturen der Weltgerechtigkeit und des Abbaus der Ausbeutung der reichen Länder gegenüber den armgemachten Ländern des Südens.
5. *Perestroika.* Die ganze Welt braucht eine grundlegende Perestroika, ein neues Denken und eine neue Politik.
Sozialismus war für alle als Grundlage zu erhalten, aber grundlegend umzugestalten, wobei alle Eigentumsverhältnisse miteinander in Konkurrenz treten sollten.
In den einzelnen Bürgerbewegungen wurde dies alles unterschiedlich akzentuiert, aber wer die Programme durchsieht, wird keine Widersprüche entdecken. Jedenfalls spielt die nationale Frage in den Bürgerbewegungen so gut wie gar keine Rolle, weil sie integriert wird in größere Zusammenhänge. Die Bürgerbewegungen verband ganz allgemein gesagt ein Überschuß an Vorstellungen von demokratischer Freiheit, mündiger Mitarbeit, Verhinderung der ökosozialen Weltkatastrophe. Sie waren sämtlich voluntaristisch und meinten, »wo ein Wille ist, da ist auch ein Weg«. Sie gingen davon aus, daß die Einsichtsfähigkeit und Einsichtsbereitschaft der Menschen sie auch dazu führen würde, ein dementsprechendes Verhalten zu entwickeln. Die Bürgerbewegungen verband ein bestimmtes basisdemokratisches Pathos, das sie in der Kleingruppe bewährt hatten. Sie hatten eine tiefe Skepsis gegenüber der Parteiendemokratie und Parteien überhaupt. Aus Minderheitszirkeln wurden Sammlungsbewegungen, deren Repräsentanten Sprecher für den Mehrheitswillen wurden. Dies aber erwies sich bald als Täuschung. Es gelang nicht, den Demokratisierungswillen zu bündeln, obwohl die verschiedenen Gruppierungen fast kongruente programmati-

sche Aussagen trafen. Sie waren weniger in Grundpositionen als vielmehr in Akzenten verschieden. Die Zeit reichte nicht zum organisatorischen Aufbau, aber viele »Platzhirsche« wollten das auch nicht. Sie hatten jeweils »ihr Ding« und »ihre Symbolfigur« gefunden. Das Mißtrauen gegen parlamentarische Verfahrensregeln, Programme, Statuten, Mitgliederausweise und -beiträge, Untergliederung und Kompetenzabsprachen erwies sich faktisch als Instrument usurpierter Macht: Wahl geschah zunächst per Akklamation. Wer zuerst dabei war, zu den Gründungsmitgliedern gehörte, der sollte auch das Recht des ersten behalten. Für das »Neue Forum« zu sprechen, brauchte nicht abgesprochen zu werden. Es war das unglaubliche Gefühl des Einverständnisses. Bald aber wurde dies zum Stimmengewirr: je südlicher, desto rechter. Unmittelbarkeit, Spontaneität und unvermeidliche Vielstimmigkeit sind in einer revolutionären Übergangszeit nützlich, taugen aber nicht für politische Gestaltung des Alltags. Politischer Wille muß gemeinsam im Streit formuliert, gebündelt und in erkennbare praktische Politik übersetzt werden.
So wie »Solidarnošč« (auch ein revolutionärer Gemüsegarten) zehn Jahre zuvor, erlebten die oppositionellen Sammlungsbewegungen ihr erstes Waterloo bei ihren ersten Delegiertentreffen. Der »Demokratische Aufbruch« berief den ersten »neuen« Parteitag ein, bei dem den Initiatoren ihre schönen Programme zerklopft wurden. Da gab es einen thüringischen Antrag, der mit einem Getrampel begrüßt wurde, daß mir angst wurde: »Ich beantrage, das Wort ›Sozialismus‹ wird nicht mehr gebraucht, zweitens, die deutsche Einheit ist unser Ziel, drittens, Marktwirtschaft muß hergestellt werden. Alles andere ist Gerede.«
Der Demokratische Aufbruch entwickelte sich bald zur nationalen Allianzpartei, zum Feigenblatt für die schnellgewendete CDU-Ost, wobei sehr früh schon Geld im Spiel war, als der kleine Schnur mit der Rostocker Nummer am großen Westauto nächtens mit den westlichen Parteigrößen im Devisenhotel seine Absprachen traf. Das war Mitte Dezember 1989. Die anderen Basisbewegungen lachten über den Demokratischen

Aufbruch. Sie hatten ihre Stunde der Wahrheit noch vor sich. Aus dem Forum entwickelte sich die Forumpartei, viele gingen dann zur FDP, in die DSU oder die CDU. Auch die Sozialdemokraten sammelten sehr viel bloß antikommunistisch-kleinbürgerliches Potential. Das zweite Waterloo erlebten wir alle gemeinsam am 18. März 1990. Die »Massen« wandten sich von den demokratischen Utopien ab und ließen sich in die Fahne mit dem D-Mark-Emblem einhüllen.

Das Fernsehen steuerte den ganzen Prozeß durch Multiplikation. Es hatte von Anfang an Menschen mobilisiert, Nachahmungseffekte initiiert und dabei sowohl Parolen wie Gestaltungsformen der Demonstrationen multipliziert. Das Fernsehen hat auch später die Wendung hin zur »Fahne der Einheit« faktisch gesteuert. Der Wahlkampf zum 18. März wurde ein vorgezogener Wahlkampf der Westparteien auf dem Territorium der DDR, und die Bürgerbewegung zeigte sich in einer schwer vermittelbaren Zersplitterung; gute Freunde von gestern gebärdeten sich schnell als »Vorsitzende«, die die Vereinigung mit den jeweils anderen Gruppierungen öffentlich bejahten, aber unter ihren Bedingungen. Es ergab sich eine lächerliche Konkurrenz von Menschen, die plötzlich mit den Versuchungen der Macht konfrontiert wurden. Wolfgang Schnur in Halle: »Vor Ihnen steht der neue Ministerpräsident«.

Gerechtigkeit hieß bald Gerechtigkeit für uns Ostdeutsche. Wir wollten als Deutsche teilhaben an den Segnungen der Bundesrepublik und der D-Mark. »Gebt Ihr Westdeutschen sie uns nicht, kommen wir.« Die Flucht aus der DDR wurde als Drohung für die BRD politisch wirksam. Es hätte eine »Übersiedlerflut« gegeben. Gerechtigkeit wurde erwartet – und das mit einem gewissen Recht – für 40 allein erlittene Jahre eines gemeinsam verlorenen Krieges, indem die DDR durch die Grenzziehung von Jalta ein System, das nicht funktionsfähig war, aufgedrückt bekam und nun ökonomisch hoffnungslos am Ende war, obwohl die DDR von allen Ländern als das zehntgrößte Industrieland gepriesen wurde. Diesem Irrglauben unterlagen nicht nur Honecker und Mittag, sondern auch fast alle westlichen Politiker. Manche geben es nun auch schon zu. Sehr früh wurde ein »Lastenausgleich« als Ausdruck von Gerechtigkeit angemahnt, von Günter Grass, Klaus von Dohnanyi und vom Bundespräsidenten.

Die Bürgerbewegung, die sich zunächst als Sprecher des gesamten Volkes fühlen konnte, wurde mit dem Wahlzettel beiseite gewischt, da sie ja keinerlei Schlüssel zum Geld hatte und auch keine ökonomische Kompetenz und Potenz aufweisen konnte. Die parlamentarische Regierungsform in der Bundesrepublik hatte sich dort bewährt, und die Bundesrepublik sah auch so aus, wie man sie aus dem Fernsehen kannte. Da wollte man nicht mehr die demokratischen Utopien der Bürgerbewegung von einer Basisdemokratie, sondern teilhaben an der Wirtschaftskraft der Bundesrepublik. Wollte man dies den Menschen verübeln?

Basisdemokratie war eine der Utopien der Bürgerbewegung. Basisdemokratie kontra repräsentative Demokratie beziehungsweise Spontandemokratie kontra Regeldemokratie! Ein Mythos von »der Basis« wächst aber in dem Maße, wie der repräsentative Parteienstaat erstarrt und wie Gruppensolidarität beziehungsweise Gruppenklüngel in Parlamenten vor Sachentscheidungen kommen. Basisdemokratie darf aber nicht heißen,

- lange reden ohne zu entscheiden,
- palavern ohne Ende,
- sich im alternativen Dunst berauschen,
- gegen »die da oben« (als eine Art Gruppenkitt, ohne selber Verantwortung zu übernehmen) sein,
- große (populäre) Ideale formulieren, ohne zu sagen, wer es bezahlt,
- den Volkswillen für sich reklamieren, ohne das Volk zu fragen, also sich selbst für die vox populi ausgeben, bloß weil der Saal voll ist von Gleichgesinnten, die sich in ihren Gegnervorstellungen einig sind.

Basisdemokratie darf aber auch nicht heißen, am Biertisch den Urgründen und Abgründen der deutschen Seele freien Lauf zu lassen, stets einig gegen die »Schwatzbuden« der Demo-

kratie. Diese beiden basisdemokratischen Alternativen könnten für die Demokratie lebensgefährlich werden, weil sie sich beide gegen die demokratischen Institutionen richten und schließlich Diktatoren den Weg bereiten.
Die sogenannte Basisdemokratie ist in der Gefahr, daß sich Menschen selbst für die Basis ausgeben, ohne sich zu fragen, wo die Basis ist, außer bei sich selbst. Haben nicht die gewählten Vertreter in den Parlamenten die Stimmen bekommen, und sind sie insofern nicht »Basis« – in ihrer ganzen Mittelmäßigkeit die Repräsentanten eben dieses Volkes, das sie gewählt hat? Dies wirft natürlich kein sehr gutes Bild auf unser Volk. Doch unsere parlamentarischen Repräsentanten sind Spiegelbild unseres mentalen Zustandes. Ebensowenig wie Intellektuelle (oder solche, die als solche angesehen werden) schon Sachverstand, Weisheit und Voraussicht verkörpern, haben Leute mit weniger Gehirnzellen (und dies auch noch betonen) schon recht, bloß weil sie sich als »einfache« Leute oder gar als Arbeiter deklarieren.
Und wer sich zu fein ist, sich in den konkreten Streit hineinzubegeben (auch mit unsäglich Dummen, Ressentimentsgeladenen, Beschränkten, Verbohrten), oder sich selbst als einen derselben im scharfsinnigen Spiegel des politischen Konkurrenten erkennt, der sollte im Urteil über Entscheidungsträger in einer Demokratie, in der schließlich Mehrheiten zählen, zurückhaltender sein. Manche sind in ihrem Urteil so sicher, weil sie es sich ersparen, sich umfassend zu informieren. Sie wollen sich in ihrem gesunden und glasklaren Urteil nicht ankränkeln lassen durch zur Debatte stehende, oft gleich gute oder gleich schlechte Argumente und Handlungsalternativen. Das geht häufig nach dem Refrain: Je weniger du weißt, desto klarer dein Urteil. Schärfer gesagt: je dümmer, desto sicherer. Die Klugen, ja die Superklugen, sitzen meist »draußen« und haben gut reden. Wenn es nach ihnen und ihrer Einsicht ginge, wäre alles lösbar. Nur leider muß die Gesellschaft auf sie verzichten. Es gibt soviel Klugheit außerhalb der Parlamente, daß es mehr als schade ist, daß dies der konkreten politischen Gestaltung nicht zugute kommt. Es ist

nicht nur schade, es ist gar gefährlich, wenn die Klugen draußen bleiben mit ihrer Klugheit, an ihren »einfachen« oder an ihren »feinen« Tischen beziehungsweise an den Tischen der Redaktionsstuben, wo man immer nur kommentiert, aber für nichts Verantwortung zu tragen braucht.
Die Utopie der Mitbeteiligung möglichst vieler darf keine Utopie bleiben, sonst wird die Demokratie selber zur Utopie! Die Stärke der parlamentarischen Demokratie besteht gerade in der Veröffentlichung des Streits, des Redens miteinander statt der Polemik übereinander, des kritischen Bedenkens des bisher in der eigenen Partei nicht Bedachten. Deshalb sollten wir parlamentarischen Streit nicht denunzieren als Zank, ihn aber auch nicht zänkisch führen.

Die Demokratie demokratisieren

Die »Ohne-mich-Haltung« von 40 Jahren Diktatur ist nicht wesentlich unterschieden von der »Mein-Vorteil-Haltung« in 40 Jahren Demokratie. Die Nischen waren nur verschieden komfortabel. Es machte für die Selbstverwirklichung in freien Gemeinschaften schon einen Unterschied im Vergleich zu den mehr oder weniger erzwungenen Kollektiven in der DDR. Es machte auch dort wohl mehr Spaß.
Die westliche Demokratie lebte aus dem Kontrast zur östlichen Diktatur und stellte sich in erfolgreiche Konkurrenz zu einer Gesellschaft, die ein soziales Ideal verwirklichen wollte, ohne die entsprechende Ökonomie aufbauen zu können.
Wenn ihr, liebe Bürgerrechtler und aufgebrochene DDR-Bürger, dachtet, das Volk wolle in seiner Mehrheit nun mehr Demokratie und aktive Mitbestimmung, so habt ihr euch gründlich getäuscht. Es wollte Wohlstandsdeutschland mit DM-Reisefreiheit. Die »Demokratie-jetzt-Bewegung« verwandelte sich in »DM-jetzt-Bewegung«. Nun, DM- und Reisefreiheit, Meinungs- und Informationsfreiheit, das ist schon was! Wenn da nicht noch gewisse Eigentumsfragen wären und die Erfahrung, daß der zu sagen hat, der was hat. Und wenn da nicht der Markt wäre, um dessentwillen der Mensch zu exi-

stieren scheint. Wo alles nach der Maxime geht: »Was läßt sich rechnen?« Wenn da nicht die permanente Konkurrenz- und Vorzeigementalität wäre, der eine Absahnmentalität entspricht, die auch Ostdeutsche bereits erlernt haben – nicht bloß die Krupps können das, auch die Krauses.
Wenn ihr dachtet, die Mehrheit wollte ein Land ohne Mauer, dann habt ihr euch wohl getäuscht. Sie wollte die Mauer für die Deutschen weg – aber keine Störungen für den eigenen Wohlstand. Und da wächst die Neigung, das Land nach außen dicht zu machen. Wenn ihr dachtet, wir Leute aus den Bürgerbewegungen seien besser, und wenn ihr dachtet, je weniger Partei, je mehr alternativ, desto demokratischer, dann habt ihr euch getäuscht. Wir sind genauso empfänglich für die Versuchungen der Macht und beherrschen bald die Regeln von PR. Dann tritt auch schon mal zu einem recht durchsichtigen Termin und Anlaß eine Ministerin zurück, um einige Wochen später genau den Posten zu übernehmen, von dem man dachte, daß sie ihn einmal einnehmen wolle, aber dafür medienwirksam zurücktreten mußte. Schließlich haben Menschen, die lange in einer Minderheitenposition gelebt haben, auch ein bestimmtes Rechthaberbewußtsein entwickelt, das sich gegen das Rechthaben der Mächtigen richtete, aber in vielem spiegelverkehrt etwas wiederholt, was sie eigentlich abgelehnt haben. Außerdem sind Menschen, die sich selber eine höhere Einsicht zubilligen, in der Gefahr, das Volk wieder zum Objekt von Erziehung zu machen. Demokratie heißt, daß auch die Freunde untereinander die Kritik wagen und dies nicht den Gegnern überlassen!

Ich fasse zusammen:
Eine soziale und liberale Demokratie braucht Demokraten, die sie wollen und ausfüllen, kritisieren und schützen. Demokratie braucht Institutionen, mit deren Hilfe eine Rechtsordnung garantiert wird. Diese Rechtsordnung kann und soll Ungerechtigkeit eindämmen, aber sich nicht anheischig machen, »die Gerechtigkeit« zu schaffen. Demokratie ist die Bemühung um ein Fließgleichgewicht, eine Homöostase zwischen

Prinzip und Kompromiß,
Gemein- und Einzelinteresse,
Kurz- und Langzeitzielen,
Wahrheit und Mehrheit,
Nötigem und Möglichem,
Entscheidungswagnis und Palaverbedürfnis,
Repräsentativem und Basisdemokratischem,
Konsenszwang und Gewissensvorbehalt,
temporärer Stabilität und aktueller Spontaneität,
Selbstregulierungsmechanismen und Steuerungsnotwendigkeiten,
lokaler Konkretion und globaler Verschränkung,
dem Bedürfnis nach »mehr Demokratie« und dem Bedürfnis nach »mehr Führung«.

Versucht eine lebendige Demokratie diese Homöostase, dieses Fließgleichgewicht, einzuhalten, hat sie die nötige stabile Dynamik oder dynamische Stabilität.

Demokratie braucht die Bürgerbewegungen und ihre Utopie, damit sie in Bewegung bleibt.

Das Wunder der Verständigung feiern

Bei der Diskussion um die Streichung eines Feiertages zugunsten der Bezahlung der Pflegeversicherung wird auch immer wieder der Pfingstmontag genannt.

Es ist nur eines der Indizien unseres Kulturverlustes, wenn Pfingsten schon mit Grausen erwartet wird, weil *der Stau* sich schon Tage vorher in den Zeitungen ankündigt. Millionen starren wie gebannt darauf, um sich dann doch selber in den obligaten Pfingststau zu begeben. Wenn der Pfingstmontag wegfiele, fiele wohl auch Pfingsten aus dem Bewußtsein weg – und es bliebe der Jahresstau unseres Vierradnomadentums am Ende des wunderschönen Monats Mai einfach aus.

Pfingstmontag gehört zum sozialen Besitzstand, dekoriert mit einem überkommenen christlichen Namen. Ist wieder zurückzugewinnen, was der christliche Festkalender an Lebensdeutung implizierte?

Die großen christlichen Feste feiern Wunder, die die Welt verwandelten. Jahraus, jahrein erinnern wir uns, vergewissern wir uns und richten uns nach vorn. Pfingsten ist der euphorische Moment der Einheit mitten im Alltag unserer Unterschiedenheit. Das Wunder der Verständigung ist das Gegenbild zur babylonischen Sprachverwirrung. Das wird gleichzeitig zur Gründungsversammlung der Kirche als einer internationalen Bewegung. Darüber hinaus wird »Geistesgegenwart« Jesu als Tröster, als Heiliger Geist, zugesprochen. Und schließlich ist Pfingsten das christliche Frühlingsschöpfungsfest, die Preisung des Maienzaubers.

Pfingsten ist das Fest des Universalismus, in dem eine ökumenische und eine internationale Verpflichtung, aber kein imperialer christlicher Anspruch steckt. In welchem Kontrast dazu steht Seichtheit und säuselnde Sprache des kleinsten gemeinsamen Nenners der ökumenischen Christenheit? Das wäre nur die Sünde der Belanglosigkeit. Viel schlimmer ist es, wenn Kirchen sich wieder national und nationalistisch mißbrauchen lassen, und goldbehängte serbische Geistliche blutverschmierte Tschetniks für den nächsten Kampf religiös zurüsten und sich dabei nicht scheuen, das Kreuzeszeichen zu mißbrauchen. Wir Deutschen haben jahrhundertelang solcherart Traditionen gehabt. Das soll sich in keiner Variation wiederholen!

Mitten in unserer zerstrittenen, zerrissenen, verständigungsblockierten Welt, in der die *eine Welt* wieder in ihre Einzelteile zu zerfallen droht, in der die verbindenden Institutionen ihre gemeinsamen Verbindlichkeiten und Handlungsmöglichkeiten immer eingeschränkter wahrnehmen können, ist es einfach ermutigend, die wunderbare Pfingstgeschichte zu hören und nicht aufzuhören, auf solche Wunder zu hoffen und hinzuarbeiten. Wir bedürfen eines innersten Einverständnisses für den Bestand einer Gemeinschaft, in der Unterschiedenheit nicht aufgehoben, aber transzendiert wird.

Wir könnten schon ein Pfingstwunder brauchen, einen internationalen Taumel in Wien bei der KSZE, in New York bei der UNO, bei den Nord-Süd- oder bei den Umweltkonferenzen, beim Ökumenischen Rat in Genf oder im Vatikan. Dazu bedürfte es auch der zukunftsbezogenen und handlungsbereiten Einsicht aller, wie sehr die eine, so schöne, so einmalige Welt nun plötzlich wieder so gefährdet ist.

Sind wir noch für Wunder offen? Pfingsten ist das Wunder der Verständigung. Wunder sind selten. Sonst wären es keine Wunder. Wunder wollen gefeiert werden. Einander verstehen über die Barrieren von Kulturen, Nationen, Sprachen, Religionen und Rassen hinweg ist etwas Traumhaftes, etwas Überraschendes, etwas Taumelhaftes. Wenn Menschen aufeinander neugierig sind und sich verstehen wollen, dabei unüberwindlich scheinende Hürden überspringen, dann hat dies etwas Skurril-Spielerisches und Anstrengendes zugleich. Wer die Sprache des anderen nicht versteht, verständigt sich mit »Händen und Füßen«. Das wirkt erheiternd und erfreulich, macht uns gleichzeitig die Wunder unserer verschiedenen Sprachen deutlich und läßt uns von der Weisheit der Sprache der anderen lernen, läßt uns Unübersetzbares entdecken. »Mit Händen und Füßen« verständigen wir uns. Das ist erfreulich und baut Beziehungen auf. Um so schmerzlicher ist es, wenn wir statt dessen immer wieder »mit Fäusten und Knobelbechern« Beziehungsabbruch, Verständigungscrash demonstrieren.

Eine Einheit im Geist braucht auch die Einheit im Leib. Aber erstere ist Voraussetzung für letztere, wenn denn Einheit nicht bloß ein gegenseitiges Zweckbündnis sein soll. Der Geist Gottes transzendiert unsere Zweckbündnisse und ermöglicht grundlegende Verständigung, die in konkreten Konflikten der Praxis tragfähig bleibt. So wie der Geist, den eine Verfassung trägt, prägt und ausstrahlt, etwas Unverfügbar-Notwendiges ist, so ist der Geist einer Gemeinschaft die Voraussetzung für die Lebendigkeit einer Institution. Die Institution gibt sich dann auch konkrete soziale und rechtliche Regelungen. Der Geist aber ist das Verbindende. Es kommt zu einem inneren Verfall der Institutionen, wenn sie nicht

mehr vom Geist verbindender Werte geprägt sind. Das Fehlen solch eines Geistes, solche Geistlosigkeit ist das Armutszeugnis unserer Kultur. Unser »Bitten um den Heiligen Geist« ist etwas ganz anderes als Jammern um den Zustand unserer Welt: Es ist die gewisse Erwartung eines Beistandes, eines unverfügbaren Trostes und eines unerwarteten Wunders.
Wie der »Heilige Geist« als Tröster und Helfer in allem Bedrängenden am einzelnen und am Ganzen wirken kann, hat Martin Luther eindrücklich beschrieben:
»Das ist nun recht vom Heiligen Geist gelehrt, daß Er ein Tröster heißt. So ist dieser Name nichts anderes als eine Offenbarung oder Erkenntnis, was man von dem Heiligen Geist halten soll, daß Er nämlich ein Tröster ist. Tröster aber heißt ja kein Moses oder Gesetzesschreiber, der da mit Teufel, Tod und Hölle schreckt, sondern der, der ein betrübtes Herz lachend und fröhlich macht gegen Gott und dich heißt guten Mutes zu sein, als einen, dem die Sünde vergeben, dem der Tod erwürgt, dem der Himmel offen ist und den Gott anlacht. Gleichwie in der Welt immer eitel Haß, Verfolgung, Ärgernis und allerlei Unglück bleiben, daß ein Christ zuletzt müde werden und verzagen müßte, wie mir selbst oft widerfahren ist, so will der Heilige Geist auch nicht aufhören, das Herz dagegen zu trösten und einen Mut einzublasen, daß wir solches überwinden.«

V

Freiheit und Bindung

Bindungsverlust und Zukunftsangst
Namen sind Schicksale
Der Atheismus der Ideologie und der Atheismus des Geldes
Die protestantische Kirche nach dem Umbruch

Bindungsverlust und Zukunftsangst

Siebzehn Millionen Deutsche haben in der ummauerten Provinz in Kollektivierungszwängen gelebt, die eine Einheitspartei als höchste Form der Freiheit ansah, Individualisierung als Subjektivismus verdammte, Zukunftsrisiken mit wissenschaftlich begründetem Zukunftsoptimismus abwies, wo die »Sieger der Geschichte« die Normen vorgaben und die Einheitsgesellschaft anstrebten (die sozialistische Menschengemeinschaft), in der die Menschen als stets tätige Gemeinschaftswesen verstanden wurden, mit dem sicheren, gesetzmäßig verbürgten Ziel des Kommunismus gefüttert. Man durfte nicht mehr entscheiden, weil nichts mehr zu entscheiden war, weil die Geschichte alles »oben« entschieden hatte. Aber man mußte auch nicht entscheiden.

Bis zuletzt wurde das System seines Sieges ansichtig in Massenaufzügen und anhörbar in hunderttausendfachen Dankesparolen. Nun in der Freiheit, selbst entscheiden dürfen und selbst entscheiden müssen! Zerfall aller vorhandenen Institutionen, Verlust aller Sicherheiten ... Das Glück der Freiheit ist gleichzeitig das Fallen in ein Loch. Nun sehe jeder zu! Was gilt? Wer gilt? Es gilt, wer hat und wer zu mehren weiß, was er hat.

Die Institutionen in der »sozialistischen« Gesellschaft zerbrachen alle und trafen und treffen nun auf zerbröselnde Institutionen der Demokratie. Unsere Aufgaben werden nun gemeinsame.

In die Turbulenzen der Weltkrisengesellschaft sind wir hineingerissen. Die Sinnreservoire sind aufgebraucht, die Quellen verstopft, schal geworden oder vergiftet. Immer noch gibt es indes die altbekannten, neu zu entschlüsselnden Sinnstiftungsangebote. Sie werden von wenigen *wahr*- und von noch wenigeren *an*genommen. Warum nicht? Weil ihnen keine Relevanz zugetraut wird. Und weil ihnen nichts zugetraut wird, können sie ihre Tragkraft nicht erweisen. Wer sich nicht darauf einläßt, kann aber nicht wissen, ob sie zur Lebensbewältigung taugen. Es bliebe das Wagnis, aus dem Unverfügbaren heraus die eigene Verfügungsgewalt zu relativieren, das Wagnis, im Geheimnis sein Wissen aufgehoben zu sehen, im Vertrauen seine Sicherheit, in der Freiheit seine Bindung und in den Bindungen seine Freiheit, im Wort seine Verantwortung und in seiner Verantwortung die getröstete Annahme des Scheiterns zu erfahren. Die Türen sind offen, die Bücher sind aufgeschlagen, die Glocken rufen und die Orgelpfeifen tanzen. Aber Redende und Hörende scheinen gleicherweise verstockt, nach rückwärts verrückt oder nach vorwärts verwirrt. Das Klima bleibt fröstelnd oder wird gepflegt lau. Es bleibt der Entschluß, die Tragfähigkeit des Erbes erneut abzuklopfen und das Lernerbe des Scheiterns nicht in allfälligen Zynismus münden zu lassen. Schließlich müssen die Erfahrungen der Vergangenheit uns fernerhin zum Lernen ausreichen. Neue Erfahrungen mit Scheitern würden tödlich, setzten Irreversibles in Gang. In solche Prozesse sind wir gegenwärtig verstrickt. Die Lehrmeisterin wird die Furcht, das Überlebensrezept die Verdrängung – wer vermag schon sich auszumalen, was in der zerfallenden Welt mit Plutonium angerichtet werden kann oder wie die Ressourcenvergeudung den Klassenkampf mit den künftigen Geschlechtern schon zu deren Ungunsten verloren sein läßt.

Wo die Risiken angst machen, aber aus Angst vor dem Ohnmachtseingeständnis verdrängt werden, kann Bedrängnis zur Flucht, zum Rückweg in alte Sicherheiten werden. Diese Rückwege erweisen sich indes schnell als Sackgassen.

Wir stehen wiederum vor der Frage, die Luther in aller Schärfe aufwarf, als es um die »Sicherheiten« im Angesicht apokalyptischer Ängste ging. Auch uns stellt sich die Frage, ob wir es wagen, uns mit einer »Sicherheit des unbegründbaren Vertrauens« zu begnügen, die dem Augenschein widersteht, dem Geist der Abschottung nicht verfällt und sich den offenen Horizont der Hoffnung bewahrt. Für Luther verdichtete sich diese Grundeinstellung im Sola fide, das im Solus Christus

begründet ist. Wo die Kirchen noch immer um sein Gewand würfeln und seine Wahrheit konfessionell okkupieren, beteiligen sie sich an der tödlichen Parzellierung der voneinander abhängigen Welt.
Seit wir schriftliche Zeugnisse über gesellschaftliche Krisen haben, gibt es Klagen über Werteverfall und Bindungsverlust. Zumeist wurden dies Einleitungsarien für neokonservative Wendemanöver, für fundamentalistische Attacken auf die jeweilige »Moderne« oder gar für barbarische Überlegenheitsstrategien.
Der Mensch, »Irrläufer der Evolution«, bleibt im »Gotteskomplex« befangen, vor allem, nachdem er im Verfolgen des Baconschen Ideals, also des machtförmigen Wirklichkeitsbezuges sowohl im Stoffwechselprozeß mit der Natur als auch in seinen Sozialbeziehungen, befangen ist. Rückwendung ist nicht identisch mit Restauration, wenn das Ziel der Rückbe*sinnung* Rück*bindung* ist, die bewahrt, was sich als wert erweist. Akzeptierte Rückbindung vermag den Freiheitsspielraum erst auszufüllen (Servitum domini summa libertas). Und Selbstbegrenzung und Selbstbescheidung sind nicht Einschränkung von Lebensglück.
Der Osten ist implodiert. Eine Einheitsgesellschaft hinterließ Verödung – der Seelen, der Landschaften, der Industrie- und Kulturgüter. Der Westen ist dabei zu zerbröseln. Sein in der Blockkonfrontation entwickeltes Freiheitsideal geht nun einerseits an sich selbst zugrunde und erweist sich andererseits als pure Fiktion: Leben steht unter der Herrschaft von Modernisierungszwängen und Effizienzkriterien in weltweiter, kaum beherrschbarer ökonomischer Verflechtung. Die Krise kann noch in die Rohstofflieferantenländer des Südens abgeladen werden.
Was positiv nicht gelingt, könnte negativ gelingen: der Zusammenschluß der Menschheit gegen den »gemeinsamen Feind«, den er in sich selbst entdeckt, in seiner Art nämlich, mit seinen Lebensgrundlagen umzugehen. Ein solcher Versuch ist auf dem »Erdgipfel« in Rio 1992 vorerst genauso verpaßt worden, wie es der ökumenischen Bewegung in Seoul

1990 nicht gelang, globale und partikulare Interessen zum Ausgleich zu bringen. Der Erklärung der Weltreligionen in Chicago vom September 1993 ist größere Wirkung zu wünschen.

Hat die Menschheit aber diese Entschlußkraft und den dazugehörigen Gestaltungswillen nicht mehr und gelänge es ihr nicht, ein diesem Gestaltungswillen entsprechendes »Weltethos« als ein globales Basisethos zu entwickeln, das regionale, kulturelle und religiöse Ausformung gerade nicht nivelliert, sondern integriert, bliebe die Menschheit auf der schiefen Ebene. Mangelt es uns an Entschlußkraft, bis es zu spät ist?

Politikberatung durch Wissenschaft ist ebenso vonnöten, wie »Wissenschaftsberatung« durch Politik erforderlich wird, weil sonst Denkbares und Machbares so weit auseinanderfielen, daß die Differenz unüberbrückbar wird. Die Normverständigung, die von Politik, Parteien, Verbänden, Kirchen inszeniert und von der Wissenschaft reflektiert wird, hat die Normenaneignung zum Ziel. Sie kann nur in komplexen kommunikativen Prozessen gelingen. Solange aber (unausgesprochen) die Ökonomie (mit Effizienz und Konkurrenz, Marktdominanz und Konsumstimulierung, sämtlich unter dem Primat von Wachstum!) das so erkennbare wie unbeherrschbare Movens bleibt, ist reflexive menschliche Steuerungsmöglichkeit fast ausgeschlossen.

Es gibt wohl politische Mitbestimmung in Demokratien westlichen Vorbilds, aber kaum noch ökonomische.

Letztlich geht es um das, was uns als Gemeinwesen im einzelnen und als Weltgesellschaft im ganzen wichtig wird. Solange einfachste Handlungsmaximen des Überlebens nicht Gemeingut werden, wird es auch keine gesellschaftliche Kraft geben, für sie zu leben. Eine solche einfachste Welt- und Selbsterkenntnis, die zu Welt- und Selbstveränderung führt, ist der Satz des Wanderpredigers aus Nazareth: »Was hülfe es dem Menschen, wenn er die ganze Welt gewönne und nähme doch Schaden an sich selbst.« Das Darüberreden, wie es »dem Menschen« ergeht, der so lebt, erweist sich als folgenlos. Solche Erkenntnis bedarf der Wendung: »Was hülfe es *mir*, wenn *ich* die ganze Welt gewönne und nähme doch Schaden an *mir* selbst« beziehungsweise »Was hülfe es *unserem* Land, wenn *wir* die ganze Welt beherrschten und nähmen doch Schaden an *uns* selbst.«

Auch die Demokratie als institutionell garantierte Mitbestimmung bleibt labil, wo sie nicht einen Grundkonsens über das findet, was nicht zur Disposition steht, auch nicht durch Mehrheit. Das Volk ist nur der Souverän, wo es aus Souveränen besteht, die sich den äußeren Manipulationen und inneren (destruktiven) Antrieben zu widersetzen vermögen.

Ist die Welt noch gestaltbar? Wo Effizienzkriterien alles werden, wird alles nichts.

Wo Individualisierung als Freiheit des einzelnen praktisch zur Privatisierung wird, wird sie gleichzeitig zum Rückzug aus gesellschaftlicher Verantwortung und hat die Krise der Institutionen zur Folge. Individualisierung wird unversehens zur Vereinzelung in der Massenkultur. Nirgendwo sind Menschen einsamer als in der Masse. Eine entscheidende Frage für die Gestaltung einer demokratischen Gesellschaft ist, ob auf das rechtliche Gerippe der Demokratie die »freie Assoziation freier Individuen« kommt, die aus dem Gerippe erst einen Organismus machen. Individualisierung als Privatisierung führt zur Verweigerung eigener politischer Innovation.

Die westliche Wohlstandskultur hat sich nach einer Phase geradezu psychokultisch inszenierter Umarmungsrituale zu einer Distanzkultur entwickelt. Nach dem Betroffenheitstriefsinn führt das intellektuelle Klima in die zynische Abweisung jeder irgendwie nach Moral klingenden Aussageform, in das mitleidige Lächeln über jeden moralischen Gestus.

Individualisierung wird zur Privatisierung, wo Wertbindung in einer Gemeinschaft hohl geworden ist und nicht mehr als füllbar angesehen wird. Die Individualisierung als privatisierende Abkapselung findet ihre Wohlstandsformen im Intercity mit CD-Player, den Naßzellen-Hotels, inzwischen selbst in Tagungszentren, wo Menschen eifrig über sinnliche Nähe und Energieersparnis diskutieren, und nicht zuletzt, sondern zuerst im vergötterten »Faradayschen« Individualverkehr. Der totalen Veröffentlichung und beliebigen Reproduktion aller Waren, Werte und Worte entsprechen solche hilflosen Abschottungsrituale. »Komm mir nicht zu nahe« wird das Script der Abkapselungskultur, in der der Nachbar ein Störer ist.

Der analytische Sachverstand wirkt wie ein Seziermesser ohne das Wagnis des systematischen Gedankens. Um sich dem Spott der scharfsinnigen Kritik der Kritiker nicht auszuliefern und sich keinesfalls den Utopievorwurf machen zu lassen, beschränkt sich Wissenschaft weithin auf scharfsinniges Analysieren, Abwägen, Vergleichen, Aufzeigen von Ambivalenzen, Begründen von Sackgassen.

Jedenfalls scheint sich eine Kultur herauszubilden, in der es unschicklich wird, Lösungen anzubieten, für diese Lösungen Instrumentarien zu schaffen oder gar Institutionen zu bilden. Eine Wissenschaft aber, die sich auf das Analytische beschränkt und das Systematische nicht mehr wagt, reduziert sich selbst zu einer Institution, die den Status quo stabilisiert oder beklagt, die wahren Ursachen und Erscheinungsformen gerade noch benennt, sich aber insgesamt auf das Melden der »Wasserstandshöhen der Sintflut« beschränkt. Wo sich der Graben zwischen wissenschaftlicher Reflexion insbesondere in Philosophie, Soziologie, Pädagogik und Theologie und der gesellschaftlichen Praxis in der Massenkultur immer mehr verbreitert, sich Politik weithin als Reparaturbetrieb plus Selbstbedienung mit Machterhaltung versteht, wird eine Gesellschaft ziellos.

Selbst das modisch gewordene Nachdenken über »Religion« bleibt weithin im reflexiven Raum als ein mögliches Annoncieren spiritueller Grundlagen, transzendentaler Zusammenhänge oder zur Beachtung »religiöser Dimensionen« so tief- wie weitwirkender religiös-kultureller Lebensgrundlagen.

Wir kommen tendenziell aus dem Vollzug in die bloße Reflexion, in die Metaebenen des Lebens. Der Verlust an Unmittelbarkeit nimmt in dem Maße zu, wie wir dazu technische Geräte oder wissenschaftliche Begriffe brauchen.

Die verfaßten Religionsinstitutionen geben weithin ein jämmerliches Bild, da sie ihren Wertkonservativismus als Restauration beziehungsweise Fundamentalismus mißverstehen. Die anderen suchen den Anschluß an die Modernität dadurch, daß sie nachweisen, daß auch sie zu jedem Zweifel in der Lage sind – zum Zweifel an sich, an der Welt, am Sinn des einzelnen und am Sinn des Ganzen.

Zukunftsangst wird zur Politikverdrossenheit. Beides wird Ausdruck von Bindungsangst und Gemeinschaftsabstinenz, sofern damit jeweils der mühsame, aber dann auch durchaus glückliche Vorgang der Einigung mit anderen verbunden ist.

Wo Freiheit nicht mit Bindung zusammengedacht und vor allem vollzogen wird, wird sie zur Abstraktion. Einbindung kann Freiheitsgewinn werden, wo sie den einzelnen nicht bindet, sondern hält. In diesem Sinne sind Luthers berühmte dialektische Sätze zu verstehen: »Ein Christenmensch ist ein freier Herr aller Dinge und niemand untertan« und »Ein Christenmensch ist ein dienstbarer Knecht aller Dinge und jedermann untertan.«

Wenn dem Sein kein Sollen mehr entspricht, wenn wir weiterhin alles tun, was wir können, bis wir nichts mehr tun können, weil unser Tun uns gänzlich aus den Händen gleitet, kann auch auf die Analyse verzichtet werden.

Um das Wagnis des Entwurfs muß es analytischer Wissenschaft, auch der philosophierenden Soziologie gehen. Jeder Entwurf wird zum Wagnis, dem Spott der Klugen ausgesetzt.

Um den weithin folgenlosen Imperativ einer Muß-Kultur zu überwinden, brauchen wir den Sprachgestus des Kohortativs, der Selbstverpflichtung. Also: *Laßt uns!* statt *Macht mal!* Die Analyse bleibt eine der Voraussetzungen der Entwürfe. Aber sie ist eben nur *eine* Voraussetzung bei der Bestimmung dessen, was sein soll, nachdem man erkannt hat, was ist.

Wir sind konzeptionslos aus der stabilisierenden Abschrekkungsordnung ins nationalistische Chaos gefallen. Der Westen ist ohne eine Idee, aus der heraus sich ein überlebens-

fähiges Modell für das Zusammenleben der Völker ergeben könnte und das mittel- und langfristig trägt.
Wir erweisen uns des Zusammenbruchs des Kommunismus nicht als würdig. Daß er scheiterte, birgt Aufgaben, die er nicht lösen konnte, die aber nicht erledigt sind. Mit der moralischen und politischen Überanstrengung des Kommunismus, der eine Welterlösungsideologie implizierte und mit Macht durchzusetzen versuchte (wie sich das Christentum schon Jahrhunderte vorher angeschickt hatte), ist die Vorstellung von einer besseren oder gar guten Gesellschaft in Verruf gebracht worden. Alles Nachdenken über Utopie wird als abständige Illusion, jeder neue Entwurf als Traumgebilde denunziert. Dabei muß es doch um eine geläuterte Utopie gehen, die dem »Prinzip Verantwortung« nicht widerspricht, sondern entspricht. Das Einsichtsprinzip Verantwortung indes bekommt seine Triebkraft aus der Hoffnung, daß überhaupt gelingen kann, was Einsicht gebietet. Weil wir aber nicht mehr alles können, was wir sollten, sollte nicht darauf verzichtet werden, überhaupt noch etwas zu wollen, was aus dem Status quo herausführt.
»Wer will, daß die Welt so bleibt, wie sie ist, will nicht, daß sie bleibt« (Erich Fried).
Einfachste Lebensformel ist immer noch *einfach leben.* Wir sind in einer Zeit von zuviel Reflexion und zuwenig Vollzug. Wir haben viel Theorie, die von den einen entwickelt wird und von den anderen praktiziert werden soll, um dann wieder von den Theoretikern beobachtet zu werden. Der Umweg aber von der Theorie über die notwendige Praxisrevision ist zu lang.
Eine Wissenschaft, die darauf verzichtet, einzugreifen und sich selbst Haltesignale zu geben, wird nur noch Zulieferer technischer Möglichkeiten unter dem Zwang, das Billigste zu versuchen, wobei der Natur das entnommen wird, was der Menschheit als Erbe und Aufgabe für zukünftige Generationen eigentlich teuer sein müßte.
Auch für die Religion gilt, daß es viel gelehrtes Reden über etwas gibt, statt den lehrreichen Vollzug von etwas.
Ein symptomatisches Privatisierungsritual ist die Auflösung

der traditionellen Schulklasse. Das Kurssystem ist hocheffizient, aber wenig kommunikativ. So richtet sich auch der Arbeitsprozeß wesentlich auf die Arbeit und das Produkt, weniger auf den Mitarbeiter und verschärft so die Vereinzelung. Arbeit ist ihrem Wesen nach ein kommunikativer Prozeß in drei Richtungen: des Menschen mit sich selbst, der sich in seiner Arbeit wiedererkennt, des Menschen mit dem Gegenstand, an dem er oder mit dem er arbeitet, und als ein Prozeß, der den anderen in einer arbeitsteiligen, existentiell voneinander abhängigen Welt braucht.

Der Mensch ist nur Mensch, wo er »für sich« sein kann und aus sich selbst sein kann. Dies aber erfährt er erst in seiner ganzen Fülle im Dasein »für dich«, für den anderen, wo er selbst etwas gewinnt, indem er etwas gibt. Menschliches »Da-sein« vollzieht sich im Mehrfachsinn: als Ganz-da-sein, also Wach-sein, als Da-sein im Sinne von Existieren und in einem dritten Sinne als »Da-sein für etwas«. Diese Aspekte von Dasein schließen somit intellektuelles Aufmerksamsein, kritischen Sachverstand (also Leben auf der Höhe der Zeit und Sehen der Zeichen der Zeit) ebenso ein, wie das »Dasein« eine Selbstvergewisserung ist, die sich in mannigfaltigen Formen der Meditation vollzieht. Solche Selbstvergewisserung vollzieht sich allerdings auch in einer solidarischen Existenz, in der wir uns als gemeinschaftsbezogene Wesen erfahren.

Wo diese drei Dimensionen von Dasein zusammenkommen, kann Menschsein wieder gelingen und sich den elementaren Herausforderungen selbst der Risikogesellschaft stellen.

Die Zeichen stehen nicht gut. Wenn das jedoch nur in klugen Bestselleranalysen festgestellt wird, dann stehen sie schon ganz schlecht.

Den Befund zu akzeptieren, wäre unser Ende.

Was wachsen will, muß wurzeln. Was wurzelt, reicht bis in Tiefen. Was in Tiefen reicht, erreicht auch eine Höhe, die den Stürmen der Zeit trotzen kann.

Namen sind Schicksale. Namen bündeln Leben, bis wir unser Leben in dem ihren wiederentdecken. Einige biblische Namen und ihr Geschick buchstabiere ich nach: Adam, Noah und Abraham, Jona und Jeremia, Jesus, Petrus und Paulus.
Namen sind Geschichten und Geschicke, Fragen und Aufträge, Probleme und Programme.

Adam

»Adam« heißt der erste Mensch. Adam, das heißt: Mensch, aus Erde genommen. Aus der Erde, der *adama,* kommt er.
»Adam, wo bist du?« wird zur Grundfrage an den Menschen überhaupt. Gott stellt sie ihm, dem sprachbegabten Gärtner. *Im* Garten lebt Adam, *vom* Garten lebt er. Er gibt den Dingen ihren Namen, erkennt Welt durch Sprache. Erst was einen Namen hat, kann er, kann ich einordnen.
Adam spürt, daß er unvollständig ist; so schön alles ist – er ist einsam. Erst durch Eva, die Lebensspenderin, ihm aus der Rippe geschnitten, wird er zum ganzen Menschen, einem dubezogenen Wesen. So schön und ansehnlich, nützlich und brauchbar Pflanzen und Bäume, Vögel und Fische, Pferde und Rinder sein mögen – er braucht einen Ansprechpartner. Die Partnerin, unglücklich von Luther übersetzt heißt sie »Gehilfin«, ist um ihn, mit ihm, nicht unter ihm! Er braucht eine Hilfe als ein Gegenüber, das zu ihm paßt. Menschen passen zueinander. Der Mann erkennt die Frau, die Partnerin. Sie erkennen gegenseitig ihre Unterschiede als reizvoll, finden sich in der Liebe, überwinden Einsamsein, erleben glückhaft, ekstatisch Einssein. Und daraus wird Leben. Aus der in Liebe erfahrenen Einheit des Lebens wird neues Leben!
Die beiden ersten Menschen erleben das Paradies. Aber der Baum der Erkenntnis bleibt ihnen verwehrt. Ihre Freiheit hat eine Grenze. Einen Auftrag haben sie: den Garten zu bebauen und zu bewahren, ihn beim Bebauen nicht zu schädigen und zu schänden, auch nicht zu verbrauchen. Sie leben in diesem Garten im Kreislauf der Natur. Sie wollen mehr sein. Sie wollen

sein wie Gott. Sie werden verstoßen, müssen außerhalb des Paradieses leben – auch ohne Gott. Aber Gott bleibt bei denen, die in die rauhe Wirklichkeit außerhalb des Paradieses verstoßen sind, mit Erfahrungen der Sinnlosigkeit ihrer Arbeit, des Schmerzes bei der Geburt, der Gefährdung durch das Gift der Schlangen.
Adam und Eva, du und ich, zwischen Wüste und Garten, zwischen Glück der Gemeinsamkeit und Erfahrung der Einsamkeit, Liebe und Schmerz, immer wieder vor der Frage:
»Adam, wo bist du?«
Hier bin ich, ich will mich nicht verstecken.

Noah
Bald nach der Schöpfung vergeht Gott die Lust an seiner Tat. Gott reut es. Er möchte die Schöpfung zurückdrehen, alles ungeschehen machen. Mißglücktes Experiment. Die ersten Freigelassenen der Schöpfung erweisen sich als Fehlkonstruktion, die gegen die Schöpfung und gegen den Schöpfer leben, ja meinen, ohne Schöpfung und Schöpfer leben zu können. Sie beuten aus, sie vernichten sich. Sie treten das, was sie dankbar empfangen könnten, mit Füßen. Das einzige gottbezogene, antwortfähige, verantwortungsfähige, das anrufbare Wesen, der anrufbare Mensch, Gottes Lieblingsidee, sollte ganz verschwinden? Sind denn alle hoffnungslos verdorben?
Gott sieht Noah und entschließt sich zur Rettung, mitten in der heraufziehenden Katastrophe. Noah soll die rettende Arche bauen, die Platz hat für alles Getier und Gewürm. Ein gewissermaßen umfassender Artenschutz wird organisiert. Nichts soll durch die Katastrophe endgültig verloren gehen. Die Einheit von Mensch-, Tier- und Naturwelt soll auf dem Rettungsschiff wiederhergestellt sein.
So findet einer Gnade bei Gott – Noah. Weil der *eine* gerettet wird, wird das Ganze gerettet. Gottes Geduld ist zu Ende, nicht aber seine Gnade.
Noah wird mit der »Arche der Hoffnung« betraut. Dann kommt sie, die Flut. Der Himmel verfinstert sich zum Dauer-

regen, 40 Tage, bis das Wasser alles unter sich begräbt. Die Arche wird hochgetragen. Dem folgt die lange, unerträglich lange Zeit des Wartens auf engstem Raum. Nichts als Wasser ringsum. Kein Land in Sicht. Kein Boden mehr unter den Füßen. Endlich fällt das Wasser. Ob es schon wieder Leben gibt, soll eine ausgeschickte Taube klären, bis sie beim dritten Mal endlich mit dem Ölzweig des Lebens, der neuen Hoffnung, zurückkehrt.

Die Geretteten bekommen wieder Boden unter den Füßen. Sie danken Gott. Das wunderbare Spiel des Lebens beginnt von neuem. Und Gott gibt ein Bestandsversprechen:

Ich will hinfort nicht mehr die Erde verfluchen um der Menschen willen; denn das Dichten und Trachten des menschlichen Herzens ist böse von Jugend auf. Und ich will hinfort nicht mehr schlagen alles, was da lebt, wie ich getan habe. Solange die Erde steht, soll nicht aufhören Saat und Ernte, Frost und Hitze, Sommer und Winter, Tag und Nacht.

Gottes Versprechen gilt über die Generationen, Jahrhunderte und Jahrtausende hinweg. Doch unsere menschliche Macht ist inzwischen so groß, daß die »Sintflut« herstellbar ist, daß unsere Macht zur Ohnmacht gegenüber der drohenden Selbstzerstörung wird. Ist die Erde noch zu retten? Sind *wir* noch zu retten? Wir sind zu retten!

Abraham

Namen schaffen Identität für ganze Völker. So beginnt das Urbekenntnis Israels mit dem Satz: *Mein Vater war ein Aramäer, dem Umkommen nahe und zog hinab nach Ägypten und war dort ein Fremdling mit wenig Leuten und wurde dort ein großes, starkes und zahlreiches Volk.*

»Mein Vater«, heißt es da einfach, Vater des Volkes, der einem ganzen Volk, dem Volk der Israeliten, Identität verleiht, verbunden mit dem Urversprechen des Segens auf diesem Volk und dem Landversprechen für dies Volk. Das Erwähltsein Israels ist mit dem Namen Abraham verbunden. Er wird Vater des Glaubens genannt, eines unerschütterbaren Vertrauens.

Abraham, auf Wanderschaft geschickt, ein Hungerflüchtling, ängstlich, kampfesmutig, listig, gastfreundlich, kompromißfähig, engagiert für Bedrohte, verzweifelt nachkommenlos, zwischen zwei Frauen stehend, seine Identität wechselnd, gehorsam bis zum letzten, auf die Probe gestellt, angerufen, stets zur Stelle: *Hier bin ich.*
Er zieht hinab nach Ägypten, ist Hungerflüchtling, will sich schützen und gibt seine sehr schöne Frau Sarah als seine Schwester aus, damit er nicht getötet und sie nicht Eigentum der Männer des fremden Landes würde. Da nimmt sie der Pharao zu sich. Als eine Plage ausbricht, die als Strafe gewertet wird, sagt er die Wahrheit. Aber er und seine schöne Frau Sarah bekommen keine Kinder, dafür rät sie ihm, mit der Magd Hagar zu schlafen, damit sie ein Kind bekämen. Hagar wird schwanger und triumphiert über die Kinderlose. Der Konflikt schwelt, bis Sarah schließlich im hohen Alter doch noch den ersehnten Sohn bekommt und Hagar mit ihrem Sohn verstoßen wird.
Mit seinem Neffen Lot zieht er durchs Land. Es kommt zum Streit um die Weidegründe, die für beide zusammen nicht ausreichen. Abraham löst den Konflikt nicht durch Kräftemessen, sondern durch den Kompromiß. Koexistenz durch Auseinandergehen.
Sodom und Gomorrha – als die beiden Städte zerstört werden sollen wegen des Frevels an Fremden, hat er Erbarmen und feilscht mit Gott um die wenigen Gerechten.
Mit seinen Leuten eilt er denen zu Hilfe, die Opfer einer Aggression werden, schlägt sie in die Flucht, wird vom Priester Melchisedek, dem König von Salem, gesegnet, der ihm Brot und Wein hinausbringt. Er soll belohnt, bezahlt werden für sein Tun. Er lehnt ab, wissend, daß es nicht sein Verdienst, sondern schlicht seine Aufgabe war.
Als er sich glücklich wähnt, empfängt er den unbegreiflichen Auftrag, seinen Sohn Isaak, den einzigen, seine einzige Hoffnung, zu opfern, bis er nach qualvollem Gehorsamsweg wieder angerufen wird, wieder sagt: *Hier bin ich.* Da hört er wieder die Stimme der unbegreiflichen Gnade. Gott sagt ihm:

Gesegnet wirst du, und du wirst ein Segen sein. So wird er zum Symbolnamen für ein Volk, zum Kosenamen gar: Vater Abraham.

Abraham, durch die tödlichen Widersprüche des Lebens mit sich und anderen hindurchgekommen, immer mehr glaubend, als die Erfahrung zuläßt.

Vater Abraham, wir alle sind Wandernde, Lernende, Erwartende, Irrende, Getragene.

Jona

Da wird einer beauftragt, aus der Provinz in die großmächtige Stadt zu gehen und ihr zu drohen: Es geht zu Ende, innerhalb von 40 Tagen ist Schluß. Euer Treiben ist schuld. Finish. Ende. Gericht. Weltkrise. Diese ausbeuterische, natur- und menschenzerstörerische Lebensweise muß bestraft werden. Jona soll hingehen und es sagen.

»Ich bin doch nicht blöd«, denkt Jona. »Die sperren mich ein, verprügeln mich, erklären mich für verrückt. Ich büße doch nicht für die Wahrheit über sie.« Stets wird doch der Bote für die Wahrheit gestraft, die er bringt. Gehört wird sie nicht. Also: nichts wie weg, abhauen, möglichst anonym, weit weg mit dem Schiff. Ab nach Tarsis, in entgegengesetzter Richtung zum Auftragsort. Er verkriecht sich im Bauch des Schiffes, bis ein Unwetter kommt, die Mannschaft nach der Ursache forscht. Jeder betet – vergeblich – zu seinem Gott. Sie wecken den schlafenden Jona und bitten ihn, daß auch er zu seinem Gott bete. Es hilft nichts. Das Meer tobt. Da schlägt Jona ihnen vor, ihn ins Meer zu werfen, denn er sei höchstwahrscheinlich schuld am Unwetter. Aber sie wollen sich nicht an ihm vergreifen, werfen aber das Los. Es fällt auf Jona. Er wird über Bord geworfen. Das Meer beruhigt sich und Jona scheint die Flucht in den Tod gelungen zu sein. Aber nein – er wird verschluckt. Überlebt im Fischbauch, singt darin ein Lied, wird, unverdaulich, ans Land gespuckt. Nun sieht er seine Lage klarer: Er *muß* nach Ninive. Er geht, sagt seine Unheilsdrohung und wartet ab. Und das Unerwartete geschieht: Die Leute in Ninive hören. Die hohen Herren auch, in

Sack und Asche gehen sie und ändern sich grundlegend. Die (Selbst-)Vernichtung wird abgewehrt.
Indes geht Jona hinaus, erwartet den Eintritt des nun angekündigten und so berechtigten Strafgerichts. Aber nichts geschieht. Jona ist sauer. Unrecht hatte er mit seiner Unheilsbotschaft.
Wie gut! Gott erweist sich als gnädig, barmherzig, langmütig und von großer Güte und läßt sich des Übels gereuen. Aber seinen Boten läßt er im Regen – nein, in der Hitze stehen. Jona möchte wohl lieber Kassandra sein und eine Prophetie weitersagen, die sowieso niemand hört, um dann recht zu haben. Jona ist der Typ des Unheilsrechthabers.
Wir Bewohner von Ninive – würden wir hören oder Jona lieber recht geben? Die Aussichten sind nicht gut. Aber es ist nie ganz aussichtslos. Gottes Güte ist größer als sein Gerichtswort über uns.

Jeremia

Jeremia, der Prophet von Heil und Unheil, zwischen Glaube und Politik, Auftragsgewißheit und Selbstzweifel, fragt, was wird und kommen mag.
Er sagt Sätze, die schmerzen, zuallererst ihn selbst. Wer möchte nicht gerne Gutes sagen?! Was aber muß er sagen, er, der einzelne, der Vereinzelte, gegen die vielen – gegen die Gutredner, die Weißwäscher, gegen die Strohdrescher im Solde der Herren seiner Zeit? Glaubt ihnen nicht, den Beschwichtigern!
Sie betrügen euch! Sie reden Selbsterdachtes. Wer behauptet, es würde alles gut werden, die Menschen brauchten sich nicht zu ändern, der folgt seinen Wunsch- und Traumvorstellungen.
Jeremia redet aus der Gottesgewißheit gegen die Selbstgewißheit derer, die Gott für ihre Träume vom schönen Leben in Anspruch nehmen. Prophetenspruch gegen Prophetensprüche. Der Spruch des zisternengeprüften, ausgesonderten einzelnen gegen die Sprüche der gut bezahlten, ausgesuchten Beratergruppe des königlichen Hofes. Hinter ihnen steht die

Macht. Hinter Jeremia steht niemand, niemand als der, dem er sich nicht zu entziehen vermag.
Sein Wort trifft ihn wie Feuer, das läutert,
wie ein Hammer, der Felsen sprengt,
wie ein Blick, vor dem alles offenbar wird,
wie ein Ruf, der Himmel und Erde erfüllt.
Was Menschen sich erdacht haben, um Gott zu verdrängen, um Gott zu beanspruchen, um Gott zu domestizieren, wird sich als leeres Stroh, gedroschene Phrase, hohles Traumgebilde, verschwommenes Trugbild, als verführerische Prophezeiung erweisen.
Dagegen hält er:
Fressendes Feuer, kein liebliches Säuseln.
Zertrümmernder Hammer, kein weicher Flausch.
Das ist der ferne Gott, der sich die einverleibende Nähe verbittet.
Über Zukünftiges entscheiden nicht menschliche, »traumhafte« Vorstellungen, sondern *Er* selbst – und wie *Er* entscheidet, das hängt schon ab von menschlichem Verhalten. Wenn es aber bei schönen Träumen, ständigem Proklamieren oder müdem Abwarten bleibt, werden die Alpträume Wirklichkeit. »Bessert euer Leben und euer Tun!« ruft er darum im Tempeltor den Eintretenden zu. Ihr Satten, schämt euch der Hungernden! Sucht nach der Wahrheit und seid wahr! Verharmlost nichts, verschleiert nichts! Verschweigt nichts, vor allem euch selbst nicht.
Jeremia, ich höre deine Stimme.
Und ich ahne *Seine* Stimme im Brückenschlag der Zeit.
Daß Gott fremd und fern, abweisend und abwesend sein könnte, das will ich ungern wahrhaben, selbst wenn es tägliche Erfahrung wäre. Und ich schiebe allzuleicht den Gedanken weg, seine Ferne könnte in unserer Selbst-Entfernung begründet sein.
Ich bleibe auf der Suche, mit Jeremia.

Jesus
Jesus nehme ich so wörtlich wie möglich. Ich nehme seine

Worte beim Wort. Ich erprobe ihre Tragfähigkeit. Dabei versinke ich und tauche wieder auf. Ich bleibe leer, und ich werde ganz erfüllt. Ich finde Jesus wunderbar naiv und bestürzend hellsichtig. Er zeigt mir die Welt. Er kann so gut zeigen, was ich übersehe, nicht sehen kann, nicht sehen will.
Viele Gesichter hat er für mich, schon im Neuen Testament, dann übermalt und übertüncht von den Jahrhunderten. Viele Schichten finden sich auf seinem Bild, Interpretationen, auch Mißverständnisse, gewollte, damit er sich besser einfüge. Ihn zu verstehen hieße ja, die Welt nicht so lassen zu können, wie sie ist. In den Mißverständnissen seiner ersten Anhänger entdecke ich meine eigenen Mißverständnisse. Mein Nicht-verstehen-wollen führt zu einem Nicht-verstehen-können.
Hinter den vielen Gesichtern wird für mich immer wieder das Antlitz dessen sichtbar, den er Vater nannte. Ich habe es nun aufgegeben, alle Schichten zu unterscheiden, alle Bilder nebeneinander zu ordnen, alle Stile zu bewerten. Theologie als Sezierwissenschaft hat mich immer mehr verwirrt, je mehr sie freigelegt und geordnet hat. Ich versuche, das Verschiedene zusammen zu sehen. Ich prüfe, ob aus dem vielen nicht doch ein Ganzes wird. Immer wieder hebt sich mir anderes hervor. So begleitet Jesus meine Lebensgeschichte. Natürlich ist er mir bisweilen auch ganz gleichgültig. Unentbehrlich ist er mir geworden beim Erkennen der *Zeichen der Zeit,* der Zeichen meiner Zeit.
Scheitern können, ohne verzweifeln zu müssen – das ist es, was mich an ihm besticht in meiner Weltzeit, da die Schatten lang geworden sind. Ich akzeptiere, daß andere anderes an ihm hervorheben, auch weil sie die Welt – durch ihn! – anders sehen. In allem sehe ich Annäherungsversuche. Irrtümer und Irrwege sind nicht ausgeschlossen, auch nicht in der Bibel. Die Unterscheidungen und Unterschiede rechtfertigen indes die kirchlichen Spaltungen nicht, finde ich. Vielbedeutend ist er für mich in dem, was er für mich ist, und in dem, was er mir sagt. Vielbedeutend, aber nicht mehrdeutig. Jesus wird umstritten bleiben. Es wäre geradezu schlimm um uns, wenn es

ruhig um ihn würde. Aber streiten um ihn heißt streiten wie er. Sonst geht es nicht mehr um *ihn*.

Ob ich ihn vor mir habe, erkenne ich an einer Geste, die für mich seine Grundgeste ist: an der geöffneten Hand, an den ausgebreiteten Armen mit den durchbohrten Händen, inmitten der Faust-Welt. Sein Lehren wird einladend, sein Drohen besänftigend, sein Austeilen sättigend, seine Berührung heilend, sein Zupacken aufhebend, sein Empfangen schenkend.

»Leben in seiner ganzen Fülle« – das ist er für mich, das stellt er in seiner ganzen Vielfalt dar: der Lehrer des Matthäus, der Wundertäter des Markus, der Sozialtherapeut des Lukas, der große Liebende des Johannes, der Hohepriester im Hebräerbrief, der Versöhner bei Paulus, das Lamm in der Offenbarung ... der enttäuschende König, der zurechtweisende Freund, der unverstandene Bruder, der sanfte Revolutionär, der fremde Weggefährte. Titel um Titel fände ich für ihn – viele Hoheitstitel für seine Erniedrigung – für ihn, der keinen Titel braucht, um wer zu sein.

Er hat eine Größe, die mich nicht klein macht (vergleiche Lukas 9).

Mein Jesus hängt als Torso an der Wand, ohne Arme, Beinstummel, rechtsseitig wurmzerfressen bis zur Hüfte, klaffende Wunden, den Kopf zur Seite geneigt, halboffener Mund, abgebrochene Nase, geschlossene Augen – so hängt er an der Wand des Raumes, in dem wir Gottesdienst feiern. Ich sehe ihn jeden Tag, ich gehe jeden Tag an ihm vorüber, ich habe mich noch nicht an ihn gewöhnt. Ich hoffe, daß ich mich nie an ihn gewöhne.

Sein Körper ragt als Schrei in die Welt.

1994 n. Chr., so zählen wir, als ob er die vollzogene Wende der Zeit sei. Und da hängt er als der vermoderte, aufgerissene, abgerissene, abgehackte Holzkörper. Ich muß anders zählen, wenn ich ihn ansehe: 49 n. A., 49 nach Auschwitz,
49 n. H., 49 nach Hiroshima,
49 Jahre danach, der geschundene, verbrannte, verstümmelte Menschensohn. Es ist abschreckend, wie er zugerichtet ist.

Die Folgen unserer Abschreckung sehe ich an ihm voraus. Das unbefleckte Lamm, ein verstümmelter Leichnam. So hängt er an der Wand, vorweggenommene Apokalypse.
Ich sehe den Unansehnlichen an. Dieses Stück Holz spricht mich an. Das geht nicht, das ist unerträglich, das ist eine Zumutung, sagen viele. Und ich kann sie verstehen. In der Tat: eine Zumutung, ein Skandal, keine gute Lösung für unsere Wand, keine gute Lösung. Ein Eichenkreuz, neu und unversehrt und glatt, trägt den Torso.
Es macht ihn erträglicher, jedenfalls optisch.
Ich sehe an ihm etwas, das mich ganz tief berührt: Der geneigte Kopf ist zugeneigt, mir zugeneigt.
Jesus ist für mich Zuneigung, letzte Zuneigung, Zuneigung noch im Letzten.
Der Erbarmungswürdige erbarmt sich (vergleiche Jesaja 53).

Mein Jesus schreibt in den Sand, in der Geschichte, die mich am meisten bewegt. Sie gilt als »unecht«. Sie hat ein Sternchen in meiner Bibel. Sie steht in eckigen Klammern. Sie ist von anderer Hand. Schon sehr früh wurde sie verschieden eingeordnet. Nirgends paßt sie richtig hin. Sie paßt nicht in unsere Ordnungen. So kann diese Geschichte nur unecht sein, historisch wie ideologisch. Eine Frau, eine Ehebrecherin, wird vor ihn geschleppt. Sie hat sowieso keine Chance mehr, und er soll auch keine haben. Wo kämen wir hin mit einer Liebe ohne Ordnung. Jesus, zum Richter bestellt, zum Vollstrecker geschriebener Gesetze, schweigt, bückt sich, schreibt in den Sand. Er gibt Bedenkzeit. Sie aber denken, er brauche Bedenkzeit. Sie fragen ihn nochmals nach seinem Urteil. Sie bedrängen ihn. Wird er gegen die Autorität des Gesetzes antreten? Kraft welcher Autorität? Der Fall liegt klar. Es gilt, nur zu bestätigen, was ohnehin geschehen wird: Steinigung.
Da richtet er sich auf, richtet seinen Blick nicht auf die Beschuldigte, sondern auf die Beschuldiger. Es soll Recht sprechen, wer selber gerecht ist. Es soll Schuld sühnen, wer selber ohne Schuld ist. Und dann bückt er sich wieder, schreibt in den Sand. Er prüft nicht, er überprüft nicht, er richtet nicht.

Jeder soll sich selber prüfen, ohne überprüft zu werden. Jeder soll in sich gehen können, ohne Angst vor Entblößung haben zu müssen. Und alle gehen sie in sich und gehen, beschämt und erleichtert. Sie brauchen kein Urteil mehr zu fällen, es fällt kein Stein, auch nicht auf sie selbst.
Dieser Jesus beschämt mich.
Dieser Jesus erleichtert mich.
Er macht mich frei davon, andere zu verurteilen. Selten genug.
Er läßt mich meinen Schatten annehmen. Selten genug.
Mein Jesus malt in den Sand und haut nicht in Stein.
Immer wieder verweht, verwischt, vergessen in mir, was er mir sagen will.
In den Sand geschrieben, in den Wind geredet: Durchzugsgewissen (vergleiche Johannes 8).

Mein Jesus – unbeachtet noch immer, wie ihn Schwester Jelisaweta in Solschenizyns *Krebsstation* beschreibt.
Eine fleißige Pflegerin mit klugem Gesicht, die unter die Betten kriecht, um den Boden aufzuwischen, die die Spucknäpfe ausleert und blitzend sauberputzt, die nicht schimpft, die alles, was einer Schwester zu schwer, unhandlich oder unsauber ist, herbei- und wieder fortträgt: Jelisaweta Anatoljewna, die verbannte Frau auf der Krebsstation.
»Und je selbstverständlicher sie ihre Arbeit erledigt, desto weniger wurde sie auf der Station beachtet. Schon 2000 Jahre lang Augen haben bedeutet noch nicht, sehen zu können. Aber ein schweres Leben schärft das Auge.«
Je selbstverständlicher, desto weniger beachtet: So begreife ich Jesus, so sehe und so übersehe ich sein Bild im Bild von Menschen, die sich bücken in Menschen, die ein erkennendes, ein liebendes Auge haben (vergleiche Johannes 13).

Petrus

Namen sind Schicksale. Namen bündeln Leben, bis wir unser Leben in dem ihren entdecken. Petrus heißt Fels, wird Grundstein der Kirche.
Doch Petrus, du bist wahrlich kein Held.

Du kleiner Binnenfischer aus der Provinz im Norden, vom flachen Land, vom Dorf bist du durch Höhen und Tiefen mit Jesus gegangen. Ziehst mit ihm bis in die Hauptstadt, teilst die Begeisterung und den Spott, genießt die Gemeinschaft, erleidest die Einsamkeit. Du hast etwas gewagt und gewonnen. Du hast etwas gewagt und hast verloren. Du gehörst zu den Handelnden und deshalb zu den Irrenden. Du gehörst nicht zu den Abwartenden, sondern zu den Wartenden.
Du überläßt nicht alles dem »lieben Gott«, und er läßt dich tun, er verläßt dich, und er verläßt dich nicht. Du hast deine gesicherte Existenz hinter dir gelassen und bist mitgegangen, hast dich locken lassen auf die Wanderschaft des Lebens mit Jesus. Du hast die Tragkraft deines Glaubens ausprobiert und bist dabei beinahe ertrunken. Du wolltest wach bleiben und bist doch im entscheidenden Augenblick eingeschlafen. Du bist auch müde geworden, aber nicht vom Nichts-Tun! Du hast im selbstsicheren Glauben die Hand erhoben zum Treueschwur und mit derselben Hand so kläglich abgeschworen.
Du hast Gott verteidigen wollen und dein kleines Schwert gegen die vielen großen Schwerter erhoben, hast bitter erfahren müssen, daß Gott nicht mit dir ist, auf *diesem* Wege nicht mit dir ist.
Du hast dich durch die Übermacht nicht abschrecken lassen. Du bist bis vor die Mauern gezogen, hinter denen Jesus verhört wurde. Du wolltest Zeuge sein, Zeitzeuge, Zeitgenosse, Leidensgenosse. Du bist nicht in deinen vier Wänden geblieben, um nur »von fern« zu hören und zu sehen. Und dann hat sie dich übermannt, die Angst, die Lebensangst, die Angst um dich selbst. Du bist ein Verräter geworden. Es ging dir plötzlich um nichts mehr als um dein eigenes Fell. Nun kannst du nicht mehr vor dir bestehen, nicht mehr vor Gott stehen. Du bist gefallen, fertig, am Ende. Und dich, gerade dich, richtet Gott auf, er ist nicht fertig mit dir. Nun, nimm den Mund nicht wieder zu voll, Petrus. Spiele nicht den Selbstsicheren, den Glaubenssicheren. Mitten in deiner Angst und in deinem Zweifel ist Gott dir nahe. Übernimm dich nicht, über-

schätze dich nicht. Gott schätzt dich und nimmt dich, wie du bist, und geleitet dich durch Höhen und Tiefen.
Ihr Rechtgläubigen und ihr Linksgläubigen, ihr Glaubenssicheren und ihr Glaubenszweifler: Gott baut sein Reich mit Menschen, also auch mit Versagenden und Verzagenden, mit Mutigen, die es auch mit der Angst zu tun bekommen, mit Hoffnungsvollen, deren Zukunftserwartung sich auch verdüstert, mit Selbstsicheren, die auch an sich verzweifeln, mit Bekennern, die auch verleugnen. Mit Wagenden, die auch einbrechen.

Paulus

Paulus, auf Bildern mit dem Schwert, dem Schwert des Geistes, abgebildet, ist ein Eiferer, wie er im Buche steht, der von einem scharfen Christenverfolger zum ersten großen christlichen Missionar wird. Er wird vom Saulus zum Paulus – auf einer Verfolgungsfahrt geschlagen, vom Pferd gefallen, erblindet, hört er die Stimme Christi. Paulus – ein Renegat, ein Wendehals, ein Frontenwechsler im Religionskampf, ein Deserteur des Geistes. Er kommt sofort in Konflikt mit Petrus, dem unmittelbaren Jesusjünger, der die Botschaft eng auslegt und Christsein an die Beachtung jüdischer Vorschriften bindet. Paulus stellt den Glauben in größere Horizonte, setzt sich der philosophischen Diskussion seiner Zeit aus, begibt sich auf den Markt der Meinungen in Athen, wird ausgelacht, eingesperrt, schließlich angeklagt. Auf einer Gefangenschafts-Odyssee kommt er nach Rom, wird zum Tode verurteilt.
Man wirft ihm vor, daß er aus den schlichten Geschichten des Wanderpredigers aus Nazareth ein dogmatisches Gebäude gemacht habe. Aber er hat versucht, die Bedeutung des Gekreuzigten und Auferstandenen für das weitere Geschick der Welt zu deuten, hat den befreienden Glauben in das Gespräch mit den großen Geistern seiner Zeit einzubringen vermocht, immer wissend, daß die Botschaft vom Kreuz für die einen eine Torheit und für die anderen ein Skandal bleibt. Doch er hat sich nirgendwann geschämt, für sein Bekenntnis einzutreten: *Jesus Kyrios,* Jesus ist der Herr.

Er hat aus Jesus-Geschichten theologische Begriffe gemacht. Was wären die Geschichten ohne Begriffe, und was wären andererseits die Begriffe ohne die Geschichten.
Paulus, ein schwieriger Mensch auch, mit einem problematischen Verhältnis zu Frauen, geschult in rabbinischem wie griechischem Denken, ein Epileptiker, ein begeisterungsfähiger und ein tief enttäuschbarer, zorniger Mann. Ein Rechthaber auch, der auf den Rechthaber Petrus trifft. Nirgendwo kann der Riß tiefer gehen als zwischen Freunden, die eigentlich *eine* Überzeugung verbindet. Paulus – ein schwacher Mensch und ein starker Mensch, der die Gnade besingt, dessen Gipfelsätze unendlichen Trost spenden: *Es bleiben aber Glaube, Hoffnung, Liebe – diese drei. Die Liebe aber ist die größte unter ihnen.*

Der Atheismus der Ideologie und der Atheismus des Geldes

»Gott oder das Geld«, so einfach stellt der Wanderprediger aus Nazareth die Frage. Der Apostel Paulus schreibt ebenso lapidar: »Ihr Gott ist der Bauch.«
Wir sind im Osten vom verordneten Atheismus in den freiwilligen Atheismus gekommen, so wie wir aus der unverschuldeten Unmündigkeit in die selbstverschuldete Unmündigkeit gelangt sind. Gesamtdeutsch gesiegt hat der Atheismus des Bauches, nicht so sehr der Atheismus, der aus der Anstrengung des Geistes kommt. Die Entwurzelung des Menschen von sich selbst, seiner Kultur und Geschichte, ging einher mit dem Verlust moralischer Kategorien zugunsten selbstbezogener Zwecke. Darin waren sich die getrennten Deutschen schon einig, wenngleich ihr Warenangebot und das Farbenangebot sich sehr unterschieden. Die Sinnfrage wurde und wird ostwestlich von der Geldfrage gekauft.
Die Ent-Christianisierung, ja Kirchenfeindschaft, ist ein nachhaltiger Erfolg der kommunistischen Diktatur. Einige Monate

1989/90 machte man sich Illusionen angesichts überfüllter Kirchen. Die Kirche schien wieder kulturprägend zu wirken. Bald aber folgte wieder Apathie und Gleichgültigkeit. Nun aber tritt das wahre, distanzierte bis ablehnende Verhältnis zum Christentum, nicht nur zu den gewiß kritikwürdigen Kirchen, wieder offen hervor.

Ein äußerer Ausdruck dafür ist, daß heute das einstige feierliche Unterwerfungszeremoniell »Jugendweihe« mit großem Erfolg fortgeführt wird, beinahe bruchlos mit ebendiesem belasteten Wort, wobei einfach das konstituierende Gelöbnis »für unsere Deutsche Demokratische Republik« gestrichen wird. Die Zeremonienmeister bleiben, die Gelder werden getauscht, ein e. V. wird gegründet, Landesmittel fließen, und die »Jugendweihlinge« kommen wie ehedem. Jugendweihe, das ist die feierliche Umrahmung eines großen, jetzt noch viel delikateren Freßfestes. Der Anlaß ist austauschbar. Die Perversion trat in den letzten 30 Jahren bereits sinnfällig dadurch zutage, daß Eltern die Taufpaten zur Jugendweihe einluden, am liebsten die aus dem Westen. Diese nahmen ungeniert teil am roten Ritual. Sprach man bei der Taufe 14 Jahre zuvor nicht ganz andere Worte? Oder war das schon bloßer Feieranlaß, dessen Ursprung, Sinn und Ziel längst gleichgültig geworden waren?

Zur Konfirmation zu gehen, kostete damals schon etwas. Es wäre nun zu hoffen, daß die Konfirmation nicht damit belastet würde, daß sie wieder »zum guten Ton« gehört. Daß allerdings dieses Relikt der Unterwürfigkeitsstrategie der SED, das vom Jugendweihegelöbnis über den Fahneneid mit seiner Selbstverfluchung reichte, überlebt, zeigt an, wie wenig Interesse die Auseinandersetzung mit der Vergangenheit findet. Ein Passageritus muß wohl sein. Aber könnte das nicht eine gut gestaltete Schulabschlußfeier für alle SchülerInnen besser und weniger mißverständlich leisten?

Eines jedenfalls ist nach so vielen Anläufen seit der Geburt im Stall von Bethlehem klar: Christentum ist vielleicht mehrheitsfähig zu machen, wenn man nicht allzu ernst nimmt, was es konstituiert. Christlicher Glaube indes ist kaum mehrheitsfä-

hig zu machen. Ein Leben im Vertrauen und in der Nachfolge eines aktiven Pazifisten, eines mutigen, sanft-mutigen Königs der Armen bleibt Minderheitenposition. Der spitzte Fragen unseres Daseins auf einige Sätze strittiger Weisheit zu: »Wo euer Schatz ist, da ist auch euer Herz. Ihr könnt nicht Gott dienen und dem Mammon. Ist nicht das Leben mehr als die Speise und der Leib mehr als die Kleidung?
Der Weg ist schmal, der zum Leben führt.
Eure Rede sei: Ja, ja; nein, nein.«

Die protestantische Kirche nach dem Umbruch

Die protestantische Kirche in der DDR, zu hoch erhoben – zu tief gestürzt, wie die aufgebrochenen Bürger der DDR 1989 auch: bewundert, nun eher verächtlich gemacht, bemitleidet, inzwischen bisweilen versunken in Selbstmitleid.
Die Kirchen in der DDR, seit 1968 zusammengeschlossen im »Bund der evangelischen Kirchen der DDR«, haben nach einem kurzzeitigen, fast euphorischen Gewinn an Plausibilität, Popularität und Autorität einen jähen Absturz erlebt, von dem sie sich insgesamt nicht erholt haben. Alles, was diese Kirche sowohl bedrückte als auch auszeichnete, ist plötzlich weg. Sie hat kaum die Substanz sowie personelle und organisatorische Kraft, die neu gewonnenen Freiheitsräume auszufüllen. Aber der tiefste Schaden ist die Unsicherheit über ihre Rolle in der jetzigen Gesellschaft und die von ihr geforderte Spiritualität. Der Absturz der Kirchen geschah und geschieht dreifach:
Der erste Absturz betrifft die Rolle der Evangelischen Kirche im Gegenüber zu den gesellschaftlichen Machtträgern. Hier hatte sie eine unvertretbare Stellvertreter-, Katalysatoren- und Inspiratoren- wie Protestrolle.
Der zweite Absturz ist ihre pauschale Denunziation als stasigelenkte Kirche, wobei die inzwischen bekanntgewordenen Stasikontakte vieler Prominenter, Mitarbeiter und Träger von

Gruppenaktivitäten schon schlimm genug sind, aber das ganze Bild der Kirchen völlig verzerren.
Der dritte Absturz ist der Absturz in eine erneuerte und erneute Kirchenfeindlichkeit, die zusammenhängt mit dem Gefühl, daß die Kirchen nun wieder »an der Macht« partizipieren können und wollen. Häufig ist dies auch eine Mißdeutung von Informationen, die völlig unsachgemäß sind, wie zum Beispiel, daß die CDU und die Kirche eigentlich dasselbe seien. Auf Unverständnis stieß die Einführung des konfessionell getrennten Religionsunterrichts per Grundgesetz oder die Registrierung der Kirchenzugehörigkeit ausgerechnet in den Gebäuden der Meldestellen der Polizei, wobei die Polizistinnen und Polizisten damals nur ihre Kleider ablegten, aber noch dieselben Visagen zeigten und mit der altbekannten Schärfe fragten, welcher Konfession der Betreffende angehöre. Hinzu kamen bewußt gestreute Falschmeldungen, die Kirchensteuer würde 9% des Einkommens betragen.
Schließlich ist viertens die Kirchenfeindlichkeit verstärkt worden durch die aus unterschiedlichen Gründen umstrittene Rolle von Pfarrern, die in die Politik gewechselt sind.
Die Kirche im Osten hat jedenfalls mit einer Reihe von Verlusten zu tun.
Sie hat ihren Gegner verloren: den Staat und die atheistische kirchenfeindliche SED. Sie hat ihre Stellvertreterfunktion verloren, weil es inzwischen freie Verbände, Parteien, Gewerkschaften gibt, die dies wahrnehmen.
Sie hat ihre Eindeutigkeit verloren, da sie sich mitten in der pluralistischen Gesellschaft völlig neu einfinden muß. Am deutlichsten wird das in der Beurteilung des Wehrdienstes oder in der Zuordnung von sozialen oder individuellen Menschenrechten.
Sie hat die Unschuld ihrer großen Überschriften verloren, da sie nun dartun muß, in welcher Weise die großen gesellschaftlichen Normen und Ziele in den Niederungen der Realisierung bestehen können.
Die Kirche hat die relative Einheit innerhalb der Synoden verloren. Jetzt differenzieren sich die Synodalen nach ihren

»wahren Meinungen«. Insgesamt ist ein konservativer Schub bis hin zum reaktionären Aufstand festzustellen, der sich insbesondere bei den Themen Juden und Asyl, aber auch im Blick auf »unsere Bundeswehr« zeigt.
Die Kirche hat ihr Westbeziehungsprivileg verloren, das viele Menschen in die Kirche brachte, weil über die Kirche, ob in der Jungen Gemeinde, Studentengemeinde oder in den Partnerschaften relativ geschützt Westkontakte möglich wurden. Dies bezog sich sowohl auf die Besonderheit exterritorialer Besuche mit Teilhabe am Leben einer anderen Gesellschaft, aber auch der Teilhabe am Jacobs-Kaffee.
Die Kirche hat ihre besondere ökumenische Reputation – als eine verfolgte und lebendige Kirche – insgesamt eingebüßt. Überall, wo man hinsticht, platzen Seifenblasen. Und sie hat die ökumenische Gemeinsamkeit verloren, die spärlich genug war!
Sie hat ihre Rolle als ein Zufluchtsort Bedrängter verloren. Sie war Zufluchtsort für Jugendliche, für Ausreiser, aber auch für Leute, die in jeder Weise mit dem Staat in Konflikt geraten waren.
Die Kirche hat viele Mitarbeiter, sowohl hauptamtliche wie ehrenamtliche an die politischen Institutionen verloren, und damit büßt sie sowohl an gesellschaftspolitischer Kompetenz wie an Substanz ein.
Die Kirche hat ihre Freiheit, die sie unter den Bedingungen der Unfreiheit hatte, verloren und steht nun vor der Aufgabe, sich unter den Bedingungen der Freiheit zu bewähren und das zu bewahren, was in der Bedrückung in ihr lebte: Nähe, Zuverlässigkeit, Engagement.
Wir wurden mit dem Ritt auf dem Tiger in die Einheit auch nach dem Bilde der Westkirchen unter dem ökonomischen Primat geformt. Die Einwanderung in die Schule, die Einführung der Kirchensteuer, der Streit über die Militärseelsorge sind nur besonders erkennbare äußere Symbole für diese Wandlung, wobei die historisch gewachsenen Bedingungen kaum berücksichtigt wurden. Hier ist die Kirche in eine vergleichbare Lage zur Gesamtgesellschaft gekommen.

Der »Lernerfolg« der DDR ist auf keinem Gebiet so deutlich wie auf dem Gebiet des Atheismus. Die tiefsitzende Kirchenfeindlichkeit konnte nach einer zu großen kurzzeitigen Bewunderung der Kirche wieder hochkommen.
Wo sind die Gewinne? Wenn ich ehrlich bin, muß ich sagen, daß ich bisher zu wenige sehe (wobei ich, um es etwas zynisch zu sagen, nicht verschweigen darf, daß der »Gewinn« monatlich auf meinem Konto schon deutlich zu Buche schlägt, aber noch nicht so, daß ich mich richtig dafür schäme). Im Blick aber auf die vielen Menschen, die ihre Arbeit verloren haben oder verlieren, oder im Blick auf das Aufklappen der sozialen Schere in Ostdeutschland, frage ich mich schon, ob mein Gewissen nicht schon längst angefangen hat, verfettet zu werden.
Die Gewinne liegen sicher darin, daß die Schwellenängste vieler Menschen, zur Kirche zu kommen, geringer geworden sind. Daß wir die Freiheit haben, uns überall zu äußern und davon auch in überdurchschnittlicher Weise (im Vergleich zur Mitgliedschaft in den Kirchen) Gebrauch machen, zum Beispiel in Zeitungen und Zeitschriften. Viele Kirchenvertreter sind überdies weiterhin sehr gefragt bei der schwierigen Orientierungssuche, wobei die Kirchen in der DDR ihr gemeinsames Subjekt völlig verloren haben und in den Gremien der Kirche kaum mehr Stimme finden. Auch die Landeskirchen sind infolge ihrer organisatorischen Umstrukturierung und der völligen Neuorientierung in der Gesellschaft in eine Konzeptionskrise gekommen, wo sie in der DDR nach langem Ringen durchaus eine Konzeption entwickelt hatten. Andererseits ist die Kirche wieder ein Ort, an welchem parteiübergreifend Gespräche an Runden Tischen gesucht und auch wahrgenommen werden. In den Kirchen und Gemeinderäumen finden sich Arbeitsloseninitiativen, werden Ausländer integriert, finden ABM-Kräfte sinnvolle Tätigkeit.
Indes ist die Kirche fast stimmlos geworden in dem, was wir die Zielbestimmung unserer Gesellschaft und unserer Kirche nennen. Ich würde sogar sagen, es ist ein spirituelles Defizit, mit dem wir gegenwärtig leben, das Ausdruck auch eines personellen Defizits geworden ist, weil wir alle teilhaben an

einer (Welt-)Gesellschaft, die sich über ihren weiteren Weg immer unsicherer wird und das Gefühl hat, daß der Worte genug gewechselt sind, daß eigentlich alles gesagt ist und die Wiederholung nur noch Überdruß erzeugen kann.
In dieser Situation sind die Kirchen in Ost und West in besonderer Weise herausgefordert, ökumenisch zu denken, zu leben und dabei europäisch und weltweit zu handeln. Die Bedürfnisse der Menschen nach Beheimatung im engeren Lebenskreis und in der Region sind zu verknüpfen mit dem Austausch und der Vielfalt anderer Lebensweisen. Nur wer seine regionale Identität entfalten kann, kann auch Internationalität leben. Aber die Botschaft Jesu ist im Grunde nicht an Orte gebunden, sondern ökumenisch. Die Kirche muß eine Widerstandsbewegung gegen den neuen, wiederaufkommenden tödlichen Partikularismus sein. Durch die Partnerschaften zwischen Gemeinden Ost- und Westdeutschlands sowie zwischen Deutschland und Osteuropa beziehungsweise dem Süden der Welt läßt sich eine Dreiecksbeziehung entfalten. Die Partnerschaftsbeziehungen müssen auf eine neue Grundlage gestellt werden, die einerseits das »Projekt Verständigung« sucht und andererseits den sozialen Ausgleich. Die Partnerschaften brauchen neuen Inhalt. Der kann nur sinnvoll bestimmt werden, wenn er aus einer Verantwortung kommt, die mit dem konziliaren Prozeß für Frieden, Gerechtigkeit und Bewahrung der Schöpfung eng verknüpft bleibt.
Die Kirchen werden in einer Zeit des Werte- und Zielverfalls, ja eines gefährlichen Vakuums, die Rückbesinnung auf das Neue Testament und die reformatorische Tradition so zu vollziehen haben, daß erkennbar wird, daß der Rückgriff nichts Reaktionäres ist, sondern etwas Prospektives, etwas in die Zukunft Weisendes hat. Nach dem Verlust des Ost-West-Feindbildes und nach dem Eintauchen in die Wohlstandsgesellschaft braucht unsere Gesellschaft wieder eine Zielbestimmung, die sich nicht wesentlich aus dem »Wogegen« speist.
Die Verunsicherung hat zu einer starken Vereinzelung und zu

einer großen Skepsis gegenüber allen Institutionen geführt. Die Parteienverdrossenheit geht über in Politikverdrossenheit. Politikverdrossenheit drückt sich aus in einem letztlich sehr gefährlichen Rückzug auf das ganz Private. Die christlichen Gemeinden versuchen, dem stärker werdenden Rückzug des einzelnen auf sich selbst durch eine Gemeinschaftsbezogenheit zu widerstehen, die auf der Unverwechselbarkeit und »ausgezeichneten« Besonderheit jedes einzelnen beruht und sie nicht etwa aufhebt oder auflöst.
In einer Welt, in der der Zynismus als letzter Ausdruck von Verzweiflung um sich zu greifen droht, hat die Kirche eine Zuversicht zu leben und zu predigen, die nicht aus eigener Kraft und Leistung kommt, sondern letztlich immer etwas uns Zukommendes bleibt. Diese Zuversicht wird auch Kraft geben, den schwierigen und immer schwerer werdenden Alltag zu bestehen.

»Eine Kirche, die aus lauter Angst, nur ja nicht in den Schein zu kommen, Partei zu ergreifen, nie und nimmer Partei zu sein sich getraut, sehe wohl zu, ob sie sich nicht notwendig kompromittiere: mit dem Teufel nämlich, der keinen lieberen Bundesgenossen kennt als eine um ihren guten Ruf und sauberen Mantel ewig schweigende, ewig meditierende, ewig neutrale Kirche: eine Kirche, die – allzu bekümmert um die doch wirklich nicht so leicht zu bedrohende Transzendenz des Reiches Gottes – zum stummen Hund geworden ist.«

Karl Barth

Eine christliche Kirche wird sich immer auf ihren Begründer zurückbeziehen und an ihm orientieren müssen. Sie wird sich nicht vom Zeitgeist oder von Stimmungsbarometern vorschreiben lassen, was sie zu sagen hat. Gerade darin kann sie sich von den Politikern, die gewählt werden müssen, unterscheiden. Sie wird als eine Institution, die kulturprägend war und kulturtragend sein will, das Verhältnis von innerer Verfassung der einzelnen Menschen und äußerer Verfassung unseres Gemeinwesens zu bedenken haben.

Was die Kirche in der DDR auszeichnete, war nicht ihre Anpassung, sondern ihre Widerborstigkeit, nicht ihre »Sowohl-als-auch-Strategie«, sondern ihre »Ja-Nein-Position«. Sie lebte auch davon, daß sie in der Diktatur etwas Unvertretbares hatte. Sie hatte Freimut in der Schweigewelt. Sie war die einzige staatsunabhängige gesellschaftliche Institution, in der es Demokratie gab. Sie konnte kritisieren, ohne selber gestalten zu müssen. Nun hat sie die Unschuld der Kritik verloren. In der DDR-Zeit brauchte und konnte sie nicht zeigen, wie ihre Forderungen konkret in die Wirklichkeit übersetzt werden können. Nun hat sie teil an den Dilemmata unserer Politiker in einer kaum noch steuerbaren Welt.

Die Kirche wird mehr und mehr eine Marginalie unserer gesellschaftlichen Kultur, die nicht mehr weiß, was sie trägt und prägt.

Eine Kirche, die bei ihrer Sache bleibt, wird für Frieden, Gerechtigkeit und Bewahrung der Schöpfung eintreten. Sie wird das Streben nach Gerechtigkeit als einen sozialen und geistlichen Vorgang verstehen, den Mut, sanft zu sein, stärken, den Frieden mit Mitteln des Friedens aktiv erstreben. Sie wird den Überlebensinteressen der nächsten Generation und der ausgebeuteten Natur Stimme zu geben haben.

Der permanente Kampf in einer Wer-wen-Welt führt stets zu einem Überlegenheitsstreben als militärische Übermacht, als wirtschaftliche Hegemonie, ökologischer Verschleiß- und Vergiftungsprozeß.

Die Voraussetzung für die Redlichkeit jedes christlichen Redens ist das Eingeständnis, daß zwischen Anspruch und Wirklichkeit eine Schere klafft, die den Namen »Schuld« trägt. Dieses Eingeständnis ist aber nicht gleichbedeutend mit Resignation. Wenn Schuldeingeständnis, Gnadenzusage und Handlungsimpuls zum sonntäglichen Ritual verkommen, ist die Kirche am Ende.

Ich sehe vier Entwicklungsrichtungen der Kirche, die auch zu Alternativen werden können.

1. Die Kirche wird Wischiwaschikirche. Sie ist stets wohltemperiert, lau. Sie wird zum Markt aller Möglichkeiten. Sie ver-

sucht, niemandem wehzutun und es allen recht zu machen. Sie redet viel, aber sagt nichts. Sie wird profillos und hinterläßt keine Eindrücke.

2. Der Kirche gelingt bei der Kontroverse das Finden von Konsens und Kriterien für den Konsens – unter Einbeziehung der Lernerfolge der letzten 40 Jahre. Die Kirche stellt sich die Frage nicht nach ihrem eigenen Überleben, sondern nach der Klarheit ihrer Botschaft und der sehr einfachen, von Martin Niemöller einst formulierten Frage: »Was würde Jesus dazu sagen?«

3. Sie spaltet sich. Die aktiven Gemeindeglieder aus der DDR-Zeit treten aus, zunächst innerlich und dann juristisch, sich fragend: »Ist das noch unsere Kirche, die einst so konsequent, offen und deutlich zu reden vermochte?« Die anderen verbleiben in der bürgerlichen Kirche als Volkskirche, die sich als Dienstleistungskirche für Familienfeste, fröhliche und traurige Anlässe in Anspruch nehmen läßt und der Banalität des Lebens hin und wieder eine religiöse Weihe zukommen läßt.

4. Die Kirche wird ein sektenhafter, geistlicher Binnenraum, wo das ganz persönliche religiöse Verhältnis von Mensch und Gott wichtig ist, unter der Überschrift »Sein Leben Christus übergeben«. Die Konsequenzen sind stark auf diese Beziehung orientiert. Der politische und soziale Raum bleibt ebenso außen vor wie der geistige Diskurs.

Die ökumenische Versammlung (1989) war in Ost und West ein Höhepunkt schwieriger Konsensfindungsprozesse. Nun sind die ostdeutschen Christen plötzlich in die westlich geprägte Demokratie gekommen. Das Denken vollzieht sich wesentlich als Proporzdenken. Synoden versuchen inzwischen auch mehr und mehr nach allen Seiten hin »offen« zu bleiben und wagen deshalb keine klaren Aussagen. Meinungen werden allzuschnell partei-politisch sortiert oder zugeordnet.

Die Kirche wird zum Ort konturenloser Ausgewogenheit.

Die Kirche ist es den Menschen nach wie vor schuldig, einem elementaren Bedürfnis nach Orientierung, Gemeinschaft und

Sinn nachzukommen, also eine Gemeinschaft zu bilden, in der der einzelne ebenso wichtig ist wie das Wir-Gefühl, das aus Vereinzelung und Einsamkeit befreit.

Die Kirche wird sich, wenn sie Kirche bleiben will, zu bestimmten Optionen entschließen, die in der ökumenischen Versammlung schon formuliert worden sind: für mehr Frieden, für mehr Gerechtigkeit, für mehr Rücksicht auf die Schöpfung. Sie wird nicht zu den Institutionen gehören, die sich anheischig machen, die Weltprobleme zu lösen. Sie wird sich begnügen mit dem kleinen Komparativ, für den sie aber bereit ist, alles einzusetzen: friedlicher, gerechter, naturverträglicher zu leben.

Es ist für die Kirche Jesu Christi nicht dramatisch, wenn die Leute austreten, die sie ihres Inhaltes berauben und zu einer bloßen religiösen Dienstleistungseinrichtung machen wollen. Die Kirche wird eine Institution bleiben oder werden müssen, die stets gegen den Strich von Macht und Rechthaberei, von Gewalt und Vergeltung bügelt. Es ist besser für die Kirche, wenn Leute austreten, die sie profillos haben wollen, als daß gewissermaßen Jesus selbst »austritt«.

Christentum ist vielleicht mehrheitsfähig zu machen, *Christsein* nicht.

Der große Christentumskritiker Deschner hat das Christentum als gewalttätigste Religion bezeichnet.

Dies ist nicht ganz falsch, aber ganz pauschal. Es gab und es gibt Gegenbewegungen. Ich fühle mich einer kirchlichen Tradition zugehörig, die im Kampf gegen die nationalbellizistische Tradition, Denkweise und Praxis auftritt und dieser unseligen Tradition eine universalpazifistische Denkweise und Praxis entgegensetzt. Dieser Kampf ist sehr konkret und vollzieht sich jetzt zum Beispiel im Kampf um den Standort des Jagdbomberflugplatzes in Falkenberg. Plötzlich ist bei Menschen, die nur gegen »die Russen« waren, der Fluglärm, wenn er von den eigenen Jagdbombern stammt, nicht mehr so schlimm.

Arbeitsplätze werden zum höchsten Gut erklärt, auch wenn es Zerstörungsinstrumente sind, die Arbeitsplätze schaffen.

Ganz anders in der Wittstocker und in der Letzlinger Heide, wo Christen vorne sind, wenn es gilt, das »Bombodrom« zu verhindern.
Die frühe Kirche war mächtig geworden, bevor sie Macht hatte. Als sie die Macht annahm, war sie nicht mehr bei den Unterdrückten und mächtig in der Hand der Mächtigen – gegen die ohnmächtig Gemachten. Der konstantinische Sündenfall hat aus dem Christusglauben das Christentum gemacht, dabei dem Wanderprediger aus Nazareth die goldene Krone des Weltherrschers aufgesetzt, die mit der Krone des Kaisers verwechselbar wurde.
Eine privilegierte Kirche wird leicht eine Kirche für Privilegierte. Die Versuchung der Kirche, ihre Möglichkeiten auszuschöpfen, ist ebenso groß wie die Versuchung, sich am Rande der Gesellschaft in einem kritischen Schmollwinkel zu verkriechen. Die Kirche kann, darf und soll ihre verkündigenden, karitativen und gemeinschaftsstiftenden Möglichkeiten in der Demokratie ausschöpfen, sich aber weder durch Mehrheitsmeinungen, noch durch (große) Steuerzahler oder gar durch jeweilige Regierungen fremdbestimmen lassen. Die einfachste Maxime in einer komplizierten Entscheidungsstunde ist auch hier die einfache Frage: »Was würde Jesus dazu sagen?« Deshalb ist Erinnerung und ständiges Bedenken der Jesusgeschichten nötig.
Die Macht der Politiker ist längst sehr begrenzt. Die wahrhaft Mächtigen sitzen in den Medienzentralen, in Banken und Großkonzernen, die die Herrschaft über die Menschen, ja auch über ihre Seelen bis in die Wohnzimmer hinein übernommen haben. Sie können über Menschen bestimmen, weil sie die in uns verborgene Gier, den uns treibenden Neid, eingestandene und uneingestandene Herrschaftswünsche, destruktiven Ehrgeiz und einen Überlegenheitsdrang wecken können. Das ist ausnutzbar und kommerziell nutzbar.
Wer das Geld hat und zu mehren versteht, der ist heute *der* Mann oder *die* Frau. Er oder sie kann drohen: »Wenn ihr nicht macht, wie ich will, gehe ich weg und nehme mein Kapital mit.« Das Kapital, das arbeiten läßt, ist alles. Der Gegensatz

ist heute genauso scharf wie zur Zeit Jesu: Gott oder das Kapital.

Kirche ist Kirche Jesu Christi, wo sie wie Jesus *bei* denen, *mit* denen, *für* die da ist, die »unten« sind.

Die Kritik am Sozialismus war eine Kritik wegen des Fehlens von Recht, Würde und Freiheit des einzelnen und wegen der Pervertierung einer sozialen Idee in eine Ideologie.

Kapitalismuskritik ist für die Kirche konstitutiv, wenn die Gesellschaft sich unter das Diktat des Kapitals beugt.

Aus dem Menschenbild des Neuen Testaments heraus ergeben sich für die Kirche bestimmte Vorordnungen: Der Mensch ist mehr als seine Leistung. Barmherzigkeit ist mehr als Recht. Gnade ist mehr als Gerechtigkeit. Teilen ist mehr als Dazugewinnen. Friedensvorsorge ist mehr als Verteidigungsvorsorge. Teilhaben ist mehr als Herrschen. Vertrauen ist mehr als Kontrolle. Dankbarkeit ist mehr als Sorge. Wir alle sind Gäste auf Erden.

VI

Brücken der Verständigung

Der Frieden ist unteilbar
Brücken der Verständigung
Innerer und äußerer Frieden
– Wortmeldungen auf Synoden –
Laß mich in Frieden

Der Frieden ist unteilbar

Die Verbindung zwischen West- und Ostdeutschen wurde seit Anfang der 60er Jahre besonders durch »Partner-Treffen« in Ost-Berlin erhalten. Seit 1964 hatte ich über die Studentengemeinde regelmäßige »West-Kontakte«, mit riskantem Bücheraustausch. Camus und Kolakowski, Havemann und Solschenizyn schmuggelten wir über die Autobahn, als die Überwachung noch nicht so perfekt war. Freundschaften von damals hielten bis heute. Später erlebte ich auf den »Ökumenischen Studentenpfarrerkonferenzen« das Linksüberholen durch westdeutsche Kollegen und fand mich in der antikommunistischen Ecke.
Mit der Friedensbewegung seit Anfang der 80er Jahre ergab sich eine neue Qualität der Partnerschaft. Hüben und drüben versuchten wir, die Arsenale der Waffen und der Feindbilder durcheinanderzubringen. Die Angst vor dem atomaren Untergang und der Aufstand für das Leben verbanden uns. Die SED-Oberen fürchteten eine blockübergreifende Friedensbewegung und die innenpolitische Aufweichung. Sie übten – nicht erfolglos – Druck auf die Kirchenleitungen aus, insbesondere gegen den Aufnäher »Schwerter zu Pflugscharen« und gegen die damit verbundene Initiative »Sozialer Friedensdienst«. In der Osterwoche 1982 hielt ich in Berlin auf einer ökumenischen Konferenz vor Predigerseminardozenten einen Vortrag zum Thema »Ziele und Formen des politischen Engagements der Kirche an der Nahtstelle der Systeme«.

Die Lage wird dadurch kompliziert, daß
weniger denn je eine einfache
Wiedergabe der Realität etwas über die Realität aussagt.

(Bert Brecht)

1952 – also vor genau 30 Jahren – hielt Peter Huchel vor dem Groß-Berliner Komitee der Kulturschaffenden eine Rede. Darin sagte er: »Hier in Berlin klafft die Schnittwunde für ganz Deutschland, ja, für ganz Europa ... sie schwärt immer weiter.«
Der Senat hatte einigen Kulturschaffenden nicht mehr gestattet, in beiden Teilen zu wirken. Huchel warnt: Wenn es so weitergeht, dann »kommt es eines Tages noch so weit, daß man die Bürgersteige an den Sektorengrenzen aufreißt, um nachzuspüren, ob nicht etwa ein dort stehender Baum heimlich seine Wurzeln in den angrenzenden Sektor ausgebreitet hat. Plädieren wir für die Freiheit der Bäume.«
Daß ein Betonmonstrum sie teilen könnte (Schandmauer/Friedenswall), lag außerhalb der düsteren Phantasiebereiche eines Schriftstellers, der altgeworden-verbittert dieses Land verließ und der offiziellen Vergessenheit preisgegeben wurde. An diese Schnittwunde, die häßlich-kalt uns trennt, haben wir uns gewöhnt. Ost und West führen ihre Besucher dorthin. »Hier wird der Frieden geschützt«, sagen die einen. »Hier endet die Freiheit. Hier endet der vorgeschobene Posten der westlichen Welt«, sagen die anderen.
Aber es gibt keine schützende Mauer gegen Radioaktivität. Ob das westliche Hattenbach oder das östliche Ilsenburg: Es ist unerheblich, ob es der Rote Stern oder das Sternenbanner war, das den vernichtenden Raketenmantel zierte. Auch unerheblich wäre die Frage, wer schuld war. Diese Frage könnte niemand mehr stellen.
An dieser Nahtstelle ist alles Menschenmögliche zu tun, daß es eine Geschichte gibt, weiterhin gibt, daß wir kein Bollwerk-West oder Bollwerk-Ost sind.
Es hat etwas Tragikomisches, hysterisch Wirkendes, wenn mitten im Frieden, im Scheinfrieden, von einem Krieg gesprochen wird, der unser Untergang wäre. Als wir uns vor zwölf Monaten für dieses Thema entschieden – Reagan hatte erst zehn Wochen regiert –, wußten wir noch nicht, welche Brisanz es bekommen würde. Denn in unserem Lande hat sich in den letzten Monaten eine Konfrontation zwischen den evangeli-

schen Kirchen und den Staatsorganen ergeben, die fürchten läßt, daß alte Verhärtungen wieder aufleben. Die Grenzen unseres Engagements sind gezogen – von der Staatssicherheit. *Ostermärsche* können nicht Grenzen überschreiten – wohl aber die Feier der Osternacht und auch die Kreuzwege. Die Rückbesinnung auf tragende Gründe der Botschaft ist kein Rückzug!

Zugrunde liegen dem Konflikt zwei Postulate und ein Symbol.

1. »Sozialer Friedensdienst« als Basisinitiative von Jugendlichen und Gedienten in der DDR, bekanntgemacht durch die Briefe der Initiatoren, Eingaben an Synoden und durch »Kennzeichen D«. Dem folgte das Nein des Staates, den offiziellen Kirchenvertretern übermittelt durch den Staatssekretär, der es den Jugendlichen zu übermitteln erwartete. Inzwischen wird ein neues Wehrdienstgesetz verabschiedet, das die Aufgaben der Wehrerziehung in Schulen, Betrieben, Kombinaten gesetzlich regelt. Die Frauen werden im Krisenfall mit berücksichtigt.

2. Der zweite Anstoß ist das Übergreifen der neuen Friedensbewegung, ausgehend von der Erkenntnis, daß die Logik der Militärs »Frieden durch Abschreckung« uns nicht mehr Sicherheit, sondern immer größere Gefahr bringt, »daß wir in den Krieg schlittern!«, daß die Rüstungsdynamik allen Verhandlungen davonläuft und daß deshalb das Vertrauen in die Politiker so tief erschüttert ist, daß die Bürger sie sichtbar unter Druck setzen: »Wir wollen leben!« Und das geschieht gegenwärtig auf beiden Seiten – ohne damit zu behaupten, Haig und Gromyko seien gleich. (Bei Weinberger und Ustinow mag's schon schwieriger sein!)

Die Synode der Magdeburger Kirche sprach SS 20 und sowjetische Panzer erstmalig offen in der DDR an. Den Bürgern der DDR wurde das via »Tagesschau« bekannt. *Die Welt,* so höre ich, hielt dies der westdeutschen Friedensbewegung vor: »Die da drüben wissen, wo die Gefahr ist.« Reagan lobt die Friedensbewegung der DDR und tut damit nichts anderes als die DDR-Medien, die die Friedensbewegung Westeuropas loben, unter Verschweigen von SS 20 – wie Reagan verschweigt, daß unsere Kirchen klar gesagt haben, daß die Eskalation durch die amerikanische Hochrüstungspolitik ausgelöst würde und wird – ein Wust, in dem Ziele und Formen genau zu überdenken sind, will man überhaupt eine Stimme behalten und will man nicht mit gekrümmter Zunge reden!

3. Das Symbol »Schwerter zu Pflugscharen«, von Jugendlichen als Aufnäher genutzt, aber nicht nur von solchen Jugendlichen getragen, die zur Jungen Gemeinde gehören. Die Sorge des Staates, daß dies nun Erkennungszeichen einer illegalen Organisation würde, führte zu polizeilichen Maßnahmen gegen das Zeichen – kommt es doch just in dem Moment, da man ein neues Wehrdienstgesetz eingebracht und flugs verabschiedet hat.

Die Situation bezeichnen viele als neurotisch. Der Dialog zu diesen Fragen zwischen Staat und Kirchen in der DDR findet gegenwärtig bei den Untersuchungsorganen statt. Und *dieser* Dialog hat seine eigene Form. Die Kirche erklärt, sie könne nun nichts mehr für die Jugendlichen tun, die das Zeichen öffentlich tragen. Wir in der DDR sind in der friedenspolitischen Debatte gegenwärtig in einer Sackgasse. Man läßt uns wieder heraus, wenn wir aus der Erkenntnis der Unvergleichbarkeit der Systeme auch noch den Schluß ziehen, daß alles gegen die westliche Hochrüstungspolitik und alles für die Stärkung des Sozialismus einzusetzen sei.

Über das Ziel sind wir uns schon einig: einen Krieg verhindern (kein »Euroshima«!). Der Weg heißt Entspannung mit gleicher Sicherheit. Konkret aber heißt dies offiziell: allseitige Stärkung des Sozialismus.

Wer da von »Militarisierung« spricht, sei – ob beabsichtigt oder nicht – den Propagandalügen der amerikanischen Globalstrategen aufgelaufen.

Da stehen wir nun am Osterdienstag mit unserem gesellschaftspolitischen Engagement! Und da frage ich mich, ob ich eher der Tageslosung heute (Hosea 1,7) traue: »Ich will ihnen helfen, aber nicht durch Bogen, Schwert, Rüstung, Roß und Wagen.«

Oder ob ich auf die »hilfreiche theologische Klarstellung« aus dem Zentralorgan der CDU *Neue Zeit* (27. März 1982) höre: »Noch ist das Reich Gottes auf Erden nicht die alles bestimmende Realität. Deshalb gibt es wieder Waffen. Über sie zu befinden ist eine Frage der Vernunft. Die politische Verantwortung ist dem Staat auferlegt, nicht der Kirche.« Luther wird als alte Autorität im neuen Gewand aufgeführt: »Er hat zu der Aufgabe der Verteidigung des Vaterlandes sowie zur Erlangung des Friedens mit Waffengewalt eine klare Position bezogen. Martin Luther bewertete den Dienst mit dem Schwert zum Schutze des Mitmenschen und des eigenen Volkes auch für den Christen als einen notwendigen und unerläßlichen Dienst zum Wohle des Nächsten und zur Wahrung des Friedens.«

Solange dies für Bundeswehr und NVA gilt, ist nicht einzusehen, warum eine Seite damit aufhören sollte. Wir bräuchten den Konsens mit den Brüdern in der Ökumene, um den atomaren Pazifismus und eine angriffsarme, rein defensive Verteidigungskonzeption begründen zu können. Dagegen verkündet Ustinow: jeden Gegner auf dessen Territorium vernichtend schlagen.

Noch am 19. Mai 1980 zitierte das *Neue Deutschland* Helmut Schmidt, als er gegen das Bergpredigt-Ethos für politisches Handeln plädierte.

»In großer Erregung rief er aus: ›Hört endlich auf, euch suggerieren zu lassen, als ob die Amerikaner unsere Feinde und die Russen unsere Freunde sind. Glaubt ihr etwa auch, daß die Bergpredigt der Bibel geeignet ist, die Politik der Sowjetunion zu korrigieren?‹ Damit machte sich Schmidt zum Sprecher des Pentagon, das mit der Lüge von der angeblichen Bedrohung seitens der Sowjetunion die Nato-Hochrüstung weiter anheizen will.« (*ND*, 19. Mai 1980), und die *Junge Welt* schrieb am 14./15. November 1981:

»Wir jedenfalls bitten nicht um Frieden, wir kämpfen für ihn. Und jeder kann da mithelfen – auch während seines Ehrendienstes in der NVA mit der Waffe in der Hand. Frieden schaffen ohne Waffen – für die westliche Friedensbewegung

eine nützliche Forderung an die Herrschenden ihrer Länder ...«
Und der Oktoberclub sang: »Auch die Kirchen bleiben stehn, hola, helu, weil unsere Jungs zur Fahne gehn.«
Es stehen also, glaubte man den Offiziellen, zwei unvergleichbar hohe Werte auf dem Spiel: »die Freiheit« und »der Sozialismus«. Was dort »Lieber tot als rot« heißen mag, heißt hier: »Niemals werden wir die Macht wieder aus den Händen geben.« Der Magdeburger Pfarrer Hans Urmoneit hat die Frage so zugespitzt: Wenn die Russen in Hamburg sind, ist es so schlimm? Hamburg stünde noch. Wenn die Amis in Magdeburg wären, ist es schlimm? Wir könnten auch mit den Amis leben.
Der Druck auf die Regierungen in Ost und West ist in einem unerwarteten Maße angewachsen, in dem Maße, in dem die Angst angewachsen ist, und aus Angst vertrauen sich Regierungen (und die sie stützenden Militärs) immer noch dem Konzept »Friedenserhaltung durch glaubwürdige Abschrekkung« an.
Der CDU-Vorsitzende Gerald Götting erklärte am 16. Oktober 1980 in der *Neuen Zeit*: »Bewaffneter Dienst für den Sozialismus ist Friedensdienst. In der sozialistischen Staatsmacht erblicken wir die größte Errungenschaft des werktätigen Volkes.«
Der CSU-Vorsitzende Franz Josef Strauß ließ sich (kerniger formuliert) am 15. Oktober 1980 mit dem Satz hören: »Die NATO ist die einzig zuverlässige Friedensbewegung unserer Zeit.«
(Über das »C« in den Parteinamen regt sich ja schon keiner mehr auf, weder hier noch dort.)
Was verbindet – was trennt diese Sätze? Es scheint mir die gleiche Logik zu sein. »Frieden schaffen ohne Waffen« trifft auf beiden Seiten des Grabens auf vergleichbare Argumente, vergleichbare Verdächtigungen, vergleichbare Bezichtigung.
Das Wort »Frieden« war längst zu zahnlos geworden. Ausgerechnet der neue Pazifismus macht es wieder »gefährlich«.

Als politisches Konzept ist es in der Tat naiv – als Antithese zu »Frieden schaffen mit Waffen!«
An der Nahtstelle der Systeme kann es für uns nur um die Suche nach einem dritten Ort zwischen den Fronten gehen, nicht um ein neutrales »Raushalten« oder bloßes »Zwischen-den-Fronten-Sitzen«. Die Aufgabe der Kirche sehe ich mit der von Schriftstellern verbunden. Auch sie kennen das Dilemma, »nur« das Wort zur Verfügung zu haben. Auch sie haben »gut reden«, weil sie keine konkrete Verantwortung zu tragen haben und immer die Narren bleiben müssen. Nur das Wort und die Macht des Wortes haben Sprache als Hort der Freiheit.
»Natürlich / ihr fragt mich / warum diese Traurigkeit …
doch ihr müßt schon gestatten / daß Fragen gestellt werden« (Heinz Czechowski.).
Auch Schriftsteller stellen die Wahrhaftigkeit vor die Parteilichkeit, die Sittlichkeit vor die persönliche Sicherheit, wenn sie nicht sich und ihre Profession aufgeben wollen. Unsere Profession ist es, unser Denken und Handeln an den Worten Jesu zu orientieren.
Auch die Schriftsteller tragen die Stigmata ihrer Zeit an sich und beschwören auch immer wieder, inmitten bedrängender Realität, den Überschuß der Hoffnung, das Unerwartete im Vorausberechneten, lassen das Morgen im Heute aufleuchten. Camus sagte in seiner Nobelpreisrede vor 25 Jahren: »Seiner Bestimmung gemäß kann er sich heute nicht in den Dienst derer stellen, die Geschichte machen. Er steht im Dienste derer, die sie erleiden.« Verbündete sind Schriftsteller im narbenreichen Europa, Zeitgenossen mit Kopf und Herz und Mund, sprachschöpferische Begleiter, nicht vereinnahmbare Freunde. Die Schriftsteller sahen sich gezwungen, »eine Lebenskunst für Katastrophenzeiten zu schmieden, um ein zweites Mal geboren zu werden und dann mit offenem Visier gegen das instinktive Todesverlangen anzukämpfen, das in unserer Geschichte am Werk ist.« Meine Generation sieht ihre Aufgabe darin, »den Zerfall der Welt zu verhindern … Als Erbin einer morschen Geschichte, in der verkommene Re-

volutionen, tollgewordene Technik, tote Götter und ausgelaugte Ideologien sich vermengen, in der Mächte ohne Größe heute wohl alles zu zerstören, aber niemand mehr zu überzeugen vermögen, sah sich diese Generation vor die Aufgabe gestellt ... in sich und um sich ein weniges von dem, was die Würde des Lebens und des Sterbens ausmacht, wiederherzustellen« (Albert Camus). Camus polemisiert 1949 gegen das Spanien Francos und wird angegriffen:

Warum nicht gegen Stalin? Er spricht 1956 über Ungarn und wird angegriffen:

Warum nicht über Israel? Das entspräche unseren Reden über Afghanistan *und* Südkorea, über Kamputschea *und* El Salvador, über Polen, die CSSR, Äthiopien *und* Brasilien, Südafrika, Chile.

Daß die Empörung über den Terror nicht gerade so weit reiche, wie die Opfer zur eigenen Partei gehören! Um ungeteilte Mitmenschlichkeit in geteilter Welt geht es.

»Einzig engagiert ist der Künstler, der zwar keineswegs den Kampf ablehnt, wohl aber sich weigert, sich den regulären Truppen anzuschließen.«

Camus nennt das die »harte Brüderlichkeit«, in der es keine privilegierten Henker gibt. Sich nicht den regulären Truppen anschließen, aber auch nicht rebellierender einzelner bleiben, sondern Verbündete suchen!

Die Wahrheit kommt auf Taubenfüßen – und zwischen den Fronten kann das wirken, was Jesus das »Salz der Erde« nannte, ein Salz, das in den Wunden brennt.

Ganz ähnlich argumentierte 1958 Max Frisch.

»Das Hüben und Drüben aufheben« – das sagt sich so leicht, tragen wir doch das Hüben oder Drüben in uns. Anschaulich wird das häufig in unseren Gesprächen nach der Wir-auch-Melodie mit dem Aber-erst-bei-uns-Refrain. Der vorschnelle Vergleich verhindert häufig das genaue Hinhören, das Sich-Eindenken und das Verstehen der anderen Seite. Sprechen wir von der Werbung für die Armee, von Wohnungsproblemen, vom Umweltschutz, von Schulproblemen, von den Sicherheitsorganen, von Massenmedien, von der Betonierung

der Landschaft, sagen die anderen gleich: Aber seht erst mal, wie schlimm das bei uns ist.
Ich meine, daß die Kirchen und christlichen Gruppen viel entschlossener Grenzüberschreitungen wagen müssen. Angesichts elementarer Bedrohungen können die Unterschiede nicht so wichtig bleiben. Es geht um Grenzüberschreitungen innerhalb unserer Gesellschaften und zwischen unseren Gesellschaften, auch wenn dies beargwöhnt wird von den »regulären Truppen« in den »schlachtbereiten Fronten«, auch wenn die Staatsmacht das nicht duldet: Wir weigern uns, auf der Leimrute von Formeln zu leben. Welche Aufgaben verbinden uns? Eine politische Abstinenz ist nicht möglich. Draußenbleiben hieße zulassen. »Der Stadt Bestes zu suchen« heißt, sperrig zu sein, sich aber nicht zu verweigern.
Die Mühen der Konkretion so wenig zu scheuen, wie die Lust der Utopien weiterzutragen ist. Mittun, wo der Welt Bestes gesucht wird, aber nicht an der Macht partizipieren wollen, weil sie den Verlust der Wahrhaftigkeit zugunsten der machtförmigen Parteilichkeit einschließt. Mit der »Autorität der Bittenden« im eigenen Bereich wirksam werden. Mut zur Einseitigkeit haben, im Wissen um Verdächtigungen, Handlanger der anderen Seite zu sein. Unzerteilte Menschlichkeit in einer zerteilten Welt leben!
Die deutsche Frage ist nicht gelöst, solange Deutschland die Nahtstelle mit dem höchsten Militärpotential der Welt ist. Eine Verdrängung der nationalen Frage erscheint mir ebenso gefährlich, wie eine gesamtdeutsche Romantik naiv ist und eine verschleiernde Wirkung hat. Da die Angst einer der Stützpfeiler der gegenseitigen Rüstung ist, kann und soll die Kirche Angst abbauen helfen.
Nur eine entschlossene, entschiedene Haltung der EKD zur Aufrüstungsfrage und zur Bewertung des Wehrdienstes würde die DDR-Kirchen aus dem Verdacht bringen, Handlanger der anderen Seite zu sein. Auch wenn es nicht mehrheitsfähig ist, muß sich die Basis der christlichen Friedensbewegung deutlich artikulieren.
Wir sollten ein ehrlicher Makler zwischen den Fronten sein,

weil die Fronten falsch sind. Frieden kann nur Frieden mit dem Gegner sein, nicht gegen ihn. Die Angst voreinander ist aber noch so stark, daß der Satz weiter gilt: Sicherheit gibt es nur bei gleicher Sicherheit. Doch ohne Vertrauen gibt es keine Sicherheit, weil ohne gegenseitigen Vertrauenszuwachs das Sicherheitsbedürfnis wächst – auf einem immer höheren Niveau.

Angst abbauen heißt, »vertrauensbildende Maßnahmen« zu ergreifen, sich selber angreifbar zu machen durch einen Vertrauensvorschuß, und es heißt, mitzuwirken am Abbau der Ursachen der Angst. Zur Entspannungspolitik gibt es keine friedliche Alternative.

Die Kirchen an der Schnittwunde Europas sind insbesondere dazu herausgefordert, den Grabgesang auf die Entspannung zu stören, und das aus der Osterhoffnung heraus, die für mich in dem Satz kulminiert: »Ich lebe! Und ihr sollt auch leben« (Joh. 14,19).

Ich füge nun noch Spezielles aus der Sicht von Christen aus der DDR an.

Wir sind aufs Ganze »vergessen« als Teil *eines* Landes mit einer Sprache, Kultur, Geschichte. Die Alleinvertretung hat sich ins Denken und Fühlen verlagert. Dies ist mein Eindruck nach meiner ersten Reise in die Bundesrepublik. Für manche Ältere repräsentieren wir ihr schlechtes Gewissen. Die Bürger der Bundesrepublik brauchen uns nicht.

Die DDR hat mit ihrem äußeren und inneren Erscheinungsbild den Bürgern der BRD die wohlfeile Rechtfertigung dafür gegeben, daß »Sozialismus« kein Weg ist. Kommen dort nach Sozialismus klingende, kritische Reformgedanken auf, hört man sehr schnell: »Dann geht doch in die DDR.« Und Leuten, die mich über die Vorzüge des Sozialismus belehren wollen, sage ich: »Kommt doch zu uns!« Denn es gibt einige linke Freunde, die uns klarmachen, wie gut wir es haben und wie schlimm es sei, als Linker unter der FDGO, der freiheitlich-demokratischen Grundordnung, zu leben. Doch ich wundere mich, daß *wir* keine Auffanglager brauchen. Wer abends vor 24.00 Uhr wieder das Nadelöhr an der Friedrichstraße passiert, rät uns bis-

weilen vorher (und das noch mit Galater 6,1 ff.), die gewonnene Freiheit im Sozialismus nicht wegzuwerfen und uns nicht wiederum dem knechtischen Joch des Kapitalismus zu unterwerfen.
Andererseits gibt es immer noch Christen, die innerhalb dieses Systems die Hoffnung auf einen ansehnlichen Sozialismus nicht aufgegeben haben.
Ein hoher Prozentsatz der Bürger der DDR begeht seit 30 Jahren allabendlich »geistige Republikflucht« via Radio und Fernsehen. So leben wir schizophren. Wir kennen die Regierung und die Staatssekretäre in der Bundesrepublik; aber wer liest freiwillig die hochgradig redundanten Reden in unserer Zeitung? Die westlichen Massenmedien sind ein Ventil für Überdruck und ein innenpolitischer Unsicherheitsfaktor zugleich. Die Einschaltquote der Tagesschau ist sehr hoch, und eine einzige Meldung aus der Kirche der DDR zeigt Wirkung. Die Tagesschau und DLF-Nachrichten haben eine breitere Öffentlichkeit als alle Medien der DDR zusammen. Was bedeutet diese Westorientierung für uns Christen? Wird unsere Westorientierung immer stärker, zumal materielle Abhängigkeiten inzwischen jedem bekannt sind. Wir kommen aus dieser Orientierung ohne eine Veränderung der Informationspolitik und nachfolgenden gesellschaftlichen Reformen nicht heraus. Der geistige, materielle und menschliche Aderlaß der DDR seit ihrem Bestehen hat empfindliche Auswirkungen auch für die christliche Gemeinde, die Kirche und die Theologie. Ein mühsam erreichtes Selbstbewußtsein ist leicht umzustoßen. Wer zählt die Bürger (und die Christen unter ihnen), die als letzten Vorbehalt stets den Ausreiseantrag erwägen? Kann man mit diesem Vorbehalt hier ganz partizipieren und glaubwürdiger Zeuge sein? Und wie viele BRD-Deutsche erwägen: Wenn's ganz schlimm kommt, dann kann ich ja immer noch in die DDR gehen? Das ist unser Unterschied. Ich sehe meine Aufgabe darin, ohne Verleugnung der Beschwernisse dazu zu ermutigen, den Platz hier als den mir zugewiesenen verantwortungsbereit auszufüllen. Eine Lust ist das nicht, aber in den Westen zu gehen ist keine Alternative.

Die zuweilen recht naiv angelegte Menschenrechtspolitik Carters war uns allemal näher als die erpresserische Hochrüstungspolitik Reagans. Denn in der Menschenrechtspolitik war ein positives Ziel absehbar, nämlich bürgerliche Freiheit als Bedingung des Friedens in der Gesellschaft, statt dessen Gefährdung. Die Gewährung bürgerlicher Freiheiten wirkt für den »demokratischen Zentralismus« destabilisierend. Ist für die Kirche der DDR der Frieden, der Schweigefrieden der Gesellschaft wichtiger (und damit ihr äußerer Bestand ungefährdeter) als das gefährliche Rufen von den Dächern (mit dem Teileffekt vordergründiger Sanierung des Gewissens)? Für Wahrheit *und* Frieden einzutreten, in der Wechselwirkung beider Zielbegriffe, sehe ich als eine zentrale Aufgabe der Kirche in Ost und West an. Allerdings kann das nie und nirgends die Kritik der eigenen Institution ersetzen.
Ich schließe mit einer »kleinen Ermutigung« von Wolf Biermann:

»Du, laß dich nicht verhärten
in dieser harten Zeit.
Die allzu hart sind, brechen.
Die allzu spitz sind, stechen
und brechen ab sogleich.«

Brücken der Verständigung

Brücken der Verständigung zu bauen – welcher Ort wäre da symbolträchtiger als die Brücke in Torgau, wo sich Soldaten der US-Army und der Roten Armee die Hände reichten.
Seit 1990 wird dort ein »Elbe Day« gefeiert. Russische und amerikanische Armeekapellen spielen zur Freude der friedlich vereinten Deutschen Jazz. Auf den Elbwiesen findet ein europäisches Jazzfestival mit politischen Rahmenprogrammen statt. Ich freue mich jedes Jahr darauf, fahre hin, höre Bands aus Litauen und Polen, der Schweiz und Schottland, diskutiere, tanze, predige. Das ist das Leben.

Ich erinnere mich auch, wie anders das noch 1985 war.
Bei einem Treffen unserer Friedensgruppen im Oktober 1984 in Herzberg ließ ich beim Kaffeetrinken meiner Phantasie freien Lauf und lud die etwa 50 Teilnehmer nach Torgau ein. Ich erzählte, eine große »action« sei geplant, zu der Udo Lindenberg mit seinem Panik-Orchester eingeladen werde. Er wolle mit amerikanischen und russischen Papp-Panzern aus West und Ost auf diese Brücke fahren, die beim Zusammenstoß auseinanderfielen, und sowjetische und amerikanische Musiker würden herausspringen und pazifistische Lieder singen. Auf den Elbwiesen sollten die Menschenmassen das Spektakel miterleben. Es sei auch an große Zelte gedacht worden. Auf einem großen Podest über der Brücke würde Udo singen. Ich würde die UNO-Menschenrechtsdeklaration lesen und erläutern, auf dem Hintergrund der Ost-West-Konfrontation, des Friedens zwischen den Völkern und des Friedens im Lande. Der Erlös des ganzen Musikspektakels diene der Rekonstruktion dieser symbolträchtigen, heute so brüchigen Brücke.
Einige Wochen vor dem 25. April 1985 gab es sowohl im Bezirk Leipzig wie im Bezirk Halle seitens der Staatssicherheit, vermittelt über die Abteilung Inneres der Bezirke, Vorwürfe und Warnungen an die Kirche, weil Provokationen geplant seien, die man mit aller Macht unterbinden würde. Die Kirche solle sich beschränken auf ihre kirchlichen Räume. Man habe Informationen, daß sich Gruppen von Provokateuren aus Leipzig nach Torgau begeben würden. Dabei wurde auch mein Name genannt.
Woher wußte man, daß ich in der Vorbereitungsgruppe für den Gottesdienst saß? Wir waren eine vertraute Gruppe von acht Leuten aus der Propstei. Was sollten Provokationen mit mir zu tun haben? Schließlich erinnerte mich meine Schwester aus Herzberg an mein Phantasiemärchen von unserem mehrere Monate zurückliegenden Treffen in Herzberg. (Daran hatte auch Knud Wollenberger teilgenommen.)
Nach der Schwertschmiedeaktion 1983 schien man bei mir auf alles gefaßt zu sein.

Auch in unserer Gottesdienstvorbereitungsgruppe gab es ziemliche Auseinandersetzungen darüber, »wie weit« wir mit unseren Texten im Gottesdienst gehen könnten.
Am 25. April 1985 fand vormittags ein riesiges, von Partei und Armee organisiertes Spektakel mit vielen floskelhaft-langen Reden statt. Wir beobachteten in den Seitenstraßen ganze Buskarawanen, in die lauter junge Männer ein- und ausstiegen.
Der ökumenische Gottesdienst am Abend unter Beteiligung des russisch-orthodoxen Exarchen »für Berlin und ganz Mitteleuropa« war außerordentlich gut besucht. Wir hatten uns jedes Wort genau überlegt und sprachen wohl zum erstenmal nach 1945 in einer größeren Öffentlichkeit das an, was viele Menschen bewegte, was aber tabuisiert war. Eine Passage, die nach sechs Jahren in ganz anderer Weise wieder wichtig wird, zitiere ich:
»Unzählige Menschen haben unter der Naziherrschaft gelitten. Allein hier in Torgau gab es während des 2. Weltkrieges ein Militärzuchthaus mit etwa 3000 Verurteilten, vier Arbeitslager mit Zwangsarbeitern aus Osteuropa, ein Kriegsgefangenenlager mit etwa 1000 Gefangenen. Sie alle sind damals wirklich *befreit* worden.
Viele Deutsche haben diese Tage anders erlebt: als Flüchtlinge, herumgestoßen, in Angst, die Vergeltung der Sieger fürchtend. Fremdlinge waren sie im eigenen Land. Andere mußten nach Kriegsende sühnen – Schuldige und auch Unschuldige –, im Torgauer Gefängnis, im Lager bei Mühlberg und anderswo. Ein Schweigen liegt über dieser Zeit.
Wir beten: Gott, der du versprochen hast, daß die Gefangenen frei sein sollen und die Bedrückten aufgerichtet werden, mache uns frei von aller Schuldaufrechnung. Kyrie eleison.«
Nach dem Umbruch sind wir in der Gefahr, nun nur noch von Mühlberg und der Zeit nach 1945 zu reden!
Die Verhandlungen in Genf um die Mittelstreckenraketen zwischen Kampelman und Karpow waren zu dieser Zeit in einer kritischen Phase. Wir formulierten einen Brief und boten den Besuchern an, diesen Brief mit zu unterschreiben. Am

nächsten Tag wurde er per Einschreiben an die amerikanische wie an die sowjetische Delegation in Genf geschickt.

An die UN-Vertretung der UdSSR in Genf/Schweiz
z. Hd. des Herrn Botschafters Viktor Karpow

An die UN-Vertretung der USA in Genf/Schweiz
z. Hd. des Herrn Botschafters Max Kampelman

Sehr geehrter Herr Karpow!
Sehr geehrter Herr Kampelman!

Heute vor 40 Jahren begegneten sich die Truppen Ihrer beiden Länder an der Elbe bei Torgau. Aus diesem Anlaß sind wir heute in der Torgauer Stadtkirche zu einem Friedensgottesdienst versammelt, um uns der Vergangenheit des Krieges zu erinnern und nach der Zukunft des Friedens zu fragen.
Wir Deutsche waren damals Ihre gemeinsamen Feinde, gegen die sich Ihre Zusammenarbeit richtete. Im deutschen Namen ist furchtbares Leid über die Völker der Welt gebracht worden. Auch wenn wir selbst nicht direkt an den Untaten beteiligt gewesen sind oder schon zur folgenden Generation gehören, empfinden wir doch eine besondere Schuld, aus der heraus sich für uns auch eine besondere Verpflichtung ergibt, für Frieden und Zusammenarbeit zu wirken. Mitten durch unser Land geht die Trennungslinie der gespaltenen Welt. Einen militärischen Konflikt würden wir nicht überleben.
Im Auftrag Ihrer Regierungen verhandeln Sie in Genf. Von Ihren Gesprächsergebnissen hängt es wesentlich ab, ob es zu weiterer atomarer Aufrüstung oder zur Abrüstung kommt, ob eine gemeinsame Sicherheit erreicht wird oder ob es bei gegenseitiger Vernichtungsdrohung bleibt. Viele Hoffnungen richten sich auf Sie. Auch unsere.
An diesem Erinnerungstag möchten wir Sie sehr bitten:
Suchen Sie mit Mut und Geduld jeden nur gangbaren Weg, damit die Aufrüstung auf der Erde beendet wird, die Auf-

rüstung im Weltraum nicht erst neu begonnen wird und die alles vernichtenden Waffen vernichtet werden!
Wir sind in tiefer Sorge, daß sonst unvorstellbares Leid über die Völker kommt und unsere Länder unversehens zu unbewohnbaren Wüsten werden. Wir sehen keinen Wert oder Grund, der den Einsatz von Massenvernichtungswaffen rechtfertigen könnte. Deshalb sollte nicht produziert, sondern demontiert werden, was niemals eingesetzt werden darf! Statt dessen sollten alle Anstrengungen darauf gerichtet werden, daß der Hunger beseitigt wird.
Wir beten und hoffen für Sie und für Ihre Verhandlungen, daß sie aufrichtig, ernsthaft und konkret geführt werden, damit unsere Erde bewohnbar bleibe, für uns und für unsere Nachkommen.
Bitte, riskieren Sie den Frieden!

Hans Treu
Hans-Christoph Sens
Friedrich Schorlemmer
Annemarie Wartenburger
Christiane Sens

Torgau, den 25. April 1985
Teilnehmer des Friedensgottesdienstes

Ich fragte später einen amerikanischen Diplomaten, ob dieser Brief in Genf angekommen sei. Er erkundigte sich und mußte verneinen. Wahrscheinlich ist dieser Brief schon auf dem Postamt in Torgau konfisziert worden. Aber er wurde bekannt durch die *Frankfurter Rundschau*, die ihn im Wortlaut zitierte, allerdings mit einer wohl gutgemeinten Korrektur. Der letzte Satz in unserem Brief hieß wirklich: »Bitte, riskieren Sie den Frieden.«
Wir verstanden Frieden als das Wagnis, das zu riskieren sei. Die Redaktion hielt dies aber für einen Druckfehler und druckte: »Bitte, riskieren Sie nicht den Frieden.«
Um zu zeigen, was damals das Äußerste an Common sense unter uns war, ist dieser Brief dokumentiert, von etwa 100

Gottesdienstteilnehmern unterschrieben. Es mußte sich schon jeder genau überlegen, ob er es sich »leisten« konnte, das zu unterschreiben. Unterschriftensammlungen waren schließlich illegal.
Die Überschrift für meine Rede zur Verleihung des Friedenspreises des Deutschen Buchhandels in Frankfurt im Oktober 1993 nimmt den Gedanken vom »Risiko des Friedens« wieder auf.
Die Ost-West-Konfrontation des Kalten Krieges ist zu Ende. Die Interkontinentalraketen werden nicht mehr auf die Städte der damaligen Gegner gerichtet. Aber der Friede ist längst nicht sicher geworden.
Nun ist neben der altersschwachen Brücke in Torgau eine neue gebaut worden. Die geschichtsbeladene Brücke wurde – wegen befürchteter Bürgerproteste! – in einer geheimgehaltenen Aktion am 16. Juni 1994 gesprengt, wenige Tage nach dem D-Day. So wird wohl die geplante symbolträchtige Begegnung zwischen dem amerikanischen und dem russischen Präsidenten zur 50. Wiederkehr der historischen Begegnung ausfallen. Jede Seite schreibt ihre Geschichte. Die Abschiedsparade für die Westalliierten lief zeitgleich mit der Sprengung in Berlin ab. Das vereinte Deutschland verpaßt größere einigende Symbolhandlungen!
Ist alles vorbei – beginnt alles wieder von neuem? Der Frieden muß riskiert und er darf gefeiert werden. Dazu gehört beständige Erinnerung, die uns davor bewahrt, zu wiederholen, was uns ans Ende gebracht hat.
Der Friede braucht Begegnungen zwischen den Menschen aus verschiedenen Völkern. Torgau war und ist ein trefflicher Ort für Begegnungen, für Brücken der Verständigung.

Innerer und äußerer Frieden
– Wortmeldungen auf Synoden –

Die Kirchen in der DDR haben stets versucht, das Wechselverhältnis zwischen entspannten innergesellschaftlichen Beziehungen und dem Frieden nach außen aufzuweisen und das Verhältnis von Frieden und Freiheit, Menschenrechten und sozialer Gerechtigkeit zu verdeutlichen.
Manfred Stolpe war der versierte Anwalt dieser Strategie.
So erklärte die Bundessynode 1985 in Dresden erstmals in großer Deutlichkeit:

Zwischen dem Bemühen der Staaten um Frieden, Sicherheit und Zusammenarbeit und den Möglichkeiten des einzelnen Bürgers gibt es einen unmittelbaren Zusammenhang, eine Wechselwirkung:
Was der einzelne an Rechten wahrnehmen und an Möglichkeiten nutzen kann, bestimmt das Maß seiner schöpferischen Mitwirkung an der Gestaltung seines Landes und trägt zu dessen Stabilität bei. Ein Staat und eine Gesellschaftsordnung sind um so stabiler, je mehr sie auf die Loyalität und verantwortliche Mitarbeit ihrer Bürger zählen können. Die erfahrbare Verwirklichung von Menschenrechten im gesellschaftlichen Bereich unseres Staates ermutigt uns deshalb dazu, im Bereich der Rechte des einzelnen Gebiete anzusprechen, in denen die Praktizierung der Menschenrechte erweitert oder deutlicher wahrgenommen werden soll:
- Gleichberechtigung und Gleichachtung aller Bürger in allen Bereichen und auf allen Ebenen,
- Erweiterung der Reisemöglichkeiten,
- Umgang mit den Eingaben und Beschwerden der Bürger,
- Pflicht zur Begründung bei ablehnenden Bescheiden,
- Einsatz von Bausoldaten an zivilen und sozialen Objekten, im Umweltschutz und bei Katastrophenfällen,
- Einrichtung eines zivilen Wehrersatzdienstes für diejenigen, die aus Gewissens- und Glaubensgründen den Dienst in einer Armee überhaupt ablehnen,

- Gewissens- und Glaubensfreiheit im Blick auf den Waffengebrauch bei der vormilitärischen Ausbildung von Lehrlingen und Schülern,
- Möglichkeit des waffenlosen Dienstes für vereidigte Reservisten.

Die Synode begrüßt Grundsatzgespräche zwischen Staat und Kirche, wie das Gespräch vom 11. Februar 1985, bei dem Grundaussagen des Gespräches vom 6. März 1978 bekräftigt wurden. Sie hält gegenwärtig grundsätzliche Sachgespräche zur vollen Verwirklichung der Gleichberechtigung und Gleichachtung im Bildungswesen für vordringlich, weil es nicht nur um die Bereinigung von einzelnen Konfliktfällen gehen kann.

Ich hatte in dem Ausschuß mitgewirkt, der diese Beschlußvorlage einbrachte, und zuvor im Plenum gesagt:

Mich beschäftigt die nach wie vor anhaltende, auch unsere Gemeinden belastende Ausreisementalität. Diese Mentalität hat mit den Defiziten zu tun, die der Bericht der Kirchenleitung anführt. Es besteht weiterhin die Gefahr, daß wir Menschen verlieren, die wir in unserer Kirche und in unserer Gesellschaft dringend brauchen – ein kritisches und darum ein förderliches Potential für unsere Gesellschaft und Kirche.
Im übrigen habe ich den Eindruck, daß nicht so sehr konkrete persönliche Belastungen der Ausreiseanlaß sind, sondern eher die Gesamtsumme von Erfahrungen, die die Atmosphäre in unserem Lande ausmachen – eine Stimmung also, eine manchmal ansteckende! Das führt so weit, daß alle Gründe, die für ein Leben in dieser sozialistischen Gesellschaft mit ihren unbestreitbaren Vorteilen sprechen, emotional und rational in den Hintergrund treten und geradezu vergessen werden. Es kommt zu Erkenntnistrübungen.
Mich lähmt das oft. Das Ausreisen wirkt als Stachel in unseren Gemeindegruppen. Viele fragen sich: Braucht man mich hier, mit meiner Begabung, mit meinen Wünschen nach Entfaltung und Selbständigkeit?

Der Beitrag der Kirche für die Erweiterung des inneren und äußeren Bewegungsspielraumes des einzelnen wäre so auch ein Beitrag zur inneren Stabilität und einer schöpferischen Atmosphäre.

Wohin aber könnten Mitbürger 1994 entfliehen, wenn sie das Gefühl haben, nicht gebraucht zu werden, sich nicht entfalten zu können? Wir können, wir dürfen unseren Problemen nicht entfliehen. Doch diejenigen, denen es gut geht, haben besondere Verpflichtungen gegenüber denen, die sich herauskatapultiert vorkommen, besonders die Langzeitarbeitslosen. Der innere Friede hat als Grundvoraussetzung den sozialen Frieden. Ansonsten wird die »Flucht nach rechts« wahrscheinlich.

Direkt von der Abschlußveranstaltung zur »atomwaffenfreien Zone« in der Dresdner Kreuzkirche fuhr ich im September 1987 zur Synode nach Görlitz.
Längere Diskussionen hatte es zur grundsätzlichen Ablehnung der Atomwaffen und den Folgerungen für die Ablehnung des Wehrdienstes (mit seinem Eid, der unbedingten Gehorsam verlangte) gegeben. Bereits die Bundessynode in Halle 1982 hatte die Frage aufgeworfen, ob es noch »gerechte Kriege« gebe und ob Waffendienst noch ein angemessener Beitrag zur Sicherung des Friedens sein kann. Auf der Synode in Görlitz 1987 lag ein Textentwurf vor, den ich mit vorformuliert hatte. In der Diskussion sagte ich:

Liebe Synodale, täuschen wir uns nicht. Das Mittelstreckenabkommen könnte eine gefährliche Beschwichtigungsfunktion für die Völker bekommen, nun sei die Welt schon auf dem Wege des Friedens. Es handelt sich um 3 Prozent des nuklearen Potentials – endlich ein Anfang, ja, aber: Die Aufrüstung hat eine solche Dynamik entwickelt, daß sie nicht schnell zu stoppen ist. Auch die defensive Verteidigungsstrategie ist noch Papier. Die Waffen sind noch alle Angriffswaffen. Die Abrüstungsdynamik braucht Menschen, die sie befördern und persönlich einfordern. Eine monströse Militärmaschinerie über-

zieht nach wie vor unser Land, durchfurcht donnernd unseren Tag- und Nachthimmel ... Das kleine Häuflein von Christen (und Pazifisten) in unserem Land und in anderen Ländern sollte entschieden dem gewaltlosen Weg zum Frieden eine persönliche Stimme geben, sollte entschieden das Zeugnis des Herrn geben, der den Mut hatte, sanft zu sein im waffensstrotzenden Imperium Romanum.
Wir versuchen in unserem Text »Bekennen in der Friedensfrage« für unterschiedliche Entscheidungen friedenspolitische Orientierungen des Glaubens zu geben. Verweigerung des Waffendienstes ist einerseits Verweigern der faktischen Mittäterschaft an der Abschreckung. Verweigerung ist gleichzeitig eine persönliche Unterstützung gewaltloser Konfliktregelungen auf politischer Ebene. Wer Waffendienst verweigert, den bitten wir, nicht die aktive Mitwirkung am System gemeinsamer Sicherheit zu verweigern.

Als Bischof Leich einen eigenen, mit dem Ausschuß nicht vorbesprochenen Text vor dem Plenum der Synode vorlegte, um jede Verbindung zur Wehrdienstfrage zurückzuweisen, habe ich spontan reagiert, weil dies demokratischen Gepflogenheiten unserer Kirche widersprach:

»Wir sehen uns vor einer gewichtigen Entscheidung, auch für unser Miteinander. Wir haben lange nachgedacht, gerungen, gestritten, gelernt voneinander. Wir sind aufeinander zugekommen. Wir haben alle zurückgesteckt, um einander willen. Ich möchte Sie fragen, woher Sie die Autorität nehmen, hier einen neuen, eigenen Text vorzulegen, der nicht Ergebnis eines Dialogs ist und wieder lange Einigungsgespräche erfordert, die nicht im Plenum zu leisten sind.«

Die Synode verabschiedete schließlich die Erklärung »Bekennen in der Friedensfrage« mit klarer Option gegen »Geist, Logik und Praxis der Abschreckung«. Das wurde ein Leittext für alle Friedensgruppen. Allerdings behielt die Synode in Görlitz einen bitteren Beigeschmack, weil es uns nicht gelungen war, die »Absage an Prinzip und Praxis der Abgrenzung«

in vergleichbarer Weise entschieden zu vertreten. Auch ich war damals gegen eine Gleichgewichtung des Mauerstaates und der atomaren Existenzbedrohung. Seit der Vereinigung ist dieser friedensethnische Bekenntnistext emeritiert, überholt oder unbequem.

Auf der Synode in Erfurt 1986 habe ich mich zu Tschernobyl, zum Neuen Denken, zur (Aus-)Reisefrage, zur Dialogkultur in der DDR und der Doppelstrategie der Sicherheitsorgane geäußert:

Ich begrüße es, daß die Kirchenleitung versucht hat, Kriterien für ihre politischen Stellungnahmen zu formulieren: »Beistehen, orientieren, ermutigen«. Verstehe ich es richtig, wenn dies das Klagen, das Mahnen, das Bitten einschließt? Daß Kirche zum Mund ihrer Glieder wird, ohne ihr Vormund zu sein, daß Kirche das wahrhaftige Zeugnis sucht, wo bedrängende Wahrheiten verdrängt werden oder gar Menschen sich verdrängt fühlen, wenn sie auf bedrängende Tatsachen aufmerksam machen. Ich höre jedenfalls öfter den Vorwurf, Kirche übe sich heute zu sehr in diplomatischer Rede- und Handlungsform, wobei diplomatische Sprache als Verschleierungssprache gehört wird. Daran schließt sich der Vorwurf von Gemeindegliedern an, wir entwickelten uns zu einer privilegierten Priesterkaste. Ich finde es ermutigend, daß so viele Christen in diesem Land politisch wach sind und die Kirchenleitung bitten, auch laut ja zu sagen, wo ein deutliches Ja auch angebracht und nötig ist, nachdem wir so oft eher kritisch anfragend waren und sein mußten. Die Friedensinitiative Frieden '83 hatte hierzu auch einen offenen Brief an die Gemeinden geschrieben, leider just an dem Tage, an dem Tschernobyl passierte. Und durch die Berichterstattung, die der Kirchenleitungsbericht »zurückhaltend« nennt, wurde viel Sympathie und Interesse für die eingeleitete neue Politik verspielt, alte Klischees fanden wieder Bestätigung, hier und anderswo. Tschernobyl löste so doppelten Schaden aus: einen radioaktiven und einen politischen. Es hilft nicht, diese Schäden zu verschweigen. Man ist wohl gegenwärtig in der Gesellschaft dabei, daraus Schlußfolgerungen für die Zukunft zu ziehen. Gleichzeitig können durch die Probleme mit der Berichterstattung über ein Unglück die mutigen, klaren abrüstungspolitischen Perspektiven nicht herabgemindert werden, die eine überraschende, hoffnungsvolle Dynamik in die Weltpolitik gebracht haben – und die trotz des schwarzen Sonntags von Reykjavik beharrlich weiterverfolgt werden.

Zum *Neuen Denken*: Wir selbst sind befangen in Mechanismen des Freund-Feind-Denkens. Wir gehören auch zu denen, die sich immer wieder in ihre Gräben zurückziehen. Das Neue Denken kann deshalb auch nicht als ein wohlfeiles Zitat, anderen unter die Nase gerieben (Seht mal, Gorbatschow auf unserer Seite!), im alltäglichen Gerangel verbraucht werden. Denn dann bestärkt das Neue Denken nur das »alte Mißtrauen« nach der bekannten Bebel-Devise: »Wenn dich deine Feinde loben, hast du etwas falsch gemacht.«

Ich ertappe mich dabei und sehe es bei anderen auch, daß eine Art »Erstgeburtsrecht« für friedenspolitische Erkenntnisse angemeldet wird. Das ist dem Gegenstand völlig unangemessen. Wichtig ist, wie dieses Neue Denken praktisch werden kann, außen- und innenpolitisch. Ich glaube, daß wir nur durch behutsames gemeinsames Lernen vorankommen, nicht durch besserwisserisches Gebaren oder gar mit Zitatenkeulen nach der Devise: »Wir wußten es schon lange – und jetzt sagt es sogar der Generalsekretär.«

Zur *Reisefrage*: In der Reisefrage haben sich sehr erfreuliche Entwicklungen ergeben. Hier nun gleich wieder auf nicht gelöste Probleme hinzuweisen, ohne gebührlich die Fortschritte zu würdigen, wäre nicht gerecht und nicht sinnvoll und denen schwer plausibel zu machen, die sich für diese Regelung eingesetzt haben. Doch wenn einer reisen darf, der Nachbar in derselben familiären Konstellation aber nicht – und wenn dafür keine Begründungen gegeben werden –, erzeugt das Unmut, ja auch Verbitterung. »Von wessen Gnade und Ungnade bin ich abhängig? Geht hier im Staat Gnade vor Recht? Bin ich als Bürger ein kleiner Bittsteller?« Wenn ablehnende Bescheide gegeben werden, die Gründe aber im dunklen bleiben, dann wird über Bürger eine Art »Grübelstrafe« verhängt. Ich will nicht annehmen, daß das beabsichtigt ist. Aber das wirkt so. Dann fragt sich der Bürger: »Warum darf ich nicht, warum darf der? Ist es, weil ich mit dem oder dem Kontakt hatte? Was habe ich in meinem letzten Brief geschrieben? Bin ich ein Sicherheitsrisiko? Ist mir jemand feindlich gesinnt?«

Wie kann man Menschen von solchen Grübelstrafen befreien? Ich denke: nur durch eine Änderung der Gesetze, die vorschreiben, daß keine Begründungen gegeben werden können. Der Sinn dieser Gesetze ist nicht einsichtig zu machen. Das gesetzlich fixierte Schweigeverhalten wirkt angsteinflößend und wirkt sich negativ auf unser gesellschaftliches Klima aus. Vom freundlichen Verhalten der Behörden erzählen schließlich auch erleichtert viele Bürger. Wir erleben eine Ungleichzeitigkeit staatlichen Verhaltens. Die Polizei und der mit ihr verbundene Sicherheitsapparat geht mit den Bürgern nach seinem Gut-Dünken um, mal freundlicher, mal weniger freundlich, mal auskunftsbereit und mal einfühlsam, mal stockstörrisch und bürokratisch. Da wird einer bestellt und dann stundenlang vor den Schalter gesetzt, bis er schließlich das knappe Nein zu hören kriegt. Das schadet dem Klima in unserer Gesellschaft sehr. Was die einen gut machen, reißen die anderen schnell wieder ein: Demütigungen sitzen tiefer als Freundlichkeiten. Wenn die »Staatsorgane« nicht an die »Sicherheitsorgane« herankönnen und bei den letzteren ein angsteinflößendes Verschweigeverhalten – gesetzlich fixiert! – am Tage ist, dann frage ich, wer in diesem Lande regiert, zu wessen Nutzen und zu wessen Schaden. Ich wundere mich nicht mehr, wenn dann ein ehemaliger höherer Funktionär seine ganze aufgestaute Wut in bittere Polemik umsetzt. Es beschämt mich und uns alle in diesem Lande, wenn der Wutstau zur Polemik wird, die dann via ARD von Herrn von Berg herunterprasselt. Wer regiert die DDR? Was weiß der eine Machtarm vom anderen? Ist es opportun, so etwas überhaupt zu fragen? Haut es nicht genau in die Kerbe derer, die

lieber mit altstalinistisch-orthodoxen Methoden regieren und ihre Wortknüppel schnell wieder hervorholen: Staatsfeinde! Das ist der eine Widerspruch, der mir als Pfarrer und Synodaler zu schaffen macht, zumal ich meistens mit dem sanfteren Arm zu tun habe, jedenfalls offensichtlich. Der andere Widerspruch ist dem ersteren verwandt. Die DDR hat ein außenpolitisches Ansehen gewonnen. Die friedenspolitischen Einsichten haben hohe Plausibilität bei denen erlangt, die sich mit der wirksamen Sicherung des Weltfriedens befassen. Die entsprechenden Äußerungen des Staatsratsvorsitzenden oder des Außenministers finden – so beobachte ich – eine weitgehende Zustimmung, ganz zu schweigen von der entschlossenen Friedensoffensive in der Folge des Neuen Denkens seit Gorbatschow. Aber dieser außen- und sicherheitspolitischen Anziehungskraft des Sozialismus entspricht in vielem noch immer nicht eine innenpolitische Anziehungskraft, die im Ausreisesyndrom eine immer wieder beunruhigende Ausdrucksform findet. Manchmal hört sich die Taizé-Litanei: »Bleibt hier und wachet mit mir« schon wie eine politkomische Pervertierung an. Es sind gewiß nicht alle DM-Flüchtlinge oder Verräter, sondern Freunde, die sich keinen anderen Rat mehr wußten. Es sind nicht wenige, die sich quälen mit der Frage: »Bleiben? Gehen? Wohin? – und die andere deutsche Republik ist doch auch nicht das gelobte Land ... Aber wird sich hier noch etwas ändern, ehe ich alt bin? Wird sich eine Wohlfühlgesellschaft hier bilden?«
Der dritte Widerspruch berührt die immer kürzer werdende Decke in der Ökonomie und die immer weiter versprochene Steigerung des materiellen und kulturellen Lebensniveaus. So steigern wir uns und unser Land zugrunde: Unsere Ackerböden, unsere Abraumwüsten, unsere schwefelsaure Luft, unsere in Gülle ertränkten Felder und Seen zeigen es uns heute schon an. »Die Wahrheit ist dem Menschen zumutbar.« Für diese Wahrheit müssen wir streiten. Das ist im übrigen kein sozialismusspezifisches Problem, wenn wir uns nur einmal das »Zukunftsmanifest« der CDU-West ansehen.
Der vierte Widerspruch berührt uns als Christen und Kirche

ganz direkt. Wir, die wir Rechenschaft von unserer Hoffnung ablegen wollen, verstummen. Wir, die wir von »Glaubenshoffnung-Liebesglut« singen, werden zum schwächlichen Klageverein oder zum religiösen Beschwichtigungsclub. Bewußtsein und Verhalten auf der Höhe der Gefahr werden nur punktuell erkennbar. Wir haben kaum eine gemeindeverwandelnde, erst recht keine kulturverwandelnde Impulskraft. Die Spielräume produktiver Verweigerung zugunsten alternativer Lebensentwürfe sind klein. Die »Wasserstandsmeldungen der Sintflut« dauernd zu hören und zu verkünden macht die Gemeindehäuser keineswegs voller. »Ein gutes Wort entschlüpft wie ein wohliger Seufzer« (Brecht: »Lied vom Freundlichsein«). Aber wer hat das gute Wort, das ein wahres Wort ist, nicht nur ein liebes? Dieses ehrlich und weiterführend zu bearbeiten, sehe ich als Teil des konziliaren Prozesses an.

Ich habe im Verlauf dieses Jahres 1986 eine Reihe sehr ermutigender Erfahrungen in unserer Gesellschaft im Kontakt mit unseren Staatsorganen machen können

- im Zusammenhang mit den Wahlvorbereitungen und mit »Wähleraufträgen«,
- mit einem Brief, den eine Gemeindegruppe an den XI. Parteitag richtet und den nachfolgenden Sachgesprächen auf Kreisebene,
- bei der Beantwortung einer Eingabe zur Kernenergienutzung,
- bei den Sachgesprächen, die wir in Magdeburg dazu führen konnten.

Bei diesen Gesprächen waren mir besonders eindrücklich die Kompetenz, die Gesprächsbereitschaft und das hohe persönliche Verantwortungsbewußtsein, das spürbar war. Das heißt nicht, daß wir uns in allen wesentlichen Fragen einig geworden wären, aber daß wir teilhaben konnten an komplizierten Entscheidungsbedingungen in einem energiepolitischen Dilemma zwischen Braunkohle und Kernkraft. Fachliche Detailfragen und philosophische Grundfragen wurden besprechbar, ohne daß mit Klischees auf der einen oder anderen Seite operiert wurde. Ich weiß – leider –, daß sich das kaum verallgemeinern läßt. Andere machen ganz andere Erfahrungen und fragen mich, ob ich mich blenden oder gar beschwichtigen lasse, so daß ich in meinem Urteil nicht mehr ganz frei bin, weil ich abblende oder beschönige. Ich erwähne das, weil ich weiß, daß es Vorwürfe gibt, wir entwickelten uns zu einer Bonzenkirche, die die Beschwernisse von Gemeindegliedern nicht mehr teilt, sondern nur noch verständnisvoll beschwichtigen würde. Leben wir Kirchenleute und wir »normalen« Christen in zwei verschiedenen Republiken gleichzeitig? Sind das Anzeichen eines widerspruchsreichen Verwandlungsprozesses, der auf verschiedenen Ebenen und bei verschiedenen Personen sich sehr »ungleichzeitig« darstellt? Ich merke jedenfalls, daß man generelle Aussagen nicht machen kann, sondern daß man sich darum bemühen muß, beides aufmerksam wahrzunehmen und zu fragen, sehr genau zu fragen, wie man wirkungsvoll *und* wahrhaftig bleibt, den sanften Arm der Staatsmacht stärkt und nicht den harten Arm provoziert. Die Geschichte lehrt uns, daß jeder Staat diese beiden Tendenzen in sich hat. Wir werden aber gespalten, wenn ein Christ, der auch noch Physiker ist, oder ein Physiker, der auch noch Christ ist, in der kirchlichen Öffentlichkeit über seine Urteile und Kenntnisse zur Kernenergie spricht und ihm gesagt wird, er könne mit dieser Meinung nicht mehr in seinem Institut arbeiten!

Man könnte solche widersprüchlichen Beobachtungen auch positiv ausdrücken: Die DDR entwickelt sich zu einem vielgestaltigen Staat, in dem es Widersprüche gibt, die aber letztlich die Entwicklung voranbringen.

Das gilt auch für die Kirchenpolitik nach dem 6. März 1978, an deren Infragestellung niemand von uns ein Interesse haben kann. Aber ich denke: Voran kommen wir nicht, wenn wir solche Widersprüche einfach verschweigen oder übergehen. Ich sehe uns vorankommen. Andere sehen und erfahren das nicht. Wir sollten weder das eine noch das andere verallgemeinern und wachsam sein, daß wir uns nicht gegenseitig verdächtigen oder teilen lassen.

Laß mich in Frieden

– Eine Meditation vor dem Abgrund von Goražde –

Einmischung ist etwas Zweischneidiges. »Wenn zwei sich streiten, misch dich nicht ein« lautet eine kluge Redewendung aus meiner Kinderzeit.
Denn alsbald fallen sie gemeinsam über dich her und machen alsdann gegeneinander weiter. Aber: Soll ich zusehen, wenn sie einander zerstören? Soll ich nicht *schlichten,* dazwischengehen, besänftigen, vermitteln, zur Vernunft rufen, *damit Friede wird*? Oder doch lieber wegsehen und weggehen?

Laß mich in Frieden mit eurem Streit!
Einmischung ist durchaus etwas Zweischneidiges.
Ich bin, lebe gerade noch im Frieden.
Ich setze meinen Frieden nicht aufs Spiel.
Ich überschlage meine Kräfte.
Ich überschätze mich nicht.
Ich bin nicht für alle verantwortlich.
Doch eine Einschränkung mache ich:
– wo ein Starker einen Schwachen,
– ein Großer einen Kleinen,
– ein Reicher einen Armen,
– eine Mehrheit eine Minderheit
niedermacht, da sehe ich nicht zu, da kann ich nicht zusehen, da darf ich nicht zusehen, da überwinde ich meine Angst, vergesse meine Klugheit und springe ihnen bei. Doch ich wähle dafür Mittel, die den Kampf nicht eskalieren lassen.

Laß ab vom Bösen
und tu Gutes.
Suche Frieden und
jage ihm nach,
heißt es im Buch der Psalmen.
Den Frieden lasse ich euch.
Meinen Frieden gebe ich euch.

Nicht gebe ich euch, wie die Welt gibt.
Euer Herz erschrecke nicht
und fürchte sich nicht, sagt Jesus.
Und der Apostel Paulus schreibt nach Rom:
Vergeltet niemand Böses mit Bösem.
Seid auf Gutes bedacht gegenüber jedermann.
Ist's möglich, soviel an euch ist,
so habt mit allen Menschen Frieden.

Ja, daran liegt es: Soviel an euch liegt, soviel an euch ist, habt mit allen Menschen Frieden. Das ist mehr als Lebenskunst. Das ist mehr als Mut. Das ist angestrengtes Schwimmen gegen den Strom menschlicher Gewaltgeschichte und gegen eigene Vernichtungsgefühle. Es ist Selbstüberwindung. Kampf gegen den Rachegeist in uns, der entfacht wird durch erlittenes Unrecht. So schlagen wir den anderen mit dessen Mitteln, auch wenn wir sie selbst ablehnen, Gleiches mit Gleichem abgeltend, bis wir ihm unversehens gleich geworden sind. Das hatte der andere vorsichtshalber auch angenommen. Ein Epigramm faßt das trefflich zusammen:
»Mein Gegner plant meinen Widerstand. Wie soll ich seinem Plan widerstehen?« Mit seiner Bosheit kommt er nur meiner Bosheit zuvor. Ich bin nicht besser, wenn ich mit gleicher Münze zurückschlage. Ich bin nur zweiter. Also ist der Verdacht des anderen gegen mich nur zu berechtigt.
Ruhe halten wir gegeneinander offenbar nur dann, wenn gegenseitige Abschreckung funktioniert. Nur Angst vor dem Gegenschlag erhält Frieden. Sowie diese Angst wegfällt, fallen alle Barrieren der Bosheit. So etwas erleben wir heute international nach Ende des Abschreckungsfriedens. Wieviel Unfriedlichkeit, Intoleranz, nationale, ethnische oder religiöse Arroganz, die in einzelnen Menschen und Menschengruppen herrschen und die unter der Decke geblieben waren, brechen jetzt hervor! Wir sehen, wie leicht etwas in uns entfachbar ist, wie leicht wir anzustecken sind.
Menetekel Jugoslawien: Dort geht Europa unter.
»Böse Dämonen« lauern nach wie vor in Europa, hat Václav

Havel jüngst vor dem Europäischen Parlament in Straßburg gesagt:
»Unruhe, Chaos und Gewalt haben *ansteckenden Charakter*«, sagte er im Blick auf das Gemetzel auf dem Balkan.
Frieden ist ein höchst zerbrechliches Gut. Den anderen, das andere Volk »in Frieden« lassen ist individuelle Verpflichtung und politischer Auftrag. Streit anfangen ist leicht, aufhören schwer. »Wer Streit anfängt, gleicht dem, der dem Wasser den Damm aufreißt. Laß vom Streit, ehe er losbricht«, heißt es im Buch der Sprüche. Streit und Krieg stecken an, weniger Harmonie und Frieden – so wie es auch keine ansteckende Gesundheit, wohl aber ansteckende Krankheit gibt. Es gibt etwas, das in uns gebändigt werden muß, was aus- und losbrechen kann, was uns rasend macht, wo wir nicht mehr aufzuhalten sind, maßlos werden. Wir haben allen Grund, vor uns selbst auf der Hut zu sein – und das hohe Gut des Friedens zu bewahren.
Dabei darf gewiß nicht außer acht bleiben, daß es neben »inneren« auch »äußere« Gründe gibt. Wo Ungerechtigkeit herrscht, kann auf Dauer nicht Frieden bleiben, weil solch Friede faul ist und den Keim von zerstörerischen Verteilungskämpfen in sich trägt.
Der Frieden hat es zudem stets unendlich schwer, weil negative Emotionen ganz leicht auflodern, rasend machen, uns unentrinnbar hineinziehen, alle geduldige Friedensarbeit »auf einen Schlag«, auf einen Schuß zunichte machen – wie das furchtbare Massaker ausgerechnet am Grab des Ahnvaters Abraham in Hebron uns allen demonstrierte. Nun müssen alle Juden in Syrien um ihr Leben fürchten, nachdem auf ihren Türschwellen ein Handzettel lag, auf dem sie lesen mußten: »Wir werden immer an euch Rache nehmen, und bald werdet ihr sehen, daß Hitler schwach war im Vergleich zu dem, was wir euch antun werden.« Wieviel Friedensmut brauchen die Politiker beider Seiten nun, um zerstörerische Emotionen zu bändigen, die nichts, aber auch gar nichts lösen!
Mut, großen Mut fordert es, den anderen in Frieden zu lassen und sich nicht in den tödlichen Kampf hineinziehen zu lassen,

wo Friede gebrochen wird, aber auch nicht passiv zuzusehen, sondern gewaltfrei zu widerstehen. Was zwischen Völkern gilt, muß auch jeder einzelne bewähren. Das ist zivile Tapferkeit. Sie gibt es. Sie ist unsere Hoffnung.
Martin Luther hat solche Selbst-Erkenntnis in ein Gebet gekleidet, in dem er klar zeigt, wie schnell wir unsere Grenzen erreichen.
Nur wer um seine Abgründe weiß, kann auch wissen, wovor er sich und die anderen zu behüten hat:
»Siehe, mein Herr Christus, da hat mir mein Nächster Schaden zugefügt. Er hat mich in meiner Ehre gekränkt.
Er hat sich an meinem Eigentum vergriffen. Das kann ich nicht ertragen. Darum wünsche ich ihm den Tod an.
Ach mein Gott, laß dir das geklagt sein!
Eigentlich sollte ich ihm verzeihen, aber ich kann es leider nicht! Siehe, wie ich so ganz kalt, ja so ganz erstorben bin.
Ach, Herr, ich kann mir nicht helfen!
Da stehe ich nun; machst du mich anders, so kann ich nach deinem Willen und nach deiner verzeihenden Liebe handeln. Wenn nicht, dann muß ich bleiben, wie ich bin.
Ich kann nicht anders.«

VII

Im Disput

Wie die Staatsmacht reden läßt

Der P.E.N.-Ost vor der Vergangenheit

– aus dem Disput mit Hermann Kant –

Die Freiheit des Marktes und die Folgen

– aus dem Disput mit Birgit Breuel –

Wer war Lenin?

– Wortwechsel mit einem Studenten –

Jesus, unsere Kirchen und die Zukunft der Welt

– aus Gesprächen mit Eugen Drewermann –

Wie die Staatsmacht reden läßt

Nachdem ich von der Landessynode in die Bundessynode gewählt worden war, gab es nach zehn Jahren das erste direkte Gespräch mit »Staatsvertretern«. Der Sektorenleiter beim Rat des Bezirkes Voigt wurde in meiner Wohnung vorstellig und überbrachte das Mißbehagen der »Organe«. Man bewertete meine Synodenäußerungen und warnte unverhohlen. Ich zitiere aus meinem gleich darauf geschriebenen Gedächtnisprotokoll (10. Januar 1982):

Ihre Aktivitäten haben uns nicht gefallen. Andere drücken das noch ganz anders aus: attackiert, in den Hintern getreten.
Die Synode der KPS war von allen Synoden am schärfsten. Das entspricht einer Stimmung dort.
Der 6. März ist in Gefahr. Wir möchten die Ergebnisse bewahren. Aber wenn das so weitergeht ...
Die Kirche soll bei ihren innerkirchlichen Fragen bleiben. Es gibt eine Tendenz, daß staatspolitische Fragen diskutiert werden, die nicht auf eine Synode gehören.
Wenn Sie zu Aktivitäten auffordern, die die Sicherheitspolitik unseres Staates und seine Friedenspolitik in Frage stellen, dann können wir das nicht tolerieren. Nur weil wir keine Konfrontation wollen, sondern den 6. 3. halten wollen, »fangen wir den nicht von der Straße weg, wenn er als Pfarrer gegen Zivilschutzübungen polemisiert. Manchmal geht mir diese Sonderbehandlung von Pfarrern zu weit«.
Warum unterstützen Sie nicht die Friedenspolitik unseres Staates? Der Sozialismus ist nicht aggressiv, auch wenn manche sich an Afghanistan hochziehen ... oder am Wehrunterricht. Zur Frage nach Atomwaffen in der DDR: Wir haben keine! Wer könnte so etwas behaupten? Sie wollen 30 000 Unterschriften für SOFD (Sozialer Friedensdienst) sammeln? Also wollen Sie wieder über eine Sache diskutieren, die schon

abgelehnt ist. Warum? SOFD gibt es nicht! Der Brief der Synode ist eine Aufwieglung der Jugendlichen. Sie stoßen Jugendliche in Konflikte, statt ihnen zu helfen, ihre staatsbürgerliche Pflicht zu tun.
Sie haben den DDR-Medien den Vorwurf gemacht, sie hätten ein antipolnisches Feindbild erzeugt. Wir haben den Polen geholfen: wirtschaftlich und ideologisch! Reagans Reaktion zeigt, daß dort die Unterwelt am Werke war. Wir waren in der Berichterstattung sehr zurückhaltend.
Andere reden ganz anders, wenn sie hören, was Sie so sagen, und würden auch andere Maßnahmen ergreifen. Sie verstehen sich nicht so auf innerkirchliche Sprache und Probleme. Wir reden hier normal.
Was werden Sie auf der Bundessynode tun? Was haben Umweltprobleme mit Ihren kirchlichen Problemen zu tun? Das sagen Sie mir mal. »Mobil ohne Auto«-Aktion ist absoluter Quatsch. Wir können nicht ohne Autos, weder die Industrie noch privat.
»Machen Sie uns bloß nicht unsere Atomkraftwerke kaputt!« Was soll das Gerede vom Umdenken? Wir werden effektiver produzieren und unseren Lebensstandard ständig erhöhen. Umweltschutz ist ein technisches Problem. Wir sind der Überzeugung, daß die Ressourcen der Erde reichen, daß der Mensch genug finden wird.
Wie wirken Sie auf die Ausbildung im Predigerseminar ein? Sie sind nun Bundessynodaler. Sie sind ein »agiler Mann«. Wo werden Sie mitarbeiten? Wir werden das Ganze genau betrachten. Wir halten uns sonst in kirchlichen Problemen zurück. Aber diesmal wollen wir bestimmte Erwartungen aussprechen, die wir haben.
Daß Sie zehn Jahre nicht besucht wurden, wird wohl Gründe haben. Darüber müßten Sie selbst mal nachdenken.

Eine staatliche »Nachlese« gab es dann gleich zu zwei Synoden, auf denen ich aktiv gewesen war. Vor allem mein Beitrag vor der Bundessynode (vgl. »Mit unseren Waffen schützen wir uns zu Tode« in *Träume und Alpträume*, S. 12 ff.) erregte Mißfallen, aber auch die öffentlich angekündigte Bildung einer Friedensgruppe außerhalb der Kirche. An beiden Gesprächen hatten Propst Treu, der Kirchenreferent Propst vom Rat des Kreises und Herr Voigt, Sektorenleiter für Kirchenfragen beim Rat des Bezirkes Halle, teilgenommen. Nur Herr Voigt führte das Wort (2. November 1982).

Weltpolitische Entwicklung und Kanzlerwechsel in Bonn geben einen neuen Rahmen. Die Kirche könnte benutzt werden als Vorwand für eine Konfrontationspolitik, die in die DDR einwirkt.
Die Entwicklung des Verhältnisses Staat–Kirche verträgt nicht Meinungsäußerungen wie die von Herrn Schorlemmer auf der Synode. Wenn eine solche Stimmung, ein solcher Einfluß sich ausbreiten würden, hätte das weitreichende Folgen.
Neben bestimmten positiven Aussagen stünden unerträgliche und solche, die nichts mehr mit der Kirche zu tun hätten. Auch in der Führung ist man dieser Meinung, an zentraler Stelle mache man sich Gedanken. Zum einzelnen: Beleidigung der NVA. (»Wenn das die Soldaten hören würden; ich weiß nicht, was die mit Ihnen täten.«) Unwürdige und einseitig überspitzte Beiträge zur Zivilverteidigung. Das ist nicht Sache der Kirche, die keine konkrete Verantwortung trägt.
Beleidigende Behauptung, nach 33 Jahren fleißiger und erfolgreicher Aufbauarbeit würden die Menschen nicht gern in der DDR leben. Warum haben Sie die erledigte Frage nach dem SOFD und dem Aufnäher wieder aufgegriffen? Damit haben Sie die Situation wieder angeheizt, nachdem sie sich bereits beruhigt hatte.
Auch andere Synodale hätten den Kopf geschüttelt und fän-

den es unbegreiflich, wie einer so etwas sagen könne. Einzelnes habe sogar abstoßend gewirkt.

»Dies ist ein ernstes, sehr ernstes Gespräch und stellt die deutliche Warnung dar: So wünschen wir es nicht noch einmal auf der Bundessynode. Dies ist eine Warnung, die von anderen Stellen ausgesprochen wird.«

Was tun Sie ansonsten in Ihrer Arbeit? Man muß davon ausgehen, daß Sie so wirken, wie Sie sich auf der Synode geäußert haben. Das kann nicht geduldet werden.

Ihre Haltung zeigt sich auch daran, daß Sie mit dem *Spiegel*-Korrespondenten Schwarz gesprochen haben, der dazu nicht berechtigt war. Herr Schwarz hat das vereinbarte Besuchsprogramm durchbrochen.

Was bedeutet Ihre Andeutung auf der Provinzialsynode, nun könnten sich andere »Gruppen außerhalb der Kirche« bilden, die in Friedensfragen weiter gehen wollen als die Synode?

»Unsere Wege trennen sich jetzt« – ein letzter Besuch vor dem Sturm

Am 7. September 1989 besucht mich der vormalige Sektorenleiter beim Rat des Bezirkes, jetzt Abteilungsleiter beim Staatssekretär für Kirchenfragen, Voigt, weil er sich »zufällig« in Wittenberg aufhält, und erklärt – sinngemäß:

Unsere Wege trennen sich jetzt. Im Fernsehen hätte ich erklärt, mit dieser Regierung geht es nicht mehr weiter. Die Hauptaufgabe sei aber, den Sozialismus in seinen Grundpositionen zu erhalten. Man müsse aus dem provinziellen DDR-Denken herauskommen und alles in größeren weltpolitischen Zusammenhängen sehen. Das heißt konkret, daß jetzt alles zu tun sei, die Stabilität der DDR zu erhalten. Man darf die Politik Gorbatschows und das Neue Denken nicht gefährden, zumal ein Militärputsch in Ungarn zu befürchten ist. Die sozialistischen Staaten brauchen eine stabile DDR mit all ihren Fehlern, auch für die Stabilität ganz Europas. Es wird weitere Reisefreiheit geben, wenn alles Erreichte nicht in Frage gestellt wird. Vieles von der Kirche in den letzten Jahren

Angesprochene ist verwirklicht worden: In bezug auf Reisemöglichkeiten, Umwelt und Friedenspolitik. Das Bewahrenswerteste an der DDR ist und bleibt die soziale Sicherheit. Nun gäbe es Anzeichen, daß ich dem allen zuwiderhandeln würde, indem ich vorrangig über das Westfernsehen in das Innere der DDR eingriffe; dabei sei die Kanzel meine Sache und nicht das Mikrofon. Voigt fragt, welche Einflußnahme auf die Christen ich ausübe und was ich denn praktisch gegen das »Eruptive« täte. Ich würde mich dazu berufen fühlen, eine alternative Bewegung in der DDR zu sammeln, was bedeuten würde, daß ich wie Walesa im Hintergrund wirken würde. »Will Schorlemmer wirklich Sozialismus? Was ist sein Amt, wenn er politisch aktiv wird?« Die DDR muß angesichts der Unsicherheit so bleiben, wie sie ist. Es muß jetzt gefragt werden, welches der politische Beitrag ist, der hilft. Anderenfalls hätte ich die Konsequenzen zu tragen – aber das entscheiden dann andere. Es darf nicht mehr in Bewegung gesetzt werden, als sinnvoll ist.

(Bereits im Mai 1989 hatte Herr Gräfe vom Staatssekretariat den Text »Mehr Gerechtigkeit in der DDR« angefragt und gesagt: »Wer so redet, kann keinen Anspruch auf Dialog anmelden. Hier werden Feindbilder von den Genossen aufgebaut und nicht anerkannt, daß auch Funktionäre verständigungsbemüht sind. Hier werden Einzelerfahrungen und Stimmungen zu Allgemeinurteilen hochstilisiert. Dies ist kein Beitrag zum Vorwärtskommen. Es gibt Fragen älterer Genossen, was die evangelischen Kirchen eigentlich wollen. Hier werden auch Marken geklebt, und das kann das ganze Verhältnis zur Kirche in der DDR in Frage stellen. Die Kirche wird hier offen in ›die Opposition‹ gehen.«)

Daraufhin frage ich zurück: *Wann ist denn Zeit?* Immer wieder hieß es in der DDR: Die Situation ist ernst, man solle Ruhe und Geduld haben. Wann kommt die Zeit, in der wir dürfen? Ich sehe die Gefahr von rechts. Ich sehe einen neuen Nationalismus. Da muß man fragen, was die Polizei erreichen kann und was sie nicht erreichen kann. Der Sozialismus hat einen hochgradigen Plausibilitätsverlust erlitten und ist für viele Men-

schen in unserem Land keine Hoffnungsperspektive mehr. Die Ereignisse in China und Rumänien tun ein übriges zur Enttäuschung. Es gibt kein Vertrauen mehr auf die Planwirtschaft. Wir brauchen sozialistische Konkurrenz. Die Kirche muß von ihren politischen Aufgaben entlastet werden. Sie ist mit ihren politischen Aufgaben überfordert. Ich will den großen gesamtgesellschaftlichen Dialog und vor allem die Aufnahme der Priorität der Naturbewahrung in die sogenannte »Hauptaufgabe«. Ich will eine Diskussion über Demokratie und Sozialismus wie in der Sowjetunion.
Das Gespräch endet mit einem Hinweis Voigts auf die Bundessynode, »auf der sich ja doch alles zeigen wird, wie es auch mit Ihnen weitergehen wird. Aber das entscheiden dann andere«.

Der P.E.N.-Ost vor der Vergangenheit
– aus dem Disput mit Hermann Kant –

Als im Deutschen P.E.N.-Zentrum(Ost) 1991 der Vorschlag eingebracht wurde, mich zu wählen, hat Hermann Kant öffentlich begründet, warum er »nicht die Seelenstärke« habe, mich zu wählen. Die Agenturen meldeten, Kant habe meine Wahl in den P.E.N. verhindert. Das ist so nicht korrekt. Kant hatte nämlich nicht dazu aufgefordert, mich nicht zu wählen. Allerdings wurde die nötige Zweidrittelmehrheit der anwesenden Mitglieder dann nicht erreicht. Der P.E.N.(West) nahm mich daraufhin auf. Ich hatte selber mit alldem aktiv nichts zu tun.
In der Reihe »Gespräche zur Selbstaufklärung« habe ich am 14. April 1992 in der LiteraturWERKstatt am Majakowski-Ring in Berlin-Pankow mit Hermann Kant ein öffentliches Gespräch geführt. Die große Mehrheit der Besucher zeigte sich in der altbekannten »Parteilichkeit«. Viele andere hatten mir abgeraten, mit Kant überhaupt zu reden. Ob ein Gespräch mit ihm sinnvoll ist, mag man an folgenden Auszügen überprüfen.

Friedrich Schorlemmer: Vor mir die Mikrofone der Bedeutsamkeit und die aus unterschiedlichen Gründen gespannten Gesichter, bin ich mir sicher, daß ich den Mittelweg nicht suchen oder finden werde, diese oder jene zu befriedigen. Ich verstehe mich als ein Staatsbürger der Ehemaligen, der sich entschlossen hat, in der Damaligen zu bleiben, und merke doch, daß die Ehemalige noch sehr gegenwärtig ist, diese unaussprechliche DDR. Manche sagen sogar Ex-DDR, und da schwingt vieles andere mit. Ich bin sehr froh, daß wir in einer Lage sind, Hermann Kant, in der wir miteinander reden können, ohne daß andere Implikationen, nämlich die der Macht, damit verbunden sind. Wir werden darüber nachher sprechen müssen, und ich bin in einer gewissen Rollendiffusion, weil jeder wahrscheinlich weiß, was mein Hauptberuf ist, und ich eigentlich nicht zu denen gehören will und kann, weder will noch kann, die über andere zu Gericht sitzen. Aber der Gegenstand erfordert, daß wir das, was ausgesprochen werden muß, auch mit einer gewissen Schärfe aussprechen, mit Fairneß, wie ich hoffe. Ich bedaure, daß wir, in die Pressefreiheit gelangt, nun, sogar von sehr seriösen Organen, erleben müssen, was sie uns täglich beschert. Dazu gehört auch die Berichterstattung über die Sitzung des P.E.N. Meldungen wurden gemacht, um das richtig anzuspitzen; es wurde wirklich nicht das wiedergegeben, was Sie gesagt haben, Sie haben das eben noch mal zitiert. Ich halte es für wichtig, festzustellen, daß Sie meine Aufnahme in den P.E.N. nicht verhindert hätten. Im übrigen habe ich mich nicht darum beworben, im P.E.N. Mitglied zu werden. Also, das sind verschiedene Geschichten; ich bedaure es und finde es deshalb gut, daß wir jetzt *miteinander* reden und nicht *übereinander.* Nun zu der Frage. Ich habe mit meinem eigenen Gedanken im September 1991 Schwierigkeiten gehabt. Ich bin sogar erschrocken über den Gedanken, wir brauchten zur Aufarbeitung dessen, was hinter uns liegt, um der Gegenwart willen, etwas anderes als das, was uns einerseits etwa die *Super-Illu* und andererseits *Der Spiegel* vorführen, und anderes, als die Gerichtsprozesse leisten können, anderes als das, was an

Ungeordnetem, Ungerichtetem, ja Gefährlichem, an Entlastungsbedürfnis bei vielen Menschen in der ehemaligen DDR da ist. Und ich hatte gemeint, wir müßten so etwas miteinander machen, in einer Art Tribunal, das sich ganz stark anlehnt an das Russell-Tribunal, an Nürnberg, wobei mir da auch schaudert. Ich habe das in dem Gespräch mit der *Berliner Zeitung* differenziert und gesagt, daß mir der Vergleich zwischen Auschwitz und Normannenstraße nicht nur nicht gefällt, sondern unerträglich ist. Und ich dachte deshalb an etwas, was eine Form bekommt, was Verbindlichkeit, was Regeln hat und was uns Klarheit gewinnen läßt über das, was war und wer wir waren, und zwar in dieser Reihenfolge: was war und wer wir waren und warum das so war. Und dabei spielen Personen eine Rolle, ganz unterschiedliche Personen und Repräsentanten. Es wurde gemeldet, Sie hätten sich getroffen gefühlt, daß ich Sie an dritter Stelle genannt habe. Da könnte ich erwidern, ich hätte Sie an erster Stelle nennen müssen, an erster Stelle, und ich sage mal, warum: Weil ich meine, daß Sie für mich als Schriftsteller wichtig geworden sind. Ich denke an das Buch und den Film *Der Aufenthalt.* Das streiche ich nicht, wenn ich an Ihren Namen denke. Oder daran, was mir damals *Die Aula* bedeutet hat, auch das nicht. Aber ganz große Schwierigkeiten hatte ich damit, wie Sie Ihre hohe literarische und rhetorische Begabung in der Auseinandersetzung, wie Sie die einsetzen konnten für die Rechtfertigung der kruden Ideologie dieser kleinkarierten, machtbesessenen Ritter der Dienstagsrunde. Und daß Sie zu denen gehörten, das ist auch für uns schwierig: zu den vier Personen, sage ich mal zugespitzt, welche die Institutionen vertraten, mit denen die DDR sich international sehen lassen konnte. Also, ich denke, sie konnte sich sehen lassen mit Kati auf dem Eis, mit Schalck-Golodkowski bei den Devisengeschäften, sie konnte sich sehen lassen, wie jüngst der CIA bestätigt hat, mit Markus Wolf im Schafspelz des Westens, und sie konnte sich sehen lassen mit einem Schriftsteller, der ganz und gar die Linie, und zwar die unpunktierte, wie Sie sagten, vertreten hat. Und insofern meinte ich, daß dies auch Gegenstand einer

Untersuchung sein müßte. Wie konnte es geschehen, was hat Sie dazu gebracht, etwa in der Rede von 1979 vor den Schriftstellern? Ich habe mir das im *Neuen Deutschland* jetzt noch mal angesehen, und es fällt mir sehr, sehr schwer, Ihnen gegenüber zurückhaltend zu sein. Ich erinnere mich noch sehr genau an den Schmerz, den diese Rede damals ausgelöst hat. Also, wie konnte es geschehen, daß Sie Ihre Intellektualität in diese Dienste stellten? Deswegen habe ich formuliert, daß man individuelle Schuld feststellen müsse. Aber schuldig sein kann nur, wer auch Entscheidungsfreiheit hat und eigenverantwortlich handelt. Das, denke ich, trifft ganz auf Sie zu. Und ich habe weiter formuliert: »Wir sind bei dem Grundproblem – zur individuellen Schuld des einzelnen gehört ein ganzes Geflecht von Schuldigen. Wenn man den einen verurteilt, muß man, das ist nur konsequent, den anderen dazunehmen. Dann müßte man Karl-Eduard von Schnitzler, der seine ganze Intellektualität – ich entschuldige mich für das Wort in diesem Zusammenhang [Gelächter] – für die Vergiftung des Äthers eingesetzt hat, oder Hermann Kant, der die Vertreibung der Schriftsteller mit vollzogen hat, ebenfalls zur Verantwortung ziehen.« Es ging mir nicht um eine Verurteilung, doch dies muß noch einmal zur Sprache gebracht werden, zumal die Verletzungen aus dieser Zeit bei vielen Menschen noch da sind. Mir tut es sehr leid, wenn ich jetzt den Konflikt nachlesen muß zwischen Klaus Poche und Günter de Bruyn und merke, wie tief die Verletzungen offensichtlich sind. Und ich bin ganz erfreut gewesen, muß ich Ihnen gestehen, in welcher Weise der Mann, von dem Sie in der erwähnten Rede sagten: »auf den Kunze kommen« – in Anlehnung an »auf den Hund kommen« –, wie Kunze trotz des Studiums seiner furchtbaren Akten – Teile daraus konnten wir ja lesen – doch eine Form wiederfindet oder findet, in der man miteinander reden kann. Aber ich habe da auch gespürt, seine Seelenstärke reicht nicht bis zu Ihnen. Ich will damit nur sagen, daß das ganze Geflecht, auch der psychische Clinch, in dem wir hier stecken, besprochen werden muß. Ich meine, und das ist meine Ausgangsthese, mit der ich erst einmal die Vorbemerkung abschließen

möchte: Sie und andere haben, das ist mein Vorwurf, wenn ich das mal so sagen kann, Sie haben wesentlich, nicht unwesentlich, nicht nebenbei den Sozialismus auf dem Gewissen und damit auch die Plausibilität eines linken demokratischen Gedankenguts. Daß die demokratische Linke gegenwärtig der Welt außerdem ein solches Bild darbietet, ein Bild der Selbstzerfleischung und Selbstzertrümmerung, geht mir schon nahe. Wir haben nicht nur Lasten aus der Vergangenheit, wir versagen bereits wieder in der Gegenwart.
Aber diesen Zusammenhang zwischen dem, was war, dem, was wir aus der Zeit noch mitschleppen, und dem, was wird, den gilt es sich klarzumachen. Und ich, ein gestandener Konterrevolutionär in der DDR, will doch nicht leugnen, hier etwas gelernt zu haben, was nicht aufgegeben werden darf, wenn denn die Welt eine Zukunft haben soll. Eine alternativlose Welt wäre vielleicht noch schlimmer als eine, die uns im Wettkampf der Systeme an den Rand des Abgrunds gebracht hat. Wir könnten diesen jetzt überschreiten.

Hermann Kant: Sie haben jetzt ein Geflecht von Motiven und Überlegungen angeboten, was dazu verführen könnte, das herauszusuchen, was einem am ehesten paßt, mich aber dazu veranlaßt, das zu nehmen, was mir am wichtigsten scheint. Das sind zwei Momente: der Tribunal-Begriff, auf den möchte ich noch etwas eingehen, und Ihre fast konsternierte Frage: Wie konnten Sie denn mit dem? Wie konnten Sie mit denen? Wie konnten Sie das? Das sind ja hochinteressante Erkundigungen. Auf die läßt sich schon einiges sagen. Also, zunächst einmal zum Tribunal. Meine Reaktion auf Ihre Vision einer solchen Anstalt ist, glaube ich, zutreffend beschrieben worden. Ein Begriff, das wissen Sie als ein literarischer Mensch, so wie ich es weiß, ein Begriff ist aufgeladen mit seiner Geschichte, und Tribunal ist aufgeladen. Am Ende der Tribunalsveranstaltungen fielen gelegentlich Köpfe in Körbe oder wurden Hälse in Schlingen gesteckt. Und, ich will es ganz vorsichtig sagen, ich hielte es für ein bißchen unangemessen, so zu verfahren; und das gilt nicht nur für mich, für einen

dieser vier von Ihnen Genannten, sondern das gilt für die Leute überhaupt. Mir schien, bestenfalls könne bei einer solchen Einrichtung nur die halbseitige Sprachlosigkeit herauskommen, denn ein Tribunal ist kein Gespräch, ein Tribunal ist keine Einrichtung zum Dialog, ein Tribunal ist nichts, was eine Möglichkeit zu leben schaffen will, sondern Tribunal ist Abrechnung, Endrechnung, ist Ende. Und von daher hat sich mein Unwille sehr stark entwickelt gegenüber diesem Begriff. Ganz abgesehen davon, ist es ja hochinteressant zu sehen, daß Sie als einer der Finder, nicht Erfinder, dieses Wortes, daß Sie und andere dann sehr schnell, und das spricht für Sie, versucht haben, genau diese schartigen, schneidenden Seiten des Begriffs etwas abzuputzen, abzudecken, abzubiegen, und mehrfach in verschiedenen Zusammenhängen gesagt haben, was er alles nicht sein soll. Aber eine Anstalt, die man erst einmal eingerichtet hat, arbeitet zunächst nach ihren sie ausgelöst habenden Ideen. Also, ich glaube nicht, daß sich so etwas einfangen läßt, und ich glaube nicht, daß es produktiv ist, so etwas zu machen. Wir sind jetzt fast schon wieder bei einem Unikum von Titel: »Gespräche zur Selbstaufklärung«. Darüber habe ich ein bißchen nachgedacht; ich will Sie nicht behelligen mit dem Ergebnis, doch mit der Selbstaufklärung habe ich meine Schwierigkeiten. Bleiben wir mal einen Augenblick beim Gespräch zwischen Leuten, die schon seit langem verschiedene Positionen gegenüber verschiedenen Erscheinungen dieses Lebens eingenommen haben und die sich als politische Gegner nicht erst heute begreifen, die möglicherweise keineswegs in der Schärfe Gegner sind, wie sie es anderen sein könnten, aber die Gegner sind; das hat ja nichts zu tun mit vernichten wollen.
Gegnerschaften sind etwas anderes als Feindschaften, und da bin ich bei einem Wort, das ich vermißt habe bei Ihnen, Herr Schorlemmer. Sie sagen in Ihrer Begründung dies und jenes, kommen jedoch nicht auf diesen Begriff. Ich nehme an, Ihre letzten Darlegungen, also die schriftlichen, sind auch verbindlich. In Ihrem neuen Buch begründen Sie ja ausdrücklich, warum ich nach Ihrer Ansicht vors Tribunal gehöre,

gestützt auf die Tatsachen, wie Sie sie sehen, daß ich nämlich ein Hersteller der Feindbilder sei: Offensichtlich bin ich für Sie deswegen ein Spitzenkandidat, weil ich ein Feindbildhersteller bin. Erstaunlich, daß Sie das eben weggelassen haben. Ich will es also nachtragen. Gern würde ich mich natürlich über Feindbilder unterhalten, doch im Augenblick sage ich nur soviel: Ich höre manchmal Leute, die gegen die Feindbilder wettern, und muß ihnen zutrauen, sie glaubten, es gäbe keine Feinde, das Feindbild sei geradezu der Ersatz für einen eigentlich nur eingebildeten Feind. Da komme ich aus einer anderen Vergangenheit als Sie, ich habe Feindschaften erlebt und habe mich in ihnen wohl oder nicht so wohl befunden, aber ich habe sie nicht geleugnet, und ich habe sie nicht herbeigerufen, indem ich erst ein Bild von ihnen machte, sondern wenn ich von Feindschaften gesprochen habe – möglicherweise sogar einige herbeigerufen und andere wieder ausgehalten habe –, dann hatte das mit Realitäten zu tun, nicht mit irgendeinem bösen Willen. Doch zunächst soviel zu dem einen, und ich lasse das andere, was ich angekündigt habe, weg. Dazu haben wir ja sicher noch eine Menge Zeit. Gehen wir erst einmal, wenn Sie mir diesen Vorschlag gestatten, darauf ein. Sehen Sie eine Produktivität im Verfahren Tribunal, und worin könnte sie bestehen? Und ich sage noch ein Letztes. Die Notwendigkeit, daß man sich mit aller geistigen Schärfe auseinandersetzt und daß man einander befragt, allerdings *einander,* die leugne ich überhaupt nicht; im Gegenteil, ich glaube wie Sie, daß etwas Furchtbares geschähe, wenn wir fortan sprachlos sein würden, das wäre ganz furchtbar. Und wenn die Dinge irgendeiner Gerichtsbarkeit allein überlassen würden, wäre das ganz grauslich. Vielleicht ist das, was Sie vorschlagen, nichts weiter als notwendigerweise ein hilfloser Versuch, etwas Gutes zu tun. Das soll ja vorkommen. Und dann höre ich Ihnen natürlich um so freundlicher zu.

Friedrich Schorlemmer: Ich meine, wenn Sie jetzt gesagt hätten, ich bin gegen das Tribunal, weil ich mal eins mit veranstaltet habe und weil ich da auch die Macht noch hinter mir hatte und weil das schrecklich war für die Leute und weil ich mich dafür schäme, könnte ich mit Ihnen über das Tribunal und den Verzicht auf dieses Wort besser reden. Das war das erste. Das zweite: Die das Buch *Protokoll eines Tribunals* herausgegeben haben, haben das Wort abgelehnt; die dies miterlebt haben, lehnen es ab, das Wort jetzt wieder zu verwenden. Also, Joachim Walther habe ich getroffen, der sagt: »Ich habe miterlebt, als die Schriftsteller rausgeschmissen wurden '79, weil sie einen Brief geschrieben hatten.« Und Sie haben dazu die Rede gehalten, die ich mir noch mal angesehen habe, in der Karwoche kann man das ja machen; aber mir ist das sehr, sehr schwergefallen. Und daß Sie dazu kein Wort finden ..., vielleicht finden Sie nachher noch eins, dazu möchte ich Sie herausfordern: Wie sehen Sie das heute? Darum ginge es bei so einem Tribunal auch. Und ich wollte nur darauf hinweisen, die Schriftsteller, die das miterlebt und erlitten haben, haben gesagt, so was wollen wir nicht wieder. Und das hat mich überzeugt, und wir haben dieses Wort nicht mehr zur Überschrift unserer Arbeit gemacht, sondern sprechen vom »Forum zur Aufklärung und Erneuerung«. Ich finde das richtig. Raus ist dabei das Moment, das uns so wichtig war, daß alles nach bestimmten Regeln abläuft und daß darin auch eine bestimmte Verbindlichkeit gesucht wird und daß man zu Bewertungen kommt, bei allen Schwierigkeiten – wer bewertet da wen mit welchen Folgen? Aber Forum könnte auch ausarten zum Gespräch der Beliebigkeit, und dazu ist die Sache zu ernst. Und, wenn ich das einfach hier sagen kann, obwohl das ja noch nicht öffentlich bekannt werden konnte: Der Zweck unseres Forums ist die Mitwirkung an der konkreten Aufklärung und Bewertung der repressiven Wirkungsmechanismen des DDR-Systems und die Mitwirkung an der Aufarbeitung der damit verbundenen deutschen Geschichte sowie die Förderung des inneren Friedens im vereinigten Deutschland und der Verständigung zwischen Ost und West. In sechs Zeilen haben wir versucht, das Ganze so zu beschreiben, daß auch erkennbar wird, es geht hier um Mitwirkung, um deutsche Geschichte, in die wir alle verwoben sind. Und es muß unser Interesse in diesem Land sein, daß wir dies tun, daß zuerst *wir* es tun. Und ich finde es sehr interessant, daß die Haupteinwände von jenseits der scheinbar unsichtbar gewordenen Grenze kommen. Untersucht werden müßte, warum ausgerechnet von da, aus den sogenannten alten Bundesländern, die Haupteinwände kommen und von Ihnen jetzt auch welche. Das sind sicherlich unterschiedliche Interessenlagen, die dahinterstehen. Aber ich möchte zu dem Begriff gern noch etwas sagen: Ich vermute mal, es gibt auch Leute, die uns nicht gestatten wollen, daß wir das selber tun, oder uns nicht zutrauen, daß wir das vielleicht auch können. Und insofern finde ich es gut, daß wir miteinander reden.

Hermann Kant: Ich komme sofort auf das von Ihnen angeführte Tribunal zu sprechen, von dem Sie meinen, ich habe an ihm teilgenommen und es sei wirklich eines gewesen. Ich weise Sie darauf hin, daß dies der Titelbegriff ist, mit dem der Rowohlt Verlag bei der Beschreibung einer Mitgliederversammlung des Berliner Schriftstellerverbandes aufgewartet hat. Wenn Sie aber meinen, dies sei die zutreffende Bezeichnung, dann habe ich mir eigentlich wenig ängstliche Vorstellungen von dem zu machen, was da als Tribunal auf mich zukommen könnte, denn das war eine äußerst böse, eine äußerst mißliche, äußerst schmerzhafte Veranstaltung, auf deren Wiederholung ich, weiß Gott, nicht scharf bin. Und wenn die Betroffenen von damals sagen, sie wollten dergleichen nicht, kann ich mich ihnen nur anschließen. Ich bin überhaupt nicht erpicht darauf, derartiges noch einmal zu erleben, gegen wen und mit wem auch immer. Aber zunächst einmal müssen wir versuchen, wenn wir darüber reden, das herauszuholen, Verzeihung, aus der Sphäre der Feindbilder. Natürlich ist Tribunal ein klassischer Begriff aus dieser Gegend. Und indem Sie eine erbitterte Auseinandersetzung mit einer solchen Bezeichnung versehen, versehen Sie die Auseinandersetzung mit einer Bildbeschreibung, die die Ihre ist und die ich nicht teile. Also, ich fürchte, lieber Herr Schorlemmer, wir werden beide, da wir Teile von eminenten Auseinandersetzungen sind, ohne den einen oder den anderen Begriff, der in Richtung Feindbild läuft, nicht auskommen, beide, sage ich.

Friedrich Schorlemmer: Ich habe Ihre Rede von 1979, diese berüchtigte, würde ich sagen, gehört. Und danach, ein paar Tage später, fand ein Gespräch mit dem »lieben Erich« statt, mit dem Sie zusammen einen Fernsehabend verbracht haben. Und so gibt es mehrere Dinge, die mit dem lieben Erich zu tun haben, zu dem Sie immer kommen konnten, um die Hilfe der Genossen in Anspruch zu nehmen. Da waren Verbindungen, und ich weiß nicht, wie Sie darüber denken und über die Rolle, die Sie dabei gespielt, und über das, was Sie gesagt haben – also, Sie sind ja sogar ein Meister, manche meinen, ein manierierter Meister, des Wortklangs –, nachdem Sie gewählt worden sind: »Mit unserer Macht ist viel getan.« Da höre ich als Theologe natürlich etwas anderes mit. Daß Sie das bemühen, dieses Lied, 1979, wie hellsichtig, könnte ich sagen, da gehen Sie auch auf eine gewaltlose Revolution ein. Die Deutschen sind selbstverständlich nicht in der Lage, eine Revolution zu machen, wenn sie hinterher »Jesu, meine Freude« singen. Ich kann nur sagen, es war ganz gut, daß 1989 Leute »Jesu, meine Freude« gesungen haben, weil das, denke ich, der Grund ist, weshalb viele noch leben. Aber nun müssen *wir* damit leben, daß da soviel, sagen wir, aufgestaut ist und, was mein Hauptvorwurf in diesem Gespräch war, daß Sie dazu beigetragen haben, Menschen aus diesem Land zu vertreiben, und daß Sie ein Feindbild mit konstruiert haben. Ich habe es immer bedauert, wenn Leute gegangen sind, manche hätten nicht gehen müssen. Das auszusprechen ist auch heute sehr schwierig, denn alle, die rübergegangen sind, erwarten eigentlich das Heldenabzeichen. Und jene, die hiergeblieben sind und vielleicht sogar ein bißchen Geld verdient haben, müssen sich irgendwo das Urteil gefallen lassen, daß sie eben Staatsdichter waren oder in irgendeiner anderen Weise Vorteile in Anspruch genommen haben, ohne die wir uns das Leben hier eigentlich nicht vorstellen konnten. Ich denke etwa an Herrn Stolpe oder Herrn Vogel. Auch die müssen sich inzwischen rechtfertigen für das, was sie für Menschen getan haben, sogar für Menschen, die hier gar nicht mehr sein wollten. Aber zurück, Sie haben denen, die weggegangen sind, etwas vermittelt, was ich, wenn ich gutwillig bin, vielleicht Trauer nennen kann: daß viele nämlich auf Nimmerwiedersehen, wie Sie sagen, weggegangen sind, die wir hier für die Kämpfe, wie Sie sagen, brauchten. Aber der Raum dafür war manchem nicht mehr gegeben, und ich kenne Menschen, die konnten nicht mehr schreiben und nicht mehr atmen. Warum sind Sie, mit Ihrer engen Beziehung zur Staatsmacht, nicht eine Stimme für jene gewesen? Sie sind das, wie andere mir bestätigen, wohl auch gewesen, aber Sie konnten wählen, für wen. Und das meine ich, dieses öffentliche Wort für Menschen, die hier nicht mehr konnten, das öffentliche Wort für alle, ob die Ihnen persönlich schmeckten – literarisch oder menschlich – oder nicht, das hätte ich erwartet von einem Mitglied des P.E.N., zum Beispiel auch für Rudolf Bahro damals.

Was Sie jedoch sagten, war so, als gebe man denen, die rübergegangen sind, noch hinterher einen Tritt; und dies tut weh, wenn man weiß, wie schwer es manchem gefallen ist, die dieses Land und uns und auch ihre Vorstellung von einer gerechteren Welt aufgaben; und hinterher bekamen sie einen öffentlichen Tritt! Also, ich muß Ihnen einfach noch mal zumuten, zu hören, was Sie gesagt haben: »Der Brüller, also, der am 1. September 1939 da gebrüllt hatte, ab 4 Uhr 45 wird zurückgeschossen, der Brüller, ihr Ex-Kollegen, hat dort, wo ihr jetzt seid und wie ihr hoffentlich noch wißt, inzwischen ein zweites Mal erstaunlich Karriere gemacht.« Das ist ein Satz von Ihnen über die Bundesrepublik des Jahres 1979. Na, wissen Sie, dann hätte ich aber erwartet, daß Sie über das Imperium der Normannenstraße und über die Zerstörung ein Wort verlieren, über die systematische Zerstörung von Menschen, auch von Kollegen, die im Frühjahr 1989 sogar einen, der im System steckte – ich denke an Herrn Höpcke –, betroffen hat. Wo blieben in all den Jahren für den Verbandspräsidenten mit seinen engen Beziehungen zur Staatsmacht die Möglichkeiten, für Bedrückte einzutreten, oder haben Sie die nicht wahrgenommen? Und das, meine ich, war mein Problem. Ich bin ganz froh gewesen, das darf ich mal böse sagen, will ich böse sagen, bin ganz froh gewesen, daß ich nicht in den P.E.N. hier gewählt worden bin. Ich habe später vom West-P.E.N. die Charta zugeschickt bekommen und gedacht, es war wohl richtig, daß Sie ausgetreten sind. Ich weiß freilich auch, daß Sie sich für Leute eingesetzt haben.

Hermann Kant: Selbstverständlich habe ich mehr Möglichkeiten gehabt als andere, freilich sind sie mir nicht eines Tages durch reitende Boten an den Vogelherd getragen worden, sondern sie waren das Ergebnis von Arbeit. Aber ich hatte nicht das, was hier als Entscheidungsfreiheit beschrieben wird, wie denn? Wie denn? Ich war Teil einer Unternehmung, die für mich eine sozialistische war, ich war ein disziplinierter Genosse – ein Wort, das man heutzutage auch nur mit Vorsicht gebrauchen darf, weil dahinter vermutet wird, es sei eine Art Rechtfertigung im Kommen. Ich war ein disziplinierter Genosse, ich war jemand, der wußte, ohne bestimmte Einhaltung der Kampfregeln funktioniert dieses Leben nicht, wird man nicht mit ihm fertig ... Also, es ist nun total albern, anzunehmen, die als so überaus vollkommen, allmächtig beschriebene Maschinerie DDR-Staatswesen habe dort ihre Wirkung nicht gehabt, wo der Kant war. Das ist doch richtig albern. Nein. Ich habe versuchen müssen – und da ist ein Punkt, mit dem ich mich zu befassen habe –, ich habe versuchen müssen, sehr schlau zu sein im Umgang mit prekären Lagen, und ich bin sicher manchmal, das ist ein zitierfähiges Wort, viel zu schlau gewesen. Dennoch, das schien mir eine Möglichkeit zu sein, an dem, was in meinen Augen nicht sein durfte, etwas zu ändern. Einmischen war mir möglich, doch meine Entscheidungsfreiheit bestand allenfalls darin, daß ich anderen Leuten in ihren Entscheidungsmut und -übermut fallen und ihnen sagen konnte: Denkt darüber noch mal nach.

Friedrich Schorlemmer: Ich versuche mir mal den Unterschied klarzumachen zwischen Ihrer Trauer – die will ich Ihnen nicht absprechen – darüber, daß manche weggingen, und der Trauer von Franz Fühmann. In die von Franz Fühmann kann ich mich ganz einfühlen. In die Ihre gar nicht. Und zwar wegen dieser Begründung, das war nur ein Punkt in dieser Rede. Also, ich habe doch den Eindruck, daß Sie immer noch in bestimmten intellektuellen Verblendungen stecken. Ich versuche das mal an ein paar Punkten deutlich zu machen. Erstens: Die DDR hat 1961 die Mauer gebraucht. Wir haben gedacht, nach einer kurzen Repressionsphase könnten wir uns entfalten. Ich mußte mich vor meinen Freunden, die immer herkommen konnten, für dieses Grenzreglement schämen. Und als ich 1982 das erste Mal gereist bin, habe ich meinen Schock hinterher gehabt, der hatte auch etwas damit zu tun, aus einem Land wegzufahren, dessen Leute aufatmeten, wenn sie raus waren, und Atemnot kriegten, wenn sie zurückkamen. Das war bei Ihnen nicht so, Sie hatten die Freiheit. Sie konnten sogar in jener Rede formulieren: »Wir lesen, aber nicht in volkseigenen Zeitungen …«, und dann folgte das Zitat. Hören Sie mal, das war eine Unverschämtheit, 1979 »wir« zu sagen, »wir lesen …« *Sie* lasen, nicht ich. Ich hätte gern, wirklich, schon lange, statt des *Neuen Deutschland* die *Frankfurter Rundschau* gelesen, und ich glaube, es hätte unserem Land gutgetan, wenn die Menschen die *Frankfurter Rundschau* hätten lesen können. Nicht die *Nationalzeitung,* ich glaube, da sind wir uns auch wieder einig. Da ist also etwas verpaßt worden. Und dann hat 1965 dieses unsägliche 11. Plenum stattgefunden, auf dem »der liebe Erich«, ich muß das jetzt mal so böse sagen, eine furchtbare Rede gehalten hat, wo er sich über Herrn Biermann und dessen Seele, die da auf der Mauer liegt, ausläßt und darüber, daß er sich doch nicht hinlegen soll zwischen Kapitalismus und Sozialismus, sonst brauche er sich nicht zu wundern, wenn die Seele erschossen wird. Und das Politbüro lacht! Das geht mir schon nahe, das ist so …, das ist Dante. Und diesem Politbüro und dieser Linie als treuer Mann gedient zu haben, dies ist, denke ich, ein Teil der Vernichtung einer Gesellschaftskonzeption, in der Demokratie und Sozialismus eine konstruktive Verbindung eingehen. Und intellektuelle Verblendung nenne ich, daß Sie möglicherweise mit Hilfe Ihrer Intelligenz etwas gestützt haben, von dem Sie meinten, es sei eine Demokratie, etwa wenn Sie sagen, »es liegt im Wesen unserer Gesellschaft, daß einem vernünftig Vorgebrachten und einem vernünftigen Verlangen vernünftige Antwort gegeben wird«. Jeder von uns könne das belegen.

Hermann Kant: Ich sage das ungern, aber ein bißchen ist da Enttäuschung für mich. Warum greifen Sie, anstatt das Gespräch zu suchen, warum greifen Sie zu außerordentlich abgenutzten und im übrigen eigentlich unpassenden Klischees? Also, die Sache mit der Mauer habe ich vorhin schon berührt. Sie können durchgehen, was ich geschrieben habe, das liegt ja alles vor, Sie werden dort keinen Hymnus auf diese Einrichtung finden, ich war vielmehr der Ansicht, und ich bin nach wie vor dieser Ansicht, man müßte die Mauer überflüssig machen durch Veränderung im Lande. Und jemand, der meine Möglichkeiten hatte und nicht einsetzte, hat sich zu schämen. Ich habe versucht, sie zu nutzen. Das ist das erste. Das zweite: Sie kommen also mit dem – ich will es ein bißchen veredeln – aphoristisch verkürzten Bild vom 11. Plenum. Da wissen Sie wirklich nicht genug Bescheid. Ich bin der Autor, das heißt, ich sage hier ja nur Sachen, die gedruckt stehen, ich bin der Autor, der, glaube ich, wohl als einziger zu dieser Zeit, als einer von diesen sogenannten offiziellen Leuten oder unsäglichen Staatsdichtern, wie Sie das genannt haben, das 11. Plenum als einen Großanschlag dogmatischen Denkens auf die Kultur bezeichnet hat.

Friedrich Schorlemmer: Wann war das?

Hermann Kant: Das war 1986 in der zweiten Auflage der Broschüre *Hermann Kant,* erschienen im Verlag Volk und Wissen, ausgerechnet in Margot Honeckers Verlag. Da steht es gedruckt, Sie können es nachlesen. Und ich habe es gesagt.

Friedrich Schorlemmer: Und da brauchten Sie zwanzig Jahre?

Hermann Kant: Moment, ja, und ich sage Ihnen gleich noch etwas dazu …

Friedrich Schorlemmer: Entschuldigung, einundzwanzig Jahre brauchten Sie, und Sie sagen, es steht gedruckt, das kann ich schlecht hören.

Hermann Kant: Ja, das können Sie schlecht hören, aber ich habe versucht, sozusagen erwachsen zu werden. Möglicherweise war ich zunächst beschränkter, als ich versuchte, nachher zu sein. Ich habe im Rahmen meiner Möglichkeiten gehandelt und gesprochen, und ich habe mir diese Möglichkeiten erst schaffen müssen. Ich war 1961, wenn ich Ihnen das sagen darf, noch nicht einmal der Verfasser eines Buches, nichts. Mein erstes Buch, Erzählungen, die sind 1962 herausgekommen. Sie verlangen von mir, daß ich in dieser Zeit hätte handeln sollen, wie ich später gehandelt habe. Ich habe es später …

Friedrich Schorlemmer: … 1968 zum Beispiel …

Hermann Kant: '68, wovon sprechen Sie da? [Lautes Lachen.] Nein, da gab es ja verschiedene Sachen, nein, Verzeihung.

Friedrich Schorlemmer: Ich meine jetzt nicht den Vietnamkrieg.

Hermann Kant: Ach, Sie meinen nicht den Vietnamkrieg. Sehen Sie, so ist es mit uns. Die einen vergessen das eine, und die anderen vergessen das andere.

Friedrich Schorlemmer: Ich vergesse es nicht.

Hermann Kant: Lieber Herr Schorlemmer, ich bitte Sie, ich fordere Sie hiermit richtiggehend auf, gucken Sie sich meine Bücher an; ich sage noch einmal, das ist die Hauptsache bei einem Schriftsteller ...

Friedrich Schorlemmer: Ich gucke mir auch Ihre Opfer an.

Hermann Kant: ... und dann gucken Sie nach, wo ist hier der Autor, der sozusagen der Verfestigung einer dämlichen Macht das Wort geredet hätte, wo ist gar jener, der versucht hätte, das Verbrechen entweder zu installieren oder zu rechtfertigen. Oder ist es nicht so, daß der Literat Kant genau dem entsprochen hat, was Literatur ist? Literatur ist Differenzierung, und mein Versuch zu schreiben war ein Versuch, gegen die Verkrustung anzuschreiben.

Friedrich Schorlemmer: Nicht Ihre Bücher waren heute Thema, sondern ...

Hermann Kant: Nein, der Mensch Kant ...

Friedrich Schorlemmer: ... sondern die Haltung Hermann Kants, die Möglichkeiten, die verpaßten Möglichkeiten und die nicht verpaßten Möglichkeiten, andern etwas zu verpassen. Das mußte auch benannt werden, und dazu habe ich zu wenig gehört. Literatur war heute nicht der Gegenstand.
Wären Sie nicht Verbandspräsident gewesen, sondern hätten nur Ihre Bücher geschrieben, wäre das was anderes. Sie waren aber ein nicht unwesentlicher politisch Agierender in diesem Land, und das hier auszusprechen ist meine Pflicht, die Pflicht von jemandem, der mit Ihnen persönlich nichts auszumachen hat; auszumachen habe ich jedoch mit Ihnen insofern etwas, als ich mich auch als Leidtragender eines gescheiterten Gesellschaftsexperiments empfinde, hin- und hergerissen zwischen zweimalig erneuerter Hoffnung. Und vermißt habe ich die Stimme, nicht nur Ihre, sondern auch die

der anderen, im August 1968 und seit dem Februar 1985. Daß das verlorengegangen ist, daß diese Möglichkeit, diese Alternative nicht nur für uns verlorengegangen ist, ist nicht allein der historischen Gesamtsituation geschuldet, sondern auch dem Versagen des Systems, dessen nicht unwesentlicher Träger Sie waren.

Hermann Kant: Ich sage: Nehmt die Reden, aber nehmt das andere hinzu und versucht nicht, einen Gegensatz daraus zu machen. Ich habe keinen Anlaß, diesen Gegensatz, der da ein bißchen angedeutet wird, gelten zu lassen. Nein, wenn Sie irgendwann keine Lust mehr gehabt haben, mich zu lesen, war das ja Ihr gutes Recht, und Sie haben weiterhin das Recht, festzuhalten an der Unlust, nur ist Ihnen da dies und jenes entgangen. Es ist Ihnen einfach etwas entgangen. Wenn Sie 1979 aufgehört haben zu lesen, was ich schrieb, ist Ihnen eine nicht ganz unerhebliche Menge Äußerungen des Menschen Kant entgangen, und möglicherweise ist das der Grund, warum Sie mich in Ihrem Buch als unsäglichen Staatsdichter bezeichnet haben.

Friedrich Schorlemmer: Ich gestehe, die Art, wie Hermann Kant heute reagiert hat, bestätigt mich darin, das Gespräch jedenfalls nicht abzubrechen. [Beifall]

Hermann Kant: Ja. Absolut einverstanden.

Die Freiheit des Marktes und die Folgen
– aus dem Disput mit Birgit Breuel –

Die »eiserne Lady« der Treuhand begegnete mir in internen und öffentlichen Diskussionen als eine Frau, die weiß, daß sie im Prozeß der Vereinigung eine der problematischsten und schmerzhaftesten Aufgaben zu erfüllen hat und zwangsläufig zur Zielscheibe für einen fatalen Abwicklungsprozeß wird, der

schönend »Transformationsprozeß« genannt wird. Birgit Breuel begegnete mir nicht nur als eine nüchtern rechnende Ökonomin, sondern auch als eine Frau, der am Verstehen der Ostdeutschen und am Gelingen des ökonomischen Umbruchprozesses gelegen ist. Man wählte mich zu einer öffentlichen Diskussion mit ihr aus – in der Erwartung, daß ich »es ihr zeigen würde«. Wer Abrechnung oder eine Vorwurfskanonade erwartet hatte, mußte enttäuscht werden. Und auch der Moderator widerstand der Versuchung, uns aufeinanderzuhetzen.
Ich dokumentiere Auszüge aus dem Gespräch in der Volksbühne am Luxemburgplatz in Berlin am 24. März 1993, das in der Reihe »Über die neue Freiheit« geführt wurde.
Die Gesprächsleitung hatte Gabor Steingart, Wirtschaftsredakteur des Nachrichtenmagazins *Der Spiegel.*

Steingart: Wenn man im *Spiegel*-Archiv den Namen Birgit Breuel in den Computer eingibt, schmeißt der Drucker Hunderte von Artikeln, auch international, raus. Bestimmte Wörter tauchen immer wieder auf. Es sind die Wörter: plattmachen, Kahlschlag, eiserne Lady. Frage an Sie nach zweieinhalb Jahren nach der Wiedervereinigung: Ging das, was Sie gemacht haben, was die Treuhand gemacht hat, nicht anders, gab es Fehler?

Breuel: Was die Treuhand in den neuen Ländern versucht hat zu bewegen, ist, einen Beitrag zu leisten zur Umgestaltung eines ganzen Wirtschaftssystems. Es ist ein Versuch, der sehr vielen Menschen auch Schmerzen bereitet, weil er einfach für viele Menschen mit dem Arbeitsplatzverlust verbunden ist. Dennoch sage ich, nur wenn wir hier einen Strukturwandel – möglichst viele, möglichst alle – gemeinsam gestalten und versuchen, durch Modernisierung, Veränderung, Neuansiedlung von Firmen ein Stück Zukunft zu gewinnen, haben wir eine Chance, das erfolgreich zu betreiben.
Dieses Stück Zukunft zu gewinnen heißt aber eben auch, nach sorgfältigen Prüfungen die Firmen stillegen, die nach unse-

rem besten Wissen und Gewissen nie eine Chance haben, die Zukunft zu erreichen.
Die Firmen, die wir für sanierungsfähig halten, und dazu gehören auch im dritten Jahr unserer Verantwortung immer noch eine Anzahl von Firmen, die einen Umsatz haben, der so hoch ist wie ihr Verlust, wo wir dennoch sagen: Dieses Unternehmen hat mit seinen Produkten, mit seinen Menschen, eine Chance, die Zukunft zu erreichen, da helfen wir weiter, da versuchen wir, ein loyaler, ein fürsorglicher Eigentümer zu sein. Aber Sanierung heißt auch, daß Arbeitsplätze abgebaut werden müssen. Einmal, weil es früher eine hohe verdeckte Arbeitslosigkeit, die systembedingt war, in den Firmen gab, und zum anderen, weil immer, wo Sie Maschinen hineininvestieren, wo Sie modernisieren, weniger Menschenkraft gebraucht wird. Das ist ein schwerer Vorgang, der hier in viel schnelleren Zeiträumen sich vollzieht als zum Beispiel im Westen Deutschlands. Und deswegen haben wir eine Aufgabe, für die wir nicht geliebt werden, was ich auch respektiere. Ich akzeptiere auch, wenn die Ostdeutschen ihren ganzen Zorn an uns ablassen, weil sie sonst niemanden haben.
Daß wir etwas aufräumen, was aufgeräumt werden muß, und dies im Rahmen eines Auftrages von der Volkskammer damals beschlossen, jetzt im Auftrage der Bundesregierung, das vergessen Menschen, die zornig sind. Das finde ich auch in Ordnung. Also sage ich, wenn die mit ihrem Zorn zu uns kommen, das ist in Ordnung, auch wenn es uns gelegentlich wehtut. Haben wir Fehler gemacht? Wir haben bestimmt viele Fehler gemacht, bei den Schwierigkeiten, die wir hatten. Was ich nur sagen will, ist: Die Grundlinie, die wir verfolgen, dazu stehe ich. Dazu bekenne ich mich, die halte ich für richtig und für die einzige, die uns eine Chance gibt, nach vorne zu kommen.

Steingart: Zu den Zornigen gehörte damals, gehört auch heute Herr Schorlemmer. Allerdings, und das hat mich verblüfft, richtet sich Ihr Unmut jetzt zum großen Teil gegen die eigenen

Landsleute. Sie schreiben in Ihren Büchern, aber auch in Ihren Reden sagen Sie, »daß das Volk uns, den Revolutionären von damals, nicht die Möglichkeit gegeben hat, es anders zu machen, daß man uns das ökonomisch nicht zugetraut hat, das Volk habe sich einlullen lassen, schnelle D-Mark, schneller Wohlstand, schneller Erfolg«. Sie werfen das den Leuten vor. Meine Frage, was hätten Sie, stellvertretend für die Opposition damals und heute, anders gemacht?

Schorlemmer: Ich begebe mich mit jedem Satz hier auf Glatteis, denn ich bin kein Ökonom. Ich bin aber von Ökonomie betroffen und insofern auch ein Experte.
Was Sie fragen, ist vieldimensional. Das erste ist, daß die Bürger der DDR damals am Ende waren. Ich glaube, daß der Aufbruch eigentlich Ausdruck des Mutes von Verzweifelten war. Es war nicht der Ausdruck des Mutes von Hoffenden, sondern von Verzweifelnden. Auch daran müssen wir erinnern. Das führte in eine kurze Phase der Euphorie und des Selbstbewußtseins: Wir sind wer, wir können was, wir können uns ausdrücken, wir können organisieren, wir haben unsere Sprache nicht verloren in einer eingemauerten Provinz. Hier ging »die Post ab«. Das hatte keiner erwartet, auch ich nicht. Ich war irgendwie glücklich, zu einem solchen selbstbewußten Volk zu gehören, das sich daranmachte, die Demokratie aufzubauen.
Wenn ich mich an den 4. November 1989 erinnere, ohne irgendwelche Nostalgie, dann war es doch sehr verwunderlich, sich anzusehen, daß unter diesen vielen sehr witzigen, sehr scharfsinnigen Plakaten keine einzige Parole war, der ich ansah, daß wir jetzt alle *ein* Volk werden wollen. Keine einzige habe ich gesehen. Ich hatte den Eindruck: Da wächst Selbstbewußtsein und Eigenständigkeit des Landes. Fünf Tage später sah das schon anders aus. Die Bürger der DDR, die plötzlich millionenfach die Bundesrepublik sahen, waren wirklich Freigelassene, aber andererseits auch Losgelassene. Ich werfe das auch niemandem vor. Ich war schließlich zehn Jahre zuvor privat schon mal »drüben« gewesen und hatte

damals gedacht, die DDR kann ihre Grenzen gar nicht öffnen, wenn sie sich vorher nicht grundlegend ändert.

Als wir 1990 »Kasse machten«, sahen wir, was für einen Scherbenhaufen – ökonomisch und politisch – wir vor uns hatten, wobei ich mich doch sehr gewundert habe, wieso es eigentlich Forschungsinstitute, ein gesamtdeutsches Ministerium und einen Geheimdienst (der so schlecht auch nicht war) gegeben hat und man in der BRD auf fast allen Ebenen doch nicht wußte, was ökonomisch auf uns zukommt. Wenn ich mich erinnere, wie die Wirtschaftsminister der Bundesländer in Leipzig jährlich der DDR-Führung den Hof machten, frage ich mich, wieso sie sich so täuschen konnten. Wir erlebten, daß die DDR ökonomisch und ökologisch kaputt ist. Gleichzeitig sahen die Ostdeutschen eine »heile« Bundesrepublik. Bald kamen Westdeutsche, die sagten: »Das machen wir euch ganz schnell, ihr dürft nur nicht traurig sein, anpacken, und dann geht das.« Viele haben dann mehr ihren Ohren als ihren Augen getraut. Sie haben dem getraut, was ihnen versprochen wurde, obwohl sie hätten sehen müssen, daß das nicht geht. Die Bundesrepublik war mit Marshallplan groß geworden und wir mit Reparationsleistungen klein geblieben. Das war die Spaltung, nicht nur im politischen System. An das schnelle Aufholen haben Ostdeutsche aber geglaubt, und es wurde ihnen auch glaubhaft gemacht. Daß dieses so selbstbewußte und kritische Volk sich so einlullen ließ, das hat mich schon berührt und enttäuscht. Zum Betrügen gehören immer zwei. Heute sagen die meisten immer nur, sie seien betrogen worden. Ich antworte offen: Ihr habt euch auch betrügen lassen. Ihr habt Übergabewahlen gemacht, ihr habt einen Übergabevertrag gemacht, ihr habt euch mehrheitlich zum einfachen Beitritt entschlossen. Nun, es ist uns nicht gelungen, bei diesem Zusammenführungsprozeß zwei Subjekte zu bleiben, die 40jährig eine in vieler Hinsicht ganz andere Geschichte und Prägung hatten. Mit diesem Zusammenprall (da hat ja Honecker wirklich recht gehabt: »Feuer und Wasser«) begann am 2. Juli 1990 das waghalsige Experiment, das

zeigte, was passiert, wenn der Markt auf eine Planwirtschaft trifft.
Hier haben sich die DDR-Bürger getäuscht, weil sie gedacht hatten: Wenn wir die Mark und den Markt haben, dann haben wir auch den Wohlstand. Und das ist eine völlig falsche Voraussetzung gewesen. Ohne ein Ökonom zu sein, konnte man das wissen. Man brauchte nur zu sehen, wie unsere Betriebe aussahen, wie wir unter der Käseglocke der Subventionswirtschaft gelebt hatten und wie wir plötzlich dem Markt ausgeliefert waren, der keine andere Moral hat als Effizienz und Profit. (Das hatten wir ja doch gelernt.) Heute stehen wir vor den Folgen dieser Fehlentscheidung. Die Treuhand ist ein notdürftiger Reparaturbetrieb dafür ...
Ich möchte mich indes nicht an der Legendenbildung beteiligen. Diese Industrie war marode, und es wurde vieles abgewickelt und liquidiert, was wirklich nichts wert war. Aber in diesem Prozeß wurde auch abgewickelt, was etwas wert war (nicht nur in der Industrie, sondern woanders auch) und für »nichts wert« erklärt wurde. Das hat für viele von uns demütigende Züge.
Das möchten Sie dennoch verstehen, Frau Breuel, trotz des Engagements vieler Ihrer Mitarbeiter: Das Wort »Treuhand« wird für uns Ostdeutsche rückblickend ein ironisches Wort bleiben.
Wir haben Vereinigungsunrecht als Zweitenteignung erlebt. Das hat Langzeitwirkung, nicht nur im ökonomischen, auch im mentalen Bereich.
Wir haben Anspruch darauf, daß die Wertschöpfungsmöglichkeiten, die Verdienstmöglichkeiten und die Arbeitsmöglichkeiten zwischen Ost und West einander angeglichen werden.

Steingart: Herr Schorlemmer, kann es sein, daß der »Demokratische Aufbruch«, dem Sie zuerst angehörten, danach die SPD, daß die Wähler nicht honoriert haben, daß sie sich relativ schwertun – das sehen ja viele auch im Westen mit Bedauern –, schwertun damit, Alternativen zu benennen, wenn sie danach gefragt werden.

Ganz konkret für die Leute hier, aber auch in Ost-Berlin, vor allem aber auch, wenn Sie weiter runter nach Sachsen fahren, stellt sich ja das Problem nach einer Alternative zu der Politik, die Frau Breuel und stellvertretend die CDU in Bonn vertritt, natürlich ganz anders.
Wenn wir dieses Jahr mit einer Rezession beginnen, was für den Ostaufschwung, der ohnehin nicht selbsttragend war, neue Probleme bringt, zweistellige Umsatzeinbußen im Westen – was das für den Osten heißt, kann man sich ausrechnen. Für all diese Dinge, ich glaube, jeder zweite hat mittlerweile in den Treuhandbetrieben seinen Arbeitsplatz verloren, auch dieser Satz von Kohl, »Keinem wird es schlechter gehen …«, ist ja nicht nur auf eine zynische Art unzutreffend, sondern er belegt auch das, woran die Leute damals geglaubt haben und für das Sie bis heute eigentlich keine Alternative benennen können. Versuchen Sie es doch mal, was würden Sie anders machen, ganz konkret in der Situation von Frau Breuel beispielsweise.

Schorlemmer: Ich will nicht, wie das bei vielen geschieht, daß sie die »Buhfrau« der Nation wird für Dinge, die woanders entschieden werden müssen. Die grundlegende Fehlentscheidung im Einigungsvertrag ist, daß Rückgabe vor Entschädigung erfolgt. Außerdem hatten und haben die DDR-Bürger wegen der grundlegend anderen Wirtschaftsform gar keine Chance mitzuhalten, wenn es darum geht, bei der Privatisierung selber Subjekte zu werden, die über etwas verfügen. Wir sind in vielfachem Sinne entwertet worden, weil wir ökonomisch so gut wie nichts zu bieten hatten. Die Ost-Bürger haben sich zunächst ökonomisch faszinieren lassen von einem prosperierenden System, das sie plötzlich – äußerlich – sahen.
Ich habe keine Alternative, zumal wenn ich sehe, daß wir alle bestechlich sind durch eine Bequemlichkeitskultur des westlichen Mittelstandes. Viele dachten, daß sie etwas verpaßt hatten.
Ich hatte immer noch geglaubt, daß es mehr Wertbildung in

diesem Land gegeben hätte, mehr Leute, die sich sagen: Wir müssen ein solches Lebensgefüge nicht haben, wir müssen nicht so viel Wohlstand haben, wir müssen nicht dieses Verkehrssystem auf uns übertragen und so fort. Ich hatte gedacht, daß bei uns für bestimmte Einsichten schon mehr Menschen zu gewinnen wären. Das ist eine meiner Täuschungen gewesen.
Was den Prozeß des Zusammenkommens anbelangt, so hatte ich bis zum Dezember 1989 gedacht, wir würden mehr eine sanfte Zweistaatlichkeit auf Zeit, mit dem Ziel eines Zusammenkommens von zwei Subjekten erreichen, wobei es auch der Bundesrepublik gutgetan hätte, in ihrem eigenen Lande einzelnes noch einmal zu befragen, statt uns nun schon drei Jahre lang zu zeigen, wo es langgeht, weil sich doch alles bewährt habe.
Zu spät haben die Bundesdeutschen gemerkt, daß die Chance der Einheit dadurch verpaßt wurde, daß sie uns einfach ihr System verpaßt haben.

Breuel: Wobei die Frage ist, Herr Schorlemmer, warum der Westen das geschafft hat. Was jemanden wie mich, der seit zweieinhalb Jahren hier lebt, überhaupt nicht glücklich machen kann, was da geschehen ist.
Ich will nur mal einen Punkt weiter zurückgehen, wenn Sie einverstanden sind.
Sie haben gefragt: Habt ihr das im Westen nicht früher gemerkt? Da kann ich Ihnen meine persönlichen Erfahrungen sagen. Ich war vor der Wende sicherlich 20mal in der DDR, überwiegend in meiner Funktion als Minister damals. Sie fuhren durch, durften nur bestimmte Strecken fahren, wenn Sie in ein Lokal gingen, wurden Sie sofort wieder rausgeschickt, weil Sie erkannt wurden als Westlicher. Dann fuhr man auf die Leipziger Messe, was immer das Ziel war. Dann wurden da gewaltige Verträge verhandelt über High-Tech, und man fuhr wieder zurück. Man hat sich einfach blenden lassen – das würde ich mir heute ganz ausdrücklich zum Vorwurf machen.

Die interessante Frage ist ja, warum dann in dieser Freude, wie Sie sagen, in der Euphorie der Wiedervereinigung jedes Gefühl für die Folgelasten verlorengegangen ist, und warum das Selbstbewußtsein, was Sie aus der Anfangszeit geschildert haben, nicht stark genug sein konnte, um sozusagen den Westen daran zu hindern, hier das System überzustülpen. Und warum andererseits der Westen nicht verstanden hat, daß die Wiedervereinigung auch für ihn eine ungeheure Chance war, eine Chance war für ein System, was man vielleicht mal versuchen sollte, so zu beschreiben:
Wir haben nach dem 2. Weltkrieg angefangen aufzubauen, dann haben wir Wohlstand gemehrt durch ungeheure Leistung der Menschen. Dann haben wir angefangen im Westen, den Wohlstand zu verzehren und uns in verkrusteten Strukturen zu bewegen. Die Wiedervereinigung war eigentlich auch für die westliche Seite eine ungeheure Chance, diese verkrusteten Strukturen aufzubrechen und endlich mal eine Wertediskussion anzufangen. Statt dessen haben wir eine Situation erreicht, wo wir die westlichen Methoden übertragen haben bis hin zu den perfektesten Gesetzen der Welt, die kaum anwendbar sind und es nicht schaffen, die wesentlichen Dinge hervorzukehren.
Da fühle ich mich schon einigermaßen hilflos, manchmal, weil es mich wütend macht und ich so wenig Antworten darauf weiß.

Steingart: Nur lauter Opfer, keine Täter – überspitzt gesagt. Sie gehören ja nicht unmaßgeblich letztlich auch dieser Bundesregierung an …

Breuel: Alles, was recht ist. Aber ich habe hier eine Position, wo ich einen Auftrag des Gesetzgebers durchführe, den Volkskammer und Bundesparlament mehrheitlich verabschiedet haben, unterstehe der Fachaufsicht der Bundesregierung, aber habe eine hohe Unabhängigkeit hier, und darauf lege ich auch großen Wert. Das hat mit Parteipolitik – ich versuche es jedenfalls und gebe mir große Mühe – nichts zu tun, ich würde es für ganz falsch halten. Dies ist auch der Grund, Herr Steingart, warum ich mich niemals zu politischen Fragen geäußert habe. Das wäre für die Treuhand eine unendliche Belastung, wenn einer von uns anfangen würde, Politik oder gar Parteipolitik zu machen. Das kommt überhaupt nicht in Frage. Wir haben eine Aufgabe zu erfüllen, der haben wir uns verschrieben.

Steingart: Frau Breuel, ganz konkret die ökonomischen Dinge: Sie haben ja sehr lange die Privatisierung vor der Sanierung betrieben. Jetzt stellt es sich heraus, daß dieses »Überwasserhalten« von Betrieben für viele – ich denke an die Chemie, ich denke an Stahl – überhaupt keine Lösung ist, weil sie nicht in Märkte hineinkommen, weil es kein zusätzliches Wachstum in diesen Märkten gibt, es gibt nichts zum Hineinschlüpfen. Bei neuen Produkten haben Sie den Westen kopiert, einfach Branchen ganz kühl heruntergerechnet, Kapazitäten in der Treuhand, in Ihrem eigenen Feld sozusagen, nicht innovativ genutzt. Sie haben einfach zu lange auf den GUS-Markt gesetzt.

Breuel: Ich würde denken, daß meine Aussage »Privatisierung ist die beste Form der Sanierung« durch genau das, was Sie eben beschrieben haben, bestätigt wird. Denn in den Firmen, die wir privatisiert haben und möglichst schnell neuen Eigentümern zugeführt haben, in diesen Firmen geht es heute überwiegend besser als in Treuhandfirmen.

Schorlemmer: Ich habe den Eindruck gehabt, wir sind wirklich in manchem vom Regen in die Traufe gekommen. Hatten wir bis dato eine totale Planwirtschaft, so wurde der Umbruch 1990 das »Ins-kalte-Wasser-Werfen« der freien Marktwirtschaft. Wobei ich nicht zu denen gehöre, die sagen: »Das waren die im Westen!« Nein, das waren Mehrheiten bei uns. Das muß man sagen. Aber daß das schiefgehen *mußte,* daß wir auf Anhieb nicht konkurrenzfähig waren, war sichtbar, und daß der Markt von sich aus nicht danach fragt, was mit

dem Menschen wird, daß der Markt auch nicht fragt, was aus der Natur wird, daß der Markt nicht fragt, was aus der Zukunft wird – das ist ihm wesenseigen.
In dieser Situation haben wir nicht danach gefragt, was aus einer ganzen Region, was mit den Menschen dort wird.
Können denn in einer solchen Situation, wie etwa im Chemiegürtel, nur ökonomische Kriterien gelten, oder sind es nicht auch Kriterien, die mit den -zigtausend Menschen zu tun haben? Mußte man nicht nach Gesamtrahmenbedingungen fragen? Mußte man nicht übergangsweise eine Industriestrukturpolitik machen, Regionalpolitik machen, bis diese Regionen in sich stabil wurden, ihnen helfen, bis sie konkurrenzfähig sind?
Da habe ich aber zwei Verdachte:
Die bundesrepublikanische Wirtschaft ist gar nicht ausgelastet gewesen und hat sich einen ganz großartigen Boom verschafft. Die jetzige Rezession ist gewissermaßen nur die Phasenverschiebung aufgrund der deutschen Vereinigung. Mein Verdacht ist, daß die westdeutsche Industrie abgewartet hat, bis Betriebe, die so langsam dahinsiechten, dann liquidiert werden konnten und werden mußten. Andere wurden hingehalten, ob sie genommen oder nicht genommen würden, wobei ich mich manchmal des Eindrucks nicht erwehren kann, es hatte entwürdigende Züge, dieses geradezu prostitutionsähnliche Verhalten der Ostbetriebe. Sie boten sich alle an. Die Wessis kamen mit den dicken Autos. Man war ziemlich servil zu denen, die kamen und die Betriebe haben wollten. Ich hatte den Eindruck, daß manche Privatisierung geschah, um längerfristig zu liquidieren.
Wir können nicht einfach produzieren, wenn wir keinen Markt haben. Das hat nicht nur etwas mit dem Zusammenbruch der GUS zu tun, auf den jetzt alles geschoben wird, sondern schon mit dem Zeitpunkt, an dem die D-Mark hier eingeführt wurde. Da brach unser Ostmarkt weg, weil die nicht zahlen konnten. Nicht erst durch die politischen Eruptionen, die wir jetzt erleben und noch erleben werden.
Mein Verdacht ist, daß die Leute hier annahmen, die deutsche

Industrie würde dann, wenn es darauf ankommt, durchaus auch in den Grenzen der BRD denken und sagen: Jetzt helfen wir denen hier erst mal.
Sie haben nicht verstanden, daß ein Betrieb nicht danach fragt, was jetzt »für unser Volk«, für unser Land und für unsere Leute gut ist, sondern wo er am billigsten produzieren kann. Dann gehen sie eben, wenn es billiger ist, zum Beispiel nach Polen. Dies kränkt wiederum dieselben Leute, die gedacht hatten, »wir sind ein Volk«, und auch so blöd waren, das an jeden Trabi dranzukleben, um zu zeigen, daß sie »ein Volk« sind ... Wir haben 1990 neben vielem emotional Wunderbaren auch viel Verblendung erlebt. Jetzt zahlen wir die Quittung dafür. Wir zahlen auch die Quittung dafür, daß wir das analytische Potential, das wir eigentlich hatten – es war nur ideologisch verbrämt, was uns Karl Marx angeboten hatte –, einfach vergessen haben. Also, mein Gefühl ist, daß der Markt nach nichts anderem als nach Effizienz fragt. Er versteht nur die Sprache des Geldes. Aber hier geht es um Menschen. Die Marktgesellschaft baut auf unsere Instinkte, ist auf Ellenbogen aus, macht daraus Effizienz, wenn Effizienz kommt, dann fällt auch sozial was ab.
Bleibt Effizienz aus, dann zeigt die Marktwirtschaft sich nackter. Ich hoffe, daß wir nicht allmählich in dieses Stadium hineinrutschen.

Steingart: Hat die Marktwirtschaft versagt, Frau Breuel?

Breuel: Es ist wahr, Herr Schorlemmer, daß erstens die Westdeutschen eine zweijährige Konjunktur gehabt haben, länger als andere westliche Länder, dadurch, daß sie sozusagen sehr viel hierher nach Ostdeutschland verkauft haben.
Es ist auch wahr, daß bei der Wiedervereinigung jeder wußte, unabhängig von den eigenen Interessen des einen oder anderen, daß die westdeutsche Industrie Ostdeutschland mitversorgen konnte, ohne Kapazitäten hier zu benötigen. Das ist kein Geheimnis. Die Frage ist nur, was sind daraus für Schlußfolgerungen gezogen worden? Ich schließe überhaupt

nicht aus, daß es den einen oder anderen gegeben hat und auch noch gibt, der ganz aufmerksam zuschaut, ob die eine oder andere Firma hier sozusagen ihr kurzfristiges Ende erklären muß, um für sich eine gewisse Marktbereinigung zu machen.
Weil das so ist, haben wir ja sehr frühzeitig angefangen, ohne für alles eine Lösung zu haben, internationale Ausschreibungen zu machen, um einen Wettbewerb hervorzurufen. Und ich kann mich sehr wohl an Werften, an Stahlbetriebe erinnern, für die wir lange Zeit, solange wir nur national gesucht haben, nur ein mildes Lächeln geerntet haben. Als wir international gesucht und dann Verhandlungen aufgenommen haben, da wurde die Liste der Verhandlungspartner auf einmal ein Stückchen länger. Denn einen Internationalen hier im deutschen Markt zu haben, gefiel manch einem im Westen auch nicht.
Der Markt an sich – jawohl, das ist eine reine Frage nach Effizienz. Die Politik muß darauf achten, daß sie die sozial ergänzenden Komponenten dazubringt. Das ist der Streit zwischen den Parteien, weil die einen das so und die anderen es so haben wollen. Das ist auch völlig in Ordnung. Deswegen sage ich, die soziale Marktwirtschaft ist die realistische Chance und kann für Menschen befriedigend sein, wenn sie richtig gehandhabt wird.

Steingart: Herr Schorlemmer, wäre das nicht für Sie und Ihre politischen Freunde ein Ansatzpunkt gewesen, seinerzeit, aber auch heute noch, politische Kontrolle dieser Mammutbehörde, die ja wesentlich größer ist als ein halbes Dutzend von Ministerien – die sind alle zusammen nur halb so groß wie die Treuhand …

Schorlemmer: Ich weiß nicht, ob das das Problem ist. Ich hätte mir viel mehr gewünscht, daß man bei der Bildung der Bundesregierung 1990 ein Aufbauministerium gegründet hätte, das das koordiniert hätte, was passiert. Aber was versteht jemand, der in Bonn Minister ist, von dem, was hier passiert.

Wenn ich nach Bonn komme, vergesse ich auch innerhalb von einem Tag, wie es hier ist. Das geht ganz schnell.
Ich habe bei den Treuhandvertretern, die ich persönlich kennengelernt habe, nicht den Eindruck, daß das die eigentlichen Probleme sind. Ich habe erlebt, daß die mit hohem Verantwortungsbewußtsein einen sehr schwierigen Auftrag lösen müssen. Ich erlebte, wie Frau Breuel in Wittenberg war und sich alles genau angeguckt hat, und hatte den Eindruck, daß da kein »Besserwessi« kam, obwohl sie eine Menge »weiß«. Das Problem darf nicht personalisiert werden.
Der Grundeinwand ist: Wir hatten gedacht, daß aus Staatseigentum Volkseigentum und nicht Westeigentum wird. Das war auch die Erwartung der ersten Volkskammer. Die Idee dazu kam ja von Wolfgang Ullmann. Wir mußten allerdings darum bitten, daß Kapital kommt. Timothy Garton Ash hat einmal gesagt: »Es ist schlimm, ausgebeutet zu werden. Manchmal aber ist es schlimmer, nicht ausgebeutet zu werden.« Wir waren am Schluß in der DDR arm dran. Ich habe mich gefragt: Warum hat die Politik in der Bundesrepublik sich nicht klargemacht, daß der gemeinsam zu verantwortende Krieg 1990 zu Ende gegangen ist. Dies waren Folgelasten dessen, was wir gemeinsam angerichtet haben. Dann hätten die 17 Millionen Ostdeutschen nicht als die Buhleute der Nation dagestanden, die nur »Kosten« verursachen!
Es gibt im Westen inzwischen viele Leute, die sich die Mauer zurückwünschen, nicht nur bei uns im Osten. Wir haben nicht eine um 16 Millionen erweiterte Bundesrepublik, sondern eine neue. Diese Chance haben wir weder ökonomisch noch politisch wahrgenommen, weil wir nach Artikel 23 auf dem Königsweg in die Einheit geritten sind. Was in Artikel 146 vorgegeben ist, haben wir nicht ausgefüllt. Mit der Erfüllung des Einigungsvertrages fiel der eine Einigungsvertragspartner einfach weg.
Ich hatte immer gedacht, daß der Markt für den Menschen da ist und nicht der Mensch für den Markt. Ist das nun schon zu moralisch? Heißt Politik nicht zu sagen: »Wir gestalten Politik«, und nicht: »Der Markt macht es.« Wenn es uns nun nicht

gelingt, die Länder, in die wir exportieren und mit denen wir handeln wollen, zu stärken, damit die auf eigene Füße kommen, wird es auch unser Schaden sein. Wenn es denen gutgeht, geht es uns auch gut – wenn es denen schlechtgeht, werden wir unsere Produkte nicht los.

Das würde für mich auch heißen, daß man eine Entschuldungspolitik einleitet, denn dann bleiben Menschen aus den Ländern der Dritten Welt auch zu Hause.

Die gesamte Weltwirtschaft ist unter der Herrschaft des Marktes in eine Krise gekommen. Ich sage es noch einmal schärfer: Der Erdgipfel in Rio ist mit dem wirksamen Schutz der Natur nicht weitergekommen, und die Verschuldung der Dritten Welt nimmt weiter zu.

Der östliche Zivilisationsweg ist inzwischen ganz am Ende. Er braucht sich nicht mehr zu rechtfertigen und ist deshalb in manchem auch freier. Der östliche ist schon gescheitert. Jetzt ist der westliche dabei zu scheitern. Das ist dann unser gemeinsames Scheitern. Dann haben wir keine Alternative mehr. Das ist nicht nur eine Frage, die unser Land betrifft, sondern eine Grundfrage des Umgangs mit anderen Ländern, mit den aufgrund der Vorherrschaft des westlichen Nordens arm gemachten Ländern.

Die Triebkraft des Systems, das auf Eigentumsmehrung beruht, ist der »natürliche« Egoismus, ist Gewinnstreben und Imponiergehabe.

Die Frage ist, ob wir es hinkriegen, auch andere Triebkräfte, die in uns sind, stärker werden zu lassen.

Wenn wir uns bestimmte Vorstellungen, wie die Welt sein soll, nicht mehr machen, wird sie in absehbarer Zeit in den Orkus führen. Das ist die Antiutopie, die inzwischen regiert.

Ich bin insgesamt noch nicht zynisch, sondern skeptisch.

Skeptisch, ob es uns gelingen wird, die Welt lebenswert weiter zu überliefern.

Das heißt für mich ganz elementar: Wenn wir den Überlebenswillen im Menschen wecken, statt sein immer weitergehendes Anspruchsdenken zu stärken, und die Einsicht entwickeln, daß eine bestimmte Lebensqualität nicht unbedingt durch Steigerung von Lebensquantität wächst, dann haben wir die Voraussetzungen für ein Handeln, aus dem heraus man auch bereit ist zu sagen: Wir können mit weniger gut leben.

Steingart: Heißt jetzt Ihre Verzichtsethik, daß die Arbeitnehmer in Ostdeutschland freiwillig auf die Lohnangleichung im Tarifvertrag verzichten?

Schorlemmer: Ich habe keine Verzichtsethik in diesem Sinne, sondern eine *Teilungsethik*, weil ich denke, bei einer immer höheren Produktivität, Effizienz, Technisierung und so weiter werden immer weniger Leute Arbeitsplätze finden, und immer mehr Leute werden rausfallen. Die Frage ist für mich, ob wir nicht eine Gesellschaft aufbauen müßten, in der jeder ein Stückchen teilhaben kann an dieser Arbeit – was aber heißen würde, daß wir nicht die Arbeitszeit bei vollem Lohnausgleich verkürzen können, sondern die gesellschaftlich vorhandene Arbeit teilen. Das muß man doch mal aussprechen dürfen, daß es nicht geht, daß wir immer in Gruppeninteressen jeweils der anderen Gruppe sagen, wo sie Verzicht üben soll.
Ich möchte, wenn es enger wird, das Vorhandene besser aufteilen, damit nicht die einen daran kaputtgehen, daß sie keine Arbeit haben, und die anderen kaputtgehen, weil sie zuviel Arbeit haben. In allen widerstreitenden gesellschaftlichen Gruppen ist es wichtig, das Unpopuläre auch zu sagen und für Mehrheiten zu werben.

Breuel: Ich finde es sehr wichtig, daß hier einmal langfristige Gesichtspunkte diskutiert werden, auch wenn uns die kurzfristigen Fragen im Moment mehr drücken.
Wir haben einen Begriff von Wirtschaftswachstum, der über Generationen im Westen gewachsen und hier übernommen worden ist. Ich will Ihnen mal ein Beispiel sagen: Wenn ich ein schönes, großes Stückchen Wald habe und mit dem Wald nichts mache, trägt es nichts zum Wachstum bei. Wenn ich den Wald absäge, ist es ein Beitrag zum Wachstum, weil eine

Dienstleistung erbracht worden ist und das Holz als Produkt auf den Markt kommt. Das sind auch Indikatoren, die bei uns heute eine Rolle spielen, aber dazu werde ich andere Indikatoren finden müssen, die menschen- und naturverträglicher sind.

Schorlemmer: Wir merken, daß Handlungsspielräume immer enger werden. Wir leben mit den Zwängen unserer Freiheit. Freiheit wird nur wiedergewonnen, wenn wir uns die Einsicht verschaffen für lösbare und unlösbare Widersprüche und uns darauf konzentrieren, die lösbaren auch zu lösen.

Steingart: Vielen Dank. Ich bedanke mich bei Ihnen, die gekommen sind, ich bedanke mich bei Frau Breuel und bei Herrn Schorlemmer sehr herzlich. Ich möchte noch eine Schlußbemerkung machen, weil etwas von sehr emotionaler Diskussion gesagt wurde. Ich denke, es gibt fast keine Stadt in Westdeutschland, in welcher, wenn sie diese Probleme hätte, a) eine Diskussion so unaufgeregt stattfinden kann, was ich positiv finde und b) was ich noch besser finde, wo man es sich leistet, die aktuellen Dinge wie Arbeitslosigkeit, Dritte Welt, Umwelt – all diese Dinge hier anzusprechen.
Ich fand, das war für den Diskussionsstil in dieser Stadt sicher ganz interessant.

Wer war Lenin?
– Wortwechsel mit einem Studenten –

Auf einem Seminar »Kinder der DDR« im September 1993 kam es zu einem Gespräch mit einem Jurastudenten (geb. 1972) mit einer typischen Wende-Biographie: Ostberliner Funktionärssohn, FDJ-Propagandist, im Alter von 16 zu 25 Jahren NVA verpflichtet, so intelligent wie anpassungsfähig und karrierebewußt.

Student: Im Prinzip war das Grundübel schon gelegt, indem Lenin mit Trotzki zusammengearbeitet hat. Das ist für mich das Grundübel an dieser ganzen Geschichte. Was mich daran interessiert, ist, was damals die politische Situation im Osten war. Da war ich doch verunsichert.

Schorlemmer: Lenin ist ein ganz klassischer Putschist – nichts anderes –, der sich aus dem Exil in der Schweiz durch das kaiserliche Deutschland über Finnland nach St. Petersburg bringen ließ. Die Deutschen wollten hinter der Front die zaristische, nein, die russische Armee destabilisieren, wo Rußland sich gerade zu demokratisieren begonnen hatte. Da sollte ein Chaos hergestellt werden. Der Leninismus ist im Grunde seines Denkens pervers, eine menschliche Verdrehung. Lenin sagte: *Vertrauen ist gut – Kontrolle ist besser* – daraus machten die Bolschewiki in der Praxis von Anfang an *Kontrolle ist alles!* Der Tschekismus, also die Tscheka, der Geheimdienst, war die eigentliche Machtzentrale unter einem polnischen Russen, dem General Dscherschinskij, dessen Standbild erst jetzt gefallen ist.
So lieb Lenin zu seiner französischen Geliebten Ines Armand sein konnte, ein so großes Herz seine Krupskaja hatte und so rührende Bilder es über ihn gibt – als er sich Beethoven anhörte –, er ist ein gnadenloser Putschist. Er ist auch ein gefährlicher Rechthaber, der von Philosophie keine Ahnung hatte, aber dachte, er sei Philosoph und Revolutionär in einem und könne die bisherige Philosophie »wissenschaftlich« erledigen. Das haben schon andere versucht, zum Beispiel Robespierre oder Saint-Just. Wir müssen Lenin endlich entthronen. Das hat auch Gorbatschow nicht vollzogen. Auch er hat zu spät gemerkt, daß Lenin kein Demokrat ist, auch der späte Lenin nicht, und daß seine Antworten für die Gegenwart nicht taugen.

Student: Ich habe manchmal das Gefühl, daß Gorbatschow der Verräter an der ganzen Geschichte überhaupt ist. Wenn er jetzt sogar mit Reagan auf die Ranch fährt, wenn er ganz stolz in diesem Jeep sitzt und sich alles anguckt, dann finde ich das einfach lächerlich. Lenin hat ja nie von sich behauptet, daß er *der* Philosoph ist. Er hat einfach rübergebracht, was er denkt.

Schorlemmer: Er hat lauter philosophischen Unsinn geschrieben. Er wurde bei uns noch heilig gesprochen. Etwa der »Anti-Düring«, »Staat und Revolution«, das ist philosophischer, politischer, anthropologischer Unsinn. Er geht von einem Menschenbild aus, das mit dem tatsächlichen Menschen so gut wie nichts zu tun hat. Das ist das Traumgebilde von Leuten, die meinen, daß sie die Menschheit erlösen könnten. Das wollte Lenin. Im übrigen war er ein selbstloser und in sich konsequenter Mensch. Das ist keine Frage. Aber ich meine, daß es von seinen allerengsten Freunden zugelassen wurde, daß man ihn wie einen ägyptischen Pharao in einen Sarkophag legt, einen ganzen Wissenschaftlerstab mit dem Erhalt der Leiche in unterirdischen Labors beschäftigt, 65 Jahre lang Hunderte Millionen Menschen an ihm entlangdefilieren läßt, und das mit der atheistisch-marxistisch-leninistischen Weltanschauung ..., daß diese Widersprüche so lange existieren haben können! Da kann ich nur sagen: Das sind pathologische Formen verführten Denkens. Das muß man jetzt auch offen aussprechen. Ich bin kein Antikommunist. Aber grundlegende Kritik an den Erscheinungsformen einer sozialistischen Ideologie muß von Linken selber kommen.

Frage einer Frau: Ist jetzt gerade ein Vorbild von dir zerstört worden?

Student: Lenin ist überhaupt kein Vorbild für mich. Ich habe keine Vorbilder.

Frau: Aber du hattest sie?

Student: Ja, ich muß ehrlich zugeben, ich war bis zur 10. Klasse Agitator gewesen, und ich war überhaupt völlig überzeugt. Es ist jetzt alles neu für mich. Ich habe jetzt im nachhinein die DDR erst kennengelernt, wie sie wirklich war. Für mich war alles Friede-Freude-Eierkuchen, war heile Welt. Wenn ich mir das jetzt überlege: Es ist Idiotie gewesen. In der Hinsicht war ich blind. Mein Vater war Parteimitglied gewesen. Meine Eltern hatten Probleme und haben sie nicht an mich weitergegeben, um mich nicht zu gefährden. Im nachhinein war ich dermaßen enttäuscht, daß ich in ein Extrem kam.

Schorlemmer: Es ist alles so peinlich, auch das Erstürmen des Winterpalais. Das ist alles Legende, das ist alles Erfindung. Es war ein ganz primitiver kleiner Putsch. Einige Menschen sind dabei umgekommen; das ist schlimm genug. Aber die Kommunisten haben die Geschichte geschrieben von ihren Revolutionsbildern her, die hinterher darüber gemalt worden sind. Und das haben sie uns allen als heroische Tat beigebracht. Sie haben ihre Aurora-Heldenlegende zur Historie erklärt.

Student: Der Sturm auf das Winterpalais hat doch stattgefunden, das ist doch keine Legende.

Schorlemmer: Da gab es gar keinen Widerstand, da gab es gar nichts. Die sind einfach losgerannt. Kerenski ist kampflos geflohen.

Student: Es ist doch wahr, daß durch diesen Sturm etwas eingeleitet wurde …

Jesus, unsere Kirchen und die Zukunft der Welt – aus Gesprächen mit Eugen Drewermann –

Zu den inspirierenden Gesprächspartnern gehört für mich Eugen Drewermann, der so selbst- und kirchenkritisch wie positiv und konstruktiv argumentiert. 1992 und 1994 führten wir »für die Öffentlichkeit« Gespräche. Seine Erfahrung mit seiner Kirche verleitet allerdings bisweilen zu radikalisierender und generalisierender Überspitzung. Doch kann er in gelingender Weise das, was christlicher Glaube ist, verständlich, tief und katholisch (= allumfassend) vermitteln. Beide Gespräche lösten ebenso interessierte Nachfrage wie kritische Reaktionen aus. Das folgende Gespräch moderierte Susanne Rummel vom *mdr*.

Drewermann: Ich glaube, daß es vier entscheidende Wahrheiten gibt, die in der Reformation entdeckt wurden und die unverzichtbar sind, weil sie im Kern mit dem Anliegen Jesu selbst zu tun haben. Diese vier Punkte wurden und werden von der katholischen Kirche nach wie vor geleugnet. Ich formuliere es mal sehr kurz, als Arbeitsthesen. Das erste ist die Urerfahrung Luthers: Ein Mensch kann nur gut sein, wenn er einen Ort findet, an dem er sich vorbehaltlos akzeptiert fühlt. »Wie finde ich einen gnädigen Gott?« lautete die theologisch formulierte Frage. Solche Orte sind heute Mangelware in unserer Gesellschaft. Wir kommen viel zu früh mit ethischen Anweisungen, mit moralisch festgezurrten Begriffen. Wir wissen dauernd von außen, wie die Leute sein müssen, was sie zu tun haben. Und in der Kirche machen wir da keine Ausnahme. Der zweite Punkt ist die Entdeckung, daß wir loskommen müssen von einer Religion der Angst. Sehe ich richtig, hat der Katholizismus in den Tagen Luthers die Angst der Menschen vor dem Fegefeuer, vor der Hölle schamlos ausgebeutet, um den Petersdom zu bauen, sein Zentralmonument, und das hat bis heute nicht aufgehört. In unseren Tagen müßten wir das aktualisieren und sagen, eine Religion, die, mit Sigmund Freud geredet, im Verdacht steht, Neurosen zu züchten, statt abzuarbeiten: die kollektiv zwangsneurotisch organisiert ist durch Außenleitung, Vaterautorität, Triebunterdrückung, Ambivalenz des Frauenbildes, Sexualfeindlichkeit. Ein solches Konglomerat von falschen Idealen kann nicht im Namen Gottes etabliert bleiben. Das dritte hängt ganz entschieden damit zusammen. Wir müßten davon loskommen, die Wahrheit an ein Amt zu binden. Das berührt den Kernbereich des Katholischen. Bischöfe, Päpste sind die Wahrheit von Amts wegen. Man leugnet die Ausgesetztheit, das Suchen, das Scheitern, die Notwendigkeit, aus Irrtümern zu lernen. Man verweigert die Einsicht, daß es Wahrheit religiös nur geben kann in der Existenz des Menschen. Zum vierten möchte ich sagen, was Luther getan hat auf der Wartburg, die Bibel zu übersetzen, das müßte heute ein Anliegen sein, nur viel umfassender, indem wir die gesamte Theologensprache entrümpeln. Die Leute verstehen uns auf den Lehrstühlen, auf den Kanzeln überhaupt nicht mehr. Vier Fünftel der Bevölkerung haben mit dieser Kirchenrede absolut nichts mehr im Sinn. Selbst Begriffe wie Gott, Unsterblichkeit, Gnade, Erlösung, Sünde sind in einem Gebräu von Assoziationen erstickt, daß wir buchstäblich tun sollten, was Luther versucht hat, der Frau und dem Kind auf der Straße aufs Maul zu gucken, wie die reden. Genauer gesagt, wir sollten aufhören, Theologie so zu treiben, daß wir glauben, in fertigen Begriffen Gottesglauben definieren zu können, um damit Macht zu verwalten. Das sind lauter Dinge, die ich mir wünsche für den Katholizismus, auch für den Protestantismus.

Schorlemmer: »Religion der Angst«, da muß ich widersprechen. Ich bin froh, daß ich Christ geworden bin, weil ich in der Kirche als Gemeinschaft Formen gefunden habe, in denen ich meine Angst ableiten konnte, etwa durch ein offenes Aussprechen all dessen, was mich bedrängt hat, was mir Angst machte. Dort habe ich ein Klima der Freiheit erlebt, in dem ich ein Stückchen Angst loswerden konnte. Insofern habe ich meine Kirche nicht als eine Angstinstitution erlebt. Wir sitzen dennoch in einem Boot. Wir Protestanten haben ja manches doch wiederholt; aus der demokratisch verfaßten Gemeindekirche (dem Priestertum aller Gläubigen) wurde im wesentlichen eine Pastorenkirche.

Drewermann: Die katholische Kirche etabliert sich zunehmend als eine Senilhierarchie, eine Alterselite, die biologisch sich selber auszehrt. Wenn Sie fragen, wo bleibe ich jetzt selber, warum gehe ich da nicht freiwillig raus, dann möchte ich es mal so sagen: Es gibt so etwas wie eine existentielle Konsequenz.
Damit der Protest ernst gemeint ist, muß er jetzt weitergeführt werden. Die Ernstnahme des Protestes ist die absurde Situation, für etwas einzutreten, das höchstwahrscheinlich keinen Erfolg hat. Ich glaube, das ist gut biblisch. So hat Jesus das gemacht.

Schorlemmer: Ich versuche jetzt mal Anwalt Ihrer Kirche zu sein. Ich leide ja nicht so direkt unter ihr.

Drewermann: Das wird Ihnen schwer gelingen.

Schorlemmer: Ich habe vor zwei Tagen den katholischen Bischof von Magdeburg, Leo Nowak, in der Predigtkirche Luthers, in der Marienkirche in Wittenberg, gehört. Ich bin sofort hingegangen und habe mich bedankt. Ich war richtig gerührt. Er ist in seinem Amt als Bischof nicht anders, als er früher war, als er Leiter eines Seelsorgeamtes war. Er hat ein kritisches Verhältnis zur Macht. Er hat ein offenes Verhältnis zu den anderen Christen, er leidet an der Zerrissenheit. Das ist alles echt. Und er ist trotzdem Bischof. Ich wollte nur sagen, da war auch etwas sichtbar von dem, was ich mir wünsche. Da fällt es mir manchmal schwer, etwas gegen die katholische Kirche zu sagen. Wenn ich aber in der Enzyklika lese, wo die Christianisierung Europas mit der Katholisierung verwechselt wird, da denke ich dann immer, wem soll ich denn glauben? Meinem »Bruder« Leo Nowak oder Herrn Ratzinger?

Drewermann: Ich glaube, Sie haben völlig recht, daß er ein integerer Mensch ist, der das Beste tut. Solange ich Menschen sehe, werde ich niemals den Zeigefinger heben und sagen, dies und das ist falsch. Einfach weil ich Personen sehe, die aus ihrem Leben, ihren Erfahrungen sich alle Mühen geben. Ich habe nie Grund gehabt, von dieser Meinung abzuweichen, auch nicht bei Bischöfen. Aber sehen muß man ja, daß in Anerkennung dessen, was an der Basis geschieht, was im Privatbereich geschieht, all das, was vermenschlichend wirken könnte, im Amtssystem nicht mehr zugelassen wird.

Schorlemmer: Was Dostojewski im *Großinquisitor* beschrieben hat, ist der Grundwiderspruch, den wir nicht haben lösen können: daß wir zwar in der Nachfolge eines Wanderpredigers leben, aber gleichzeitig riesige Dome dafür brauchen, goldene Monstranzen, silberne Kelche. Das stimmt alles nicht zusammen. Gleichzeitig aber wollen die Menschen, daß es ein bißchen leuchtet. Es soll nicht so ärmlich sein, es soll »nach was aussehen«. Doch es ist auch etwas Ästhetisches an der Liturgie. Aber Jesus hatte einfach ein Tuch. Und das einzige, was er hatte, wurde nachher noch verwürfelt. Wir leben also in einem Grundwiderspruch zu dem Wanderprediger, unserem Bruder, Herrn und Freund.

Rummel: Sie redeten über Abgrenzung. Nun gibt es eine gewisse Form der Abgrenzung, und die vollzieht sich in der Ökumene. Wir hatten in der DDR eine recht gut funktionierende, zumindest bis zum 9. Oktober 1989, vielleicht auch noch bis zu Silvester. Aber inzwischen haben sich hier Bedingungen herausgebildet, wo evangelische Christen sagen: Guck mal, was die Katholiken machen, die sitzen jetzt überall in den politischen Ämtern, die sind doch gar nicht so viele, woher kommen sie denn auf einmal?

Schorlemmer: Wir Protestanten hatten mehr einen kritisch-analytischen Geist als einen konstruktiv-gestaltenden. Das ist unser Manko. Die katholischen Christen haben dann, als es möglich war, sich in den demokratischen Institutionen zu Wort gemeldet und sind dort mehr repräsentiert, als sie in der Bevölkerung repräsentiert sind. Sie haben uns in manchen Fällen genötigt, mit neuem Konfessionalismus zu beginnen, also die Kämpfe des 16. Jahrhunderts fortzuführen. Zum Beispiel sehe ich überhaupt nicht ein, warum wir katholische und evangelische Gymnasien haben müssen. Warum nicht ökumenische? Warum machen wir evangelischen und katholischen Religionsunterricht? Ich schäme mich, auch im Blick auf das, was früher purer »Ideologieunterricht« als Staatsbürgerkunde war.

Drewermann: Es zeigt sich, daß der Katholizismus bis heute die Ökumene niemals radikal gewollt hat, weil er an sich selbst keine Infragestellung aus der Protestantismustradition herangelassen hat. Er verfügt immer noch über eine Wahrheit, an der gemessen Protestantismus ein Defizit ist. Man liest da die Bibel, aber das tun wir auch. Man bemüht sich um Gnade, die haben wir viel mehr, weil wir die Beichte haben. Und dann gibt es Sakramente, davon haben wir dreimal so viele. Also ist in jedem Fall die Sache klar.

Schorlemmer: Ich will nur sagen, warum ich da etwas zurückhaltender bin. Ich möchte nicht Porzellan, das noch nicht kaputt ist, zerbrechen. Ich habe vielleicht auch eine Selbstzensur in diesen 30 bewußten Jahren in der DDR eingeübt, so daß ich stets nach der Zumutbarkeit beim Partner, beim Konkurrenten und auch beim Gegner frage, um überhaupt etwas zu erreichen und nicht immer das Unerreichbare zu fordern. Eine solche Selbstzensur gebe ich schon zu. Andererseits, wenn ich ganz ehrlich bin, muß ich sagen, daß es eine unglaubliche Anmaßung der katholischen Kirche ist, mir als ordiniertem Pfarrer abzusprechen, daß ich als Pfarrer ein gleichwertiges »Amt« habe. Das ist für mich eine prinzipielle Frage. Ich tue das gegenüber dem katholischen Priester doch auch nicht. Und das zweite – das ist nun sehr viel schlimmer –, daß das

Mahl der Gemeinschaft zum Symbol der Spaltung wird. Das müssen wir nicht nur vor den Menschen, das müssen wir vor Gott selbst verantworten. Dies ist ein Skandal. Wenn wir den nicht aus der Welt bringen, dann werden wir auch sozial nicht dazu kommen, daß wir Teilungsgerechtigkeit zwischen Nord und Süd schaffen. Das können wir nicht, wenn wir es nicht mal schaffen, den gebrochenen Leib Jesu miteinander zu teilen. Ich glaube, der tiefe Schaden liegt darin, daß die konfessionellen Unterschiede uns wichtiger sind als die Aufgabe, die uns Gott in dieser Welt gestellt hat.

Drewermann: Die Menschen wissen längst, wie unglaubwürdig wir sind. Nur wir selber gestehen uns das immer noch nicht ein, aus Mitleid mit uns selber. Ich erwarte ja nicht, daß sie mit Martin Luther sagen, der Papst ist der Antichrist. Aber es ist doch möglich zu sagen mit Jan Hus, die Päpste und die Kardinäle sind nicht die Nachfolger der Apostel, es sei denn, sie lebten wie dieselben.

Rummel: Ich bedanke mich bei Ihnen.

Drewermann: Ich kann nur sagen: Dankeschön, Bruder Schorlemmer.

In der Tiefe ist Wahrheit

In einem anderen Gespräch mit Eugen Drewermann, das wir für den *Stern* im Februar 1994 führten, habe ich eine Situationsbeschreibung des Glaubens und der gegenwärtigen Kirche versucht. Sie hat in verkürzt-gedruckter Form einige Irritationen ausgelöst. Sowohl Kirchenobere wie Gemeindemitglieder reagierten heftig. Ich gebe meine Position in der ausführlichen Form wieder.

Ich bin so institutionenskeptisch, wie ich Institutionen bejahe. Eine Institution ist wichtig, weil sie den Menschen Rahmen und Sicherheit gibt. Aber sie ist nur dann sinnvoll, wenn sie zugleich Kritik zuläßt und Selbstkritik wagt, sich auf Veränderungen einstellt, ohne sich populistisch jedem Trend anzubiedern.

Die protestantische Kirche krankt sicher daran, daß sie zu einem Kult der Beliebigkeit neigt. Sie meint, auf Trendmeldungen hören zu sollen. Die katholische Kirche reagiert entgegengesetzt eher fundamentalistisch auf die anstehenden Probleme und Fragen der Menschen. Bei beiden geht damit aus unterschiedlichen Gründen die religiöse Tiefe verloren. Den Menschen wird nicht der Weg gezeigt, zu ihren eigenen Tiefen vorzustoßen, auch wenn das nicht immer angenehm ist. Es wird ihnen nicht ermöglicht, das gemeinschaftlich zu erleben, zu erleiden, daran zu arbeiten. Es wird ihnen nicht ermöglicht, zum Grund der Dinge zu kommen, zu Gott also. Die Kirchen haben es nicht vermocht, den Weg zu Gott aufzuzeigen. Damit gelingt es den Kirchen auch nicht, die Menschen stark zu machen, um das Leben zu bestehen. Solche Kirchen können noch so schöne Werbekampagnen starten, wie das jüngst geschieht: Sie haben dennoch nichts, was tief wurzelt und den Menschen einen Halt gibt. Wenn sie so weitermachen wie bisher, dann werden die einen weiterhin weggehen, weil es ihnen nicht vernünftig genug zugeht, und die anderen, weil die mystischen Wurzeln fehlen. Die gehen dann zu irgendwelchen Sekten oder zu New Age oder ähnlichem. Wenn es uns nicht gelingt, die Vernunft mit echten und tiefen Gefühlen zusammenzuhalten, dann werden uns die Leute weiterhin weglaufen.

In welcher Kultur muß sich die Kirche heute bewähren? Sie hat es nicht leicht in einer Zeit, in der die totale Beherrschung des Menschen durch Medien beginnt. Dadurch werden die Menschen zu Einschaltquotenträgern reduziert, und zudem wird ihnen noch versprochen, an der Tragik unserer Zeit nicht teilhaben zu müssen. Die Medien »helfen«, auf einer trivialen Unterhaltungsebene zu bleiben und vor der Realität zu fliehen. Noch das schlimmste Verbrechen wird zur Unterhaltung. Die Menschen scheinen heute ihr Leben nur noch auszuhalten, indem sie die Wirklichkeit nicht mehr an sich heranlassen.

Die Medien helfen ihnen dabei. Da sind die Kirchen ziemlich arm dran.
Die religiöse Frage, was die Welt insgesamt im Innersten zusammenhält, führt zu der Frage, was die Gesellschaft im Innersten zusammenhält. Was hält eine Gewerkschaft oder eine Partei zusammen? Es geht nicht nur um die Frage, was aus den Kirchen wird. Es geht im Grunde um alle Institutionen, die über Ziele nachdenken, die Orientierung geben wollen, die Sinn stiften und Halt vermitteln wollen. Die Krise geht sehr tief. Meine protestantische Antwort darauf: Wir werden die Krise nur meistern, wenn der einzelne Mensch nicht nur zur Verantwortung aufgefordert wird, sondern sie auch wahrnimmt und als Ausdruck seiner Würde versteht. Dazu braucht er natürlich den anderen, mit dem zusammen er die zukünftige Gesellschaft gestaltet. Und da scheint mir ein weiterer Grund für die derzeitige gesellschaftliche Krise zu liegen: Uns scheint das Vertrauen verlorenzugehen, daß wir überhaupt noch eine Zukunft haben, daß die nächsten Generationen auch noch eine Welt erleben werden, für die sie jeden Morgen danke sagen können. Das ist doch eigentlich die entscheidende Frage. Die Frage ist nicht, was aus der Kirche wird, sondern was für eine Welt hinterlassen wir eigentlich?
Religion müßte vermitteln: Das Leben ist dir gut. Du darfst dich selbst bejahen, weil du bejaht wirst. Das ist zunächst eine religiöse Frage, aber eben auch eine ganz weltliche und gesellschaftliche. Bin ich ausgeschlossen aus dieser Gesellschaft, sobald ich nichts mehr leiste? Die religiösen Fragen hängen ganz eng mit den alltäglichen Fragen der Lebensbewältigung zusammen. Und das ist im allgemeinen Bewußtsein auseinandergefallen. Hier hat die Kirche bisher nicht die Sprache gefunden, um das zu vermitteln.
Unser gesamter Bildungsprozeß bedarf dringend einer Revision, auch in der Kirche. Zum Beispiel: Studenten hören Vorlesungen über Ökologie in Betonbauten, in denen keine einzige Pflanze gedeiht. Das Ganze ist ein Entfremdungsprozeß: Die äußeren Bedingungen, unter denen Bildung abläuft, sind konträr zu dem, was vermittelt werden soll.

Das kann nicht funktionieren. Man kann ebensowenig einen Katechismus einfach auswendig lernen. Das führt zu nichts. Was wir brauchen, ist ein neues Mitgefühl mit der Natur und der Kreatur. Das soll natürlich anschließend auch gedanklich durchdrungen werden. Aber zuerst geht es um das Verständnis. Wir stehen vor einer Langzeitaufgabe; aber wir haben eigentlich gar keine Zeit mehr. Das ist unser Dilemma. Man muß den Überlebenswillen der Menschen mobilisieren, die gern leben wollen. Eine leblose Ideologiekritik reicht nicht aus. Es geht mir indes nicht zuerst um die Zukunft der Kirche. Es geht mir vielmehr um die Zukunft dieser wunderbaren Erde. Als Christ frage ich mich: Wo kann ich mitwirken? Wo liegt eigene Schuld an der Gefährdung des Lebens, in Vergangenheit und Gegenwart? Wieweit nehmen wir die Wahrheit anderer auch wahr? Haben wir einen europäisch-abendländischen Alleinvertretungsanspruch, der die Welt ruiniert? Ja, wir vollziehen weltweit einen kulturellen und ideologischen Imperialismus, mit einem verwässerten Christentum. Diese Hegemonie muß hinterfragt werden.

Luther sprach einmal vom »Platzregen der Gnade«. Den braucht es gelegentlich. Es kann sein, daß eine ganze Generation für den Glauben ausfällt. Ich habe das Gefühl, daß wir das gerade erleben. Aber ich kann deswegen doch nicht aufhören, dafür zu arbeiten, daß die Botschaft Jesu wieder hörbar und gehört wird, daß Menschen erkennen, daß sie zum Leben hilft. Es sieht gegenwärtig nicht gut aus. Ich will mir da nichts einreden. Aber ich frage mich, wohin denn Menschen sonst gehen sollten. Ich glaube, daß derzeit die Kommunikation von beiden Seiten gestört ist, sicher von seiten der Kirchen, aber auch von den Menschen, weil sie an einer an- und abknipsbaren Realität kleben.

Ich liefere mich nicht demoskopischen Trendmeldungen aus. Ich kann es uns nur wünschen, daß wir das Wort finden, das Menschen überzeugt, bewegt, trägt und daß die Menschen, die dieses Wort brauchen, dann auch zusammenkommen. Ich kann und will das nicht aufgeben.

VIII

In Verehrung

Plädoyer für ein widerständiges Bewußtsein
im Geiste des Friedens
– Horst-Eberhard Richter zum 70. Geburtstag –
Der Schonung bedürftig – wie wir
– Christa Wolf zum 65. Geburtstag –
An einer vergifteten Atmosphäre gestorben
– Gedanken zum Freitod des Arztes Dr. Eckhard Ulrich –

Plädoyer für ein widerständiges Bewußtsein im Geiste des Friedens – Horst-Eberhard Richter zum 70. Geburtstag am 28. April 1993 –

Lieber Horst-Eberhard Richter,
zwei Dinge kann ich heute nicht so recht glauben, obwohl ich sie weiß: daß Sie 70 Jahre werden und daß ich hier spreche. Ich begrüße Sie alle, gelehrte und geehrte Damen und Herren, und ich begrüße besonders Sie, liebe, verehrte Frau Richter.
Ich will nicht anlaßgemäß schmeicheln, sondern meine Perspektive erkennbar machen. Ich will und kann nicht alles berühren. Ich kenne mich auch noch nicht aus in spezifischen Rivalitäten und Animositäten dieser westdeutsch geprägten Kultur. Nur eins habe ich schon gespürt, ohne mich dem anpassen zu wollen: Du mußt mißtrauisch sein; alles hat noch eine zweite Ebene. Daß etwas ist, wie es ist, oder daß einer so ist, wie er ist, darf nicht sein. Ich will aber unmittelbar sein dürfen, weil mir in Ihnen stets Unmittelbarkeit entgegenkam, eine Unmittelbarkeit, die etwas Befreiendes hatte.
Ich will meine ostdeutsche Perspektive nicht kultivieren, aber sie auch nicht verleugnen. Sie waren uns stets ein Mensch der Einheit, weil es Ihnen um mehr ging als um die deutsche Einheit.
Nach wie vor muß ich mich kneifen. Ich kann es immer noch nicht fassen, ich wundere mich stets aufs neue, denn das lag völlig außerhalb meiner Lebensperspektive, daß ich heute hier zu Ihrem Siebzigsten dabei sein kann und Ihnen unseren Dank sagen kann. Es ist wunderbar.
Es war schön, als ich einen Freund in Köln hatte, der mir stets den »neuen Richter« durchschmuggelte oder zu unseren Treffen nach Polen mitbrachte, und es ist schön, daß ich mir das jetzt auch selber kaufen kann.
Und es ist gänzlich neu für mich, eine Geburtstagslaudatio

halten zu sollen, also einen Menschen von Angesicht zu Angesicht zu loben, denn das enthält ja auch etwas Peinliches. Aber ich bin doch froh, daß ich nicht am Grabe sprechen muß, sondern im Angesicht eines so wachen Siebzigjährigen rede. Ich bewundere Sie, weil ich in Ihnen einem Menschen begegnet bin, der mir mit Sensibilität und Kraft, Phantasie und Scharfsinn, Friedfertigkeit und Aktivität, Einfühlung und Kritik, Entschiedenheit und Toleranz, Geistigkeit und Leiblichkeit entgegentritt.

Es fällt mir ganz schwer und ganz leicht zugleich, denn es ist mehr als übliche Dankbarkeit – es ist Dankbarkeit für gewonnene »Erleuchtung« für verborgene Zusammenhänge unserer Verbiegungen, für erfahrene Hilfe bei der Integration des Bedrängenden und des Verdrängten. Es ist das schlüssig gewordene Zusammenspiel von Persönlichem und Politischem. Es ist auch Ihre Stimme, in der Traurigkeit und Festigkeit gepaart sind, Ihre Erscheinung, in der sich Ihr Wesen zeigt.

Darf man einen Menschen auch loben, ohne zu hudeln? Man darf, wenn alles als ein Charisma, eine Begnadung verstanden wird, von der andere partizipieren. Und doch wird es nie die ganze Wahrheit sein. Es darf, es wird etwas verborgen sein, dieses Recht auf Privatheit, das besonders *dem* mehr und mehr geraubt wird, der in die Öffentlichkeit tritt. Offenheit darf nicht zur Bloßlegung oder Bloßstellung verkommen.

Sie haben wie kaum ein anderer Ihrer Zunft Einblick ins Persönliche gewährt, ohne das Private zu verletzen. Deshalb wird es weniger peinlich als vielmehr erhellend für das Ich des Lesers. Darf gelobt werden, ohne daß es peinlich wird? Es darf, wo man mit Brecht sagen kann:

»Er hat Vorschläge gemacht.
Wir haben sie angenommen.
Dadurch wären wir alle geehrt.«

Dem eingreifenden Denken eines Bertolt Brecht haben Sie das einfühlende Denken hinzugefügt und dabei das Eingreifen gelehrt. Und Sie haben Vorschläge gemacht. Ihre Bücher sind Programmtitel:

Lernziel Solidarität – Leben statt Machen – Die Chance des Gewissens – Sich der Krise stellen – Flüchten oder Standhalten – letzteres wohl *die* Alternative unserer Zeit, aber doch für Sie eine Scheinfrage!

Dem einzelnen ganz zugewandt, haben Sie stets das Ganze im Blick behalten. Sie haben nicht nur gesellschaftliche Entwicklung analysiert und kritisiert, sondern sich auch stets strittig engagiert. Sie haben eben nicht propagiert, sondern argumentiert: ob bei der Atomraketendebatte, in Asylfragen, im Golfkrieg oder jüngst zu den möglichen militärischen Einsätzen in Jugoslawien.

Die Angst um das Leben kommt bei Ihnen aus einer elementaren Liebe zum Leben. Staunen und Dankbarkeit, Sinnengenuß und Vergänglichkeit gehören zusammen. Sie haben es immer wieder vermocht, etwas zusammenzubringen, was oft auseinanderfällt oder durch Übertreibung verlorengeht:

– Sittlichen Anspruch ohne pharisäischen Zeigefinger
– Engagiert, ohne hysterisch zu werden
– Besorgt, ohne lähmender Resignation zu verfallen
– Wahrhaftig sein ohne moralische Selbstüberhebung

Eirenischer Blick – eirenische Stimme, sind Sie doch nicht das geworden, was man hierzulande einen »Softy« nennt.

Sie haben etwas Vertrauen-Erweckendes mitbekommen, in dem sich Traurigkeit und Verwegenheit paaren, wo ethische Maximen nichts Forderndes, sondern etwas (unbedingt) Einladendes haben, wo Pazifismus gelebte Zivilcourage ist: also erhöhte Aktivität, Wachsein und Ideen haben, Einstehen für seine Überzeugungen und deshalb auch Einsteckenkönnen und Einsteckenmüssen, ohne zurückzuschlagen. Die Tapferkeit selbstbestimmter, nicht obrigkeitsgesteuerter Zivilität bewährt sich auch in der Tapferkeit konfliktreicher zwischenmenschlicher Beziehungen. Ich frage mich natürlich manchmal, wo Sie all das lassen, was wir aggressiv machenden Frust nennen. Ich frage es nur, Sie müssen nicht antworten. Es muß ein Recht geben für Verarbeitungsformen, die dem einzelnen und nur ihm gehören.

Es ist schwer, das, was Sie selbst zur Sprache gebracht haben,

anders oder gar besser zu sagen. Es ist schon eine seltene Begabung, verständlich und dabei nicht flach zu reden und zu schreiben. Sie reden wohl selten *über* etwas – Sie sind selber mit hineingenommen und nehmen deshalb auch andere mit hinein. Sie haben etwas aus Ihrem Geschick machen können, weil Sie den Mut und den Weg fanden, ehrlich zu sich zu sein. Zum Beispiel haben Sie sich nach 1945 angesichts der vielen Opfer der Menschen Ihrer Generation, Ihrer Familie oder Ihrer Straßennachbarn gefragt: »Warum lebe ich noch?« Daraus wuchs wohl das Mitverstehen, das eine Ihrer Berufsbedingungen ist. Daß Sie nach dem furchtbaren Mord an Ihren Eltern nie »die Russen« verantwortlich gemacht haben, ja vielmehr ein besonderer Förderer der Verständigung wurden und uns halfen, Feindbilder zu durchschauen und zu überwinden, das ist eine Größe, die Ihnen zugekommen ist und für die wir nur dankbar sein können. Denn das ist eine der seltenen Überschreitungen, zu denen Menschen trotz solcher Erlebnisse doch auch fähig sind! Sie hatten immer wieder den Mut zur Wahrheit, die frei macht, selbst wo sie schmerzlich ist, und zwar zur Wahrheit über sich selbst, die Sie barmherzig gemacht hat, ohne Maßstäbe zu verwischen. Wer sagen kann, daß er »Glück gehabt hat«, kein kräftiger arischer Junge gewesen zu sein, weiß um die Schwierigkeiten eines »kräftigen Volkes«, sich seinen Niederlagen zu stellen.
Begnadet, weil nicht verrückt geworden, obwohl Sie alles gesehen haben und sich zugemutet haben, permanent »zu sehen«, was wurde und wird – eben doch gegen alle menschliche Einsicht! So waren und sind Sie aufklärerisch gesinnt für eine offene Humanität, aber doch vernünftig mit der erwärmenden Kraft des Herzens. Sie trauen einer erwärmenden Aufklärung. Weil Sie Gefühle, Sehnsüchte und Verzweiflungen integrieren, können Sie auch der Vernunft trauen. Ganzheitlich nennt man dies, ohne daß Sie darüber reden müssen. Und Ihnen kommt das besondere Verdienst zu, daß Sie die Angst rehabilitiert haben: »Ist es nicht geradezu absurd, ungestörtes Funktionieren, intakten Schlaf und guten Appetit inmitten kriegerischer Gewalt zum Kriterium für geglückte

Jugenderziehung zu erklären? Ist nicht vielmehr intakte Sensibilität viel gesünder, die durch psychosomatische Labilisierung anzeigt, wenn Menschen Unmenschliches zugemutet wird? ... Recht haben die Frauen und Mütter, wenn sie die Angst rehabilitieren wollen.«
So etwas zu sagen, erfordert heute schon den Mut zur Angst. Die Kultur des Lächelns, des Fitseins, die Okay-Spiele reibungslosen Funktionierens entlarven Sie als »Kultur der Unbarmherzigkeit«, in der der Kult der Stärke und Angsttabus vereint sind.
Ihre vieljährigen Bemühungen, das Leiden zu lernen, ohne das Gleichgewicht zu verlieren, haben nicht nur wissenschaftlich Frucht getragen, sondern eben auch anderen geholfen, diesen Balanceakt der Humanität zu bestehen. Unablässig setzen Sie Sensibilität gegen Robustheit. Aber wie kann man Sensibilität stärken, ohne verrückt zu werden? Warum eigentlich werden die Sensiblen therapiert, nicht die Robusten? Wird wieder Robustheit antrainiert, um überhaupt bestehen zu können? Es zeigt sich, daß gerade die Sensiblen Courage haben, die Robusten indes funktionieren in Anpassungs-, Gehorsams-, Aufstiegsstrukturen.
Ihr Widerstand und Aufstand gegen falsche Wertmaßstäbe ist ein konstruktiver Vorgang.
Sie sind kein Zertrümmerer und erst recht nicht einer der wohlfeilen Zyniker.
In ausdrücklicher Weise bleibt Ihr Verhältnis zum Christlichen merkwürdig verhalten. Implizit ist es da, ja, in Ihren Denkstrukturen und in Ihrer Praxis vollzieht sich etwas, das ohne bestimmte, vorgeprägte Vokabeln unserer christlichen Kultur auskommt. Ich vereinnahme Sie – weiß Gott! – nicht. Was aber Dorothee Sölle »anonymes Christentum« genannt hat, das spüre ich an Ihnen. Verständnis kann ein Wort für Gnade werden, wenn der andere, der Wissende, nicht zum Richter, sondern zum Mitverstehenden wird. (Welche Ironie der Genealogie, daß Sie »Richter« heißen.) Aus erfahrener Liebe leben zu können führt zum Liebegebenkönnen. Deshalb sind für Sie Familie und Geborgenheitserfahrung der notwendige

Nährboden für ein Grundvertrauen, das sich den Krisen des einzelnen und der Welt zu stellen vermag.
Kindern gilt Ihre besondere Sorge, und von den Frauen erhoffen und erwarten Sie Unerwartetes, ohne die bisweilen konterkarierenden Übertreibungen mitzumachen. So verstehen Sie es, etwas von dem zu vermitteln, was Frauen für die Heilung der Männer-Macht-Welt wirken könnten.
Sie haben nicht aufgehört, gegen resignative Ohnmachtsgefühle und gegen die lähmende Vereinzelung des aufgeklärten Bewußtseins die Verbindung und Verbündung mit anderen zu empfehlen und selber zu praktizieren. Nicht der große einzelne oder die große einzelne heroische Figur, sondern das Sichstützen und Stärken aneinander, bei dem das Aussprechen des Bedrängenden und Ängstigenden der Aktivität vorausgeht, ist Ihnen wichtig. Auch dies ist eine urchristliche Erkenntnis, säkular angewandt.
Daß Sie im »Gotteskomplex« theologisch-anthropologische Grundfragen geistesgeschichtlich aufarbeiten, ohne einen einzigen Theologen unseres Jahrhunderts zu Rate zu ziehen, macht für mich eine interdisziplinäre Sprachlosigkeit offenbar, die nicht zuletzt die Schwäche theologischer Hermeneutik offenbart, aber auch einen Riß in unserer Geisteskultur offenlegt.
Der »Logik des Herzens« fühlen Sie sich – wenn ich recht sehe – im pascalschen Geiste verpflichtet. Eingedenk des Verlustes des alten Maßes und des Verlustes bergender Orientierung, befangen und gefangen seither im Ohnmachts-Allmachts-Komplex verweisen Sie auf die Weitsichtigkeit Pascals. Nicht zufällig wird in Ihrem »Lesebuch« Pascal zitiert.
»... Auf einer unermeßlichen Mitte treiben wir dahin, immer im Ungewissen und treibend und von einem Ende gegen das andere gestoßen.
... wir brennen vor Gier, einen festen Grund zu finden und eine letzte beständige Basis, um darauf einen Turm zu bauen, der bis in das Unendliche ragt; aber all unsere Fundamente zerbrechen, und die Erde öffnet sich bis zu den Abgründen. Also suche man keine Sicherheit und Beständigkeit ...

Würde der Mensch damit beginnen, sich selbst zu erforschen, würde er erfahren, wie unfähig er ist, über sich hinauszugelangen. Wie sollte es möglich sein, daß ein Teil das Ganze kenne? Aber vielleicht wird er beanspruchen, wenigstens *die* Teile zu kennen, die ein gemeinsames Maß mit ihm haben. Aber die Teile der Welt stehen alle derart im Zusammenhang, sind so miteinander verflochten, daß ich es für unmöglich halte, einen ohne den anderen und ohne das Ganze zu verstehen.«

Und wie verheerend der Verlust von Maß und Orientierung werden kann, erleben wir jetzt, wo elektronische Medien beginnen, in und am Menschen bis in jedes Wohnzimmer hinein zu wüten. Banalisierende und barbarisierende Bilder ergießen sich in die Wohnzimmer und vor die schutzlosen Kinderaugen. Wann und wo meldet sich der Widerstand?

Sie waren für uns im Osten eine Autorität, weil Sie uns nie ideologisch entgegentraten, weil Sie uns vertiefte Kenntnisse über etwas vermittelten, wozu wir anders keinen Zugang hatten, weil Sie eine Sprache fanden, die auf dem Weg zum Frieden eine »Sprache des Friedens« war, des Ausgleichs ohne Verwischungen, der Klarheit ohne unnötige Schärfe, des Gleichgewichts zwischen der »Angst um das Leben« und der »Liebe zum Leben«. Sie kamen zu uns in die Friedenswerkstätten, ganz unauffällig, ganz ohne Aufhebens, waren einfach da und wirkten an den Lebensnetzen des Friedens, die sich unter dem Eisernen Vorhang hindurch bildeten und über ihn hinweg »träumten«.

Sie wirkten in allem Erfolg bescheiden, und deshalb blieben Sie jedermann zugänglich. Sie haben uns in der DDR aufgesucht, Kooperation gesucht, nicht besserwisserisch uns Antikommunismus einredend, wo es uns um Entmilitarisierung *bei uns* ging, wo wir *SS 20* sagten, weil ihr im Westen *Pershing* sagtet. Wir hatten gelingende Arbeitsteilung des Friedens. Sie kamen zu uns ohne Aufhebens und Auflauf, machten nirgendwann Schlagzeilen, Sie waren 1987 auf dem Kirchentag zu einer IPPNW-Diskussion, als die DDR-Offiziellen nicht zuließen, daß Ärzte an der Basis IPPNW-Gruppen bildeten. Sie nahmen im Februar 1987 in Moskau den Hoffnungsball auf, den Gorbatschow geworfen hatte. Sie sahen stets zusammen, was man in unserer Ideologie strikt zu trennen versuchte: Menschenrechte und Frieden. So legten Sie frei, *wie* Individuum und Gesellschaft zusammenhängen und wie die Beschädigungen beider aufeinander wirkten und wirken. Die Angst kann lehren, sich zu wehren. Dazu formulierten Sie 1983 elf Sätze, deren Gedankenstruktur ganz und gar unseren Anliegen entsprachen. Sie halfen uns, *Ich* zu sagen, indem Sie selber *Ich* sagten.

Ich stehe zu meiner Angst ...
Ich lasse mir nicht einreden, was ...
Ich bestehe darauf, daß ...
Ich halte ein Denken für verrückt, das ...
Ich traue den Institutionen nicht, die ...
Ich brauche die Zusammenarbeit mit ...
Ich bin entschlossen zu ...

Das ist die Sprache des Mutes und der Ermutigung in der Gefahr. Solches Sprechen hilft, aufrecht zu gehen. Klar sehen und doch hoffen, handeln, weil keine Wahl bleibt als zu handeln, statt sich von vorauseilender Resignation verführen zu lassen. Einem theoretischen Pessimismus entspricht ein praktischer Optimismus, ganz im Geiste der kritischen Theorie, die hier in Frankfurt ihre Wiege hatte.

Auch jetzt helfen sie uns in Ostdeutschland, behutsam, aber nicht leisetreterisch, zu sagen, worauf es ankommt, wenn wir unsere erlittenen Verletzungen nicht durch Zufügen von Verletzungen bearbeiten wollen. Ihre Stimme ist eine Stimme der Versöhnung, nicht der faulen Kumpanei oder der Genugtuung schaffenden Abrechnung. Sie weisen uns auf etwas hin, ohne uns zu zensieren: daß wir mit dem selber Erlebten nicht so umgehen, daß wir das Erlittene an anderen wiederholen. Wer sich rächt und sich so zu entlasten versucht, produziert fortgesetzt Desintegration. Das DDR-Ausgrenzungssyndrom darf sich nach der Befreiung nicht von dieser aussperrenden und einsperrenden Denkgewohnheit und Praxis faszinieren oder infizieren lassen.

Ich kann mir nur wünschen, daß Sie ein solcher Seismograph für gesellschaftliche (Fehl-)Entscheidungen bleiben und uns weiter die Wahrheiten sagen, die Wege weisen. Ihre seismographische Gabe hat etwa in dem Buch *Die hohe Kunst der Korruption* etwas aufgewiesen, bevor es alles ans Tageslicht kam.

Sie haben auf die Tabus und ihre Wirkungen ebenso hingewiesen wie auf die befreiende Wirkung, wenn man sich von Tabus befreit.

Was Politikverdrossenheit genannt wird, kann auch Ausdruck von Tabu und Verweigerung sein. Ich selber deute Politikverdrossenheit auch als eine Verweigerung, Mit-Verantwortung für etwas wahrzunehmen, von dem man ahnt, daß es bereits zu spät ist, alles zu spät ist.

Nicht verantwortlich sein wollen für das, was man nicht schaffen kann, führt aber gerade dazu, daß wir es nicht mehr schaffen: die Ohnmacht zu überwinden, die längst die Folge von Omnipotenz und Machbarkeitskult geworden ist. Verdrängtes Sintflutbewußtsein führt in die Vereinzelung des gerade noch organisierbaren persönlichen Glücks. Wenn wir einen Vorschlag von Ihnen aufnehmen, dann Ihr Denken und Ihre Praxis, daß es uns immer ganz um den einzelnen und um das Ganze zugleich gehen muß.

Wir sind so plötzlich auf die Anfänge unserer Kultur zurückgeworfen. Die Zwiegesichtigkeit des Menschengeschlechts, die eigene abgrundtiefe Gefährdung wird uns wieder bewußt ... Wir sind jäh erwacht, abgestürzt, nachdem ein plötzlicher Traum der Befreiung uns nach 1989 so hoch getragen hatte. Es wird um elementarste Rückbesinnung auf die Wärmeströme unserer Kultur gehen. Es wird darum gehen, die Liebenswürdigkeit jedes Menschen auch in seiner Verzerrung zu sehen, dem obwaltenden Zynismus in all seinen Spielarten zu widerstehen, indem wir einander Achtung schenken, statt mißtrauisch auf Hintergedanken gefaßt zu sein. Wer sich ein Schmach-Bild vom Menschen macht, wird dem bald entsprechen. Es ist schwer, heute integer zu bleiben und Integration zu schaffen. Sie sind ein Mensch, der viel tun konnte. Das

hängt mit Ihrem besonderen Mut zusammen. Als Theologe erlaube ich mir, mit einem erweiterten Bibelwort zu schließen: »Selig sind die Sanft-Mutigen, denn sie werden das Erdreich besitzen. Oder niemand.«
Der Machtweg scheint ausgeschlossen und wird doch immer wieder begangen. Die Wiederholungsgefahr sehen, ohne ihr erliegen zu müssen – das ist das kleine Loch der Freiheit, das Sie uns immer wieder zeigen.

Der Schonung bedürftig – wie wir
– Christa Wolf zum 65. Geburtstag am 18. März 1994 –

Liebe Christa Wolf, verehrte VerehrerInnen, allen voran lieber Gerhard Wolf, willkommen Kritiker auch. Es ist der 18. März. An diesem Datum scheiden sich unsere Geister. Heute führt es die Geister zusammen, in Händen das vorzüglich gestaltete neue Buch, das die Geister wieder scheidet, neuer Störfall.
Frohgemut, als ob's nichts weiter wäre, habe ich die mir angetragenen Glückwunschworte für Ihren Fünfundsechzigsten spontan zugetraut, mir zugetraut, hier und heute vor Ihnen, für viele, viele *danke* zu sagen für das, was Sie sind, uns zu sagen hatten, noch zu sagen haben, was Sie uns geblieben sind.
Was soll ich sagen, da Sie doch alles weit besser sagen können, gesagt haben – welche Auskunft ist noch zu erwarten? Ich kann und will auch nicht das vermehren, was alles an kluger Würdigung, gar an superkluger Kritik gesagt, gedruckt, gesendet wurde und wird. Hier ist nicht der Ort, dem ost-westlichen Geschwisterkampf eine Geburtstagsrunde mit einem Schattenboxen, das weh tut, hinzuzufügen, ihr also noch einmal eins zu geigen, sie nach allen Regeln des StUG abzugaucken, um dann lammfromm zu lächeln, schon gar nicht Radd-Hatz fortzusetzen, nachdem auch der greint, dem ins Grass gebissen wurde, und dann zu fragen: was bleibt? Hier ist nicht der Ort, hier ist nicht der Anlaß – das ist

überhaupt ziemlich grotesk und überflüssig. Also, mal ganz im Ernst, liebe Staatsdichterin, »den Staat, der sich in dieser Dichterin repräsentiert sah, hätten wir uns gewünscht«, schrieb Fritz-Jochen Kopka treffend.

Ich spreche mit dem Herzen, und das heißt: Ich bin parteilich, und ich weiß das. Ich weiß, wie Sie sich abringen, was Sie sagen, wie Ihnen abgerungen wird, was Sie tun. Darüber und darauf liegt ein bedrängender Ernst, ein befreiender Ernst, ein wenig befreiendes Lachen auch.

(Es ist nicht so einfach, im Angesicht eines Menschen über ihn zu reden, also wechsle ich laufend von der dritten in die erste und von der ersten in die dritte Person.)

Wir brauchten sie. Sie wußte das und blieb, sogar in einer Partei, die die Perversion und das Scheitern einer Idee zu verantworten hat. Ehrlich war sie und vermittelte Ehrlichkeit, so zögerlich wie mutig. Auch wenn sie Täuschungen erlag, hat sie doch selber nicht bewußt getäuscht. Sie versuchte immer, in der Wirklichkeit die Möglichkeit zu entdecken.

So geht es nun auch nicht darum, was sie noch nach jemandes (oder nach meiner Meinung) hätte können, sollen, dürfen, müssen. Wenn ich versuche, zu schätzen und zu wiegen: »Geschätzt und gewogen und nicht zu leicht befunden.« Vielleicht gar ein wenig zu schwer. Aber schwer-mütig ist allemal besser als leicht-fertig.

Christa Wolf hat Ost und West verbunden und wird nun zum Symbol unserer innersten Trennungen auch.

Denn aus der Ferne liebt sich's besser. Aus der Ferne habt ihr lieben Westgermanen auch Christa Wolf geliebt. Wir haben sie aus der Nähe geliebt. Das ist so geblieben, es sei denn, wir müßten an der großen beneideten Über-Mutter etwas abarbeiten. Nun habt ihr uns nicht mehr, etwas Exotisches vor der Haustür, eingefriedet mittels Betonmauer und Hundeleinen. Es gibt dieses Land nicht mehr, an dem ihr euch messen und dem ihr wohltätig sein konntet. Ihr seid wahrlich zu bedauern. Ihr konntet euch entweder an uns aufrichten – was da einzelne wagten gegen die SED-Herrschaft! –, auch konntet ihr euch aufrichten an dem, was vielleicht doch an Sozialismus möglich würde. Ganz ausgeschlossen jedenfalls war die Alternative nicht. Ihr konntet euch selber auf die Schulter klopfen, wie gut ihr's doch habt. Gleichzeitig habt ihr die DDR als Infragestellung der eigenen Gesellschaft genutzt, sie dann gefahrlos kritisiert, hier und dort.

Ihr konntet Mut beweisen und zu uns kommen, des Kommunismus- und des Antikommunismusvorwurfs wechselweise gewiß. Ihr brauchtet uns und wir brauchten euch. In dieser Weise brauchen wir uns nun nicht mehr. Die meisten von uns scheinen zu nichts mehr zu gebrauchen zu sein, und das ganze Land erweist sich als ziemlich unbrauchbar. Alles wird zwischen uns ziemlich gebräuchlich, ziemlich gewöhnlich. Schlachten werden nachträglich geschlagen, und wir bieten der Welt ein tragikomisches Schauspiel.

Ihr konntet die Werke unserer Schriftsteller stets sofort und frei kaufen, während wir uns emsig bücken mußten, den Büchern nachliefen. Da hieß es in den Buchhandlungen immer: »Noch nicht eingetroffen.« Und am nächsten Tag hieß es dann schon: »Schon durch.« Ihr konntet uns die begehrten Bücher auch von »unseren Schriftstellern« stolz mitbringen. Einige, die »Druckerzeugnisse« rüberschmuggelten, wagten auch etwas, daß sie nämlich nach einigem Zittern in die freiheitlich-demokratische Welt zurückgeschickt wurden oder die Schmuggelware am Grenzkontrollpunkt zurücklegen lassen mußten.

Und doch ist ihnen viel zu danken, da sie uns ganz konkret halfen und nicht nur Sonntagsreden abließen. Auch zu danken ist für die Fürsprecher, die in gepflegten Hinterzimmern der Macht waren, auch auf der Leipziger Messe, um ihre Geschäfte zu machen, aber auch um den Mächtigen Listen von Bedrängten zuzustecken. Auch das wird heute alles anders bewertet – Umwertung der Werte im postkommunistischen Deutschland!

Während bei den Verlagsständen Bücher gestohlen wurden und die Verlagsvertreter freundlich wegschauten bei so kitzligen Diebereien, die weit mehr waren als Diebereien, wurden dieselben doch meistens 20 Meter weiter von zwei Herren

abgefangen, in verliesartige Räume eingeschlossen und in kurzer Zeit erpreßt, ihr Studium zu verlieren, ihren Beruf aufzugeben oder zu unterschreiben. Die Leipziger Messe war ein Rekrutierungsereignis für IM, die Buchmesse zumal. Selbst Bücher »unserer Schriftsteller« wurden da gestohlen und boten Anlaß für Pressionen. Das alles ist noch recht frisch. Das alles liegt gerade erst fünf Jahre zurück.
In diesem Land und für diese Menschen hier vor allem schrieb Christa Wolf und war doch eine Autorin weit darüber hinaus, auch dorten hochgeehrt und geschätzt. Die Sekundärliteratur übertrifft an gedruckten Seiten wohl inzwischen weit das von ihr Geschriebene. Ich will keine neuen Mutmaßungen über Christa anstellen, ich will mich verneigen vor Ihnen, einer großen Frau, der ich die 65 Jahre kaum glauben kann, verneigen vor der Lebensleistung einer Chronistin unserer inneren Zustände und unserer äußeren Verwerfungen. Und ich will Sie, verehrte liebe Christa Wolf, bitten, sich Lob von Angesicht zu Angesicht gefallen zu lassen, das nichts geflissentlich ausläßt; selbst rücksichtsvolle Unwahrhaftigkeit gerade Ihnen gegenüber wäre unschicklich.
Da ich ein Pastor bin, kann es nicht ausbleiben, daß ich ein passendes Bibelwort – auch als Feigenblatt – voranstelle.
»Wem viel gegeben ist, bei dem wird man viel suchen« (Luk. 12,48). Ihnen ist viel gegeben, auch wenn Ihnen nicht einfach zufällt, was Sie geben. Immer lebten Sie in Verbindlichkeit, Bindung, Verpflichtung, im Gefühl, nicht herauszukönnen aus zugewachsenen Rollen und Erwartungen. Warum schweigt sie, fragen Freunde wie Gegner, als ob Sie kein Recht hätten auf Schweigen. Aber damit müssen Sie leben. Wer mit seinem Werk andere versteht, ganz persönlich versteht und dabei stets das Ganze im Blick behält, der muß neben aller persönlichen und öffentlichen Ehre – und gelegentlicher böser Schelte – sich auch ganz drangeben. Wem viel gegeben ist, von dem wird auch viel verlangt werden.
So sitze ich nun vor dem Werk einer deutschen Schriftstellerin, in Ost wie West gelesen und geliebt, einer Schriftstellerin, die nach und angesichts der Mauer beschrieb, was geteilter Him-

mel und was geteilte Erde bedeuten, die somit zum Symbol auch unserer Vereinigungsschwierigkeiten wurde.

Da sitze ich nun vor einem Meter Buchrücken, vergilbte Blätter darunter, zerlesen, mit Lesezeichen bestückt, mit Unterstreichungen, Anmerkungen und Registern versehen, verfolge ich die Stationen meines eigenen erwachsenen Lebens, beginnend im Tauwetter der *Moskauer Novelle,* frage ich mich anhand der Titel, *Was bleibt,* und gehe mit Ihnen auf den, auf Ihren *Weg nach Tabou/Unter den Linden.*

Im August 1989, den *Sommerstück*gesprächen, unter dem noch immer *Geteilten Himmel,* zusammen mit westdeutschen Freunden an der Müritz polizeiüberwacht folgend, entdecken wir, wie da *Ins Ungebundene gehet eine Sehnsucht,* der *Schatten eines Traumes,* aber *Keinen Ort, Nirgends* findet. Was hier verzweifelte Utopie ist, aber noch lockere Ironie einschließt, vergeht einem beim *Kassandra*monolog im letzten Licht, der den voraussehbaren *Störfall* schon vor Augen führt. *Was zählt, ist die Wahrheit,* durch Erinnerungslücken getrübt, durch *Akteneinsicht* aufgestört, verzerrend alle Relationen. Die *Dimensionen des Autors* werden in Aufsätzen, Essays, Gesprächen, Reden, in ihrem ganzen erlesenen Reichtum und der Reichweite ihrer Zeitgenossenschaft erkennbar. Auch *Selbstversuch,* mit beständigem *Blickwechsel,* schließt die *Neuen Lebensansichten eines Katers* ein. Um die List der Schwachen ins Bild zu bringen, wird *Till Eulenspiegel* geschrieben, spielerische Überlistungen der Variationen von Dummheit.

Das Kind, das in ihr verkrochen war, legt die Muster frei, unsere *Kindheitsmuster* frei, macht uns freier, unserer Vergangenheit zu begegnen, die bedrohlich in die Gegenwart hineinragt. Das wird vom genießerischen Literaturpapst als »trauriger Zettelkasten« abgetan, während es uns in Gespräche noch und noch verwickelt. Da war schon vorauszusehen, was uns blüht, wenn nichts bleibt als ein *Aufruf für unser Land,* letzter Versuch zu halten, was längst verloren war. Ihre *Aktuellen Texte* kommen *Im Dialog* zustande. *Lesen und schreiben* bleibt die Art und Weise, mit sich zurechtzukom-

men, sich näherzukommen. Das *Nachdenken über Christa T.* weckt und bestärkt Sensibilität, eine Voraussetzung für Humanität, kraft derer wir zu siegen aufhören könnten. Die *Voraussetzungen einer Erzählung* schildern eindringlich und nachdenklich die Voraussetzungen unseres Überlebens und die Folgen weitgehenden Verzichts unserer Kultur auf Lebensweisen im Matriarchat. Oder ist dies auch eine Illusion?
Sei gegrüßt und lebe! Genieße den *Juninachmittag,* auch wenn das Heimatgefühl verlorenging, als die Einsicht kam, daß Warnungen sinnlos waren, weil es das, was K. retten wollte, gar nicht gab.
Hilde Domin schrieb Ihnen auf *Kindheitsmuster* hin ein Gedicht mit dem Titel

Älterwerden

Die Sehnsucht
nach Gerechtigkeit
nimmt nicht ab
Aber die Hoffnung

Die Sehnsucht
nach Frieden
nicht
Aber die Hoffnung

Die Sehnsucht
nach Sonne nicht
täglich kann das Licht kommen
durchkommen

Aber die Liebe
der Tode und Auferstehungen fähig
wie wir selbst
und wie wir
der Schonung bedürftig

Nachdem ich nun versucht habe, in einem fortlaufenden Text alle Titel zu erwähnen, also die Ernte einzubringen, erlauben Sie bitte, daß ich etwas despektierlich fortfahre, mir Ironie zu Hilfe nehme.

Ihr geschätzten, verehrten Westgermanen!

Versteht bitte: Wir sind einfach anders. Wir können nichts dafür. Ihr auch nicht. Wir sind ein bißchen zurückgeblieben. Aber ihr seid nicht dahin weitergekommen, wohin nachzukommen wirklich zukunftsversprechend wäre. Wir trauern sogar über die Abwesenheit dessen, was uns Mühe machte, ja bedrängte und einzwängte. Denn solange das *Wogegen* da ist, braucht man nicht konkret das *Wofür* zu benennen. Und das *Wogegen* ist allemal ein besserer Kitt als das *Wofür* – via negativa.

Was bin ich froh, daß ich bis hierher, ohne unterbrochen zu werden, reden konnte. Denn dieses *wir* verbitten »wir« uns inzwischen, dieses einvernehmende *wir.* Wir sind doch nun endlich Subjekte und lassen nicht mehr »für uns« sprechen. Jeder kann *ich* sagen – vom *wir* zum *ich,* jeder gegen jeden, mit moralischen Attitüden gegen die, die immer noch soviel »Moral« haben, besonders die aus dem Osten.

Mit der literarischen Qualität, mit Qualität überhaupt war es ohnehin nicht so weit her bei ihnen. Moral also als »Qualitätsersatz«. Doch nun ist aktenkundig zu machen, nachweisbar zu machen – aus Akten staatsoffizieller Immoralität und Menschenverachtung –, daß es auch mit der Moral nicht sehr weit her ist. Früher hat man westlicherseits eine gewisse politische Rücksicht darauf genommen, daß die Qualität westlichen Maßstäben nicht gerecht wurde. Kritik blieb schonend, weil man ostdeutschen Autoren nicht zusätzlich schaden wollte. Jetzt gelten gleiche Bedingungen. Und das heißt, daß jetzt mit harten Bandagen gekämpft wird. Das betrifft Autoren, Verlage, Verleger, Vertreiber, Verkäufer.

Reine Buch-*Ware* wird, was reine *Bück*-ware war. Zur Bückware wurde das gemacht, was zum Aufrechtgehen ermunterte, und so war Christa Wolf immer Bückware.

Die Karten werden im vereint-getrennten Deutschland neu

gemischt. Menschliche und kollegiale Verbindungen wurden auf harte Proben gestellt und hielten. Alte Freundschaften zerbrechen, neue entstehen. Auch alte Kumpaneien werden aufgedeckt, während sich merkwürdige neue Koalitionen überwunden geglaubter Geisteshaltungen ergeben. Zueinanderstehen von Vertrauten, sich vertraut Gemachten wird zur Überlebensbedingung, wo Freiheit stets auch Freischuß heißt. Wir leben in freier Konkurrenz und bilden eine ganz und gar nicht fröhliche »Jagdgesellschaft«: Wer übernimmt die Meinungsführerschaft, wer erklärt, wer »out« ist und wer »in« bleiben kann? Da folgen bisweilen ideologischen Pressionen die feuilletonistischen Pinkeleien auf dem Fuße. Aber ein ost-westliches Lesepublikum bleibt nicht nur treu, sondern hat weiter Erwartungen, schier unerfüllbare gar.

Ihrer Person wird seit längerem eine Rolle angetragen. Ob Sie nun wollen oder nicht. Was man so »Identifikationsfigur« nennt – mit der Folge, daß, wer *Sie* trifft, Ungezählte mittrifft, – auch mittreffen will? Inzwischen haben wir schon viel gelernt in diesen fünf Jahren. Wir sagen nunmehr auch nur noch *ich.* Jeder lebt für sich allein und hat bei sich recht. Dem äußeren Zerfall entspricht auch ein innerer Zerfall im Osten. Jeder richtet sich gegen fast jeden. Jeder hat eine Erinnerung vorzuweisen, wer wann nicht mutig war, wer wem was noch vorzuwerfen hat, was noch ungesagt und unbearbeitet blieb. Keine freundschaftliche Großherzigkeit, sondern nachtragende Kleinlichkeit! Zueinanderstehen muß doch nicht heißen, zuzudecken! Wie einsam werden schließlich alle und bitter auch, wenn der entdeckte und flugs öffentlich gemachte Fleck auf der Weste eines anderen zum entscheidenden Kriterium der ganzen Person und seiner Lebensgeschichte gemacht wird. Ob ich S. H., E. L., H. C., H. S., L. R., H. D. treffe, jeder hat etwas vorzubringen gegen jemanden. Solches aber höre ich von einigen nicht, von C. W. nicht, aber auch nicht von W. H., V. B., C. H. Jedenfalls bemerke ich nach erzwungenem und unechtem *wir* den Zerfall. Zerfallsszenarien noch und noch in einer Welt, die vom *wir* zum *ich* vorwärts zurückschreitet. Es rüttelt sich und schüttelt sich in Deutschland.

Ich will gewiß nicht spalten oder gar spalterisch reden, wo wir doch heute händeschüttelnd-glücklich zusammengekommen sind, dankbar, in Ost und auch in West, daß es Sie in dieser unverwechselbaren und uns noch immer verbindenden Weise gibt. Aber ich will doch sagen, was uns weiterhin auch Fremde sein, fremdeln läßt, da wir inzwischen west-vereinigt sind. Der DDR-Mief hängt uns an – als ein Stallgeruch, viel Erinnerung auch, weil gemeinsam Durchlebtes, Durchstandenes, Durchgehaltenes auf eine eigentümliche Weise verbindet. Gemeinsam Erlittenes verbindet bisweilen weit mehr als gemeinsam Erreichtes. Und da hängen nun einige von euch, mit allen Duftwässerchen der großen weiten Welt des Geistes und des Geldes gewaschen, flugs ein Schild an unsere Tür: Nostalgie nennen sie das. Zuviel Trauer tragen wir, meinen sie, wo doch Freudenzeit ist. Wer sich nicht freut, wie es erwartet wird, der ist gänzlich undankbar. Oder er gefällt sich in Selbstmitleid, sagen sie. Und das sei typisch deutsch. Nur sie selber sind nicht so. Zuviel »Selbstmitleid«, sagt einer schnell dahin, der das darin liegende, das zurückliegende, noch ganz gegenwärtige Leid nicht teilt, bisweilen gar nicht kennt. Manche fragen gar ganz forsch: »Nun, wo war denn die Alternative? Wo ist denn eure Alternative?« Also verläuft, frage ich, die Geschichte doch nach Notwendigkeiten und nicht nach Möglichkeiten? Ist ihr nur *ein* Weg vorgezeichnet? Wer aber zeichnet ihn?

Ich schlage vor, wir stellen einfach nüchtern fest, daß ein Rest aus Nichtverstehen bleibt, wenn wir versuchen, einander zu erklären, warum wir so und nicht anders sind, fühlen, denken, sprechen. Wer hier nicht gelebt und mit durchaus unterschiedlichen Gründen ausgeharrt hat, wer diese Verdammungen und Verrisse, diese Verwerfungen und Verrenkungen, unsere nassen Hände, den trockenen Mund, das pochende Herz, die Scham der Niederlage, auch heutige Scham über den damals so groß erscheinenden kleinen Mut erlebt hat, *der* kann wohl einreden und soll auch nicht ausgeschlossen werden vom Nachfragen. Er möchte sich bitte nur nicht zum Untersuchungsrichter ernennen, der sich unablässig zu einem

Fragesteller aufschwingt, aus dessen Mund die Antwort gleich mitkommt. Wer fragt, den bitte ich, sich selbst dieselben Fragen vorzulegen. Nur so wird man bei uns manch fehlenden Mut und persönliche Schwäche akzeptieren, Inkonsequenzen und Irrtümer beklagen, schmählichen Verrat verurteilen, Umstände erhellen, ohne sich dahinter zu verstekken, aber auf jegliche arrogante, kalte, naßforsche Klugheit »von hinten her« verzichten. Im Klappentext des neuen Buches heißt es treffend:
»Christa Wolf bewegt sich schreibend auf ihre Wahrheit zu.«
Ja, es geht nicht um *die* Wahrheit, sondern stets um *unsere* Wahrheit. Solcher Bescheidenheit hat sie stets ihr Wort gegeben. Eine Schuld wollte sie immer abtragen und auch endlich davon absehen dürfen, Autoritäten kritisieren und Anlehnung suchen, sich außerhalb stellen und dazugehören wollen, für sich leben und Kommunikation brauchen, Anerkennung auch. Dieses besondere Gefühl, gebraucht zu werden, hatte sie in diesem Land, und das war es wohl, was sie auch besonders hielt. Und sie hielt sich auch an einen Zentralsatz in ihrem Buch *Kindheitsmuster:* »Wovon man nicht sprechen kann, darüber muß man allmählich zu schweigen aufhören.« Einer bestimmten Geisteslinie ist sie gefolgt, sind ihr ihre Leser gefolgt – Böll und Frisch, Bachmann und Fühmann, und was sich alles verbindet mit Namen wie Maxi, Gerti und Franziska.
Ich schlage vor, das, was sie geschrieben hat, so stehen zu lassen, wie es da steht. Daran ist jeweils zu erkennen, wie weit sie gekommen ist, wie weit sie uns geholfen hat voranzukommen, uns Worte geborgt hat, uns in ihre Phantasie, in ihre Hoffnung, in ihre Verzweiflung, in ihre Geschichten hineingenommen hat: in Lenka-Fragen, Christa-T.-Schmerzen, in Kassandra-Einsichten, in Hans-Verzweiflungen.
Nun, die Jahre seit dem 60. Geburtstag hatten es in sich. Fünf Jahre, die die Welt erschütterten und weiter erschüttern, alles durcheinanderbringen, was bei aller bisherigen Unsicherheit sicher schien. Zwischen neuer Hoffnung und neuer Enttäuschung wurde immer wieder ihre Stimme verlangt, sollte sie

einen Schritt weiter sein und gleichzeitig so etwas wie Brücke zum Gewesenen bilden. Sie könnte aufhören, wenn sie auf ihr Lebenswerk sieht, sich zurückziehen und zurücklehnen, würde sie nicht von Erwartungen umstellt sein. Und würde sie nicht weiterhin das rastlos machende Gefühl eigenen Ungenügens haben, das sie zu immer neuen »Versuchen« führte und führen wird. Dazu kommt das Immer-wieder-gefragt-Werden. Was sagen Sie dazu? Sie sind doch unsere Stimme gewesen! Nun sei Stimme für immer, Stimme unserer Ratlosigkeit, aber auch unserer Hoffnung. Gelten denn nicht immer noch die Sätze: »Wenn wir zu hoffen aufhören, kommt, was wir befürchten, bestimmt.« und »Merken wir nicht, wie die Taten derer, die das Handeln an sich reißen, immer unbedenklicher werden? Wie die Poesie der Tatenlosen den Schrecken der Handelnden immer mehr entspricht?« Und muß da nicht immer wieder Literatur zur Stelle sein, die Grenzen ihrer Wirkung ausschreitend?
Ich lese mich, Christa Wolf lesend, immer wieder fest, warte nicht voller Spannung auf die nächste Seite, sondern bleibe hängen, unterstreiche, setze Fragezeichen, will nachfragen, schüttele den Kopf, werde gedrängt, durchleide, lasse mir ein Licht aufgehen, finde Merksätze, schreibe ab, sage weiter, zitiere, verstecke mich, sage: »Christa Wolf hat einmal gesagt ...«
Ja, manchmal ein Verstecken hinter einer Autorität, als wenn man sagen würde: »Christa dixit!«
Verwundert stets über soviel Einverständnis! So ähnlich hast du das auch gedacht. Kann man das so einfach aufschreiben, in diesem merk-würdigen Doppelsinn von »einfach aufschreiben«? Sie will etwas, von sich, von dir, von uns. Der Text will auf etwas hinaus, will sich dem nähern, was ich bin oder sein will, nicht bin, nicht sein kann, werden darf. Der Text wird zur Spurensuche, zum Näherungsversuch und bleibt doch in eigentümlicher Distanz, will nicht Entblößung, sondern Erkenntnis. Ein Geheimnis bleibt. Das ist elementarer Respekt der Würde jedes einzelnen. »... sich unverstellt zeigen können, ohne sich zu entblößen«, so eröffnet sie ihr neues Buch.

Sie verschlüsselt nicht künstlich und wird deshalb manchmal so direkt, daß du denkst: Ach, so einfach, ja, so banal ist das. Oder ist es nur so einfach ausgedrückt? Bis du erschrickst, weil du erkennst, ja, so trivial ist vieles. Aber dann bricht wieder das durch, was nicht trivial ist, wo es um Wesen, wo es um Wesentliches geht und darum, wie wir uns zum Wesentlichen wenden. So heißt es in *Kassandra*:

»Wir waren gebrechlich, da unsere Zeit begrenzt war, konnten wir sie nicht vergeuden mit Nebensachen. Also gingen wir, spielerisch, als wär uns alle Zeit der Welt gegeben, auf die Hauptsache zu, auf uns. Zwei Sommer und zwei Winter.«

Das waren Sätze, die wirkten unmittelbar in den kleinen Friedensgruppen, die oft in sich zerrissen und verzweifelt waren, mitten in der Zeit der neuen Atomhochrüstung Anfang der 80er Jahre. Schreiben versteht sie als Notwendigkeit, als etwas, das auch in schweren Zeiten, in schwersten Zeiten nie ganz aufgegeben wird, weil »das nackte, bloße Leben nicht ohne weiteres mit sich selber fertig wird: unbeschrieben, unüberliefert, ungedeutet und unreflektiert«.

Also hat sie beschrieben, überliefert, gedeutet, reflektiert und ist dabei in das vorgestoßen, was wir »Tiefe« nennen und uns damit wehren gegen eine Welt, die alles an der Oberfläche halten will, weil nicht auszuhalten wäre, was sich unter der Oberfläche abspielt und durchbrechen wird. Immer hat sie sich hellwache, hellhörige, seismographische Sensibilität zugemutet und uns Lesern zugemutet, zu erkennen, was auf uns zukommt. Tiefe wollte sie erreichen. »Das ist das Resultat von unbefriedigten Bedürfnissen, die daraus entstehenden Spannungen, Widersprüche und unerhörten Anstrengungen des Menschen, über sich selbst hinauszuwachsen, oder vielleicht: sich zu erreichen. Das mag Sinn und Aufgabe der Tiefe unseres Bewußtseins sein; dann dürfen wir sie nicht preisgeben zugunsten von Oberflächlichkeit.«

Vor 23 Jahren ist das geschrieben. Sie wollte nicht in eine Welt, in der mit »Reklame«, mit Waschmittelversprechungen, alles niedergehalten, bei Laune gehalten wird, was wir an menschlicher Tragik zu tragen haben oder was wir einander an jedweder Grausamkeit zufügen. Desensibilisierung ist ihre Sache nicht, obwohl der Preis für Sensibilität hoch ist. (Auch darin ist sie eine nahe Schwester der Ingeborg Bachmann, die das Gedicht *Reklame* schrieb.)

Den Widerspruch wollte sie lösen zwischen dem Mündigwerden, dem Subjektwerden des einzelnen und der Gemeinsamkeit eines Ziels, eines Ziels, das einzelne einbezieht, ohne sie als einzelne aufzuheben. Diese Suche nach Zugehörigkeit *und* Eigenständigkeit bleibt unauflösbarer Widerspruch.

Wenngleich Schreiben für sie eine Art ist, mit sich selber fertig zu werden, ihre Konflikte abzuarbeiten, ihre Krisen zu bewältigen, so führt dies dadurch über Individuelles hinaus, daß andere solches Beschreiben für sich brauchen. Der Leser findet sich, findet sich wieder in fremden Worten. Es ist wie ein Sichhineinbegeben, Sichhineinversetzen, Hineinkriechen in den Schutz fremder, so naher Worte.

So waren und so sind Sie, liebe Christa Wolf, durch Ihre Texte eine Vermittlerin unseres gespaltenen Lebens. Ein ganz persönliches, sehr subjektives Interesse an sich selbst wünschten Sie sich auch für die Menschheit – als eine der Bedingungen für unser Überleben. Keinen stromlinienförmigen Menschen, weder einen, der sich den Bedürfnissen seiner eigenen Produkte, noch seiner Gesellschaft unterwerfen will und braucht. Die Bindung der Menschheit an ihre Wurzeln suchen Sie. Diese Bindung kann Hoffnung begründen. Eine solche Hoffnung war und blieb für Sie ein Sozialismus, der von freien Individuen gebaut wird. Sie setzten immer auf den »schmalen Weg der Vernunft«, des Erwachsenwerdens, der Reife des menschlichen Bewußtseins. Dies ist der bewußte Schritt aus der Vorgeschichte in die Geschichte, nicht ein bloßer Macht- oder Elitenwechsel. Sie ermutigen zum Entschluß, mündig zu werden. Prosa kann dabei Wegbereiter und Begleiter sein. »Prosa baut tödliche Vereinfachungen ab ... Sie hält die Erinnerung an eine Zukunft in uns wach, von der wir uns bei Strafe unseres Untergangs nicht lossagen dürfen. Sie unterstützt das Subjektwerden des Menschen. Sie ist revolutionär und realistisch: sie

verführt und ermutigt zu Unmöglichem.« Dies schrieben Sie im Schicksalsjahr für die demokratische sozialistische Hoffnung, im Jahre 1968. Wo las man solches in diesem Jahr anderswo in diesem Lande? Was haben Sie sich zugemutet, geblieben in einer Partei, die genau solches Subjektwerden erfolgreich verhindert hat und nicht nur unser Land, sondern die dieser Gesellschaft »offiziell« zugrunde liegende Idee ruinierte? Doch nur wer einmal Großem sich verpflichtet fühlte und glaubte, Größeres sei in absehbarer Zukunft trotz allem zu erreichen, nachdem er das Abgründigste deutscher Geschichte schlechthin hinter sich hatte, und nun fühlte, darin schuldhaft verwoben gewesen zu sein, selber vertrieben, den Hinterbliebenen der Opfer ins Auge sehend, Widerstandskämpfern begegnend, nur der mag ermessen, wie es einer geht, deren mühsam errungene Nachkriegsorientierung in 40 Jahren allmählich verlorenging. Nur der kann den Sturz ermessen und das auf ein Entweder-Oder zugespitzte Aufbäumen »Für unser Land« begreifen. Wer einmal Freunde in gemeinsamer größerer Sache hatte, kann sich hineinfühlen, wie hart es ist, von den Seinen »im Interesse der Sache« herausgebissen zu werden, ideologisch-idiotischen Machtattitüden wehrlos ausgeliefert zu sein und doch selber »im Interesse der Sache« dabeizubleiben, weil noch immer auf letztendlich fruchtbare Differenz zwischen dem Ziel und den gegenwärtigen Sach- und Machtwaltern dieses Ziels hoffend.
Wer bis 1989 seinen dünnen roten Faden zu einer Partei hielt, die insgesamt ruinös für dieses Land wirkte, gerade für diese »Sache«, der mag ermessen, welches Glücksgefühl darin bestand, endlich dem Reichtum der Demokratie statt der Demokratie des Reichtums für einen Augenblick ins Auge sehen zu können. Da ist es kein Wunder, daß die Herzschwäche just nach dem großen Moment am 4. November 1989 auf der Alexanderplatz-Lkw-Tribüne einsetzte. Ahnte der Körper schon vor dem Geist, daß soviel Ende nie war wie in diesem Anfang? Nun wieder die Voraussetzungen von Scheitern untersuchen, wieder Tabus brechen, wieder fragen, wie wir so geworden sind, wie wir sind. »Wovon man nicht sprechen

kann, darüber muß man allmählich zu schweigen aufhören.«
Dieser Satz wird im Vereinigungsgetümmel von Schweigen, Rechtfertigen und neuem Schuldzufügen wieder aktuell. Und vor allem, vor allem anderen, sich Zeit zu lassen zum Träumen. »Denn wer keine Zeit zum Träumen mehr hat, hat auch keine Kraft mehr zum Kämpfen.«
»Das Brot der späten Jahre« hat Wolfram Schütte sehr Böll-hintergründig-einfühlsam über Ihr letztes Buch, Ihre letzte Rede in Dresden geschrieben. In Ihrem Essay über die große Schwester Ingeborg Bachmann *Die zumutbare Wahrheit* zitieren sie aus Ingeborg Bachmanns *Frankfurter Vorlesungen.* »Poesie wie Brot? Dieses Brot müßte zwischen den Zähnen knirschen und den Hunger wiedererwecken, ehe es ihn stillt, und diese Poesie wird scharf von Erkenntnis und bitter von Sehnsucht sein müssen, um an den Schlaf der Menschen rühren zu können. Wir schlafen ja, sind Schläfer, aus Furcht, uns und unsere Welt wahrnehmen zu müssen.«
Ich möchte Ihnen von Herzen wünschen, daß Sie den Geschmack am Leben nicht verlieren, gerade weil, gerade wenn Horizonte sich verdüstern. Sie werden weiterhin auf Gerechtigkeit hinwirken und auf das Brot der Gerechtigkeit, »reichlich bekömmlich täglich« (Bert Brecht).
Ein Brot möchte ich Ihnen schenken, schön, nützlich, schmackhaft. Unser Brot ist typisch deutsch, sagte Ihr Enkel, erzählten Sie. Ich schenke Ihnen ein Brot, gebacken heute nacht von Wittenberger Freunden, und einen Wein, gereift, während Sie in Santa Monica »Urlaub von der Realität« machten, an der Weinstraße. Ich schenke Ihnen ein ost-elbisches Brot und einen west-rheinischen Wein, Zeichen gelingender Verbindung.
»Geliebt wirst du einzig, wo schwach du dich zeigen darfst, ohne Stärke zu provozieren.« Zeigen Sie uns weiter auch Ihre Schwäche und lassen Sie uns teilhaben an Ihrer Stärke. Seien Sie gegrüßt, an diesem Ort, hier zu Hause, im Vorübergehen.
Was Iris Radisch in der *Zeit* über diese Geburtstagsfeier schrieb, macht unsere inneren Entfernungen und bisher kaum überbrückbares Mißverstehen deutlich:

»Abschluß und Krönung der kleinen Feierlichkeit war die Rede Friedrich Schorlemmers: Mal ganz im Ernst, liebe Staatsdichterin. Den geschätzten verehrten Westgermanen gebot der launige Jubilator über Christa Wolf zu schweigen, denn wer sie trifft, trifft Ungezählte mit, und überhaupt zu schweigen, denn wer hier nicht gelebt, ausgeharrt hat, wer ... diese Verwerfungen und Verrenkungen, das pochende Herz nicht kennt, auf dessen naßforsche Klugheit will man verzichten. Da wagt keiner mehr zu widersprechen. Schon gar nicht in Leipzig, wo nur zum Plätzchenessen geladen wird, wer auf unsere Wahrheit zugeht. Die anderen, die sich nie Großem verpflichtet hatten und schuldhaft darin verstrickt waren, sollen den Mund halten. Können sie doch den Aufruf für unser Land nicht verstehen, nicht begreifen, so Schorlemmer auf dem Tiefpunkt seiner Geburtstagsrede, anspielend auf den November '89, daß so viel Ende nie war wie in diesem Anfang. Die verehrte Westgermanin verläßt betreten den Saal. Geschlossene Gesellschaft: Wer nicht schon immer dabei war, hat hier noch immer nichts zu suchen!«

(*Die Zeit*, 25. März 1994)

An einer vergifteten Atmosphäre gestorben – Gedanken zum Freitod des Arztes Dr. Eckhard Ulrich –

Wie konnte es nur kommen, daß ein Mensch wie Dr. Ulrich keine Chance mehr für sich im Leben sah, daß ein Gerücht ausreichte, ihn zu isolieren, bis er sich behandelt fühlte wie ein Paria.

Die vergiftete Atmosphäre des Stasi-Staates droht unsere Beziehungen weiter zu vergiften. Dabei hatten wir uns zunächst doch so frei gemacht ...

Das Totschlagwort IM tötete ihn, ließ ihn sich Hand an sich legen. Zu spät, um eine Unendlichkeit zu spät, kommt da eine Presseerklärung der Personalkommission zum »Ableben«.

Keine Entschuldigung für Versäumnisse; wie eine Rechtfertigung hört sich die Formulierung an: »Eine Anhörung von Prof. Ulrich und eine damit zu erwartende Entlastung von dem Vorwurf war für die frühestmögliche Zeit vorgesehen.« Die frühestmögliche Zeit verstrich. Er war in der Öffentlichkeit schon totgeschlagen. Ich erinnere mich genau, wie die Fluchtwellen von Ärzten seit Anfang der 70er Jahre den Staat erzittern ließen und der Staat seine Bürger erzittern ließ, wie Menschen, die um die Flucht anderer wußten, büßen mußten für die, die schon geflohen waren. Wohl dem, der damals nicht in die Fänge der Stasi geriet. Und alle Achtung vor einem, der sich für die zu Observierenden einsetzte, sie gar warnte. Und wer mag die Angst und die Scham zugleich ermessen, dem Druck einmal gewichen zu sein und dieser Angstmacherorganisation eine Unterschrift gegeben zu haben?

»Was soll bloß aus uns werden,
uns droht so große Not.
Vom Himmel auf die Erden
fall'n sich die Engel tot.«

So dichtete einst Wolf Biermann in seinem Barlach-Lied.

Was soll bloß aus uns werden, wenn uns die alte Not unter den Händen zu neuer Not würde? Wo bleibt die Scham all derer, die aufgrund eines Gerüchtes nur, aufgrund von Munkeleien sich zurückgezogen haben, einen Menschen isoliert und ausgeladen, eher einer Akte und geflüsterten Informationen geglaubt, denn einem Menschen vertraut haben. Sie kannten ihn doch!

Seine poetischen Texte zeigen etwas von dem, was im Innersten dieses Arztes vorging, wie fahrlässig der Satz war: »Er war zweifelsfrei über viele Jahre Mitarbeiter des Staatssicherheitsdienstes.« Was hat den Präsidenten der Ärztekammer Sachsen-Anhalts dazu gebracht, ihn seiner Ämter zu entheben, bevor eine Prüfung der Akten und eine Anhörung des Betroffenen vollzogen war? Diese Schuld, eine schwerwiegende Mitschuld, muß von den Betroffenen verantwortet werden. Wo, frage ich, war denn in den Jahrzehnten dieses Systems der Mut und die Klarheit der Ärzteschaft? Es gab

mutige Ärzte, standhafte Vertrauenspersonen. In der großen Mehrzahl allerdings gehörten sie zu den Angepaßten, deren einziger Widerstand häufig darin bestand, sich mit einer Fluchtorganisation zu verbünden oder eines Tages den Ausreiseantrag zu stellen. Daneben gab es Ärzte, die blieben aus Verantwortung für ihre Patienten hier und waren Vertraute derer, die sich ihnen mit ihrem körperlichen oder seelischen Leid anvertrauten. Aber diese paranoische Staatsmacht konnte es nicht dulden, daß es wirklich Vertrauensbeziehungen zwischen Menschen gab, und wollte genau in diese Beziehungen eingreifen, einsickern und benutzte, vernutzte, mißbrauchte dabei auch noch das Wort »Vertrauen«. Seit der großen Ulbrichtschen Aufräumaktion in der Universität in Halle von 1958 mußte man sich gerade in Halle sehr bewähren und stand unter ständiger Belastung und Belästigung.
Es mag kein Zufall sein, daß Jesus in der ersten Antithese in der Bergpredigt vom Töten mit Worten spricht, das er dem Töten des Leibes gleichsetzt, wenn nicht sogar verschärft. Wie würde er heute seine Antithese formulieren? Ich vermute einmal:
»Ihr habt gehört, daß gesagt ist: Du sollst nicht töten. Wer aber tötet, soll des Gerichts schuldig sein. Ich aber sage euch: Wer zu seinem Bruder sagt: ›Du IM ...‹, wer sagt: ›Du Stasispitzel‹, der ist des Gerichts schuldig.«
Es geht darum, behutsam mit dem Wort umzugehen. Worte können erlösen, Worte können töten, Worte haben getötet. Es ist eine Perversion der »Freiheit«, wenn Journalisten mit dem Leid anderer Menschen ihren Schnitt machen. Dazu kommt eine Pressemeute daher als Voyeure menschlichen Leides: ein knackiges Foto haben, wenn schon nicht von dem Toten, so doch von den Tränen der Angehörigen. Und eine Schlagzeile, Totschlagzeile.
Sowie die Sensation weg ist, ist auch das Öffentlichkeitsinteresse weg. Ist das die Freiheit, die wir erkämpft und gewollt haben? Oder verdienen hier andere noch einmal mit unserem Leid, aus dem wir uns befreit glaubten? Wer kann im übrigen ermessen, wie einsam dieser Mann war, in dunkler Erinne-

rung, daß er einmal eine solche Unterschrift gegeben hatte, schamlos erpreßt?
Offizielle Schreiben und öffentliche Schande haben sein Selbstvertrauen untergraben. Er mußte erleben, wie selbst manche Freunde und Kollegen skeptisch, unsicher wurden und er bei ihnen plötzlich vor verschlossenen Türen stand. Er lebte mit Blicken, die er nicht aushielt. Er wurde zum Stadtgespräch, er wurde zum Opfer der allfälligen Hecheleien. Er begann an sich selbst zu zweifeln. Er wußte nicht, was denn eigentlich zu Papier gebracht worden war von dieser Sicherheitsmaschinerie »im Dienste des Friedens«.
Als die Behörde den Irrtum sehen mußte und eigentlich ahnen konnte, daß hier ein Unheil ausgelöst worden war, fand sie nicht den Mut, öffentlich einzuschreiten und sich einzusetzen für das Leben eines Menschen, für die Prinzipien des Rechtsstaates. Keiner wollte mehr für den anderen »die Hand ins Feuer legen«, weil es ja auch schon so viele Enttäuschungen gegeben hatte, soviel ängstliches Sichwinden und Lügen derer, die hineinverstrickt waren, auch auf bösartige Weise. Es war alles wie »die verlorene Ehre des Eckhard Ulrich«. Und er war doch ein Mensch, sehr sensibel, beschwert auch mit den Schwankungen der Seele. War er aber nicht gerade dadurch ein Arzt, der zuerst mitleidende und mitverstehende Kreatur ist, dann Fachmann … So erwarb er besondere Achtung und das Vertrauen Kranker. Er ging mit Menschen wie mit Sprache um: behutsam.
Aber die Staatssicherheit zerstörte nicht nur Menschen, sie besudelte auch die Sprache. Wenn es in einer Treffauswertung mit Dr. Ulrich etwa heißt: »Es besteht kein Vertrauensverhältnis zum operativen Mitarbeiter … U. weiß bedeutend mehr, als er sagt, ist skeptisch, nicht offen und ehrlich … Er macht nur Angaben zu solchen Sachverhalten und Gegebenheiten, die ohnehin schon bekannt sind. Aufgrund dieser Einschätzung wurde der IM-Vorgang eingestellt und daraus ein operativer Vorgang gemacht.«
Daß sie die Worte Vertrauen, Offenheit und Ehrlichkeit benutzten, um ihre hinterhältige Tätigkeit zu qualifizieren, als

ob sie vertrauensvolle, offene und ehrliche Menschen brauchen würden! Genau das Gegenteil brauchten sie: gebrochene Menschen, die Freundschaft und Kollegialität jederzeit auf dem Altar der Staatssicherheit zu opfern bereit waren. Zu so etwas war Dr. Ulrich weder bereit noch in der Lage, und so wurde er flugs einer, dem man ständig auf den Fersen bleiben mußte, bis man entdeckte, daß er sich für solch schmutziges Geschäft einfach nicht eignet, da er im wesentlichen ein Arzt, ein Begleiter von Kranken, sein wollte. Und er gehörte auch zu denen, die das Natürlichste taten, was ein Mitmensch tun muß: sich um die Angehörigen von Inhaftierten zu kümmern. Das war in der Sicht der Stasi wiederum Solidarisierung mit den Handlungen der Inhaftierten. Aber was ist denn Flucht aus einem riesigen Stasigefängnis eigentlich für ein »Verbrechen«? Was haben wir alle erduldet und geduldet? Das bloße Wissen um den Versuch eines anderen, dieses ummauerte Land zu verlassen – in der Stasisprache ein UGÜ –, konnte zu einer strafbaren Handlung mit Gefängnisfolgen führen. Wie haben wir nur die Sippenhaft und die Kollegenhaft erduldet?

Eckhard Ulrich war offenbar ein Mensch mit einem hohen Berufsethos, mit sehr hohen Ansprüchen an sich selbst. Er mußte sich immer wieder eingestehen, daß er diesen Ansprüchen nicht genügte. Dabei geriet er auch in depressive Phasen. Warum war ihm von allen, die ihm nahe waren, nicht besser vermittelbar, daß er stets mehr ist, als er je leisten kann? Warum konnte er sich nicht bejahen in dem, was er leistete und war? Muß nicht gerade ein Mensch, der sehr viel leistet, noch mehr, viel mehr um Gnade wissen, um nicht an dem zu zerbrechen, was er noch nicht geleistet zu haben glaubt? Angst, versagt zu haben, Angst vor falschen Rückschlüssen anderer, führte wohl auch dazu, daß er die erpreßte Unterschrift von einst verleugnete. Wir leben – immer noch – in einer gesellschaftlichen Atmosphäre, in der es kein Pardon gibt, schon gar nicht Gnade und Mitverstehen.

Ein Mensch setzt seinem Leben ein Ende, er verläßt sich und die, die ihm nahe sind, weil er keine Kraft mehr hat. Er will kein Zeichen setzen. Er ist am Ende der Kraft. Nur eines will er klarstellen. Er stiehlt sich nicht fort, weil er eine Schuld hat; er hat keine Kraft zu warten, bis klar wird, daß er nicht zu den Schergen und ihren Zuträgern gehörte. Da schreibt er: »Dies ist kein Schuldbekenntnis. Ich war kein Stasispitzel, aber das Warten auf Richtigkeit und Recht ist jetzt zu viel – zu schwer – zu lange.«

Und eine Presseerklärung ist nun wahrlich keine Rehabilitierung. Es müßte möglich sein, daß die Personalkommission, die die Evaluierung des Professors auch nach seinem Tode fortführt, ihn als Hochschulprofessor bestätigt. Dies mag juristisch schwierig sein, ist aber menschlich wohl nötig. Aber da sind wir in den Kreisläufen einer Bürokratie, die es schwer hat, mit der Seele von Menschen zu rechnen, des Verstorbenen und der Zurückgebliebenen. So verweist dann der Rektor an den Gesundheitsdezernenten. Der Präsident der Ärztekammer verweist an die Personalkommission. Die Personalkommission verweist die Kompetenz nach Magdeburg. Und alle meinen, trotz persönlicher Betroffenheit: Es war alles korrekt, was sie getan haben, es sei eigentlich nur das unheilvolle Aktenerbe des ehemaligen MfS gewesen, das diesen Tod verursachte. Nein, es war unser fahrlässiger Umgang mit diesem furchtbaren Erbe. Was muß noch geschehen, ehe das anders wird?

Aber die Hatz geht weiter, so weit, daß manche medizinische Versorgung nicht mehr gewährleistet werden kann. Kriterium ist nun die »Staatsnähe«, festgestellt von solchen, die durchaus auch Staatsnähe hatten, aber vorweisen können, daß sie sich dem kleinen Bonbon am Revers entzogen haben.

Im denkwürdigen Jahr 1968 kam das Lyrikbändchen *Auswahl 68* heraus, herausgegeben von Bernd Jentzsch, das von Hand zu Hand gegeben wurde. Eine Auswahl des Aufbruchs in den aufrechten Gang durch junge Lyriker. Darunter ein Gedicht des Arztes Eckhard Ulrich, das ich damals als ein zentrales Gedicht des Widerstands des einzelnen gegen die Gleichschaltung des Menschen ansah, sehr oft las, verbreitete, interpretierte. »Perspektive« hieß es in angstvoller Ironie, daß

alles »in Reihe« geschaltet würde. Es war ein sehr frühes Widerstandsgedicht auch gegen die weltzerstörerische Prometheusideologie des Systems unter dem Diktat einer Partei, die keine Straßen mehr baute und ihnen Namen gab, sondern numerierte Wohnblocks. Der Mensch auf Einheitsmaße von Räumen in Wohnblocks gebracht …
Eckhard Ulrich war ein Mensch, der um Ängste wußte und deswegen wohl auch Ängste verstehen konnte. Ein Mensch, der um eigene Finsternis wußte und deshalb anderen aus der Finsternis helfen konnte. Einer, der um Leiden wußte und deshalb Leidende verstehen konnte. Dies war Voraussetzung für sein Helfen. Und er war offenbar ein Mensch, der dem Gegenüber niemals eine Patientennummer geben, sondern einem Individuum begegnen wollte. Und deshalb ist es so schmerzlich, auf solch einen Arzt verzichten zu müssen, der hohe Sensibilität, unter der er wohl auch litt, mit großer Fachkompetenz und dem Mut zur Hilfe in schwierigen Situationen verband. Wie viele aufrechte, fachkompetente und sensible Mediziner als Partner ihrer Patienten gibt es?
Wer die Gedichte von Eckhard Ulrich liest, dem kommt sein Innerstes, sein eigenes und das Innere des Autors nahe, ohne daß es penetrant würde. Es sind einfachste Sätze, die dem Einfachen Tiefgang verleihen. Viel von eigenem Schmerz und eigener Trauer in einer bedrohten Welt wird erkennbar:

»wir zahlen mit narben ich weiß …
das jahr hatte fahnen am mai/
und tage und wochen aus blei/
die lüge – die lüge steigt ständig im preis/ich weiß«

Schon 1961 findet er den Vers für eine Situation, die sich in diesem Lande durchzog:
»trügerisch waren die worte der angst
meineide unsere gebete
unter der maske des leides
trug gott ein fremdes gesicht
…

…
längst wohnte die trauer in uns«

Mitten in den Zeiten der besonderen Bedrängung schreibt er 1975: »Ich habe aufgegeben, dieses Land zu lieben« und hat doch niemals vermocht, seinen Traum von einem Land zu töten, in dessen Wirklichkeit der Schlagstock für die Gedanken und für die Freiheitssuchenden die Hunde, die Mauern, die Minen da waren.
Er wollte sich nicht einrichten, er redete sich nicht heraus, sondern schrieb es und schrie es hinaus, sein *Nein* gegen die Anpassung, gegen das Sicheinrichten in diesem Land. Immer wieder war auch Schwermut über ihn geworfen und gab er der Schwermut in seinen Gedichten ebenso Platz wie dem Traum, dem sehr konkreten. Er litt an diesem Land und gab es nicht auf, wegen der Menschen in diesem Land.
Die Auseinandersetzung mit der Mauer, mit der Kriegserinnerung und der Kriegsgefahr trägt sich durch die Gedichte durch:

»kennst du das land in dem man es begrüßt
wenn einer auf den eignen bruder schießt«

Da er nicht in den Westen reisen konnte, konzentrierte er sich auf Partnerschaft mit Polen. Er schreibt im Januar 1981 für Solidarność:

»sie warten nur auf Eure uneinigkeit
sie halten die ketten noch immer bereit …
Ihr habt einen funken zur flamme entfacht
gebt holz in das feuer – nicht stroh
und hütet die glut über kälte und nacht«
Warum aber hat er später weniger geschrieben? War keine Zeit mehr, Gedichte zu schreiben in diesem betonierten Land?

»lavendelblau resedagrün
die hoffnung liegt im keller

im frühling wenn die veilchen blühn
hofft es sich wieder schneller«

Eckhard Ulrich braucht nicht rehabilitiert zu werden, aber daß er es ist, das muß bekannt werden. Die Gedichte sind der innerste Spiegel eines warmherzigen Menschen, der bittere Zeiten tapfer bestand. Respekt und Trauer geben sich die Hand.

IX

»Ein Wörtlein kann sie fällen«
Predigten in der Thesenkirche

Kanzel und Katheder (1993)
Von Gewandelten gehen Wandlungen aus (1988)
Fürchtet euch nicht (1987)
Groß-Macht und viel List (1980)

Kanzel und Katheder (1993)

Da nun nach Auflösung der Universität im Jahre 1817 Einrichtungen der Martin-Luther-Universität Halle nach Wittenberg zurückkehren, besuchte zum Reformationstag 1993 der Akademische Senat die Lutherstadt zu einer Disputation mit Ulrich Beck aus München. Zuvor war der Senat in historischen Gewändern in der Stadtkirche. Dort erinnerte ich an die Verbindung und Unterscheidung von Kanzel und Katheder, die wohl nirgendwo so wie in Wittenberg zum Thema geworden war.

Martin Luther wechselte täglich mehrmals, und das Jahr für Jahr, vom Katheder im Augustinerkloster zur Stadtkirche auf die Kanzel. Reden über eine Sache wird immer wieder zum Reden zu Menschen: Der einsame Weg nachgrübelnder Erkenntnis und nachforschender Anstrengung führt zum Reden über eine Sache auf dem Katheder. Das wird zum gemeinsamen, nachhörenden und gewißmachenden Reden zu Menschen, auf der Kanzel aus Betroffenheit zu Betroffenen. Diese Unterscheidung ist wohl einzuhalten; aber die strikte Arbeitsteilung würde die Wirklichkeit spalten und vor allem die Erkenntnis von denen abspalten, für die sie da ist. Luther war ein stetiger Pendler.

Wissenschaft muß auch immer um Vermittlung bemüht bleiben, zumal die »Eierköpfe« und »das Volk« wieder auseinanderdriften und politische Verführer sich dann »Volksempfinden« wieder zunutze machen können. Das ist immer auch Schuld der Wissenschaftler und Intellektuellen.

Den Professor als öffentlichen Bekenner auf dem Katheder und den Pastor als öffentlichen Bekenner auf der Kanzel verbindet mehreres. Zunächst der Umgang mit dem Wort, das zu Menschen geredet wird, die belehrt, erfreut, bewegt werden wollen – eben nicht nur belehrt zu werden wünschen.

Dazu gehört, daß sie zu ihrer Erkenntnis stehen und befragbar sind, keine Reibungsverluste fürchten, sondern geradezu Reibungsgewinne erhoffen. Und was sie verbindet, ist, daß sie unabhängig bleiben und es darauf wagen, »daß einer so frei in der Rede ist, daß er nicht fürchtet, der Leib und der Brotkorb könnten Schaden leiden.« (Martin Luther)
Beide haben einen erhöhten Standort. Katheder und Kanzel sind Gitterräume, die eine besondere Verantwortung einschließen. Der Prediger ist auch ein Lehrer und der Professor auch ein Hirte. So schreibt Luther im März 1539 an den Rat zu Wittenberg:
»Lieben Herren! Es muß dieser arme Gesell auch Hungers wegen davon von der Universität in die Heimat. Nu hat er keine Zehrung wie die andern und muß fern reisen. Weil er aber ein fromm, gelehrt Mann ist, muß man ihm helfen. So wisset Ihr, daß meines Gebens ohn das viel und täglich ist, daß ich's nicht alles kann erschwingen. Bitt derhalben, wollet ihm 30 Gulden geben; wo nicht so viel da ist, so gebt 20, so will ich 10 geben. Wo nicht, so gebet die Hälft, 15, so will ich die andere Hälfte geben. Gott wird's wohl wiedergeben.«
Professor und Prediger ist schließlich gemeinsam, daß geistige Arbeit, gar »das Reden«, von den Handarbeitern gering geschätzt wird – wie auch umgekehrt. Dazu schreibt Martin Luther:
»Frage einen Kanzelschreiber, Prediger und Redner, was für eine Arbeit Schreiben und Reden sei. Frage einen Schulmeister, was Lehren und Knabenerziehen für Arbeit sei. Leicht ist die Schreibfeder, das ist wahr. Es ist auch überhaupt kein Handwerkszeug leichter zu beschaffen als das der Schreiberei; denn sie bedarf allein der Gänsefeder, deren man umsonst allenthalben genug findet. Aber es muß gleichwohl das beste Stück, der Kopf, das edelste Glied, die Zunge, das höchste Werk, die Rede, so am Menschenleibe sind, hier herhalten und am meisten arbeiten, wo sonst bei andern entweder die Faust, der Fuß, der Rücken oder dergleichen Glieder allein arbeiten und sie daneben fröhlich singen und frei scherzen können, was ein Schreiber wohl lassen muß. Drei Finger tuns (sagt

man von Schreibern), aber der ganze Leib und die Seele arbeiten daran.«

Vernunft und Glaube bleiben ein Thema, unausschöpfbar. Nur eins mag deutlich bleiben: Luther war kein stupider Gegenaufklärer, sondern ein Dialektiker, der dennoch, schroff antipodisch denkend, gegen jede Vermischung anging. Er preist die Vernunft:

»Das ist freilich wahr, daß die Vernunft eine Wirklichkeit und das Haupt aller Dinge ist und daß sie, gemessen an den übrigen Dingen dieses Lebens, das Allerbeste, ja etwas Göttliches sei.«

In Glaubensdingen aber ist die Vernunft blind. So schreibt er:

»Vernunft ist auch ein Licht und ein schönes Licht. Aber den Weg und den Fuß, der da aus den Sünden und dem Tode zur Gerechtigkeit und zum Leben führen soll, kann es nicht weisen noch treffen, sondern bleibt in Finsternis. Gleichwie unsere Unschlitt- und Wachslichter nicht Himmel und Erde erleuchten, sondern die engen Winkel in den Häusern. Die Sonne aber erleuchtet den Himmel, die Erde und alles. So ist Gottes Wort auch die rechte Sonne, die uns den ewigen Tag gibt zu leben und fröhlich zu sein. Wohl dem, der Lust dazu hat und solch Licht gerne siehet, denn es scheinet gerne. Aber Maulwürfe und Fledermäuse habens nicht gerne, d. h.: die Welt.«

Zugespitzt kann er formulieren, daß die Erfüllung des Wissens der Glaube ist, die Erfüllung der Gnade aber die Liebe. Und der Heilige Geist ist eben kein Skeptiker. Er hat nichts Zweifelhaftes oder unsichere Meinungen in unsere Herzen geschrieben, sondern feste Gewißheiten, die gewisser und fester sind als das Leben selbst und alle Erfahrung. Damit negiert er nicht alle menschliche Erfahrung, weist ihr aber ihren begrenzten Raum in unserem Leben zu.

Wissenschaft ist und bleibt als methodischer Zweifel, als schöpferische Skepsis, die eine bislang gewonnene Erkenntnis umstoßen kann, wichtig. Entgegensetzung von Wissenschaft und Glauben, die in der marxistischen Ideologie bis zum Exzeß getrieben wurde, ist falsch. Sie endete schließlich in der Ideologisierung der Wissenschaft selbst.

Kanzel und Katheder sind verschiedene Orte. Aber die darauf stehen, sollten miteinander im Gespräch bleiben, um der Menschen willen, die ihnen anvertraut sind, und um der Welt willen, die uns allen anvertraut ist.

Von Gewandelten gehen Wandlungen aus
– Predigt am 11. September 1988 –

Am 13. Februar 1988 hatte die Ökumenische Versammlung in Dresden ihre Arbeit aufgenommen. Die zweite Session sollte im Oktober in Magdeburg stattfinden. Konflikte gab es nicht nur mit »dem Staat«, sondern auch »untereinander«. Was ist »unsere Sache«, und wie gehen wir mit inneren Konflikten und Scheitern um? Wie verhält sich der innere Wandel zu den Änderungen der Verhältnisse?

Liebe Gemeinde!
Der Apostel Paulus eröffnet einen seiner Briefe mit ganz starken Worten über den Glauben. »Gnade sei mit euch und Friede von Gott, unserem Vater und dem Herrn Jesus Christus!«
Und dann folgt sofort: »Mich wundert, daß ihr euch so bald abwenden laßt ... zu einem anderen Evangelium!« Paulus geht, wie wir sagen würden, gleich in die vollen. Es gibt Streit, der sich fortsetzen sollte als Streit von Theologen, bis heute. Ein Streit, der nicht immer nur ein Streit um die Wahrheit ist, sondern auch ein Streit, zugegeben, von Männern, ums Rechthaben. Der Brief des Paulus an die Galater ist eine richtige Streitschrift, ob Glauben ein Erfüllen äußerer Gesetze oder ein innerster Wandlungsprozeß ist, aus dem heraus dann auch bestimmte Regeln befolgt werden. Der Glaube steht in diesem Brief an die Galater auf dem Prüfstein. Die Grenze der Konfliktfähigkeit einer Gemeinde ist im Streit zwischen den beiden großen Aposteln Petrus und Paulus erreicht. Die Grenze der Konfliktfähigkeit führte sie in ein »Konzil«, an dessen Ende

sie sich einigten: Ich geh dahin, und du gehst dahin! Wir nennen das heute in der Homiletik, der Lehre von der Predigt, »adressenbezogenes Reden«. Der eine ist mehr für jugendliche Aussteiger da, der andere mehr für Senioren – oder der eine ist mehr für Leute, die von ferne zum Glauben kommen, der andere ist stärker für die da, die tief im Glauben stehen.
Zwischen Petrus und Paulus ging es auch um anderes. Petrus war der Meinung, die Christen müßten erst noch Juden werden, was hieß, sich erst beschneiden zu lassen. Paulus sagt: Das ist alles nicht mehr wichtig; die Heiden müssen nicht Juden werden. Sie können sofort Christen werden. Also hatten sie sich geeinigt: der eine kümmert sich um die Heiden, die Christen werden, der andere kümmert sich um die Juden, die Christen geworden sind. Was passiert? Petrus kann's nicht lassen. Er mischt sich in die Gemeinden des Paulus ein, in Galazien. Er sagt: Nein, nein, ihr müßt das alles noch machen, die Forderungen erfüllen, die für Juden gelten. Und da wird Paulus, gelinde gesagt, ärgerlich. Es geht um eine theologisch wichtige Frage. Aber dann geht es, wie man so sagt, unter die Gürtellinie.
Was kriegt er da zu hören? Es wird geklatscht, getratscht, Gemeinheiten. Man sagt, Paulus sei doch nur ein selbstsüchtiger Rechthaber, dem es nicht um Christus, sondern um eigene Ehre gehe. Er sei ein etwas unansehnlicher, wahrscheinlich epileptischer, fanatischer Renegat, der aus dem Judentum ins Christentum übergegangen ist und dem es nicht um Christus ginge, sondern um sich. Und das tut Paulus unglaublich weh! Ich habe den Eindruck, daß seine Feder geradezu zittert, während er seinen Brief schreibt. Zwei Männer streiten um die größere Autorität. Die Vereinbarungen, die sie getroffen haben, werden nicht gehalten. Und Paulus, der ehemalige Christenverfolger, muß sich immer wieder vorwerfen lassen, was für einen Lebenswandel er einmal hatte. Ich kann mich sehr gut erinnern an manch andere in unserer Zeit, die ihren Makel nicht losgeworden sind.
Ich denke heute besonders an einen Mann, den Sie alle auch kennen, einen der besten Debattenredner des Deutschen

Bundestages, Herbert Wehner, der sich immer vorrechnen lassen mußte (wie andere auch), daß er einmal Kommunist gewesen war und deshalb damals über Demokratie und Gewaltanwendung anders gedacht hatte, als es sich nun für einen Demokraten und Sozialdemokraten schickte. Wer einmal eine Auslegung von Herbert Wehner zu 1 Kor 13, diesem Hohen Lied der Liebe, gelesen hat, mag sich mitschämen für die Christen, die Herbert Wehner verfemt haben, bloß, weil er einmal Kommunist gewesen ist.

So ähnlich ist das auch bei Paulus, der von einem gewaltsamen Christenverfolger zu einem Missionar Jesu, also auch zu einem Missionar der Gewaltlosigkeit, geworden ist.

Ich bin nachträglich froh, daß es diesen Streit und Konflikt gegeben hat und daß darüber im Neuen Testament offen, sehr offen berichtet wird. Paulus führt die Auseinandersetzung offen, ja offensiv. Wir können in diesem Bericht sehr viel lernen über uns, über unser Streiten, auch über unser unmäßiges Streiten. Paulus kann uns aus eigenem Erleben und Erleiden zugespitzt sagen, worum es geht: um die Freiheit, die uns in nichts anderem bindet als in der Liebe, in der Liebe, die uns erwiesen ist und die wir darum einander erweisen können. Das ist der Kern: Ihr seid frei, aber gebunden aneinander, so wie Christus sich an euch gebunden hat.

Der Glaube steht also auf dem Prüfstand, zuerst unser Glaube. Wie tief hat er uns erreicht? Wie sehr füllt er uns aus, ja, wie wird Unsichtbares sichtbar? Paulus sagt ganz einfach: Wenn wir im Geist, im Geist Christi leben, dann laßt uns auch im Geist Christi wandeln. Zur zentralen Frage wird also die Frage nach Glauben und Lebenswandel. Wenn wir nun über das Wort »Lebenswandel« nachdenken, merken wir, daß dieses Wort einen Doppelsinn hat. Einmal Lebens*wandel*: Ich wandle mein Leben, ich bin ein Gewandelter. Und die andere Bedeutung: Wenn wir sagen, daß einer einen guten oder schlechten Lebenswandel *hat*. Paulus meint beides. Aus dem Lebens*wandel* folgt der *Lebens*wandel. Das ist der Punkt. Und er sagt: Kehrt das nicht um, daß nicht aus eurem *Lebens*wandel euer Lebens*wandel* kommt. Um diese Kleinigkeit ging es auch in der Reformation. Paulus hat dies bereits sehr klar ausgedrückt. Es handelt sich um den Glauben, der in der Liebe tätig ist. Martin Luther spitzt dies noch zu und sagt: Der Glaube ist der Täter, die Liebe ist die Tat. Also das Subjekt des Tuns ist der Glaube selbst. Der Mann, dessen Bild dort hinten an der Wand hängt, Wichern, hat 1848 hier in der Schloßkirche, im Jahr des Kommunistischen Manifestes gesagt: »Der Glaube gehört mir wie die Liebe.« Wichern hat die deutschen Christen aufgefordert zu einer Regeneration, um die sozialen Probleme des vorigen Jahrhunderts zu lösen. Dies hat also eine Gedankengeschichte, die bis heute reicht. Nicht die Liebe erweist das Maß des Glaubens, sondern das Maß des Glaubens erweist sich in der Liebe. Das macht einen feinen Unterschied. Damit ist verhindert, daß wir unter einen Leistungszwang kommen, bei dem wir aus unserem Tun erweisen müßten, was wir sind. Das würde uns in eine Sackgasse führen. Wir sind auch Scheiternde und als Gescheiterte immer wieder Aufgehobene. Wir sind nicht besser als die anderen, aber wir können immer wieder neu beginnen. Das bewirkt der Glaube. Wir können nicht die Beweislast der Wahrheit des Glaubens tragen. Wir sind immer wieder der Vergebung Bedürftige und von der Kraft der Vergebung her neu Lebende.

Und doch müssen wir uns die Frage Brechts gefallen lassen: »Vor allem, wie handelt man, wenn man euch glaubt? Wie handelt man?« Paulus entfaltet, was es für einen Glaubenden heißt, aus dem gewandelten Leben heraus einen neuen Lebenswandel zu führen. Er tut dies in mehreren Schritten. An die Galater schreibt er:

»Wenn wir im Geist leben, so laßt uns auch im Geist wandeln. Laßt uns nicht nach eitler Ehre trachten, einander nicht herausfordern und beneiden (Gal 5,25–26).

Liebe Brüder, wenn ein Mensch etwa von einer Verfehlung ereilt wird, so helft ihm wieder zurecht mit sanftmütigem Geist, ihr, die ihr geistlich seid; und sieh auf dich selbst, daß du nicht auch versucht werdest. Einer trage des anderen Last, so werdet ihr das Gesetz Christi erfüllen. Denn wenn jemand meint, er sei etwas, obwohl er doch nichts ist, der betrügt sich selber. Ein jeder aber prüfe sein eigenes Werk; und dann wird er seinen Ruhm bei sich selbst haben und nichts gegenüber einem anderen. Denn ein jeder wird seine eigene Last tragen (Gal 6,1–5).

Laßt uns aber Gutes tun und nicht müde werden: denn zu seiner Zeit werden wir auch ernten, wenn wir nicht nachlassen. Darum, solange wir noch Zeit haben, laßt uns Gutes tun an jedermann, allermeist aber an des Glaubens Genossen« (Gal 6,9–10).

Das sind sechs Schritte, die Paulus für den neuen Lebenswandel sieht. Alle hängen zwar miteinander zusammen, aber ich löse sie in einzelne Schritte auf:

Schritt 1: Verzicht auf Eitelkeit. Wir brauchen uns nicht selber größer zu machen, als wir sind. Wir sind auch so anerkannt. In dieser Schloßkirche der Eitelkeiten ist dies besonders wichtig zu hören. Ich habe es gezählt: Fünfmal ist in dieser Kirche Friedrich der Weise vertreten, mit Wappen, Medaillon, kniend, im Grabmal von Peter Vischer. Und hier vor dem Altar liegt er. Fünfmal. Unübersehbar für alle Zeiten. Ein Herrscher. Und Luther hatte sich gewünscht, daß er dort auf dem Postament nicht steht. Er hat schon 1522, gewissermaßen auf dem Höhepunkt seiner – heute würden wir sagen – Karriere, in einer Schrift mit dem Titel »Aufrichtige Ermahnung« folgendes geschrieben:

»Es gibt einige, die, nachdem sie ein oder zwei Seiten gelesen oder eine Predigt gehört haben, rips, raps, sich hinstellen und nichts besseres wissen, als über andere herzuziehen und sie anzuklagen, ihr Leben sei nicht evangelisch, ohne Rücksicht darauf, daß es zuweilen schlichte, einfältige Leute sind, die gerne die Wahrheit annehmen würden, wenn man sie ihnen nur sagte ... So nicht, du Narr! Höre und laß es dir sagen: Zuerst bitte ich, man wolle meinen Namen weglassen und sich nicht lutherisch, sondern Christ nennen. Was ist Luther? Die Lehre ist doch nicht von mir. Ich bin auch für niemanden gekreuzigt worden ... Wie käme denn ich armer, stinkender

Madensack dazu, daß man die Kinder Christi nach meinem heillosen Namen nennen sollte? So nicht, liebe Freunde. Laßt uns die Parteinamen ablegen und uns Christen nennen nach dem, dessen Lehre wir haben. Ich bin für niemanden Meister und will es nicht sein. Ich habe zusammen mit der Gemeinde die eine gemeinsame Lehre Christi, der allein unser Meister ist.«

»Ich armer stinkender Madensack ...« bin der von Gott gewürdigte, geheiligte. Ich brauche mich nicht groß zu machen.

Schritt 2: Verzicht auf mutwilliges Ärgern, auf ein Anstoßgeben, auf ein Provozieren, das nichts bringt. Verzichtet also darauf, jemanden einfach nur herauszufordern und euch dann zu weiden daran, wie er sich ärgert. (Das Problem kennen wir zu gut, wenn wir ein halbes Jahr im Seminarkurs zusammenleben.)

Schritt 3: Verzicht auf Neid. Das heißt zuerst, die Begabung des anderen anzuerkennen, ja sich daran zu freuen, statt darüber traurig zu sein, daß wir nicht das können, was der andere kann. Freut euch an der Begabung des anderen! Ihr werdet schließlich nicht gefragt, ob ihr der oder der große Mensch gewesen seid, der große Mann oder die große Frau, sondern ihr werdet gefragt, ob ihr *ihr* wart, ihr, jeder von euch mit seinem unverwechselbaren Namen und mit seiner unverwechselbaren Begabung. Wir merken allerdings, daß dies manchmal sehr schwer ist, weil die Beneideten sich manchmal so zeigen, daß sie den Neid geradezu erzeugen. Es geht also nicht nur um die Neider, sondern auch um die, die den Neid geradezu provozieren.

Schritt 4: Wir lernen zu akzeptieren, daß wir straucheln. Und wir stoßen nicht nach, sondern helfen auf. Keiner erhebe sich hämisch über einen Gescheiterten, sondern helfe ihm auf. Wir sind alle Betroffene; keiner von uns ist dagegen gefeit zu fallen. Wir brauchen einander, um uns aufzufangen und um uns zurechtzubringen. Wir brauchen einander nicht, um uns gegenseitig den Zeigefinger zu zeigen. Wer einen anderen verstößt, verstößt den Glauben, der aus der Gnade für Sünder kommt.

Schritt 5: Es muß nicht mehr jeder seinen Packen allein tragen, sondern wir tragen des anderen Last, und der andere trägt die unsere. Das ist das »Gesetz« Christi, die Liebe, keine Sympathieduselei, sondern eine manchmal sehr anstrengende, aber schließlich lohnende Arbeit an uns selbst, zuerst an uns selbst. Die Sprachklugheit unserer Sprache spricht vom einander Ertragen, das möglich wird, wo wir einander tragen. Ich denke, das geht ans Letzte und Tiefste: Ob wir auf Dauer einander ertragen und tragen können. Fallen Ihnen Menschen ein, von denen Sie sagen müssen: Es fällt mir schwer, sie zu ertragen? Mühsam, bisweilen mit großem Kraftaufwand, leben wir miteinander, nebeneinander. Oder umgekehrt: Kennen Sie das Gefühl, daß Sie anderen eine Last sind und nicht wissen, wie Sie das ändern können? Wie hart es ist, zu spüren, daß ich einem anderen zur Last werde, die er nicht mehr tragen kann oder möchte. Und schließlich: Kennen Sie die Erfahrung, daß Sie sich selbst zu einer Last werden, daß Sie sich selbst nicht mehr ertragen können und im Tiefsten einsam werden? Kennen Sie das: Nicht mehr mit sich selbst zurechtzukommen? Ich habe im Urlaub die Lebensgeschichte von Heinrich von Kleist gelesen, der sich bald, noch sehr jung, das Leben genommen hat und in seinem Abschiedsbrief den bewegenden Satz schrieb: »... daß mir auf Erden nicht zu helfen war.« Das kann sich zur Angst steigern, zur Angst, daß ein anderer uns loswerden, abwerfen möchte, weil er uns nicht mehr tragen will oder kann, daß die Eltern den Sohn abwerfen, daß die Kinder die alt gewordenen, schwierig gewordenen, wunderlich gewordenen Eltern abwerfen, daß kirchliche Mitarbeiter einander abwerfen, daß ein Mann die Frau, die Schwester den Bruder, der Bruder die Schwester, der Vikar seinen Zimmernachbarn abwirft ... Vielleicht ist das das Schwerste und Größte: den anderen tragen, ja tragen auf Dauer, mit allem und trotz allem, nicht bloß *er*tragen, sondern sich tragen, gegenseitig, und das auch noch mit einem Lächeln füreinander. Die Volksweisheit hat das in einem Erfahrungssatz gebündelt: Geteilte Last ist halbe Last, geteilte Freude ist doppelte Freude! Letztlich ist das nur möglich, wenn wir gemeinsam wissen, daß wir Getragene sind. Und wir können es uns nicht verschweigen, daß wir auch scheitern, indem wir uns gegenseitig abwerfen oder gar verwerfen. Doch die Abgeworfenen gehören dann nicht ausgestoßen, sondern mitgetragen! Das Spiel ist nicht aus. Wir können uns wieder aufheben.

Schritt 6: Nicht müde werden, Gutes zu tun. Von Christus her erhalten wir die Zuversicht in die Sinnhaftigkeit des Tuns, selbst wenn wir scheitern, denn seine Wahrheit bewährt sich durch das »offensichtliche Scheitern« hindurch am Kreuz.
Wenn etwas scheitert, dann hört das Gute, das gescheitert ist, nicht auf, gut zu sein. Wir möchten doch gern Erfolge sehen, möchten spüren, daß es sich lohnt, sich einzusetzen, daß es sich lohnt, ehrlich zu sein, gut zu arbeiten, einander freundlich zu begegnen, auf den Gegen-Schlag zu verzichten. Wir brauchen auch Bestätigung. Deshalb ist es wichtig, daß wir einander auch sagen: »Das hast du gut gemacht! Es ist schön, daß dir das gelungen ist.« Dies stärkt den so Bestärkten für seinen nächsten Anlauf. Wenn wir einander danke sagen, dann bestätigen wir uns und geben uns Kraft. Das ist nicht eitle Ehre, sondern notwendige Bestärkung.
Paulus schließt mit einer Mahnung: Die Zeit ist kurz. Vertut nicht die Zeit, die euch auf Erden gegeben ist, mit dem kleinlichen Geknatsche, mit dem Sticheln, dem Übelnehmen, den Empfindlichkeiten, den männlichen oder den weiblichen Eitelkeiten. Das Leben ist mehr.
»Mensch, werde wesentlich«, ruft uns heute noch Angelus Silesius zu. Sucht das Wahre und das Gute, das Wesentliche, das, was euch wirklich ganz erfüllt.
Mehr als alles, was wir tun können, ist das Vertrauen darauf, daß wir Getragene, Durchgetragene sind. Dietrich Bonhoeffer hat das im Gefängnis 1944 so ausgedrückt: »Wir vertrauen

täglich darauf, daß Gott uns soviel Kraft gibt, wie wir brauchen. Aber er gibt sie uns nicht im voraus, damit wir uns nicht auf uns selbst, sondern auf ihn verlassen.«
Und die Gnade unseres Herrn Jesus Christus sei mit uns allen. Amen.

Fürchtet euch nicht
– Predigt zum Reformationstag 1987 –

Ende August 1987 wurde das für uns sensationell wirkende SED-SPD-Dialogpapier veröffentlicht. Im September war der Olof-Palme-Friedensmarsch, erster Versuch der staatlichen und der unabhängigen Friedensbewegung, blockübergreifend und gemeinsam zu demonstrieren. Honecker besuchte danach offiziell die BRD. Hager nahm bereits im Oktober 1987 jede Dialogbereitschaft in einer Rede vor Pädagogen zurück. Die DDR machte wieder dicht.

Liebe Gemeinde!
Jesus sendet seine Jünger in alle Spannungen und Konflikte des Lebens, illusionslos, aber nicht trostlos.
Matthäus überliefert in seiner Aussendungsrede diese Sätze: »Nein, fürchtet sie nicht! Erkannt werden wird das Versteck. Entdeckt werden wird das Geheimnis. Was ich in der Dunkelheit sage, zu euch, sagt es am hellen Tag. Und schreit, was euch ins Ohr geflüstert wird, herab von den Dächern. Fürchtet euch nicht vor den Menschen. Sie töten den Leib, aber die Seele töten können sie nicht. Der aber Leib und Seele töten kann, in der Hölle, den sollt ihr fürchten. Es stürzt kein Spatz auf die Erde herab, wenn euer Vater nicht will. Und zwei Spatzen kauft man für einen einzigen Pfennig. Ihr aber seid mehr wert als alle Spatzen zusammen. Was soll euch geschehen, da selbst die Haare gezählt sind auf eurem Haupt. Nein, fürchtet euch nicht. Wer sich zu mir bekennt vor den Menschen, zu dem will auch ich mich bekennen im Himmel,

vor meinem Vater. Wer mich aber verleugnet vor den Menschen, den will auch ich verleugnen im Himmel vor meinem Vater.«

Gott macht sich selber vor der Welt offenbar, aber wir sind gewürdigt, Helfer zu sein, Weitersager, Offenleger, ja Geheimnisverräter. Geheimnisverräter, wo Geheimnisse zu wissen lebenswichtig wird. Wir sind gewürdigt, Lichtbringer zu sein, für das, was im Dämmerlicht gesagt wird, offen zu sagen. Wir sind Ausrufer für das, was hinter vorgehaltener Hand halblaut verbreitet wird, nur durch Flüsterpropaganda sagbar erscheint. Gewürdigt, Ausrufer, Ausschreier, Geheimnisverräter, Offenleger zu sein! Ein bißchen vollgenommen den Mund?

Sind wir das? *Können* wir das? *Wollen* wir das? Jesus jedenfalls traut es uns zu und er mutet es uns zu. Er spricht zu uns: Habt keine Furcht. Ja, man kann euch schrecken. Man kann euch an die leibliche, wirtschaftliche Existenz. Ja, man kann euch an die psychische Substanz. Es gibt Grund, sich zu fürchten. Allerdings. Aber warum seid ihr furchtsam? Drei Dinge nennt Jesus: Die, die euch Furcht machen, wenn ihr Offenleger seid, können euch ans Äußere, nicht an das, was für euch gültiges Leben ist, wo ihr innerlich frei seid von allem Äußeren. Luther sagt: »Ein freier Herr aller Dinge und niemand untertan.« Wenn ihr frei seid, innerlich, könnt ihr äußeren Zwängen auch widerstehen, könnt ihr euch bewahren vor ängstlich-anpassungsfähiger Verkrüppelung. Wer nicht hängt an dem, was er hat, ist weniger erpreßbar. So wird Loslassenkönnen zu einer Tugend der Freiheit.

Der zweite Grund: Habt keine Furcht! Warum? Wißt, Christen, Mitchristen, daß ihr aufgefangen seid, was immer euch geschieht. Habt tiefes Vertrauen, daß ihr nie in bodenlose Tiefe fallt.

Und der dritte Grund: Der Menschensohn selbst steht für euch ein, wenn ihr furchtlos bekennt, zu wem ihr gehört und was euren praktischen Lebensvollzug bestimmt.

Liebe Gemeinde, Jesus will, daß wir seine Sache in die Öffentlichkeit bringen, daß wir offene Menschen sind, uns einmischen in die öffentlichen Angelegenheiten. Da kommt gleich die Frage: »Ist das nicht eine gefährliche Politisierung der Kirche?« So fragen manche unter uns. So werden wir von außen gefragt. Ich denke, es kann weder um Politisierung noch aber um Entpolitisierung des Glaubens und der Kirche gehen, sondern um den Dienst am Menschen in allen seinen Lebensbezügen. Es geht ums Offenlegen und um Veröffentlichung dessen, was Leben bedroht und was Leben eröffnet. Was Leben eröffnet, sagt uns Jesus. Und wir sollen es weitersagen. Aber gleichzeitig sollen wir das sagen, was Leben bedroht und was geheimgehalten wird. So haben sich Christen stets neu zu fragen: Was fordert die Stunde jetzt und hier, was muß heute gesagt werden? Was wird verschwiegen und warum? Was muß heraus, auch wenn die, die es herausbringen, Schwierigkeiten bekommen? Wo ist öffentliches Bekenntnis und wo ist Stillschweigen angeraten? Dafür gibt es keine Weisung. Dies ist die Entscheidung jedes einzelnen. Aber er muß sich diese Fragen stellen. Er muß sich auch die Frage stellen: »Was ist die Sache aller, was die Sache von uns Christen im besonderen?« Wer hütet Geheimnisse? Wer zwingt uns zum Schweigen, zum Flüstern, zum Raunen, zum Heucheln, zum Lügen, zum Säuseln, zum Strohdreschen? Wer ist Sekretär für Phraseologie, politische, ideologische? Wer nimmt sich hier in diesem Land, in dieser Kirche Privilegien heraus? Wie nimmt die Gleichheit aller Menschen vor Gott Gestalt an – als gleiches Recht und gleiche Würde für alle, in Kirche und Gesellschaft? Alle sind gleich, aber einige sind gleicher als die anderen. Warum? Und die, die gleicher sind als gleich, machen die »Gleichen« zu behördenabhängigen Bittstellern. Sollen wir uns das gefallen lassen!? Wie wird Mitsprachedemokratie für alle in kirchlichen und öffentlichen Angelegenheiten möglich? Solche Fragen waren es, die Luther eine Schrift, eine Bitt- und Protestschrift, schreiben ließen, ein Reformprogramm vorlegen ließen. Und so fängt seine Bittschrift, sein Protest 1520 an:

»Die Zeit des Schweigens ist vergangen, und die Zeit zu reden ist gekommen, wie der Prediger Salomo (3, 7) sagt. Ich habe

unserem Vorhaben nach etliche Stücke zusammengetragen, des christlichen Standes Besserung betreffend, dem christlichen Adel deutscher Nation vorzulegen, ob Gott doch durch den Laienstand seiner Kirche helfen wollte ...
Es ist nicht aus bloßer Anmaßung noch Frechheit geschehen, daß ich einzelner, armer Mensch mich unterstanden habe, vor Euren hohen Würden zu reden. Die Not und der Druck, der auf allen Ständen der Christenheit, vor allem auf den deutschen Landen lastet, hat nicht allein mich, sondern jedermann dazu gebracht, vielmals zu schreien und Hilfe zu begehren; er hat jetzt auch mich gezwungen zu schreien und zu rufen, ob Gott jemand den Geist geben will, seine Hand der elenden Nation zu reichen. Man hat es oft auf Konzilien vorgebracht, aber es ist durch die Arglist einiger Menschen geschickt verhindert und immer ärger geworden, und deren Tücke und Bosheit gedenke ich jetzt – Gott helfe mir! – zu durchleuchten, auf daß sie, einmal erkannt, hinfort nicht mehr so hinderlich und schädlich sein können.«
Soweit wörtlich (1520) Martin Luther, vor Kaiser und Reichsständen. Luther hat zu seinen Zeiten die Herausforderung der Zeit angenommen. Aufatmend ruft er nach dem Verhör in Worms, als er der Angst widerstanden und nicht widerrufen hatte: »Ich bin hindurch.« Nichts war hindurch. In den Bann wurde er geworfen; aber er hat alles offengelegt, was ihn im Gewissen, im Glauben gebunden hatte, die Furcht besiegt, mit der die Regierenden so erfolgreich Politik machen, Maulkörbe anlegen und dafür die Mäuler zu stopfen versprechen. Welche Angst die Regierenden selber haben, das schrieb 1520 der junge Kaiser Karl V. später auf: »Ich irrte, als ich Luther damals nicht umbrachte. Ich war nicht verpflichtet, mein Wort, das freie Geleit, zu halten.« Das ist die moralische Logik der Herren. Ich war nicht verpflichtet, mein Wort, das freie Geleit, zu halten. Dann fährt er fort: »Ketzer braucht man gar nicht zu Wort kommen lassen, denn sie haben so lebendige und durchdachte Beweisgründe, daß sie einen leicht verwirren können. Und wie, wenn dann zufällig ein falsches Argument an meinen Gedanken haftenbliebe, wer wäre dann stark

genug, es mir aus der Seele zu reißen?« Der Kaiser hat Angst, infiziert zu werden, wenn er sich das überhaupt anhört.
Luther hat die Herausforderung seiner Zeit angenommen, und ich frage mich: Wo liegt sie für uns? Ich höre sie im Weiterdenken des Satzes, der ja auch in den Worten Luthers anklang, und sage: Tritt heraus aus dem Schweigen. Sag, was an Lebensbedrohendem und Lebensförderndem zu sagen ist. Mach offen, öffentlich und bewußt die Situation, in der wir miteinander leben. Schaff zuerst Klarheit, auch die schmerzliche, über unsere Weltstunde, über unsere Situation, auch über das Bedrängende. Verschweige nichts. Es wäre schlimm, wenn wir verschweigen, was ist, weil wir dann nicht mehr wissen, was wird. Ich sehe ermutigende Schritte zu einem solchen Öffentlichmachen und Offenlegen, zum Beispiel in einem Papier, das zwischen zwei verfeindeten deutschen Parteien entstanden ist, in dem Gemeinsamen Papier zwischen SED und SPD. Ich weise besonders daraufhin, weil da Dinge drinstehen, die wir Christen in der Ökumene für wichtig halten.
Ein engagierter Christ hat maßgeblich daran mitgearbeitet: Erhard Eppler.
Ich sehe Öffentlichmachen und Offenlegen unserer Situation auch in dem Beschluß der Bundessynode, in dem gesagt wird, welche Folgen es hat, wenn wir der Abschreckung, der atomaren Abschreckung nicht widersprechen, Folgen für jeden einzelnen und die ganze Gesellschaft. Wer die Papiere haben und bedenken möchte, möge nachher, nach dem Gottesdienst zu mir kommen oder auch zu unserem Gespräch ins Turmzimmer.

Zwischen ermutigenden Zeichen des Offenlegens, gibt es auch immer wieder andere Töne, wenn etwa von »ganz oben« herab gesagt wird, wir bräuchten nicht einmal neue Tapeten. Doch jedermann ist erkennbar, daß wir nicht nur neue Tapeten brauchen, sondern daß das Haus, in dem wir leben, in den Grundfesten erschüttert ist. Die Grundfesten der Zivilisation sind überall, auch in der neuen Welt, die 70 Jahre alt wird, erschüttert. Da brauchen wir weit mehr als neue Tapeten. Da

sagt einer öffentlich, wir brauchen nicht einmal neue Tapeten. Das kann gedruckt werden und niemand sagt etwas dazu. Oder wenn ein 15jähriges Mädchen in der Schule die Aufgabe bekommt, etwas über die Folgen der Teilung Deutschlands zu schreiben. Und sie schreibt ihre Meinung. Ihre Mitschülerin weiß auch nicht, was sie schreiben soll und schreibt ab. Diese beiden Arbeiten werden nicht zurückgegeben, wortlos. Sie werden nicht zurückgegeben, landen beim Direktor. Es gibt Konflikte, gibt Aussprachen. Die beiden Schülerinnen schreiben eine »bereinigte Fassung«. Den Skandal sehe ich darin, daß nicht alle Lehrer sagen: »So nicht«. Und die eine 15jährige sagt ihren Eltern dann unter Tränen: »Nie wieder werde ich meine Meinung sagen«. Ganz anders, erfreulich, spannend, immer wieder, auch hier mitten in unserer Gesellschaft, ganz anders, die sowjetische Autorin Ludmilla Saraschkina. Sie schreibt zu solchen Vorgängen wie der Reaktion der 15jährigen: »Den Krankheiten der Gesellschaft angepaßt, beginnen die Jugendlichen diese Krankheit als Gesundheit hinzunehmen, und wenn jede neue Generation von Halbwüchsigen die Lüge und Heuchelei als Gesetz des Überlebens auffaßt, wird sie immer weniger den Unterschied zwischen Wahrheit und Unwahrheit spüren.« Deshalb setzt »eine Gefühlsatrophie ein, in die wir die Kinder entlassen«. Sie schreibt dann weiter: »Hat die Gesellschaft das Recht, von ihren jungen Mitgliedern eine aktive, staatsbürgerliche Haltung zu fordern, wenn sie jeden Versuch, selbständig und schöpferisch zu denken, reglementiert? Kann eine Gesellschaft auf die Teilnahme der Jugend an der Lösung lebenswichtiger Probleme hoffen, wenn sie es vorzieht, den Anschein zu geben, daß diese Probleme nicht existieren?«
Ich frage mich: Was haben wir zugelassen, auch wir Christen, aus Gefühlsatrophie und Wirklichkeitsallergie, aus Angst, aus Trägheit und vielleicht auch aus mangelndem Vertrauen. Nun, es sind Hoffnungen auf Änderung da. »Neues Denken« heißt die Formel. Hoffentlich bleibt das nicht nur eine Formel. Wenn Sie aus der Kirche hinausgehen, sehen Sie drüben am Haus eine weiße Tafel, auf der steht, daß Peter der Große 1712

hier war. Er ist durch das Land, durch Europa, gezogen, um zu lernen. Ich möchte fragen, ob jetzt nicht die umgekehrte Bewegung für einzelne, auch für die Oberen angeraten wäre, dorthin zu reisen, um zu lernen, wie einst Peter der Große, ohne »alles zu übernehmen«.

Liebe Gemeinde, unsere Lebensprobleme und die Lösungsvorschläge gehören heute angepinnt, um in aller Öffentlichkeit disputiert zu werden, mit dem Ziel der Verbesserung, nicht der Besserwisserei, mit dem Ziel einer lebensfördernden Idee, einer Innovation und nicht mit dem Ziel einer destruktiven Provokation. Dazu gehört, wenn eine Erneuerung beginnen soll, die Erinnerung an die gemeinsame Quelle, ob die christliche, ob die sozialistische, ob die humanistische. Immer wenn wir uns erkennen, uns unserer Ideale erinnern, kommen wir auch wieder ins Gespräch, auch über den Abstand zwischen dem, was wir wollen, und dem, was wir sind. Erinnerung an Quellen und Erneuerung hängen eng zusammen. Die Lebensprobleme, die schon längst in der Luft liegen, ätzen und stinken. Die Lebensprobleme sind schon längst im Wasser, fließen und nitrieren, kreisen schon längst in der Nahrung und giften. Schon lange führen Strukturen organisierter Verantwortungslosigkeit zur Verkommenheit öffentlicher Angelegenheiten, weil Privat- meist vor Allgemeininteresse gerückt wird, Lebensprobleme in Schulpausen beredet, aber nicht in Schulstunden diskutiert werden, in den Kirchengemeinden anstehen, aber nicht im Gemeindekirchenrat angesprochen werden, in der häuslichen Stube in Zimmerlautstärke beschimpft, aber nicht auf Versammlungen geäußert werden. Das alles muß auf den Tisch. Dazu sind auch wir da, wenn wir hören, was Jesus sagt. Das macht auch erst mal Angst, Herzklopfen, wenn man als einzelner in einer Versammlung, bei einer Elternvertreterversammlung wagt, mal öffentlich zu fragen. Das sollten wir aber tun. Dazu braucht man Mut und Unabhängigkeit. Immer wieder funktioniert Beschwichtigung, immer wieder wird mit Einschüchterung Politik gemacht. Scheinprobleme, Probleme von gestern oder Probleme, die andere haben oder andere machen, füllen die Zeitungen,

die Schulbücher, die Fernsehprogramme. Es reimt sich immer wieder – zur Zeit Luthers wie heute –, daß Schweigen honoriert, Schönfärberei diktiert, Mitmachen dekoriert werden. »Alles ist bei uns in Ordnung.« Was manchmal nicht zu verstehen ist, daß sich Regierende so gehenlassen. Einige Mächtige, in Ost und West, geben sich bei diesem Verhalten die Hand, der eine die rechte, der andere die linke. Wir erleben es aber auch anders. Eine Art Reformation hebt in unserer Welt an. Gleich kommt die Gegenreformation. Sie läßt nie lange auf sich warten. Das haben Christen in der Geschichte auch erlebt. Die Reformation war noch nicht zu Ende, da war die Gegenreformation schon auf dem Plan. Manche Hoffnung darauf, daß auch in unserem Lande fällige Geheimnisse offengelegt, bislang Verstecktes gesagt, Geflüstertes veröffentlicht werde, manche Hoffnung ist in den letzten Tagen recht »Hager« geworden. Aber wollen und können wir Christen zu denen gehören, die durch Zeitungsartikel »Hager« gewordene Hoffnung aufgeben, und uns in den resignierten Schmollwinkel zurückziehen? Jesus sagt jedenfalls: »Fürchtet euch nicht, sagt, was verschwiegen wird, sagt, was jetzt nötig ist.« Wollen und können wir zu denen gehören, die souverän, gerecht wahrnehmen und sagen, was zu sagen ist, am Ort der Herausforderung, im Alltag, nämlich überall, ob in christlichen Krankenhäusern, in einer Gemeinde oder im Betrieb. Wollen wir, frage ich uns alle, wollen wir nicht das Wagnis eingehen, durch Christus mündig gemachte Christen zu sein, in der Zuversicht, daß die, die es mit ihm wagen, auch getragen werden, in ein nicht einfaches, aber ein gültiges Leben? Gehören wir nicht zu denen, mit denen man Einschüchterung betreiben kann, mit deren Angst man Politik machen kann, spüren wir, daß wir tief fallen können, aber nicht ins Bodenlose! Und seien wir gewiß, daß der, der Blut und Wasser geschwitzt hat am Kreuz, daß Er neben uns steht und für uns einsteht. So können wir, klein und einzeln, nur um Kraft, Mut und Glaubenshoffnung bitten. Schau uns an, erbarme dich, Herr.
Amen.

Groß-Macht und viel List (1980)

1980 wurde die Mosaikbanderole um den Schloßkirchenturm erneuert, weil die einzelnen Steinchen den Touristen schon auf den Kopf fielen. Zum erstenmal habe ich in der Schloßkirche zum Reformationstag in jenem Jahr gepredigt. Die Predigt verdeutlicht die damals geläufige »Sprache der Anspielung«. Widerstehen hat auch etwas Spielerisches!

Ich begrüße Sie zu diesem Gottesdienst. Gedenktag der Reformation – Zurückdenken und Vorausdenken! Jedenfalls nicht bloß zurück, wenn es um Re-formation geht.
Gedenken, das könnte für uns heißen:
Wir erinnern uns, und wir lassen uns fragen,
wir danken und denken weiter,
wir staunen und schütteln den Kopf.
Über allem aber:
Wir ehren Luther, indem wir das Evangelium weitersagen, heute sagen, uns in die Bewegung des Volkes Gottes auf Erden stellen, getrost bleiben auch unter dunklem Horizont.

Liebe Gemeinde! »Ein feste Burg ist unser Gott / ein gute Wehr und Waffen«.
Verwittert ist es, arg verwittert. Es fällt herab – auf uns. Wo Gefahr ist, muß ein Schutzzaun hin – muß ein Schutzzaun her. Sie sind vorübergegangen, sicher. Sie haben schon davon gehört, davon, daß das Spruchband um den Schloßkirchenturm erneuert werden muß. Nun, was schlagen Sie dafür vor? Übertünchen oder das Vorhandene erneuern? Goldlettern vergangenen Glaubens? Keine Vergangenheit, bitte. Also: Was ist *unser* Spruch? Doch uns sind die Sprüche vergangen. Wir haben genug vom Sprüchemachen und von den Sprüchemachern, die »ganz oben« sitzen und tünchen!
Oder fehlt uns gar das Stichwort – das Stich-Wort, das Wort, das sticht. Nein, das Wort, das uns umfängt wie ein Band – ohne uns einzuengen! – und deshalb den Turm und die Stadt, uns alle umkreist.

Was schlagen wir vor! Welches Wort leuchtet von oben herab, weil es uns einleuchtet!
So fragte ich Leute auf den Straßen dieser Stadt, Leute, die der Doktor der Theologie »grobe Sachsen« nannte. Sie meinten, es müsse doch wieder was Kirchliches sein, was Weltliches kann da nicht ran, sagten sie mir. Zumindest etwas »Historisches«, sagte einer.
»Miteinander – füreinander« klingt eigentlich kirchlich, auch wenn's aus dem Fernsehen ist.
Seinem Kollegen fällt ein: »Auge um Auge, Zahn um Zahn.«
Wie denken *Sie* über folgende Vorschläge:
Hauptsache gesund
Hauptsache, die Kasse stimmt
»Wer weiß«, ganz einfach: »wer weiß«
Es kommt, wie es kommt
Vielleicht, angesichts des rollenden Stahls, dem Panzerdenkmal neben unserer Kirche:
Frieden, Frieden, nochmals Frieden.
Überzeugt das alles? Was ist der Spruch, der uns umrundet?
Und so frage ich nochmals: Warum nicht das Alte?
Weil große Worte leicht zu Spott werden. Auch dieses Lied ist's geworden! Es ist so kriegerisch, was da weiterklingt: ein gute Wehr und Waffen ... Es ist mit so problematischer Geschichte verknüpft: Kampflied der Kriege, nicht bloß des Dreißigjährigen.
Eine junge Frau wendet ein: Mir wird unheimlich, wenn ich dies Lied höre, zumal mitten unter lauten Sängern, ein Schauer. *Ich* kann nicht mitsingen.
Und der tiefste Einwand, finde ich: Es gibt keine feste Burg mehr, nirgends. Im ABC-Zeitalter regiert das ABC der Angst, der offenen und der versteckten.
Und es gibt auch für uns keinen mehr, den man mit einer festen Burg vergleichen könnte. Dieser Gott ist gestorben – unter unseren Händen. Andere aber meinen: Er kommt in unsere Schutzlosigkeit und ist so unser Schutz. Ich weiß nicht.
Über das alles muß ich nachdenken.
Aber es ist ja schon entschieden. Von der Denkmalpflege

nämlich. Und von unserer historischen Pietät, deren man sich bisweilen befleißigt. Und so frage ich mich – Sie! – nochmals: Warum nicht das Alte?

Denn auf passendes Neues können wir uns nicht einigen, scheint mir, ja, wir können nichts finden, was uns wenigstens persönlich einleuchtete.

War das einmal echt? In welcher Weise?

Was den Worten aus ihrer Geschichte anhaftet, versuche ich von den Schalen der Geschichte zu lösen. Ich tauche die Worte dieses Liedes in den Nebel meiner Welt und probiere, ob sie mir Sicht eröffnen. Ich lese die Worte so, wie ich sie heute verstehen und bejahen könnte.

Gegen den Strich lese ich sie.

»Ein feste Burg ist unser Gott,
ein gute Wehr und Waffen.«

Es geht nicht um Burgenbau, Sicherungswälle, Mauern. Es geht um den Gott, der zuversichtlich macht, als ob ich in einer sicheren Burg wäre. Er gibt mir das Gefühl von Geborgenheit. Gott ist ein Ort, an dem ich mich bergen kann, wo ich Kraft sammle, um wieder hinauszugehen. Ein Unterwegssein, ohne je anzukommen, hält der Mensch, halte ich, offensichtlich nicht durch.

Gott – ein Fluchtpunkt meines Weges, ein Stein, auf dem ich ausruhe, nicht um damit zu werfen.

Ich wünschte mir, ich wünschte uns allen schon, wir könnten sagen:

Uns trägt eine tiefe Gewißheit hinaus in die Welt. Ganz gewiß geht es nicht um das Sich-Verschanzen hinter Mauern mit Schießscharten nach innen und außen. Wiewohl ich lese: »ein gute Wehr und Waffen« – oder: »ein *gute* Wehr und Waffen« – und denke, daß dieser Gott sich nicht eignet, um mit ihm (oder mit einer anderen höchsten Idee!) anderen den Schädel einzuschlagen.

Eine »Idee« wird so niedrig, wie die Mittel, die zu ihrer Durchsetzung angewandt werden. Jede große Idee! Jedes höchste Wort!

Ich lese weiter: »Er hilft uns frei aus aller Not, die uns jetzt

hat betroffen.« Ich bin nicht abgeschirmt, wahrlich nicht. Ich habe Angst, irr flattert mein Auge über die Zeitungsspalten. Ich kenne Not, Nöte, Nötigungen, Erniedrigungen, physische, psychische, geistige, soziale. Die Erde ist so klein, so eng geworden. Das Ferne kommt mir nahe.
In wie vielen Verkleidungen taucht das auf, was dieses Lied den »altbösen Feind« nennt, der mit »groß Macht«, mit Groß-Macht und »viel List« auftritt? Verleumdung und Verlockung, Entstellung und Eifer.
»Mit unser Macht ist nichts getan.« Ja, so, ganz so fühle ich mich: ohnmächtig. Und höre vom Rad der Geschichte, das auf mich zurollt, auf andere zurollt. Etwas Unerbittliches hat dieses Rad – und die, die es drehen, auch.
So stimm ich ein in die Bitte:
»Es streit für uns der rechte Mann!« – und ich vertraue darauf, wirklich, immer wieder, daß dieser »rechte Mann« in vielen Frauen und Männern heute wirken kann und wirkt.
Vielleicht auch einmal in mir, in dir, in uns unscheinbar Beschienenen.
»Und wenn die Welt voll Teufeln wär
und wollt uns gar verschlingen,
so fürchten wir uns nicht so sehr …«
In Frage steht sie, die Welt, die ganze, wir wissen es und können's doch nicht begreifen. Sie kann »verschlungen« werden. Aber über und hinter dem allen steht das Wort des Herrn, das verletzliche und verläßliche. Das Wort über dem Anfang: »Und siehe, es war gut.« Das Wort über dem Ziel: »Siehe, ich mache alles neu.«
Beweise habe ich nicht, nur eine Zuversicht, die mir Sicht gibt im Dunkeln.
»Dies Wort sie sollen lassen stehen …«
bei uns fest – stehen, in uns feststehen.
»Mit seinem Geist und Gaben« bitte ich ihn zu uns.

Liebe Gemeinde, es begegnen sich Mächte. Ich möchte gewiß keine Götter und Dämonen heraufbeschwören. Dazu ist das, was ich täglich lese und höre, viel zu real.

Es begegnen sich in diesem Lied, in diesem Land die risikovolle Machtsicherheit und die risikobereite Vertrauensgewißheit.

Ich denke das in politische Tagesfragen weiter und meine: Es gibt keine äußere Sicherung, heute schon gar nicht. Sicherheitspolitik, als Politik der Absicherung von Macht, baut nicht auf Vertrauen, nicht einmal nach innen. Sie baut auf Macht. Und die Macht ist das organisierte Mißtrauen. Und das braucht Organisation. Die Angst, die Macht zu verlieren, kann dann wichtiger werden, als die Angst, das Gesicht zu verlieren – und damit alles Vertrauen.

Macht kann zum Hauptwort, zum Schlüsselwort werden, mit dem dann jene Idee erdrückt wird, der sie dienen wollte. Auch das Studium der Kirchengeschichte kann einen da das Gruseln lehren!

Das Mißtrauen, Macht einzubüßen, läßt scharfäugige Wachsamkeit regieren. »Realpolitik« nennen das manche. Kann das unsere Sache sein?

Ich verstehe reformatorischen Glauben in seinem Kern so: Ein Leben aus Vertrauen ist der eigentliche Zielpunkt menschlichen Zusammenlebens. Vertrauen kann dabei sicherlich zur Vertrauensseligkeit werden und absehen von den Erfordernissen notwendiger Kontrolle. Kontrolle allein aber läßt lebensschaffendes Vertrauen ersterben.

Wo heute aus dem Kalkül bloßer Macht die Schleusen vertrauensbildender Ströme der Menschen zueinander geschlossen werden, darf nicht versiegen der Strom aus Vertrauen und aus einer Hoffnung, die nicht aufgibt, die sich nicht verbittern läßt und die sich nichts verbieten läßt.

Zuversichtliche, risikobereite, offene Menschen zu sein, könnte heute und morgen Christsein hier in der DDR bedeuten, getragen von einem Vertrauen von weither, getragen, umfangen von einer Bindung, die aus Freiheit kommt und zu Freiheit führt.

Er hilft uns frei aus aller Not, nehmen sie uns alles, sie haben keinen Gewinn ... Die Bewegung auf das Reich Gottes hin bleibt.

Aus innerer Freiheit und aus überkommener Zuversicht kommen Kräfte. Die Beschränkung äußerer Freiheit wird uns nicht niederwerfen.
So sehe ich Menschen vor mir: mit aufrechtem Gang, ohne provozierenden Stolz – mit dienender Haltung, aber ohne krummen Buckel.
Liebe Gemeinde, ich möchte jedenfalls die abblätternde historische Goldschrift um den Turm weder verblassen lassen noch übertünchen. Ich möchte sie umsetzen in die unbeholfenen Schriftzeichen meiner All-Tage. Und ich hoffe, daß das auch für andere leserlich bleibt.
Amen.